KB197526

공공갈등과 정책이론

김창수

박영사

머리말

이 책은 「공공갈등과 정책이론」이라는 제목으로 6부 12장에 걸쳐 '정책학의 구조와 논리'라는 개념적 안목(conceptual lens)을 통해 공공갈등의 난제(puzzles of public conflict)를 들여다보고 있다. 정책학(policy science)이란 다양한 사회문제를 진단하고 분석하여 결정한 정책내용을 집행하고, 그 결과를 따져보고 평가하는 과정과 그 과정에서 요구되는 지식을 연구하는 학문이다. 아주 쉽게 풀어 설명하면, 정책학이란 결국 정부 정책에 대하여 계획하고 실행하고 평가하는 명백한 의사결정과 실행 과정을 공부하는 학문이다. 이 책에서는 더 좋은 정책을 결정하는 방법, 더 나은 정책집행을 하는 방법, 그리고 올바른 정책평가를 통해 시행착오를 확인하고 학습하여 정책을 개선하는 방법과 논리를 탐색해 볼 것이다. 그런데 좀 더 나은 정책 과정과 정책 결과를 원할 때 이해당사자 간의 갈등 문제를 풀지 않으면 안 된다는 냉엄한 현실에 직면하게 된다.

저자는 2000년 박사 학위를 취득한 이후 줄곧 공공갈등 문제와 정책이론을 연구해 오면서 "공공갈등의 난제를 정책이론의 틀로 풀어낼 수 없을까?"하는 질문에 빠지게 되었다. 공공갈등 발생의 원죄는 대부분 정부 정책추진 과정에서 수혜집단과 피해집단을 탄생시키는 지점에 있기 때문이다. 피해집단은 정부 정책으로 인해 평온한 삶에 부담이 주어지기 때문에 필연적으로 저항하게 된다. 편익과 비용이 공정하게 배분되어 합의 형성에 이르는 난제를 지혜롭게 풀어보자는 것이 이 책의 집필 동기이고 목적이다. 저자는 공공갈등과 관련한 이론과 기법의 발전도 필요하지만, 정책설계와 집행을 잘 다듬어 보면 공공갈등을 완화하거나 해결하는 데 도움이 될 것이라는 기대감이 있다. 이 책의 대략적인 구성은 다음과 같다.

제1부는 2개의 장에 걸쳐서 정책의 개념과 유형, 그리고 정책학의 구조와 논리를 다루면서 공공갈등과 정책의 관련성을 이해하고 있다. 제2부 역시 2개의 장에 걸쳐 정책체제(policy system)를 둘러싼 환경의 분석을 토대로 수많은 사회문제 중에서 어떻게 특

정 문제만이 정책의제로 설정이 되는지 다루고 있다. 편익의 창출을 위한 전력 생산을 의제로 설정하게 되면, 어딘가에 발전시설이 위치해야 하고 대상 지역은 반발하게 되면서 갈등도 시작되는 것이다. 부산지역 고리원전을 둘러싼 갈등과 선택, 위험시설을 둘러싼 무의사결정의 문제 역시 정책과 갈등의 필연적 관계를 보여준다. 제3부는 채택된 정책문제를 어떻게 분석할 것인지에 대한 정책분석의 이론과 기법을 소개하고, 원만한 합의형성의 토대가 되는 갈등영향분석, 공론조사, 환경영향평가 사례를 다루었다. 그리고 어떻게 정책결정을 잘할 것인지의 고민을 다양한 정책결정모형을 통해 탐색해 보았다. 공공갈등의 특수한 측면으로 볼 수 있는 딜레마를 분석한 딜레마이론의 정책결정 모형으로의 발전 가능성을 탐색하고, 협상과 갈등조정, 관료정치를 통한 합의형성과 정책결정 사례를 다루었다. 제4부는 결정된 정책내용을 구체화하기 위한 정책기획과 정책기획안을 제대로 실현하기 위한 정책집행의 문제를 다루고 있다. 이때 협력적 정책기획의 지혜를 댐 건설 갈등 사례에 적용하고 토론해 보았다. 제5부는 긴 여정을 마친 정책 과정이 가져온 결과를 어떻게 평가할 것인가라는 고민을 다룬 정책평가의 구조와 논리를 다루었다. 우리나라 정책평가 사례를 다루면서 부산지역 교통정책혁신 과정에서 나타난 환경영향평가 경험을 소개했다. 한편 정권 변화에 따라 달라지는 4대강 보에 대한 감사원의 감사 결과가 갈등을 마감하기보다는 오히려 갈등을 증폭시키는 경우도 있기 때문에 일관된 원칙에 따라 공정한 평가가 이루어지는 것이 중요하다. 마지막으로 정책집행 과정에서 그리고 정책평가를 통해 어떠한 요인 때문에 정책이 변화하는지 그리고 바람직하게 변화해야 하는지에 관한 정책변동의 논의를 정책옹호연합모형과 다중흐름모형을 통해 설명했다. 제6부는 어떤 이론을 통해 어떻게 정책과정 전반을 합리적으로 조율할 것인가의 고민을 다룬 새로운 정책이론과 사례를 소개하고 있다. 차이와 협력의 관점에서 정책이론과 정책현장이 만나면서 상호 발전하는 모습을 이해하고 설명하고 풀어가는 역동적인 모습을 묘사하였다. 여기서 소개되는 정책이론들은 대학 3학년 이상의 학생들이 사회문제를 고민하고 씨름할 때 적용해 볼 수 있는 다소 수준 높은 내용이기 때문에 선택적으로 학습하고 강의할 필요가 있다.

저자가 처음 정책학을 접한 것은 고려대학교 시절 김영평 교수님의 '불확실성과 정책의 정당성'을 공부하면서부터였다. 이때 정책이론의 매력에 흠뻑 빠져들었음을 부인하기 어렵다. 서울대 행정대학원에서는 박동서 교수님을 비롯한 은사님 한분 한분을 통해 정책이론을 어떻게 현실에 접목해야 하는지 정말 쉽게 공부하게 되었다. 무엇보다 지도교수님이신 홍준형 교수님을 만나면서 법정책학(法政策學)의 관점에서 정책을 제도화하는 훈련을 받았고, 한강수계와 낙동강수계에서 강을 끼고 나타나는 다양한 공공갈등 문제를 정책과정을 통해 이해하는 방법과 합의형성과 정책발전을 위해 연구자에게 필요한 역할을 제대로 이해하게 되었다. 지면의 제한 때문에 미처 언급조차 하지 못하는 수많은 은사님과 동료 교수님께 진심으로 감사드린다. 특히 이 책과 관련하여 이론구성 방법을 가르쳐주신 강신택 교수님, 폭넓은 정책이론과 시간이론을 제공해주신 정정길 교수님, 가외성과 정책의 정당성 문제를 고민하게 해주신 김영평 교수님, 딜레마이론을 학습하고 적용할 기회를 주신 이종범 교수님, 규제이론의 새로운 지평을 보여주신 최병선 교수님, 그리고 제도이론을 체계적으로 학습하게 도와준 하연섭 교수님께 진심으로 감사드린다. 차이의 관점에서 공공갈등 문제를 들여다볼 수 있는 지혜를 주신 정용덕 교수님, 탁월한 법정책학적 식견으로 현장의 다양한 갈등 문제의 해법을 제공하신 경험과 지혜를 공유해 주신 홍준형 교수님께 감사드린다. 2016년 출간된 「공공갈등과 행정이론」과 2018년 출간된 「정책학의 구조와 논리」가 2024년 8월 절판에 이르기까지 물심양면 지원을 아끼지 않으신 피앤씨미디어 박노일 대표와 임직원분들께 감사드린다.

이제 「공공갈등과 정책이론」이라는 이름으로 새롭게 출간될 수 있도록 기획하고 출판해 주신 박영사 안종만 회장님, 박부하 과장님 그리고 박세연 사원님께 진심으로 감사드린다. 꼼꼼하게 교정작업을 도와준 제자 이승환 군과 최수민 양에게도 고마움을 전한다. 사랑하는 가족이 하나님 안에서 하나가 되고, 교수로서 그리고 정책학자로서 마지막 트랙에 들어선 가운데 작은 책으로 매듭을 지을 수 있게 된 것은 온전히 하나님의 은혜이다. 심히 부족한 책이지만 우리 공동체의 갈등을 정의롭게 해결하고 협력의 지혜를 발휘하는 데 쓰임 받을 수 있기를 기도한다.

2024년 12월
김창수 씀

목차

머리말 i

제1부

정책학의 구조와 논리 그리고 공공갈등

제1장 정책의 개념과 유형 그리고 공공갈등 4

제1절 | 정책의 개념과 구성요소 6

1. 정책의 개념 6

2. 정책의 구조와 구성요소 그리고 공공갈등 6

제2절 | 정책의 유형 9

1. 정책유형에 관한 다양한 논의 9

2. 정책의 유형과 정책과정 10

제3절 | **정책의 복잡한 양상과 공공갈등** 13

1. 제주 강정마을 해군기지 입지사례 13
2. 구리시 자원회수시설 입지선정 경험 16
3. 남양주시 소각잔재매립장 입지갈등 경험 18
4. 하남시 광역화장장 입지갈등 경험 19
5. 북구유럽의 방사성폐기물처분장 입지성공 사례 21
6. 한국전력의 송전철탑 경과지 선정 실패와 성공 경험 22
7. 감천문화마을 창조사례 24

제4절 | **해석주의와 비판주의 그리고 포스트모더니즘** 27

1. 현상학적 접근방법 27
2. 비판주의 패러다임 28
3. 포스트모더니즘 28

제2장 정책학의 구조와 논리 그리고 공공갈등 관리 32

제1절 | **정책학의 구조와 정책과정, 그리고 공공갈등 관리 절차의 이해** 34

제2절 | **정책학의 논리** 38

1. 정책학의 구성 논리 38
2. 정책학의 가치 기준과 논리 39

제3절 | **정책윤리의 개념과 적용** 43

1. 공무원의 책임성과 윤리기준의 탐색 43
2. 정책윤리의 개념과 분류 44
3. 정책윤리의 환경정책과 공공갈등 관리에의 적용 47

제2부

환경분석과 정책의제설정의 구조와 논리

제3장 정책환경의 분석 54

제1절 | 정책환경의 이해 56

1. 정치체제와 정책환경의 관계 56
2. 정책환경과 정책과정 57
3. 정책의 환경에 대한 영향 58
4. 환경의 정책에 대한 직접적인 영향 59
5. 환경의 정책에 대한 간접적인 영향 60

제2절 | 환경분석과 정책대응 그리고 공공갈등의 분석 62

1. SWOT 분석의 개념 62
2. SWOT 분석의 장점과 단점 63
3. SWOT 분석의 적용 64

제3절 | 원전운영의 가외성과 부산광역시의 트릴레마 66

1. 중첩적인 시설확충의 트릴레마 66
2. 조직확장과 비상계획구역의 확대와 국가적 연대의 트릴레마 68

제4장 정책의제 설정과 공공갈등 74

제1절 | 정책의제 설정의 의미 76

제2절 | 정책의제 설정의 과정 78

1. 정책의제 설정의 일반적 과정 78

2. 정책의제 설정의 다양한 과정 79
3. 주도집단에 따른 정책의제 설정과정 79

제3절 | 무의사결정론과 무시된 갈등 82
1. 의의 82
2. 무의사결정의 발생원인 83
3. 무의사결정의 수단 83
4. 평가: 무시된 갈등 84

제4절 | 영풍 석포제련소를 둘러싼 무의사결정과 공공갈등 85
1. 영풍 석포제련소의 역사 85
2. 영풍제련소의 현재 상태와 존재론적 딜레마 87
3. 영풍제련소를 둘러싼 딜레마의 심화 88

제3부
정책분석과 정책결정의 구조와 논리 그리고 공공갈등

제5장 정책분석의 구조와 논리 그리고 공공갈등의 분석 94

제1절 | 정책분석의 의미 96

제2절 | 정책분석 절차 97
1. 정책문제의 파악과 정의 97
2. 정책목표의 설정 98
3. 정책대안의 탐색과 개발 99

4. 정책대안의 결과예측 101
5. 정책대안의 비교평가와 선택 101

제3절 | 정책분석의 기법과 특징 104
1. 개요 104
2. 정책분석의 특징 105
3. 델파이 조사기법(Delphi Technique) 105
4. 계층과정분석기법(Analytic Hierarchy Process) 107

제4절 | 정책분석윤리와 정책오차 112
1. 정책분석윤리 112
2. 정책분석의 오차 113
3. 정책목표와 인식오차 - 제3종 오차의 가능성 115

제5절 | 정책분석의 실제와 공공갈등의 분석 117
1. 정책분석의 제약요인 117
2. 갈등영향분석의 경험 118
3. 중앙버스전용차로제(BRT)의 혁신과 정당성 그리고 정책확장 123

제6장 정책결정과 공공갈등 128

제1절 | 정책결정의 의의와 유형 130

제2절 | 정책결정모형 132
1. 합리모형 133
2. 만족모형 133
3. 점증모형 134
4. 혼합탐사모형 135

5. 최적모형 135
6. 집단적 정책결정모형 136

제3절 | 정책결정모형의 평가와 논의 141
1. 평가 141
2. 정책결정의 실제와 새로운 정책결정모형의 탐색 141

제4절 | 협상과 조정활동을 통한 합의형성과정 분석 147
1. 협상을 통한 부산국제영화제 갈등 해결과정 분석 147
2. 기장해수담수화 시설 갈등조정 사례 분석 153

제5절 | 유전자원법 입법과정과 관료정치모형의 타당성 159

제6절 | 이슈네트워크의 변화와 정책변동 164

제4부

정책기획과 정책집행의 구조와 논리 그리고 공공갈등

제7장 정책기획과 공공갈등 170

제1절 | 정책기획의 의미와 중요성 172

제2절 | 협력적 정책기획의 이해 175

제3절 | 협력적 정책기획의 이론 178
1. Healey의 협력기획을 위한 제도설계 이론 178
2. Mason의 참여적 기획 이론 179

3. Conley와 Moote의 협력적 기획 평가이론 179
4. Margerum과 Whitall의 협력적 기획 성공요인에 관한 이론 180
5. 종합검토 182

제4절 | 협력적 정책기획의 성공조건 184

제5절 | 협력적 정책기획의 지혜와 사례 189
1. 협력적 정책기획의 지혜와 경험 189
2. 협력적 정책기획을 통한 댐 건설의 지혜 191

제8장 정책집행과 공공갈등 200

제1절 | 정책집행의 의의와 유형 202
1. 정책집행의 의의 202
2. 정책집행의 유형 203

제2절 | 정책집행이론의 전개 204
1. 하향적 집행연구와 순응요인 검토 205
2. 상향적 집행연구와 집행상황요인의 검토 207
3. 통합모형과 지방정부의 정책대응방식요인 209

제3절 | 토론과 사례 212
1. 정책학습과 정책발전 토론 212
2. 정책협상과 협력 사례 213

제5부

정책평가와 정책변동의 구조와 논리 그리고 공공갈등

제9장 정책평가와 공공갈등 218

제1절 | 정책평가의 의의 220

제2절 | 정책평가의 유형 221

1. 개요 221
2. 총괄평가 221
3. 과정평가 222

제3절 | 정책평가의 타당성 223

1. 내적 타당성 223
2. 외적 타당성 224

제4절 | 정책평가의 방법 225

1. 의의 225
2. 실험적 방법 225
3. 비실험적 방법 227

제5절 | 우리나라의 정책평가 229

1. 정부업무평가 229
2. 정책평가의 확장 231
3. 엄궁·장락·대저대교 건설 환경영향평가의 경험과 공공갈등 233

제10장 정책변동과 공공갈등 242

제1절 | 정책변동의 개념과 유형 244

제2절 | 정책옹호연합모형(ACF) 245

1. 개념 245
2. 외적요인 246
3. 신념체계와 옹호연합 형성 247
4. 정책중개자 248
5. 정책지향학습과 정책산출 249
6. 4대강 보 해체와 개방 사례 250

제3절 | 다중흐름모형(MSF) 254

1. 의미 254
2. 세 가지 흐름 255
3. 정책의 창 258
4. 정책선도자 259
5. 평가와 사례 260

제6부

공공갈등의 난제와 정책이론

제11장 공공갈등과 정책이론 268

제1절 | 프레임의 차이와 공공갈등 270

1. 개념 270

2. 기장해수담수화 사업 갈등 프레이밍 과정과 갈등영향분석 273
3. 조정과 소송 활동을 통한 합의형성 과정 분석 288

제2절 | 시간의 논리와 정책 290
1. 시간이론의 개념 290
2. 정책수단의 선택과 시간이론 291
3. 댐 건설 갈등의 시차적 해석 292

제3절 | 딜레마의 논리와 공공갈등 301
1. 딜레마의 논리 301
2. 기회손실과 지역의존성의 충돌 그리고 딜레마 302

제4절 | 가외성과 정책의 정당성 310
1. 가외성의 개념과 논리 310
2. 위험사회와 가외성의 효용 312
3. 원전안전 통합감시체계와 분산감시체계 선택의 딜레마 315

제12장 협력의 정책이론 322

제1절 | 제도의 논리와 정책 324
1. 합리적 선택의 신제도주의와 제도적 담론 분석 324
2. 사회학적 신제도주의 328
3. 역사적 신제도주의와 경로의존성 그리고 경로이탈 가능성 330
4. 낙동강하굿둑의 건설과 개방 332

제2절 | 심의민주주의의 논리와 정책 339
1. 진정한 담론과 정책심의 339
2. 진정한 담론의 수준 평가 341
3. 부산 구포가축시장 갈등 조정 사례의 분석 345

제3절 | 자유주의적 개입주의와 행동경제학 360
1. 넛지와 행동경제학 360
2. 비합리적 행동의 예측가능성 361

제4절 | 협력적 거버넌스 이론과 사회자본 363
1. 신공공관리론의 등장과 한계 363
2. 신국정관리론과 사회자본 366

참고문헌 371
색인 394

제1부

정책학의 구조와 논리 그리고 공공갈등

제1장은 정책의 개념과 유형을 소개하고 있다. 정책(policy)이란 바람직한 사회 상태를 이룩하려는 정책목표와 이를 달성하기 위해 필요한 정책수단에 대하여 권위 있는 정부기관이 공식적으로 결정한 기본방침이다. 저자는 정책의 목표와 정책수단의 조합, 그리고 정책의 영향을 받는 대상집단을 포함하는 짜임새를 정책의 구조로 인식하고자 한다. 이때 정책을 추진하게 되면 필연적으로 이해관계의 충돌, 곧 공공갈등을 내재하게 됨을 주목하고 있다. 그리고 1960년대 말 이후 도구적 · 기술적 이성에 바탕을 둔 실증주의적 행정학의 연구방법에 대한 대안적인 패러다임이 현상학적 · 해석학적 연구 방법과 비판주의 패러다임을 간략히 소개하면서 공공갈등을 이해해 보고자 하였다.

제2장은 정책학의 구조와 논리를 다룬다. 가능한 한 대표성이 있으면서도 보편성을 가지는 정책학의 부분들을 짜임새 있게 엮어서 전체를 보여줄 수 있다면 정책학의 구조라고 할 수 있을 것이다. 그리고 정책학의 구조에 시간을 대입하면 시간의 흐름(temporal ordering)에 따라 정책과정이 진행되기 때문에 정책학의 구조와 정책과정은 함께 이해하는 것이 유용하다. 그리고 공공갈등을 예방하는 절차를 시간 흐름에 따라 소개해 봤다. 마지막으로 정책윤리의 개념과 적용을 다루었다.

제1장

정책의 개념과 유형 그리고 공공갈등

제1절 정책의 개념과 구성요소

제2절 정책의 유형

제3절 정책의 복잡한 양상과 공공갈등

제4절 해석주의와 비판주의 그리고 포스트모더니즘

제1절

정책의 개념과 구성요소

1 정책의 개념

정책학이 연구대상으로 삼는 정책이란 무엇인가? 정책(policy)이란 바람직한 사회상태를 이룩하려는 정책목표와 이를 달성하기 위해 필요한 정책수단에 대하여 권위 있는 정부기관이 공식적으로 결정한 기본방침이다(정정길, 1997: 52).[1] 따라서 정책이란 정책목표와 정책수단, 권위 있는 정부기관의 결정, 공식적인 기본방침, 정부의지의 표출을 개념요소로 하고 있다.

2 정책의 구조와 구성요소 그리고 공공갈등

구조(structure)는 부분이나 요소들을 모아 전체를 이루는 짜임이다. 정책은 어떠한 부분들과 요소들로 이루어져있을까? 가능한 한 대표성이 있으면서도 보편성을 가지는 정책의 부분들을 짜임새 있게 엮어서 전체를 보여줄 수 있다면 정책의 구조라고 할 수 있을 것이다. 저자는 정책의 목표와 정책수단의 조합, 그리고 정책의 영향을 받는 대상집단을 포함하는 짜임새를 정책의 구조로 인식하고자 한다.

정책의 구조와 구성요소에 대해서는 학자들에 따라 다소 견해 차이를 보이지만 통상 다음 세 가지로 논의한다. 정책내용을 구성하는 정책목표와 정책수단은 필수적인 표면적 구성요소이지만, 정책대상집단의 경우 정책에 내재되어 있는 내재적 구성요소

1 정책이론에 대한 논의는 저자 서울대학교 행정대학원 시절 스승이신 정정길 교수님의 「정책학원론」(1997)에 많이 의존하고 있음을 밝힌다.

로 볼 수 있다. 왜냐하면 정책을 추진할 때 특정한 대상을 염두에 두지 않는 경우 아무 의미가 없기 때문이다.

그림 1-1 정책의 구조와 구성요소 그리고 공공갈등의 내재성

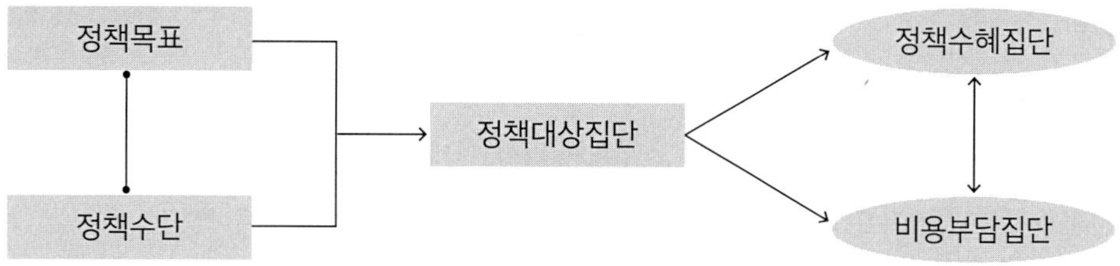

1) 정책목표

정책목표(policy goal)란 정책을 통하여 달성하고자 하는 바람직한 미래상태(desirable future state)를 의미한다(정정길, 1997: 53). 정책목표의 종류는 편의상 두 가지로 나눌 수 있다. 첫째, 치유적 혹은 소극적 목표는 문제발생 이전에 존재하던 상태를 정책목표로 삼는 경우이다. 예를 들면 공해 이전의 깨끗한 환경 등이다. 둘째, 창조적 혹은 적극적 목표는 과거에 경험해보지 않은 새로운 상태를 창조하려는 것이다. 국가정책의 차원에서 보면, 2016년도 경제성장 목표나 1인당 국민소득 목표 등을 예로 들 수 있다.

정책목표들 간의 상호관계는 흔히 목표-수단의 계층제로 설명된다(정정길, 1997: 57). 가령 교통의 원활화라는 목표와 이를 달성하기 위한 대중교통수단의 확대, 그리고 이러한 중간목표를 실현하기 위한 지하철의 확대는 상호연계된 목표수단의 계층구조를 갖고 있다.

정책목표는 사회지도체계의 방향설정 기능을 본래적으로 수행한다. 그리고 정책과정이나 정책활동의 길잡이 역할을 하는 부차적 기능이 있다. 즉, 최선의 수단선택의 기준이 되고, 정책집행의 지침이 되며, 정책평가의 기준이 된다.

2) 정책수단

정책수단(policy means)이란 정책목표달성을 위한 행동방안을 의미한다(정정길, 1997: 59). 정책수단과 구별되는 개념으로서 정책대안(policy alternatives)이란 정책목표와 정책수단의 묶음을 의미한다. 정책수단의 종류는 편의상 두 가지로 나눌 수 있다.

첫째, 실질적 정책수단(substantive policy means)은 도구적 정책수단(instrumental policy means)으로서 상위목표를 달성하기 위한 인과관계 있는 정책수단이다. 교통의 원활화라는 정책목표의 달성을 위한 대중교통수단의 확대가 좋은 예이다.

둘째, 실행적·보조적 정책수단은 실질적 정책수단을 실현하기 위한 것이다. 교통의 원활화를 위한 교통법규 위반에 대한 단속의 예를 들면 집행기구, 집행요원, 자금 그리고 공권력 등이 중요한 실행수단이 될 수 있다.

3) 정책대상집단과 공공갈등의 내재성

정책대상집단(policy target group)이란 정책의 작용을 받는 집단 또는 정책집행으로 인해 영향을 받는 집단으로서 정책의 혜택을 받는 수혜집단(beneficiary group)과 정책 때문에 희생을 당하는 비용부담집단이 있다. 예를 들어 상수원보호를 위해 일정 지역을 규제한다면, 상수원보호구역 내 주민은 비용부담집단이 될 것이고, 이를 통해 깨끗한 수돗물을 취하게 되는 하류의 대다수 주민은 수혜집단이라고 할 수 있다. 우리 사회의 민주화 이후 수혜집단과 비용부담집단의 편익과 비용 배분의 불공평성이 노정되면서 심각한 갈등을 초래하기도 한다.

2007년 제정된 「공공기관의 갈등 예방과 해결에 관한 규정」 제2조에 따르면, 공공갈등이란 공공기관이 법령 또는 자치법규를 제정 또는 개정하거나 구체적 사실에 관하여 법령 등을 집행하는 과정 또는 정책·사업계획을 수립하거나 추진하는 과정에서 발생하는 이해관계의 충돌로 정의된다. 정책을 추진하게 되면 필연적으로 이해관계의 충돌, 곧 공공갈등을 내재하게 됨을 알 수 있다.

제2절

정책의 유형

1 정책유형에 관한 다양한 논의

정부가 하는 수많은 일을 어떻게 빠짐없이 포괄적으로(inclusiveness), 그리고 중복 없이 배타적으로(excludability) 분류하여 체계적으로 인식할 수 있을까? 많은 학자가 이러한 고민 속에서 다양한 정부정책을 유형화하는 작업을 시도하였다. 일반적으로 정부조직과 직제에 따른 분류가 있지만, 학자들이 정책의 성격에 따라 분류하기도 한다. 정책의 유형을 배분정책, 규제정책, 민간부문으로부터 인적·물적 자원을 추출하는 추출정책(extractive performance), 정부의 정통성 확보를 위한 상징정책(symbolic performance)으로 나누고 있는 정치학자인 Almond and Powell(1980: 129-131)의 분류가 유명하다. 정정길(1997: 79)은 요구와 지지라는 투입과 전환 그리고 정책이라는 산출을 주요 구성요소로 하는 체제론의 시각(systems theory)에 입각하여 요구충족정책으로 규제정책과 배분정책을 포함하고, 지지획득정책으로는 추출정책과 순응확보정책인 상징정책과 구성정책을 포함하면서 대별하여 논의하고 있다.

먼저 실제 정책이 작동하는 현장을 중심으로 하는 직제·기능에 따른 정책유형의 분류는 정부의 기능 또는 정책목표와 이를 달성하여 얻고자 하는 효과를 기준으로 분류한 것이다. 예를 들면 국방부는 국방기능을 수행하고, 외교부는 외교기능을 수행하고, 환경부는 환경보전기능을 수행하는 것이다. 그러나 해양수산부가 해운항만정책과

수산정책을 수행하기도 하지만 해양환경정책을 수행하기도 하는 경우가 있기 때문에 정책의 실질적 내용과 정부조직의 기능이 일치하지 않는 경우가 있고, 여러 가지 정책에 대한 보편적 분류원리를 발견하기가 용이하지 않는 단점이 있다.

2 정책의 유형과 정책과정

Lowi(1964: 687-713)는 먼저 기능적으로 구분되는 배분, 규제, 재분배정책을 범주화한다. 그리고 Lowi(1972: 298-310)는 구성정책을 추가한다. 그의 정책유형론은 정책의 종류에 따라서 정책과정이 달라질 수 있음을 연구한 것인데, 정책과정에 따라 정책이 달라진다는 정치과정 연구(pluralistic view)와는 달리 정책을 독립변수로 보고(policy determines politics), 정책과정을 종속변수로 설명한다(정정길, 1997: 67). 즉, 어떤 정책이냐에 따라 정책결정과 정책집행 과정이 순탄할 수도 있고, 매우 복잡하고 반대집단의 심각한 저항에 직면할 수도 있다는 것이다. 가령 규제정책의 경우 정책추진 과정에서 규제대상집단이 저항하면서 심각한 갈등에 직면할 수도 있는 것이다.

1) 배분정책

배분정책(distributive policy)이란 국민에게 권리나 이익 또는 서비스를 배분하는 내용을 지닌 정책이다. 항만이나 도로 등의 사회간접자본(SOC: Social Overhead Capital) 구축, 기업에 대한 수출보조금 지원 등이 중요한 사례이다. 로위에 의하면, 배분정책의 경우는 저수지 건설에서 후보지구 간의 싸움이나 더 많은 보조금 획득을 위한 기업 간의 다툼에서 나타나듯이 갈라먹기 다툼(pork-barrel politics)이 일어나지만 승자와 패자의 정면대결은 없다고 한다. 국회 국토교통위원회에서 서로 다른 지역구 의원들이 서로 협력하면서 도로건설이나 항만건설 등의 예산을 상부상조(log-rolling)하는 형식으로 나누어 가질 수도 있다. 그러나 노무현 정부에서 태권도 공원 유치를 놓고 무주와 경주가 다투거나, 이명박 정부와 박근혜 정부에서 부산 가덕도와 경남 밀양 입지를 놓고 국제공항 유치를 위해 지방정부들이 싸우는 상황을 보면 정면대결은 없어도 유치갈등(PIMFY, Please In My Front Yard)이 전혀 없다고 보기는 어렵다.

2) 규제정책

규제정책(regulatory policy)이란 특정한 개인이나 집단의 재산권 행사나 행동의 자유를 구속하여 반사적으로 다른 사람들을 보호하려는 정책이다. 부산광역시 교통정책과에서 안전을 목적으로 일정 구간을 50㎞로 속도제한을 하거나, 도시의 무분별한 확장 방지나 쾌적한 도심의 환경보호를 위하여 인근지역을 그린벨트로 묶거나, 하류의 맑은 물 확보를 위해 상류 지역에 대해 상수원보호구역이나 수변구역 지정 등의 토지이용규제를 가하는 예를 들 수 있다. 따라서 수혜자와 피해자 간의 갈등이 심하고, 특히 환경오염규제의 경우 규제대상자인 기업주나 오염배출 업소 등은 강력히 반발하는 경우가 많다.

그리고 규제정책의 유형을 보호적 규제정책과 경쟁적 규제정책으로 나누기도 한다(Ripley and Franklin, 1986). 전자의 예로는 환경오염규제, 다수 소비자 보호를 위한 독과점 규제, 사용자에 비해 상대적으로 열위에 있는 근로자 보호를 위해 근로조건을 규정한 근로기준법, 소비자 안전을 위한 식품위생법 등을 들 수 있다. 후자의 예로는 TV 방송권을 부여하면서 방송윤리 규정을 준수하도록 하는 예를 들 수 있다.

3) 재분배정책

재분배정책(redistributive policy)이란 고소득층으로부터 저소득층에로의 소득 이전을 목적으로 하는 정책이다. 누진세와 사회보장적 지출과 같이 가진 자와 못 가진 자의 형평을 고려하는 정책인데, 계급대립 성격의 계급정책이라고 볼 수 있다. 미국에서 건강보험 개혁을 위해 1910년 이후 100여 년 동안 계급대립이 지속되면서 난항을 겪었던 이유도 여기에 있다. 우리나라의 종합부동산세를 비롯한 소위 부자세의 경우도 가진 자와 그렇지 못한 자 간의 보이지 않는 갈등이 내재되어 있어 대상범위를 놓고 치열한 공방이 벌어지는 것이다. 코로나19(COVID-19) 재난 시기에 어려운 상황에 처한 소상공인을 지원한 것도 재분배정책의 일종으로 볼 수 있다.

4) 구성정책

구성정책(constitutional policy)이란 헌정수행에 필요한 운영규칙과 관련된 정책으로서 입헌적 정책으로도 번역되며 정당이 결정에 중요한 영향을 미친다(Mc Cool, 1995: 181-185). 최근 농촌의 인구감소와 맞물려 있는 국회의원 선거구 조정이라든지 세월호의 사고를 계기로 한 정부조직개편 그리고 이명박 정부의 지방행정구역 개편정책이 중요한 사례이다. 우리나라의 경우 통상 대통령선거에서 당선된 이후 대통령직인수위원회에서 정국 구상을 하면서 전체 정부조직의 틀을 다시 짜는 편이다. 그런데 이때 이전 정부의 색깔을 지우면서 좋은 정책의 일관성을 해칠 수가 있어 신중한 접근이 요구된다.

제3절

정책의 복잡한 양상과 공공갈등

그런데 현실의 정책과정을 보면 결코 교과서에서 분류하는 것처럼 단순하지가 않다. 정책은 다수 국민이나 국가 전체적으로 이익이 큰 쪽으로 추진되지만, 이때 비용을 집중적으로 부담하는 집단이 있다면 매우 복잡한 양상으로 전개된다. 미사일기지와 해군기지라든지, 댐 건설이나 쓰레기소각장을 입지시키는 국가기반시설을 설치하는 배분정책이 성주군과 제주특별자치도, 양구군 등 특정 지역에는 기피시설로 인식되어 규제적 부담으로 와닿을 경우 규제정책에서 나타나는 심각한 갈등양상이 전개되기도 한다. 이처럼 현장에서 나타나는 정책양상은 하나의 정책유형으로 명확하게 구별하여 이해하기는 어려운 것이 사실이다.

1 제주 강정마을 해군기지 입지사례

〈그림 1-2〉에서 〈1단계〉인 갈등잠재기는 1993년 이후 2002년 화순과 2005년 위미를 제주 해군기지 후보지로 탐색하다가 여의치 않아 2007년 3월 강정마을을 후보지 중의 하나로 물망에 둔 시기까지로 볼 수 있다.

그림 1-2 강정마을 해군기지 건설 분쟁의 진행단계

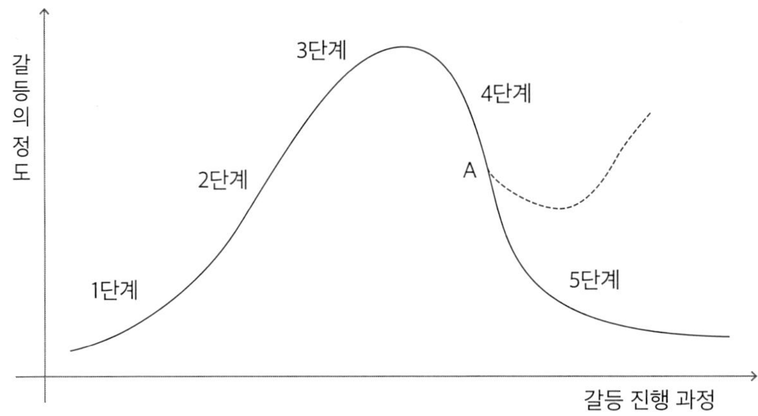

〈2단계〉인 갈등증폭기는 2007년 4월 26일 개발을 기대하는 사람들 87명이 중심이 된 서귀포시 강정마을 임시총회의 해군기지 유치결정 이후 주민들 간의 반목이 심해지게 된 시기로 볼 수 있다. 그런데 2011년 12월 연구자가 현장에서 확인한 바에 의하면, 이때 반대의견이 묵살되었고 어촌계 소속 해녀 40여 명은 해군기지가 들어온다는 사실을 정확히 모르는 상태에서 1억 원 이상의 보상을 약속받고 박수로 결정되었다고 한다. 450년 역사에 풍광이 빼어나고 물이 풍부한 부촌이었던 강정마을에서 개발을 반대하고 공동체를 그대로 유지하고자 하는 대다수의 주민은 이를 받아들이기 힘들었다. 그런데 2007년 5월 14일 김태환 제주도지사는 주민투표 대신 여론조사 결과를 토대로 강정-화순-위미 등 3개 후보지 중 찬성률이 가장 높은 강정마을을 최우선 대상지로 선정하여 국방부에 신청하고, 6월 8일 국방부는 해군기지 건설지역으로 강정마을이 결정되었음을 제주도에 통보한다.

저자가 2011년 12월 현장에서 만난 지역주민들은 부정조사의 의혹을 강하게 제기했다. 이는 2008년 8월 강정마을 총회에서 유효투표의 94%인 680명의 유권자들이 반대한 데서도 잘 나타난다. 이런 가운데 이명박 정부는 2008년 9월 11일 국회의 제안을 반영하여 해군기지를 세계적인 민군복합형 관광미항으로 개발하는 방안을 발표한다. 2009년 1월 21일에 국방부장관은 「국방·군사시설사업에 관한 법률」 제4조에 따라 '국방·군사시설사업 실시계획 승인 및 고시'를 한다. 대다수 지역주민의 의사와 관계없이 2009년 1월 항만 공사 계약 이후 이미 1천 400여억 원의 예산이 집행됐다. 「제주특별자치도 설치 및 국제자유도시 조성을 위한 특별법」(제주도특별법) 제292조에 따라 제주도지사가 도의회의 동의를 얻어 절대보전지역을 해제 가능했기 때문에 2009년 7월에는 1.2㎞ 구럼비 용암너럭바위 해안 절대보전지역 해제절차를 밟는 등 제주해군기지 사업은 제주도지사와 도의회의 인허가와 협의 등 형식적으로는 적법한 절차에 따라 추진되고 있었다. 이러한 정부의 일방적인 정책계획의 형성과 추진 과정은 제주 강정마을을 개발 찬반 주민들 간에 대화가 안 되는 전쟁터로 전락시켰고, 종교단체는 물론 시민단체와 정치권까지 가세하면서 분쟁은 걷잡을 수 없는 지경에 이르게 된다.

그림 1-3 제주 강정마을 구럼비 해안의 해군기지 공사 현장

〈제3단계〉인 갈등절정기는 이런 와중에 김태환 제주도지사 주민소환투표까지 진행되었으나 2009년 8월 26일에 투표율이 11%로 개표기준에 못 미쳐 무산되고, 2011년 2월 9일 해군과 건설업체가 현장사무소를 개소하면서 지역주민은 물론 시민종교단체를 포함한 제3자의 개입이 이루어지고 8월 24일 강동균 마을회장이 강제 연행된 시기로 볼 수 있다.

〈제4단계〉는 소강국면으로 볼 수 있는데, 2011년 8월 29일 해군이 반대집단을 상대로 제기한 「공사방해금지 등 가처분 신청」의 일부를 법원이 인용함에 따라 9월 2일 해군은 경찰병력 1,000여 명을 동원하고 펜스를 설치하여 본격적인 공사를 진행하고, 일부 마을주민과 시민종교단체 관계자들이 반대 운동을 지속하고 있는 시기이다.

마지막 〈5단계〉인 결말단계에 이르기 전에 대법원에 계류 중인 3가지 소송이 어떻게 결말이 나는가에 따라 그리고 정권교체의 여부에 따라 A 지점에서 다시 분쟁이 증폭될 수도 있었고, 원만하게 마무리될 가능성도 있었는데, 2016년 해군기지 공사가 완공된 것을 보면 비록 깊은 상처는 남겼지만 분쟁을 종식된 것을 알 수 있다.

2 구리시 자원회수시설 입지선정 경험

구리시 자원회수시설은 1991년부터 시작하여 지역주민을 배려하는 민주적인 의사결정과 1998년 9월 17일 공사착공 그리고 2000년 12월 20일 남양주시와 환경빅딜(Big Deal: 구리시는 자원회수시설을, 남양주시는 자원회수시설에서 나오는 소각잔재를 매립하는 시설을 각각 건립하는 협약을 체결)을 거쳐 2002년 4월부터 비교적 성공적으로 가동되고 있다(이종열 등, 2007: 22 - 55). 하루 200톤의 각종 쓰레기를 처리할 수 있는 소각동에는 구리와 남양주에서 배출되는 쓰레기 160~170톤이 매일 들어온다. 총 500억 원의 사업비를 들인 자원회수시설 건설로 구리시는 213억 원의 건설비와 함께 매년 21억 원의 운영비를 절감하는 효과를 얻었다. 환경빅딜에 따라 국·도비 지원 비율이 30%에서 50%로 상향되었고, 남양주시와 건설·운영비를 분담했기 때문이다.

구리시는 1991~1995년에 구리시 내 입지대상지역의 생태·교통·환경 등을 조사했다. 그리고 1995년 6월 23일부터 8월 14일까지 예비조사를 거쳐 〈그림 1-4〉와 같이 3곳의 후보지를 확정하고(사노동 37번지, 토평동 9 - 1번지 그리고 토평동 465 - 43번지), 12월 15일 주변 300m 이내에 주거시설이 없는 토평동 9 - 1번지 2만 3,000여 평 그린벨트 지역을 최종 선정했다. 이때 3개의 예비 후보지가 결정되자 1995년 9월 19일 입지선정위원회를 구성하여 총 4회에 걸친 의견수렴과 자문 그리고 협의를 거쳐 12월 15일 입지선정위원회의 전원일치로 입지선정을 확정하게 된 것이다. 1996

년 8월과 12월에는 사업추진과 관련된 환경영향평가 사항에 대하여 주민설명회를 개최하였다.

소각장 건설에 앞서 1998년 초 다이옥신 배출량을 허용기준치 이하로 줄이는 과학적 합리성을 보여주었고, 주민간접보상 차원에서 체육시설 등의 건립을 약속했다. 그러나 소각장 시설과 500~600m 인접한 아파트 주민들이 2001년부터 입주하면서 기존에 이행된 절차는 무시하고 무조건적인 저항을 시작했다. 기피시설인 소각장 건설에 따른 집값 하락, 유해물질 관리에 대한 불신, 그리고 남양주시의 쓰레기까지 소각하여야 한다는 것 때문이었다(주재복·한부영, 2006: 74). 이에 대해 구리시는 다이옥신에 대한 안전성을 입증하고 주변의 지가 하락에 대비하면서 원만하게 합의에 이르게 되었다(김창수, 2008: 68 - 70). 이제 구리타워를 찾는 시민들은 석양에 물든 도봉산의 장관을 보며 발아래 소각장은 개의치 않는다. 전국에서 매일 공무원 등 50여 명씩이 견학을 온다. 타이완·중국 등에서도 견학을 다녀가는 구리시의 자원회수시설은 이제 '혐오시설의 친환경적 운영'의 대표적 성공사례로 국내외에서 평가받고 있다(경기일보, 2007. 4. 20).

그림 1-4 구리시 자원회수시설 후보지와 구리타워의 모습

출처: 이종열 등(2007: 24-26) 재구성

3 남양주시 소각잔재매립장 입지갈등 경험

남양주시는 「폐기물관리법」 제4조에 근거해서 1992년부터 별내면 광전리 일대 28만 4,000㎡에 쓰레기매립장 사업을 추진해 왔다. 그러나 이에 반대하는 주민들이 10건의 소송을 제기해 공사 중단과 재개가 반복됐다. 특히 「폐기물처리시설 설치 촉진 및 주변지역 지원 등에 관한 법률」에 의해 이루어진 사업승인이 입지선정위원회를 구성하지 않은 절차적 흠 때문에 법원에 의해 무효화되었다(수원지법, 2000. 7. 12; 서울고법, 2001. 5. 1. 판결). 이때는 1995년 택지개발 이후 1997년부터 매립지 인근에 6,300여 가구가 입주한 상태였는데 남양주시는 대법원에 항고를 포기하는 대신, 입지선정위원회를 구성하지 않아도 되는 「폐기물관리법」을 적용해 사업의 재승인을 받았다. 2000년 12월 20일 환경빅딜 이후 에코-랜드라는 명칭으로 하루 71톤 규모의 소각잔재매립장 건설을 추진하고 있지만 남양주시 지역주민들의 반대로 인해 공사가 계속 지연되었다(이종열 등, 2007: 57-118).

2005년 9월 29일에 겨우 공사를 재개하였으나 지역주민들의 반대로 지연되고 있는 상황에서 2006년 4월 3일에는 주민들과 건설회사 용역직원들 간의 폭행사건이 발생했는데, 공중파를 타면서 전국적인 사건으로 부각되었다(중앙일보, 2007. 1. 30). 2007년 5월에 들어와 대상지역의 산지 절개면적이 20만㎡ 이상임에도 불구하고 환경영향평가를 받지 않았기 때문에 환경부의 요구로 공사가 중단된 상태에서 반대주민들이 경기도지사를 상대로 제기한 '폐기물처리시설 설치승인처분 무효 확인소송'에 직면했다(김창수, 2008: 82-83). 그런데 2008년 2월 18일에 이 소송이 수원지법에서 기각됨에 따라 중단된 공사를 2008년 4월부터 재개하여 2009년 말 완공할 방침이었다. 주민들은 소송에서 '경기도와 남양주시가 환경영향평가를 실시하지 않았고, 도시계획 변경결정을 경기도지사가 아닌 남양주시장이 했기 때문에 설치승인은 무효'라고 주장했다. 그러나 재판부는 '에코-랜드는 규모가 30만㎡ 이하로 환경영향평가 대상이 아니며, 도시계획 변경 결정권자에 대한 하자는 사업계획을 무효로 할 만큼 중대하지 않다.'고 밝히고 소를 기각하면서 공사가 재개된 것이다(조선일보, 2008. 2. 19). 2008년 10월 10일 서울고법 항소심에 이어 10월 23일에는 대법원의 확정판결로 지루한 법정공방이 대단원의 막을 내리면서 남양주시 관계자는 법적 정당성을 바탕으로 2010년 하반기 공사 완공까지 시민들의 협력을 요청했다. 2008년 12월 11일 남양주시 K 시의원은 시의회에서 관련 예산이 통과된 후 공사반대 단식농성에 돌입한다. 그러나 2009년 3월 31일에는 일부 주민의 반대 속에 3년 만에 공사가 재개되어 2011년 10월에 완공되었다.

그림 1-5 남양주시 청학리 전경과 소각잔재매립장 예정지

출처: 이종열 등(2007: 95) 재구성

4 하남시 광역화장장 입지갈등 경험

2006년 9월 하남시장은 3,000억 원을 공사비로 집행하고, 2,000억 원의 인센티브를 지역발전의 모티브로 삼겠다며 광역화장장 건설을 추진하겠다고 밝힌다(김창수, 2008: 80 - 81). 하남시 광역화장장 건립추진은 당초 경기도가 가평군에 건립비용 외에 1,200억 원의 인센티브를 제공하는 조건으로 추진하다가 주민반대로 무산되면서 시작됐다. 이에 따라 하남시장은 비록 공약사항은 아니었지만 취임 직후 하남시 발전방안의 일환으로 광역장사시설 유치계획을 구상하여 경기도에 인센티브 지원을 건의했고, 경기도는 서울시와 하남시 간의 빅딜을 전제로 하남시의 요구를 수용하면서 사업이 진행되어 왔다(동아일보, 2008. 4. 28). 2006년 10월 9일 경기도지사의 발표에 이어 10월 16일 하남시장은 하남시의회에서 지역발전을 위해 경기도 광역화장장을 유치하

겠다고 밝힌다. 그러나 10월 23일 주민설명회가 주민반발로 무산된 후 11월 21일에는 '하남시 광역화장장 유치반대 범시민대책위원회'가 꾸려져 대규모 반대집회가 열린다(서정환, 2007: 80-81). 2007년 6월 12일에는 용역결과를 바탕으로 최종 후보지를 발표(상산곡동 산 145번지 일대 30만 평)하는데, 6월 26일 열린 공청회에 반대 측은 불참하고 공청회장 앞에서 농성한다.

한편 2007년 5월 11일 「주민소환에 관한 법률」이 시행되는데, 이를 근거로 7월 23일에 화장장을 반대하는 주민들이 하남시장과 시의원 3명 등 선출직 4명에 대해 주민소환을 추진하는 사태가 발생하였다. 이는 법률 시행 이후 처음 발생한 사례였다. 2007년 9월 20일 주민소환 투표가 실시된다는 내용이 8월 31일에 공고됨에 따라 이때부터 시장의 직무가 정지되었다. 우리 사회의 민주화가 상당히 진척되어 주민들의 권리의식이 제고된 상태에서 기피시설 입지와 관련하여 이해관계자인 지역주민들이 자기의견의 개진기회를 갖지도 못하고 일방적으로 결정을 통보받으면서 분노를 표출한 것이었다(김도균, 2007: 31). 하남시장은 뚜렷한 개발의지가 있었고 합법적으로 업무를 추진하였지만, 지방의회의 소수의견과 대다수 주민의 의사를 무시한 결과 주민소환의 위기에 직면했던 것이다(국민일보, 2007. 8. 5).

하남시 선거관리위원회에서 2007년 9월 20일을 주민소환투표일로 결정하지만, 청구요건인 유권자 15%를 넘긴 서명부에 허위·대리 불법 서명이 70% 이상이라서 무효라는 시장 측의 주장이 수원지방법원에 일정 부분 받아들여지면서 9월 13일에 주민소환투표 일정이 무산된다. 당시 수원지방법원은 청구사유 기재 불이행이라면서 3만 명 이상이 서명한 서명용지를 무효화한 것이다. 시장은 직무정지 20일 만에 시장실로 돌아왔다. 그러나 선관위에서 주민소환을 재추진할 수 있다는 유권해석을 받은 후 주민소환추진위원회는 소환청구서류를 접수하고 재추진 과정을 밟게 된다. 2007년 12월에는 대통령선거와 주민소환 투표가 뒤엉킨 하남시의 거리에는 대선후보들과 주민소환투표 찬반세력의 유세차량과 현수막이 뒤덮였다. 2007년 12월 12일 주민소환투표 결과 지방의원 2명이 소환되고, 하남시장은 투표율이 3분의 1에 미달하여 38일간의 직무정지를 끝내고 직무를 계속하게 된다.

이런 와중에 2008년 4월 4일 경기도가 「장사 등에 관한 법률」 제5조 개정을 통한 장사정책의 변화를 이유로 인구 10만 명당 2~3기의 화장로를 갖춘 화장장을 시·군별로 마련하는 '1시군 1화장장 건립사업'을 추진한다면서 약속한 건설비와 인센티브를 주지 않겠다고 포기선언을 하면서 하남시의 반발을 샀다(연합뉴스, 2008. 4. 10). 이처럼 장사법 개정으로 광역화장장이 무산된 상황에서 4월 28일 하남시장은 광역화장장을 포기하는 대신에 '경기도의 하남시 발전지원 합의'를 이끌어 내면서 화장장 건립계획을 공식 포기한다(한국일보, 2008. 4. 28). 하남시의 2008년 주요 업무계획에서는 열린 행정을 강조하고 있다.

5 북구유럽의 방사성폐기물처분장 입지성공 사례

1995년부터 15년간 부지선정 과정을 거친 스웨덴 포스마크 고준위 방사성폐기물처분장 입지성공 사례는 협력기획의 모델을 제공하고 있다. 스웨덴은 1995년에 고준위방사성폐기물처분장 부지선정에 들어가 15년 동안 이해관계주민 2만 5천 명을 모두 만나는 설득작업 끝에 2009년 부지선정에 성공한 것이다. 물론 스웨덴 방사능 안전국은 5년간의 과학적 심사 끝에 안전성을 검증하였고, 웨스트 함마르의 시의회 산하 3개 위원회에서 검토를 하면서 투명성을 확보하였다. 그리고 매년 70억 원 상당을 폐기물기금에서 지원하고 있다.

핀란드 '고준위 방사성 폐기물 처분장' 입지선정 성공사례 역시 마찬가지이다. 핀란드는 무려 37년에 걸쳐 사용 후 핵연료를 영구처분하기 위한 로드맵을 세운다. 우선 17년간의 핀란드 전 국토를 대상으로 한 정밀조사 후 2000년에 최종 부지를 선정했고 2020년부터 영구처분을 할 수 있도록 하기 위한 작업을 진행 중이다. 최종부지 선정과정은 우선 지역의회의 결정을 거쳐 정부에 유치 신청을 하고 정부는 진행과정상 문제가 없는지를 검토해서 의회에 제출하여 의회 비준을 거쳐 영구처분 부지를 최종 확정하였다.

후쿠시마 원전 사고 이후 고리원전 사고를 포함한 안전운전에 대한 정부와 ㈜한국수력원자력의 바람직한 대응방안을 모색하는 데 있어서 많은 시사점을 준다. 여기서 기피갈등(NIMBY)을 유치갈등(YIMBY, Yes In My Back Yard)으로 전환시키는 지혜를 배울 수 있다.

6 한국전력의 송전철탑 경과지 선정 실패와 성공 경험

기장군 장안읍과 울주군 서생면에는 2010년 12월 신고리원전 1호기가 완공되었고, 2011년 12월에는 신고리원전 2호기가 완공될 예정이었다. 그리고 이에 맞추어 기장군 정관면과 경남의 양산 그리고 밀양을 거쳐 창녕군의 북경남변전소에 이르는 90.5㎞의 765㎸ 고압 송전철탑 162기 건설계획이 추진되고 있다. 그런데 이처럼 한전이 2008년 8월 첫 삽을 뜬 뒤 2011년 5월 준공을 목표로 하던 고압 송전선로 공사와 관련한 갈등이 예사롭지 않게 진행되면서 2012년 4월로 완공목표를 연기하였다.

한편 한국전력은 2000년 확정된 정부의 장기 전력수급계획에 따라 2002년부터 총사업비 5천억 원을 투입하여 「전원개발촉진법」 제6조의 2에 따라 토지수용과 보상을 완료하였다. 그런데 토지이용규제에 따른 지가하락과 전파영향에 따른 위험으로 피해를 보는 지역주민들에게는 정부계획과 규제가 어두운 얼굴로 다가오기 때문에 심각한 분쟁을 초래하고 있다. 〈그림 1-6〉은 경남 양산에서 건설 중인 송전철탑의 모습이다.

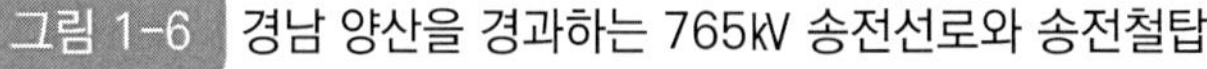

그림 1-6 경남 양산을 경과하는 765㎸ 송전선로와 송전철탑

부산광역시 기장군 정관신도시에 765㎸ 송전선로와 17기 송전철탑 건설이 추진되고 있었다. 물론 한국전력이 2000년 확정된 정부의 장기 전력수급계획에 따라 2002년부터 총사업비 5천억 원을 투입하여 합법성을 충족하고 보상을 완료하였다. 그런데 2009년 초부터 입주를 시작한 정관신도시 입주민들은 인근에 고압 송전선로가 들어선다는 사실을 전혀 몰랐고, 부산시가 정관신도시를 '생태환경도시'로 대대적으로 홍보해 입주를 결정했다고 한다. 8개 아파트단지 5천 세대 1만 5천명의 입주민들은 송전탑과의 이격거리가 800m에 불과해 전자파와 재산권 피해 그리고 경관훼손의 비용을 고스란히 떠안게 되었다며 송전선로 계획의 철회를 요구하고 있다. 정관 산업단지 입주기업들도 고압 송전선로 전자파로 인한 정밀기기 오작동, 품질관리 피해 등을 우려하고 있다.

기장군 정관면의 이장, 상인연합회와 정관 산업단지 대표들로 구성된 '765㎸ 송전선로 백지화대책위원회'는 2010년 4월부터 주민서명을 받고 있고, 국회와 중앙정부에 탄원서를 제출하고 부산지방법원에는 '공사 중지 가처분신청서'를 제출했다. 2010년 9월 4일부터는 주민궐기대회를 추진하면서 거칠게 가시를 세우고 있다. 한편 2010년 9월 9일에 이르면 한전은 주민협의체를 구성하여 대안을 모색하자는 제안을 하지만, 대책위원회는 받아들이지 않았다. 2011년 3월 1일 한국전력은 정관면 765㎸ 송전탑 공사 강행 입장을 기장군청에 전달한 후 다음날 공사를 위한 벌목 작업에 나서면서 기장군청은 물론 지역주민들과 갈등을 빚고 있다.

이처럼 전원개발사업 실시계획 승인 후에 이를 사후에 인지한 지역주민들의 반발로 사업이 지연되어 전력사업에 큰 차질을 빚던 문제점이 지적되어 왔기 때문에 정부는 2003년 12월 30일 「전원개발촉진법」 제5조의 2를 신설하여 주민 등의 의견청취를 규정한다. 실제로 정관신도시 송전철탑 건설계획은 이미 2002년에 주민의견수렴 규정이 생기기 전에 이루어진 것이다. 나아가 정부는 2009년 1월 30일에는 전원개발사업자(電源開發事業)는 실시계획의 승인 또는 변경승인을 받으려는 경우에는 승인 또는 변경승인을 신청하기 전에 사업시행 계획의 열람 및 설명회를 통하여 대상사업의 시행으로 영향을 받게 되는 지역의 주민 및 관계 전문가 등의 의견을 들어야 하도록 개정한다.

정부에서 협력기획을 제도화한 이후 성공적인 경과지 선정사례가 등장하고 있다. 2010년 한국전력은 세종시의 전력공급을 위한 송전철탑 경과지 선정과정에서 이전과는 다른 접근을 시도하였다. 송전철탑 입지선정 단계에서부터 이해관계가 있는 유성구 통장협의회 회장, 금남면 이장협의회 대표, 현도면 이장협의회 대표를 참여시키고 사회갈등연구소 소장인 박태순 소장을 조정자(facilitator)로서 참여시켰고, 이때 회의결과를 현장에서 주민들이 반대하면 무용지물이 될 수 있다고 생각하여 해당 마을을 4차례 찾아가 답사하고 주민들의 의견을 수렴하였다. 이를 통해 2010년 9월 고성이 오간 첫 회의 시작 이후 2년이 예상되던 경과지 선정 작업을 5차례 회의를 거쳐 9개월 만에 완료하였다. 한국전력은 3차원 시뮬레이션으로 주민들에게 선정된 경과지의 모습을 보여주었다. 관계자들에 의하면, 송전탑 경과지 선정에는 법정소송까지 포함하면 통상 4년 이상의 기간이 소요된다고 한다. 한국전력은 상대방에 대한 이해(understanding)를 바탕으로 당사자들이 모두 이기게 하는 방법, 즉 양보를 통해 갈등해결책을 찾았다. 이는 정책이견 단계에서 갈등이 조정되어 민주적인 합의 형성 과정이 오히려 더 경제적임을 입증한 좋은 선례로 남았다.

7 감천문화마을 창조사례

부산광역시 사하구 감천동은 해방공간과 한국전쟁 당시 힘겨운 삶의 터전으로 시작되어 현재에 이르기까지 민족 근현대사의 흔적과 기록을 그대로 간직하고 있다. 산복도로와 산자락을 따라 뒷집을 가리지 않게 앞집이 차곡차곡 들어선 독특한 계단식 집단주거형태는 감천동만이 보여주는 독특한 장소성과 역사성 그리고 문화적 보존가치를 내재하고 있다.

감천태극마을은 1960년대~70년대 초기 개발과 새로운 도시계획 및 아파트 재개발 등으로 본래의 모습을 잃어버린 대부분의 도심들과 달리 과거의 모습을 그대로 보여주고 있다(http://cafe.naver.com/gamcheon2).[2] 아울러 항도 부산 특유의 산복도로를 낀 산동네에 속하면서도, 초기 태극교도들에 의해 구획된 마을의 질서정연한 구

2 지금은 사단법인 감천문화마을주민협의회(https://www.gamcheon.or.kr/)로 활동하고 있다.

조가 사통팔달의 정감어린 골목길들과 함께 원형 그대로 보존되고 있다는 점에서 높은 문화적 가치를 지니고 있다. 이러한 감천2동 태극마을에 문화가 덧칠되면서 2009년도와 2010년도의 인구감소율이 줄어들고 있다. 이는 주민들이 밀려나지 않고 자생할 수 있는 생활문화공간이 완성되고 있기 때문으로 해석된다. 이로 인해 문화마을은 주민참여형 마을재생 혹은 문화재생의 모범사례(role model)가 되고 있다. 2009년 6월 사하구 무지개공단 끝자락에 위치한 예술문화단체 〈아트팩토리 인 다대포〉가 문화체육관광부의 마을미술 프로젝트 공모에 당선되어 「꿈을 꾸는 부산의 마추픽추」라는 이름의 공공미술(public art) 프로젝트를 추진하면서부터 문화마을 재생사업은 본격적으로 시작되었다. 2009년 11월 26일에는 문화체육관광부 장관이 방문할 정도로 유명세를 타기도 했지만, 이때 공공미술 창조과정을 주도한 문화예술가들과의 면담결과를 종합하면 작품의 일부는 마을주민들과 학생이 함께 참여하여 완성하면서 의미공유가 시작된 것으로 보인다. 주민들과의 긴밀한 협의를 위해 2010년 2월부터 〈감천동 문화마을 운영협의회〉를 구성하여 「미로미로(美路迷路) 프로젝트」를 수행하면서 6개의 빈집을 예술품으로 채우고 골목길을 연결하면서 마을 안으로 들어가는 작업이 이루어졌다.

그림 1-7 감천문화마을 전경

1947년 해방공간에서 태극도 신도들이 모여들면서 형성된 태극마을은 우리나라 산업화 과정에서 볼품없는 달동네로 전락했다. 그런데 여기에 예술가들의 예술혼이 가미되면서 '한국의 마추픽추'로 불릴 만큼 아름답게 거듭나고 있고, 마을주민들은 천연염색과 비누 그리고 도자기 공방에서 소박한 작품을 만들어 〈아트 숍〉에서 판매하면서 공동체 수익구조(community business)를 형성하는 문화산업의 메카로 변모하고 있다.

건설과 개발위주의 마을재생에서 벗어나 공공미술·음악을 활용한 산복도로 마을재생 사례들 중에서 사하구 감천2동의 경우 문화예술을 기반으로 하면서 주민참여와 부산시와 사하구의 기반시설 기획과 행정지원을 통해 생활공동체를 완성해가는 산복도로의 마을재생의 대표적인 사례로 평가된다. 산복도로는 밀어낼 공간이 아니라 문화적으로 재생하고 창조할 공간인 것이다.

제4절

해석주의와 비판주의 그리고 포스트모더니즘

1960년대 말 이후 도구적·기술적 이성에 바탕을 둔 실증주의적 행정학의 연구방법에 대한 대안적인 패러다임이 현상학적·해석학적 연구방법과 비판주의 패러다임이다. 이러한 해석주의 패러다임은 공공갈등을 이해하고 관리하는 데 어떤 도움을 줄 수 있을까?

1 현상학적 접근방법

현상학적 접근방법(phenomenological approach)은 인간행태의 내면적인 세계의 의미(meaning) 이해를 중시하는 접근방법을 말한다. 현상학적 접근 방법은 사회현상의 본질, 인간 인식의 특성, 이론의 성격 등 사회과학 연구의 좀 더 본질적인 문제를 둘러싸고 실증주의와 행태주의가 내세우는 과학적인 연구 방법에 반기를 들고 있다. 현상학적 접근 방법은 사회현상 또는 사회적 실재(social reality)란 자연 현상처럼 사람과 동떨어진 객체로 존재하는 것이 아니라, 그 속에 참여하는 사람들의 의식 생각 언어 개념 등으로 구성되며, 그들의 상호 주관적인 경험으로 이룩되는 것이기 때문에 사회과학에서 형성하는 사유 대상 또는 정신적 구성물은 자연과학의 그것과는 본질적으로 다르다고 주장한다(이종수, 2000: 376-377).

행정학에서는 특히 Michael Harmon(1981)의 해석학적 방법론이 유명하다. 그는 인간의 주관적 행동의 의미를 이해하고 해석하는 방법론을 취하기 때문에 행위주의 패러다임(action theory)이라 부른다. 행위이론은 면대면 만남(face-to-face encounter)을 기본적 분석단위로 함으로써 인간행위에 관한 이론과 실제를 결합하고자 하는 분석양식이다. 즉, 현상학적 접근방법에서는 감정이입(empathy, 感情移入)을 통해 인간행동의 의미를 상호 주관적으로 이해하려고 한다. 가령 미친 듯이 도끼질을 해대는 사람을 단지 장작을 패는 것이 아니라 실연의 슬픔을 감당하지 못해 그렇다는 사연을 면담을 통해 이해할 수 있는 것이다. 조직구성원이 지각을 자주할 때, 혹은 성과가 지극히 낮을 때 단지 그 결과를 보고 평가하기보다는 사연을 이해하는 방법을 취할 수도 있는 것이다. 따라서 조직이란 간주관적으로 공유된 의미의 집합(a set of inter-subjectively shared meaning)이다. 행위주의 패러다임에서는 조직 속의 인간을 구조 속에 갇힌 피동적인 존재가 아니라 능동성을 지닌 존재로 간주한다. 법정(1999: 31-33) 스님에 따르면 사람은 저마다 자기중심적인 고정관념을 지니고 '자기 나름대로의 이해'를 하게 되는데, 이는 오해를 초래한다는 것이다. 그래서 지혜를 통해서 온전한 이해가 가능하다고 한다. 현상학에서 얘기하는 상호주관적 이해가 얼마나 어려운 일인지 알 수 있다.

2 비판주의 패러다임

비판이론은 칸트의 비판철학과 마르크스의 이데올로기 비판에 근거를 두고 있으며, 1920년대 이후 독일의 프랑크푸르트학파를 통해 체계화되었다. 1970년대 후반 비판이론을 행정학에 적용한 대표적인 학자인 Denhardt(1999)는 공공서비스에 나타나는 정당성의 위기를 관료의 관심과 시민들의 관심이 불일치하는 의사소통의 왜곡에서 찾았으며, 관료제 안에 존재하는 소외와 관료제로부터 야기되는 시민의 소외는 객관성의 증대와 성찰의 결여가 결합된 것이라고 한다.

3 포스트모더니즘

최근 들어 학생들과 회식자리를 가지면, 100명 정도의 학생이 약 10명씩 각기 그룹을 이루어 재미있게 시간을 보내는 모습을 본다. 군대식으로 통일성과 규율을 강조하여 일사분란하게 행사를 진행하던 20년 전 나의 학창생활과 사뭇 다른 것이다. 이러한 21세기의 학생들을 20세기의 모더니티 사고방식으로 교육하는 데는 많은 한계가 있음을 절감하게 된다. 21세기에는 교실에서 뿐만 아니라 행정부문을 비롯한 사회 전반에서 부분문화가 활발해지는 포스트모더니티(post-modernity)의 사회적 상황으로 치닫고 있는 것이다.

포스트모더니티는 객관주의 및 자연과학적 세계관에 입각한 모더니즘에 대한 반명제로 대두된, 상대주의적·다원주의적 세계관을 말한다. 즉 객관적 진실이 존재한다고 보는 산업사회의 세계관으로서의 모더니즘과 단절, 사회적 현실은 사람들의 마음속에 구성된다고 보는 구성주의(constructivism) 등의 사조를 말한다. 산업사회 이후의 사회적 특성을 반영한 이러한 포스트모더니즘은 예술·철학 등의 영역에서 뿐만 아니라 정치학·사회학 등 사회과학 분야에서까지 새로운 인식론적 관점으로 주목받고 있다(이종수, 2000: 344-345).

지금까지 주류 행정이론은 합리주의와 과학주의 및 기술주의를 신봉하는 모더니즘에 뿌리를 두고 있다. 그러나 모더니즘의 합리주의에 대한 회의, 즉 과학주의와 기술주의의 한계와 부작용을 비판하는 포스트모더니즘 행정학이 등장하였다(강신택, 2002). 예를 들면, 이명박 정부의 입장에서 4대강 살리기 사업은 반드시 옳다든지, 세종시를 행정 중심 복합도시보다는 교육과학 중심 경제도시가 옳다고 주장하면서 반대의견에 대해 경청하고 소통하지 않는 것은 모더니즘의 합리주의에 근거하고 있기 때문이다. 상대방이 나와 완전히 다른 생각을 할 수도 있음을 인정하고 소통하고 합의에 도달하는 지혜가 포스트모더니즘에 내재되어 있다. 어떻게 그럴 수 있을까? 다양한 학자들이 논의하고 있는 지적 특징을 살펴보면서, 이에 대한 해답을 찾아보자(김광웅, 1995: 142; 이종수·윤영진, 2002: 181-183).

첫째, 포스트모더니즘은 인간의 이성과 과학의 무한한 힘을 믿었던 데카르트 이후의 근대적 세계관이 무너지는 과정에서 나타난 현상으로 전체성 해체, 독자적 개체의 인정, 주체와 객체의 구별 해소 등의 내용을 담고 있다.

둘째, 포스트모더니즘은 우리가 발견할 수 있는 객관적 사실이 있다고 보는 객관주의를 배척하고 사회적 현실은 우리들의 마음속에서 구성된다고 보는 구성주의(constructivism)를 지지한다.

셋째, 포스트모더니즘의 세계관은 상대주의적이며 다원주의적인 것이다. 보편주의와 객관주의를 추구하는 것은 헛된 꿈이라고 한다.

넷째, 포스트모더니즘은 해방주의적 성향을 지닌다. 개인들은 조직과 사회적 구조의 지시와 제약으로부터 해방되어야 한다고 주장한다. 인위적 계서제로부터 자유롭기 위해서는 탈관료제가 논의될 수 있을 것이다.

다섯째, Farmer(1995)는 과학주의와 기술주의로 대표되는 근대적 행정이론을 비판적으로 해석하면서 포스트모더니즘 행정이론을 성찰적 언어 패러다임(a reflexive language paradigm)으로 구성한다. 먼저 상상(imagination)은 규칙에 얽매이지 않는 행정의 운영이나 특수성을 인정하는 것이다. 해체(deconstruction)는 행정의 실무는 능률적이어야 한다는 등의 설화를 해체하는 것이다. 영역해체(deterritorialization)는 행정조직의 계층성이라는 고유영역을 해체하고 탈관료제화된 모습을 제시하는 것이다. 개방적 태도와 시민참여를 강조하는 타자성(alterity)은 나 아닌 다른 사람을 인식적 객체가 아닌 도덕적인 타자로 인정하는 것이다.[3]

여섯째, Fox와 Miller(1995)는 행정기구를 담론의 장소로 보고 평등한 의사소통을 강조하면서 구성주의(constructivism)적 관점에서 관료제도를 비판적으로 인식하고 있다. 소통에서 말은 늘 오해를 수반하게 되는데, 그들은 상대방의 의견에 대한 경청(傾聽, listening)을 강조한다.[4] 법정(1999: 101) 스님은 엄마들이 아기의 서투른 말을 이내 알아들을 수 있는 것은 말소리보다 뜻에 귀 기울이기 때문이라고 했는데, 우리 사회의 다양한 갈등당사자들이 곱씹어 보아야 할 조언으로 평가된다.

---

3 서울대 행정대학원을 퇴임하시고 현재 한국학술원 회원이신 강신택 교수님은 1999년 Farmer(1995)의 역작을 번역하는 방대한 작업에 성공한다.

4 때로는 곳곳의 의견을 두루 듣는 겸청(兼聽)의 지혜도 필요하다.

연구문제

1 왜 정책유형이 다양하다고 생각하는가?

2 행정과 정책은 어떤 관계라고 생각하는가?

3 정책유형에 따라 정책과정이 어떻게 변화한다고 생각하는가?

4 사드(THAAD)는 고고도 미사일 방어체계(Terminal High Altitude Area Defense)로, 미국이 추진하고 있는 미사일 방어체계의 핵심요소 중 하나이다. 그런데 대한민국 정부는 박근혜 정부 시기 사드 배치과정에서 여러 가지 난관에 봉착해있었다. 정책유형론을 바탕으로 그 이유를 설명해볼 수 있겠는가?

5 사회적 기업(http://www.socialenterprise.or.kr/index.do)으로 주식회사 감천문화마을주민협의회가 어떻게 운영되고 있는지 토론해보자.

6 공공정책을 추진할 때 필연적으로 나타나는 공공갈등을 어떻게 관리할지 토론해보자.

7 내가 만약 갈등 관리를 맡고 있는 주무관이라면, 서로 다른 입장과 이해관계를 가진 이해당사자들이 특정 정책을 둘러싸고 갈등할 때 어떻게 접근하겠는가?

8 댐 건설은 배분정책으로 볼 수 있다. 그런데 댐 건설 추진 과정에서 심각한 갈등에 직면하는 이유는 무엇인가?

제2장

정책학의 구조와 논리 그리고 공공갈등 관리

제1절 정책학의 구조와 정책과정, 그리고 공공갈등 관리 절차의 이해

제2절 정책학의 논리

제3절 정책윤리의 개념과 적용

제1절

정책학의 구조와 정책과정, 그리고 공공갈등 관리 절차의 이해

구조(structure)는 부분이나 요소들을 모아 전체를 이루는 짜임이다. 정책학은 어떠한 부분들과 요소들로 이루어져있을까? 가능한 한 대표성이 있으면서도 보편성을 가지는 정책학의 부분들을 짜임새 있게 엮어서 전체를 보여줄 수 있다면 정책학의 구조라고 할 수 있을 것이다. 그리고 정책학의 구조에 시간을 대입하면 시간의 흐름(temporal ordering)에 따라 정책과정이 진행되기 때문에 정책학의 구조와 정책과정은 함께 이해하는 것이 유용하다.

〈그림 2-1〉은 시카고대학 교수로서 미국정치학회 회장을 역임했던 David Easton(1917~2014)이 1953년 고안한 유명한 정치과정모형을 기본으로 정책과정모형으로 발전하기 위해 응용해본 것이다(Easton, 1965: 103-117).

국민들의 다양한 이해관계에 따른 요구와 정신적·물질적 지지를 통해 입법부와 행정부는 정책을 만드는 과정을 거쳐 정책을 산출해낸다. 정치활동은 배분이 자기에게 유리하도록 노력하는 것인데, 정치활동의 결과인 정책은 비용부담자와 정책수혜자의 배분조정이 표현된 것이다. 정책(policy)은 정치체제의 산출물(output)로 볼 수 있는데, 일정한 사람들에게는 가치를 부여하고, 다른 사람들에게는 이를 부여하지 않은 것이다. 가령 노무현 정부 때에 행정수도 이전정책을 놓고 서울시민과 과천시민, 그리고 충청남도민의 이해관계가 달라서 격렬한 논쟁이 이어졌던 것이다. 2000년대를 뜨겁게 달구었던 새만금 갈등 역시 간척과 개발 사업을 놓고 전북도민과 환경단체가 갈등을 이어가는 이유도 가치배분과 이해관계 조정에 대한 입장 차이에 기인한다.

그림 2-1 정치과정모형

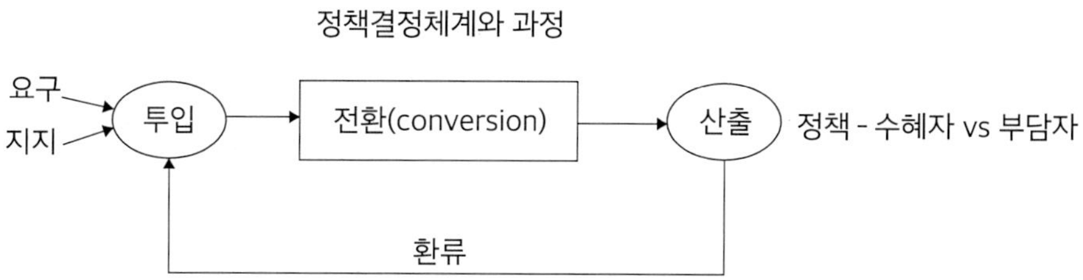

정책결정체계와 과정

요구
지지
투입
전환(conversion)
산출
정책 - 수혜자 vs 부담자
환류

출처: Easton(1965) 수정 보완

〈그림 2-2〉는 정정길(1997: 17)의 정책과정모형을 수정 보완한 정책학의 구성요소를 보여주고 있다. 정책과정(policy process)이란 정책이 산출되고 실행되는 데 거쳐야 할 일정한 단계적 절차이다. 정책과정의 핵심인 전환(conversion; 轉換)의 내용을 상세히 검토하면 다음과 같다(Ripley, 1985: 49; Smith and Larimer, 2017: 26).

그림 2-2 정책학의 구조와 과정

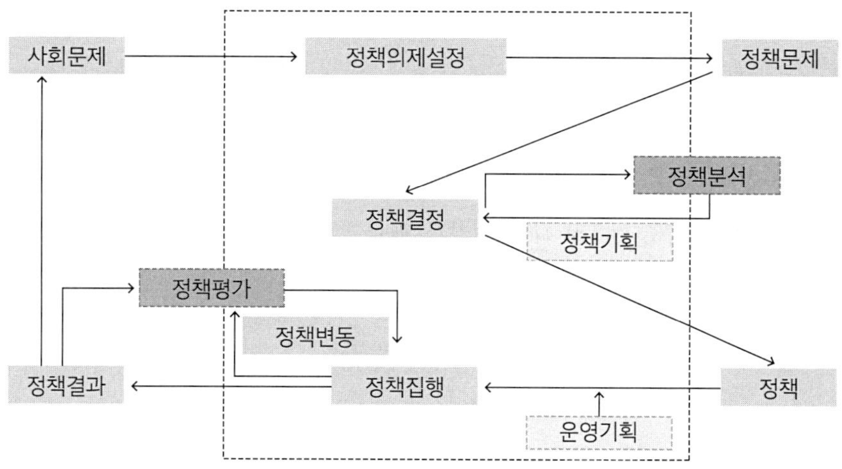

출처: 정정길(1997) 수정 보완

정책과정의 일반적인 단계는 먼저 정책의제설정단계로서 정부가 정책적 해결을 위해 사회문제를 정부의제로 채택하는 과정이다. 둘째, 정책결정단계로서 정책목표를 설정하고 이 목표를 달성할 여러 가지 정책수단을 모색·고안·검토하여 하나의 정책대안을 채택하는 과정이다. 셋째, 정책집행단계로서 정책내용을 현실세계에 구체적으로 실현하는 활동이다. 다만, 저자의 경우 정책집행을 구체화하기 전에 정책기획을 통해 집행과정을 조율하는 정책기획과정을 포함하였다. 넷째, 정책평가단계로서 정책목표와 정책수단 간의 인과관계에 관한 가설을 검증하는 활동이다. 그리고 새롭게 도입된 정책이 집행과정이나 평가과정에서 정책학습과 정책변화를 통해 지속·발전되거나 종결되는 정책변동단계를 고려할 수 있다.

한편 이러한 정책과정에는 다양한 공식·비공식 참여자들이 영향력을 행사한다. 공식적인 참여자는 국회, 대통령과 대통령비서실, 행정기관, 사법부 등이다. 비공식 참여자는 정당, 이익집단, 일반국민, 전문가집단, 시민단체와 일명 제4부로 불리는 언론 등을 들 수 있다.

한편 공공갈등을 사전에 예측하고 예방하는 것은 가장 지혜로운 갈등관리 방안으로 평가된다. 2003년 출범한 참여정부에서 입법 추진된 「공공기관의 갈등관리에 관한 법률(안)」을 바탕으로 한 〈그림 2-3〉의 갈등예방을 위한 절차와 흐름도를 참고하여 정책추진 과정에서 어떻게 갈등을 예방하고 관리할지 참고할 수 있다(Susskind and Thomas-Larmer, 1999: 99-136). 2007년 제정된 이후 2016년까지 다섯 번째 개정을 거친 대통령령인 「공공기관의 갈등 예방과 해결에 관한 규정」을 통해 갈등관리가 이루어지고 있는 한계가 있다.

그림 2-3 공공기관 갈등예방 절차와 갈등영향분석 흐름도

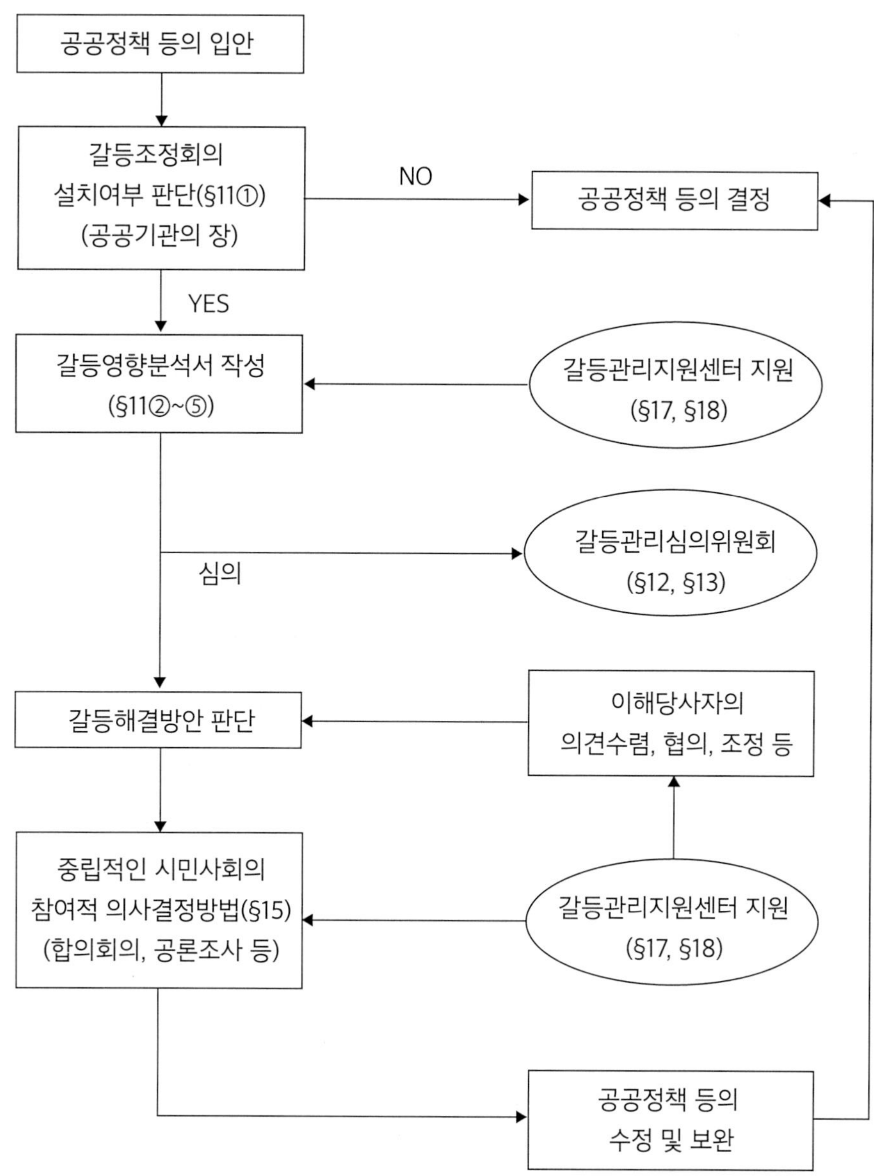

출처: 대통령자문 지속가능발전위원회 편(상)(2005: 139) 수정 보완

제2절

정책학의 논리

1 정책학의 구성 논리

논리(論理)란 사고나 추리 따위를 끌고 나가는 과정이나 원리를 의미한다. 정책학의 논리란 정책학을 지배하는 원리로서 정책학적 사고와 행동의 타당한 규범과 기준을 의미한다. 정책학을 공부하는 학자는 물론 실무자도 정책을 결정하고 집행할 때 요구되는 기준과 원리에 대한 궁금증이 있다. 정책과정 전반에서 항상 가치기준으로 삼고 실행을 이끄는 원리가 필요한데, 그것을 정책학의 논리로 정의하고자 한다.

정책학의 연구목적은 사회 속에서 인간이 봉착하는 근본적인 문제를 해결하여 인간의 존엄성을 보다 충실히 구현하는 데 있다. 이를 실현하기 위한 중간목표가 정책과정의 합리성 제고이며, 구체적인 중간목표는 정책의 바람직한 결정·집행·평가를 위해 필요한 지식의 제공에 있으며, 그 하위목표는 정책과정에 대한 실증적 연구와 정책과정에서 필요한 지적 활동이다(정정길, 1997: 15-16).

1960년대 미국 사회는 흑인폭동으로 혼란을 겪고, 월남전으로 곤욕을 치른다. 이러한 혼란을 극복하기 위하여 연방정부는 정치·행정학계에 도움을 요청하지만, 당시 사회를 풍미하던 행태주의는 실질적인 문제해결에 도움이 되는 처방적·실천적 지식을 제공하지 못했다. 이로 인해 적실성의 신조(credo of relevance)를 내세우는 후기행태주의 사조를 수용하는 정책학이 등장하게 된다.

예일대학 교수로서 미국정치학회 회장 등을 역임한 정치학자인 Harold Lasswell(1902~1978)이 최초로 정책학의 필요성을 역설한 1951년의 저서 「정책지향」(Policy Orientation)은 행태주의에 눌려 꽃피지 못하다가, 시대가 변한 1971년에 이르러서야 활짝 꽃피게 된다. 그에 따르면 정책학 패러다임의 특징은 정책문제해결을 실천적인 목표로 추구하기 때문에 문제지향성(problem-oriented)을 띠며, 시간적·공간적 상황이나 역사성을 강조하는 맥락지향성(contextual)을 가지며, 문제해결에 필요한 이론·논리·기법 등을 여러 학문분야로부터 받아들이는 방법론적 다양성과 범학문성(interdisciplinary)을 지닌다(Lasswell, 1971). 그리고 그의 뒤를 잇는 여러 정책학자는 정책학은 가치판단을 위한 규범적 접근(normative approach)과 사실판단을 위한 실증적 접근(positive approach)을 융합하여 처방적 접근(prescriptive approach)을 지향한다고 한다.

결국 정책학(policy science)은 정책의제설정과 정책결정 그리고 정책집행으로 이어지는 정책과정에 대한 지식(knowledge of policy process)과 정책분석과 정책평가 등을 통해 정책과정에서 필요한 지식(knowledge in policy process)을 다루는 학문이다. 정책학은 정책과정에 대한 과학적 연구결과로 얻어진 실증적 지식과 더불어 정책과정에 대한 처방적·규범적 지식과 정책의 실질적 내용에 관한 지식을 연구하는 학문인 것이다.

이러한 정책학 역시 행정학의 큰 틀에서 효율성과 민주성의 논리를 추구한다. 정책분석 기준으로서 효과성과 능률성 그리고 공평성의 기준과 가치는 정책집행과정 전반을 이끌 뿐만 아니라 정책평가 기준으로도 여전히 유효하다. 그러나 현실적으로 정책결정과 집행의 판단 기준은 훨씬 복잡하다.

2 정책학의 가치 기준과 논리

정책학을 지배하는 가치 기준과 논리는 구체적으로 어떻게 구성되는 것일까? 정정길(1997: 372-393)은 정책대안을 선택하기 위한 비교평가 기준으로서 소망성 기준을 효과성, 능률성, 공평성을 중심으로 체계적으로 설명하고 있다. 그리고 실현가능성 기준으로서 기술적·재정적·행정적·법적·윤리적 실현가능성을 제시하고 있다. 여기서는 좀 더 일반론적 관점에서 정책학에서 요구되는 중요한 이념과 철학 그리고 정책결정과 정책집행 기준을 논의해보고자 한다.

1) 효과성(Effectiveness)

효과성이란 목표달성의 정도(degree of goal achievement)를 의미한다. 행정의 효과성은 1960년대 이후 발전행정의 사고가 지배하면서 행정이 발전목표를 사전적·의도적으로 계획하여 이러한 목표를 달성하는 데 최대의 관심을 두면서 강조된 가치이다. 1980년까지 수출 100억 달러의 목표를 달성하겠다는 슬로건을 내세웠던 유신정권의 예를 들 수 있다. 경기침체기에 실업률 2%를 목표로 삼는 경우나 경제성장률 7%를 목표로 삼는 경우 모두 그 달성 정도에 따라 효과성 정도를 평가받게 되는 것이다.

따라서 효과성은 정해진 목표의 달성도만을 고려하고, 투입과 비용에는 무관심한 개념이다. 예를 들어, 효과성의 관점에서 본다면 전쟁에서의 최고 가치는 승리라는 목표의 달성이지, 승리의 과정에 투입되는 비용이 아닌 것이다. 유신정권 때 수많은 민중의 눈물은 표면화된 국가목표에 가려 무겁게 받아들여지지 않았다.

2) 능률성(Efficiency)

어떤 사업을 수행할 때 투입된 비용과 편익을 고려하지 않을 수 없다. 정부는 일정 규모 이상의 사업을 수행할 때는 반드시 예비 타당성 분석을 실시하는데, 그 핵심이 바로 비용-편익 분석(cost-benefit analysis)이다. 철학적으로는 '최대 다수의 최대 행복'을 지향하는 공리주의와 맞물려있다(Sandel, 2009: 49-83). 이와 관련한 관료제의 가치인 능률성이란 투입(input)에 대한 산출(output)의 비율을 의미한다. 그리고 일정한 성과를 올리는 데 될 수 있는 한 적은 자원을 쓰는 경제성(economy)의 의미를 포함한다. 가령 같은 조건에서 1,000m의 도로를 건설하는데, 1억 원의 예산을 사용하는 경우와 2억 원의 예산을 사용하는 경우 능률성의 값은 다른 것이다. 그런데 능률성의 가치는 비용과 편익이 누구에게 배분되는지에 대해서는 무관심한 편이다. 우리가 정책학의 가치 기준으로서 공평성을 고려하는 이유가 여기에 있다.

3) 공평성(Equity)

비용과 편익의 배분이 정책대상자에게 치우침이 없이 배분되었다면 공평하다고 볼 수 있다. 대규모 댐을 건설하는 과정에서 수몰지역 주민들에게 피해에 상응하는 보상을 해준다면 공정하다고 할 수 있다. 위험시설이나 기피시설이 일정 지역에 배치되는데, 운이 나쁘니 무조건 국가를 위해 희생하라고 하면 공정하다고 할 수 없을 것이다.

우리 국가공동체가 함께 먹을 파이를 충분하게 키워서 배고픔이 없도록 효율적으로 만드는 것도 중요하다. 그러나 배고픔보다 더 참기 힘든 것은 배 아픔이라는 말처럼 사회를 공정하고 형평성 있게 디자인하는 것도 중요하다. 미국의 철학자로서 하버드대학교 교수를 역임한 John Rawls(1921~2002)는 정의(Justice)를 고민하는 올바른 방법은 원초적으로 평등한 상황에서 어떤 원칙에 동의해야 하는가를 묻는 것이라고 주장한다(Sandel, 2009: 196-231). 우리는 미래 상황을 전혀 예측할 수 없는 무지의 장막에 갇혀있을 때 어떠한 공정하고 정의로운 사회를 구상하게 될까?

공평성 혹은 형평성(equity)이란 동등한 자를 동등하게, 동등하지 않은 자를 동등하지 않게 취급하는 공정성을 의미한다. 가령 법 앞에 모든 사람이 동등해야 한다. 동일한 범죄인데 형량이 다르다면 공정하다고 볼 수 없다. 정부의 정책추진 과정에서 엄격한 규칙은 공정성을 보증한다. 저자의 경우 1995년 호주의 브리즈번 공항 화장실에서 공평한 줄서기 사례를 보고 깊은 감명을 받았다. 어떠했을까 한번 상상해 보자. 이제는 우리나라에서도 공평한 줄서기 문화가 많이 보편화되어, 민원창구에서 서비스 받기를 기다릴 때 나보다 늦게 온 사람이 먼저 서비스를 받는 서운함이 많이 덜해졌다. 그러나 소득수준이 현격하게 차이 나는 사람이 정부의 복지혜택을 동일하게 받는 것은 공평하지 않다. 공중화장실에 여자와 남자의 변기 수가 동일한 것도 공평하지 않았기 때문에 최근 관련 법령을 개정하여 여자의 그것이 1.5배 많도록 하였다.

1960년대 말에 흑인에 대한 차별대우에 저항하면서 흑인폭동에 직면한 격동의 미국사회에서 신행정학(New Public Administration)이라는 새로운 학문이 등장하였다. 당시 젊은 정치학자들은 미국사회에 실업·빈곤·무지 등의 악순환이 계속되는 것은 정부가 비민주적이고 공리주의적인 총체적 효용의 개념에 사로잡혀 정치적·경제적으로 소외되어 온 소수집단에 대해 무관심했기 때문이라고 주장하면서, 이를 극복하기 위해서는 행정가가 적극적으로 사회적 형평을 실현하기 위해 노력해야 한다고 주장한다(이종수, 2000: 378 - 379). 신행정학은 1960년대 말 미국사회의 흑인폭동과 월남전(1964~1975) 패배 등 미국 내 문제를 해결하기 위해 등장하였다.

1968년 9월 F. Marini, D. Waldo, G. Frederickson 등 미국의 소장학자들이 중심이 되어 행태주의에 반기를 들고 적실성의 신조(credo of relevancy)로 현실적합성과 가치 관련성, 그리고 지식인의 참여를 강조하였다. 그리고 사회적 형평성을 강조하여 흑인 등 소외계층에 대한 배려를 중시하였다.

최근 자본주의사회에서 자본을 독식하고 있는 상위 1%가 나머지 99%를 지배하는 불공정한 상황을 전제하면서 공편한 사회에 대한 관심이 인류역사에서 그 어느 시기보다 뜨거운 상태이다. 프랑스 파리경제대학의 교수인 토마 피케티(Thomas Piketty)는 2013년 발간된 「21세기 자본(Capital in the Twenty-First Century)」에서 역사적으로 자본수익률은 항상 경제성장률보다 높았다고 주장한다. 그는 지난 150년간 자본수익률은 연평균 4~5% 수준인 반면 경제성장률은 1~2%에 그쳤다면서 돈이 돈을 버는 자본소득이 땀 흘려 일해 버는 근로소득보다 항상 더 많기 때문에 불평등이 확대될 수밖에 없다고 한다. 그는 불평등 문제를 해결하려면 세계 각국이 부자의 소득에 대해 70~80% 소득세를 부과해야 한다고 주장한다. 한편 우리나라의 경우 자본주의가 심화된 서구국가들과 달리 대기업과 중소기업, 그리고 기업과 근로자의 소득분배의 불평등 문제를 심각하게 지적받고 있다.

제3절

정책윤리의 개념과 적용

1 공무원의 책임성과 윤리기준의 탐색

행정윤리와 철학에 관한 연구는 실로 다양하게 진행되어 왔다. 미국에서는 Harmon(1995), Cooper(1982; 1994) 등을 중심으로 행정윤리에 관한 철학적 고민을 진척시키고 있다. 우리나라에서 초기의 연구들은 부정적·통제적 측면을 중심으로 윤리문제에 접근하긴 했지만(이서행, 1986: 195-214), 최근에는 행정과 정책윤리의 다양한 측면을 분석한 연구가 등장하고 있다(노화준, 2001; 정용덕, 2001; 최병선, 2001).

특히 최근에 임도빈(2002: 69-95)은 서양 철학과 윤리학을 아우르면서 윤리적 행동의 내용과 보편적 기준의 존재 여부, 그리고 윤리적 규범의 주·객관성 여부에 따라 절대주의, 상대주의, 공리주의, 이기주의로 범주화하여 각각이 가지고 있는 대표적인 특성에 대해 분석하였다. 그의 연구는 앞으로 행정윤리를 실증적으로 연구하는 데 많은 도움을 줄 수 있는 분석틀을 제시했다는 점에서 높이 평가된다. 그리고 후속연구(임도빈, 2003)에서는 중앙부처 공무원 450명을 대상으로 설문조사를 실시하여 한국 공무원들이 윤리적 감수성이 낮고, 남을 포용하려는 원만형이 지배적인 것으로 분석하였다.

박정택(1990: 853-873)은 정책윤리성의 궁극적 판단기준을 '인간을 위한 정책'으로 보고, 이를 구현하기 위한 구체적인 기준을 모색하고 있다. 나아가 그의 고민은 정책과정과 정책결과에 대한 논의로 이어지고, 철학적 윤리설과 접목을 시도하고 있다. 그의 연구는 정책윤리에 관한 개념적 논의를 진일보시킨 것으로 평가할 수 있다.

정정길(2003: 565-603)은 행정윤리 문제가 발생하는 맥락을 정책결정과 집행과정으로 전제하고, 행정가가 재량을 가지고 가치문제를 판단할 수 있는 윤리기준을 근원주의와 반근원주의 시각에서 제시하고 있다. 그는 실증적인 사례들을 언급하면서 후학들이 어떻게 실제 행정문제와 정책문제를 풀어야 하는지에 대한 시금석을 제시하고 있다.

2 정책윤리의 개념과 분류

정책윤리(policy ethics)는 정책담당자가 정책을 추진하거나 국민과 관련된 행동을 할 때 지켜야 할 행동규범이다. 정책담당자의 윤리는 일종의 고양된 직업윤리로서 인간이 지켜야 할 근본적인 도리를 포함함은 물론이다. 나아가 정책담당자는 정책목표를 효과적으로 달성하고, 정책과정의 합리성과 민주성을 보장하여야 할 의무를 지닌다. 소극적으로 법적인 책임을 지는 것을 넘어서 정책실패에 대해서도 책임을 져야 함을 의미한다.

정책윤리는 사회윤리의 하부구조를 형성하는 행정윤리와 동일한 맥락에서 이해할 수 있다. 행정활동이 주로 정책과정을 통해 이루어지기 때문에 정책과정에서 요구되는 행정윤리를 정책윤리로 이해하면 무리가 없을 것이다.

1) 근원주의 윤리(foundational philosophy)와 윤리기준의 탐색

윤리학에서 근원주의는 '윤리적으로 바람직함'이라는 어떤 추상적인 법칙이 존재한다고 믿고, 이를 추구하는 입장을 말한다. 근원주의에서는 가장 기본이 되는 절대적인 원리를 추구한다. 윤리적 행동의 내용 혹은 기준이 사회구성원이 수용할 수 있는 객관적인 것으로 존재한다고 보기 때문이다. 이러한 보편적인 윤리적 기반은 목적이나 결과에서 찾을 수도 있고, 과정이나 절차에서 찾을 수도 있다.

(1) 목적론과 효율성

목적론(consequential ethics)은 행동 자체를 어떤 윤리기준에 의하여 판단하는 것이 아니고, 행동의 결과를 통해 윤리성을 판단한다고 주장한다. 공리주의는 최대다수의 최대행복이라는 목적을 윤리기준으로 삼기 때문에 대표적인 목적론으로 꼽는다.

정책과정에서 효과성과 능률성은 결과를 문제 삼기 때문에 본질적으로 공리주의에 해당한다. 정책과정에서 가급적 많은 국민에게 많은 편익을 결과적으로 발생시킨다면 지극히 윤리적인 것이다. 적합하고 적절한 정책목표를 달성하고, 나아가 비용을 절감하기까지 하는 정책수단이 있다면 윤리적이다. 효과성과 능률성의 통합이념이라고 볼 수 있는 효율성은 정책담당자가 품어야 할 기본적인 윤리기준이다.

(2) 의무론과 절차적 합리성

의무론(deontological ethics)은 행동이 가져올 결과에 의하여 행동의 윤리성을 판단하지 않고, 행동 자체가 갖고 있는 윤리적 의무와 동기를 강조하며 윤리적 원칙을 준수하는가의 여부에 따라 윤리성을 판단한다. 절차적 합리성(procedural rationality)이란 정책담당자의 제한된 합리성을 전제하고, 공개적이고 공정한 절차를 통해 최악의 대안을 걸러내고 상호 합의할 수 있는 대안을 찾아가는 과정과 지식을 의미한다. 합리적 절차(rational procedures)란 정보공개와 참여를 전제로 비판이 제도화되어 있어 오류를 제거할 수 있는 장치를 의미한다. 열린사회는 비판이 제도화된 합리적 절차를 통해 오류를 제거해가는 사회이다(Popper, 1945). 정책추진과정은 문제해결과정으로 볼 수 있다. 문제해결을 위해서는 비판과 오류제거가 가능한, 시험적 해결방안의 대담한 제시가 요청된다(Magee, 1973; 이명현, 1998). 독일의 관념철학자인 Immanuel Kant(1724~1804)는 행동의 동기가 중요하다는 입장에서 인류의 보편원칙에 의해 주어지는 지상명령으로서 윤리원칙이 있다고 본다. 개인적 행동은 보편적이고 절대적인 윤리원칙에 부합되고, 그 사람이 그 행동을 의도적으로 했을 때 윤리적이라고 본다(Kant, 1986). 자신의 이익을 향상시키려는 의도를 지닌 개인들이 서로 평등한 원초적 상태에서 '무지의 장막'을 전제한다면 공평성으로서의 정의를 지킬 것이라는 John Rawls(1971)의 사회계약론도 일종의 의무론이다. 합법성과 민주성의 이념을 절차와 과정의 합리성으로 이해할 때 의무론과 부합한다고 볼 수 있다.[1] 정책과정에서 합리적·합법적 절차를 철저하게 준수한다면 윤리적이라 판단할 수 있다.

---

1 이종범(2005)은 정보의 부족으로 인한 불확실성, 정보해석상의 차이로 인한 모호성, 가치의 상충으로 인한 딜레마 상황으로 인한 선택의 어려움 속에서 결정체제가 합리성을 확보하기 위하여 대응하는 다양한 제도적 장치로서 절차적 합리성을 탐색하였다.

2) 반근원주의 윤리(non-foundational philosophy)와 윤리적 상대주의

반근원주의 윤리학은 인류사회에 보편적으로 타당한 윤리기준은 없다는 입장이다. 윤리적 상대주의(ethical relativism)의 입장을 취한다. 윤리적 행동의 내용 혹은 기준이 사회구성원이 수용할 수 있는 객관적인 것으로 존재하는 것이 아니고, 각 개인 혹은 소그룹이 마음속에 생각하는 주관적인 것으로 보기 때문이다. 더구나 윤리적 행동으로 간주되는 내용이 사회와 문화의 차이에 따라 달라지기 때문이다. 힌두교를 믿는 인도에서 소고기를 먹지 않거나, 이슬람지역에서 돼지고기를 먹지 않는 것은 윤리적 기준이 서로 다르기 때문이다.

따라서 Kant(1986)가 얘기하는 보편법칙으로서의 윤리는 존재하지 않는다는 것이다. 일정한 사회 또는 문화 속에서 다수가 옳다고 생각하거나 지켜야 할 의무가 있다고 믿고 행동을 하면, 그 행동은 윤리적으로 옳다고 주장한다.

(1) 공동체주의와 공유자원 관리규칙

공동체주의(communitarianism)는 윤리원칙이 냉철한 인간이성에 의하여 논리적으로 도출된 것이 아니라 조건부 협력전략을 전제로 한 상호성(reciprocity)이 바탕이 된 공동체의 생활 속에서 시행착오를 겪으면서 형성된 것이라는 입장이다. 윤리에서 추구하는 가치들은 인간들이 공동체 속에서 서로 부대끼고 싸우며, 때로는 경쟁하고 때로는 협조하며, 미워하고 사랑하는 과정에서 형성된 것이라고 주장한다. 따라서 공동체가 다르면 윤리기준은 얼마든지 다르게 적용될 수 있는 것이다. 제한된 지하수원을 공유하는 공동체와 어장을 공유하는 어촌공동체는 후세대까지 생각하는 가치를 형성하고 독특한 윤리기준을 만들고 준수할 수도 있다.

(2) 포스트모더니즘과 타자성

포스트모더니즘(postmodernism)은 너무나 다양한 분야를 포괄하려는 윤리원칙이나 규범 혹은 이념은 일종의 거대설화이기 때문에 방임적 해체윤리(deconstruction)가 정당하다는 입장이다. 우리가 효율적이라고 생각하는 규범이나 절차가 강자에 의한 약자의 지배를 정당화시키는 도그마일 수도 있다는 것이다. 포스트모더니즘의 윤리가 허무주의 혹은 무정부주의로 끝나지 않기 위해서는 분야별로 공동체가 형성되고 자율적인 윤리규범이 형성되어야 한다고 주장한다. 포스트모더니즘의 공동체가 공동체주의에서 주장하는 공동체와 다른 것은 나와 다른 사람을 인식적 객체로서가 아니라 도덕적 타자로 인정하는 타자성(他者性, alterity)을 용납한다는 점이다. 이로 인해 타인에 대한 개방성을 바탕으로 지역공동체의 참여를 장려하게 되는 것이다(Farmer, 1995; 강신택, 2002: 183-184). 저자가 박사과정에서 은사님이신 강신택 교수의 댁으로 초대를 받은 적이 있다. 이때 채식주의자인 인도 친구와 이슬람지역에서 온 요르단 친구와 함께 하게 되었는데, 교수님은 각자에게 가장 적합한 식단을 준비하셔서 진한 감동을 주신 적이 있다. 그러므로 미국 육군의 탄도탄 요격유도탄 체계로, 단거리와 중거리 탄도유도탄을 종말 단계에서 직격파괴로 요격하도록 설계된 고고도미사일방어체계(THAAD, Terminal High Altitude Area Defense) 건설이라든지 원전 건설과 같은 위험시설 입지라는 이슈를 중심으로 이슈공동체가 형성되고, 자율성을 지닌 개개 구성원이 틀에 박힌 목표와 절차를 강요받기보다는 열린 담론을 통하여 사회적 합의를 찾아가는 것이 윤리적일 수 있다(Myerson, 2001). 가장 효과적이고 능률적인 목표를 정해놓고 밀어붙인다면 결코 윤리적이지 않다.

3 정책윤리의 환경정책과 공공갈등 관리에의 적용

〈그림 2-4〉에서는 윤리학에서 분류하는 일반적인 기준에 따라 행정윤리의 유형을 네 가지로 분류한 후, 환경정책의 내용과 정책과정, 그리고 공공갈등 관리 과정과 관련하여 적합한 네 가지 실제적인 기준을 도출하였다.[2]

첫째, 효율적이고 절차적으로 합리적인 환경정책과 제도를 어떻게 설계하고 집행할 것인가? 이는 목적론과 의무론의 논의를 통해서 정책윤리 기준을 탐색하고자 하는 것이다. 목적론적 윤리와 관련하여, 왜 지속 가능한 환경용량을 설정하고 가능한 한 저렴한 비용으로 환경개선목표를 달성해야 하는지와 관련된 철학적 고민을 실증적인 논의를 통해 탐색할 수 있다. 의무론적 윤리와 관련하여서는 절차적 합리성과 공정한

2 환경정책에 대한 담론과 분석에 있어서는 인간과 자연에 대한 의무감 때문에 본질적이고 도덕적인 준엄함(moral austerity)이 있어야 한다(Gillroy & Bowersox, 2002: 1-22).

절차가 사회적 합의를 도출하고 환경정책을 성공적으로 실현하는 데 얼마나 중요한지 가늠하는 중요한 기준이 될 수 있다.

둘째, 다양한 지역상황과 환경문제에 적합한 환경정책과 제도를 어떻게 적용하고 발전시킬 것인가? 이는 공동체주의와 포스트모더니즘의 논의를 통해서 정책윤리기준을 탐색하고자 하는 것이다. 공동체주의의 관점에서 보면, 상호주의를 바탕으로 서로 부대끼며 공동체에 적합한 윤리기준을 찾아가는 모습이 지극히 윤리적이다. 포스트모더니즘에 대한 담론은 획일적·억압적·일방적 지배논리를 해체하고 분야별 공동체에 타당한 윤리기준, 나아가 상대방이 나와 다를 수도 있다는 타자성을 모색할 수 있는 단초를 제공할 것이다.

그림 2-4 윤리기준의 정립과 공공갈등 난제에 적용을 위한 분석틀의 설정

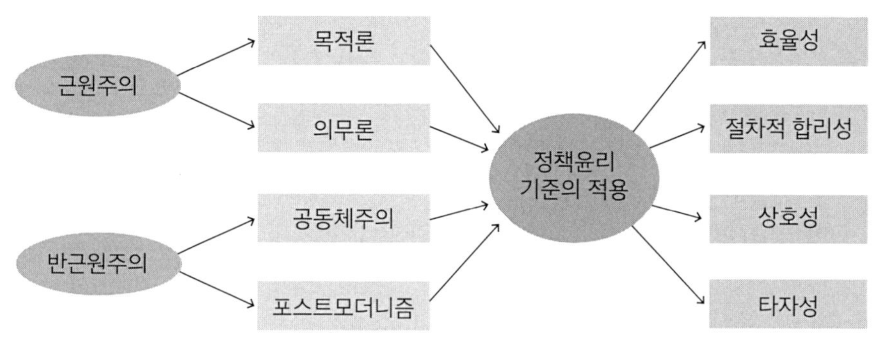

김창수(2006)는 우리나라 환경 정책 과정에서 부딪히는 수많은 윤리적 딜레마를 〈그림 2-4〉의 다양한 윤리기준을 적용해가면서 해법을 모색하고 있다. 그는 윤리기준 간 조화의 원천은 신뢰와 협력이라고 결론짓고 있다. 정책담당자가 다양한 윤리기준을 조화롭게 내재화하고 국가적 환경행정 역량을 극대화하기 위해서는 파트너십과 협력이 매우 중요하다. 2005년 10~11월에 환경부, 지방자치단체, 검찰과 경찰, 연구기관과 시민단체의 환경업무 관련자 347명을 대상으로 설문조사한 결과에 의하면(환경부, 2006), 〈표 2-1〉에 나타난 바와 같이 68.7%(237명)의 응답자가 환경정책 관련 행위자들, 특히 중앙정부와 지방정부가 협력해야 함을 강조하였다.

표 2-1 국가적 환경행정역량 극대화 방안에 관한 조사

구 분	빈도	퍼센트(%)
중앙정부와 지방정부가 상호 파트너십을 인정하여 협력한다.	237	68.3
지방정부 간에 활발한 경쟁을 유도한다.	22	6.3
환경문제 해결은 중앙정부가 주도하는 것이 좋다.	42	12.1
환경문제 해결은 지방정부에 전적으로 맡기는 것이 좋다	38	11.0
기 타	4	1.2
무응답	4	1.2
합 계	347	100.0

미국 연방환경보호청의 정책방향의 큰 그림 역시 협력의 틀에서 그려지고 있었다.

> 환경행정을 수행하면서 획일적인 평가기준으로 주정부의 환경행정을 재단하는 일은 없습니다. 주정부마다 역량의 차이를 보이기 때문에 관리역량에 걸맞은 목표의 설정과 협력을 통해 문제를 해결해가는 과정을 중요시합니다(미국연방환경보호청 관련인 면담, 2005. 10).

이처럼 환경행정뿐만 아니라 공공갈등의 난제에 직면했을 때 다양성을 존중하면서 신뢰와 협력이 가능한 것은 그 사회의 사회자본(social capital)의 수준과 관련이 있다. Putnam(1994)에 의하면, 자발적 협력은 호혜성의 규범과 시민참여(civic engagement)의 네트워크 등 사회자본이 충분히 축적된 공동체에서 더 쉽게 달성된다. 여기서 사회자본이란 협력적 행위를 촉진하여 사회적 효율성을 제고할 수 있는 사회조직의 속성인 신뢰, 규범, 연계망(network)을 지칭한다. 이 특성들이 사람들의 행위를 조정함으로써 사회의 능률을 증진한다. 사회적 자본은 다른 형태의 자본과 같이 생산적이기 때문에 자발적 협력을 촉진하며, 호혜적 행동을 유발하고, 사회의 능률과 목표달성에 기여한다. 무엇보다 그는 개인적 신뢰가 어떻게 사회적 신뢰로 전이될 수 있는지에 관심을 가졌다. 그래서 사회적 자본으로서 호혜성의 규범을 얘기하고, 매우 밀도 높은 수평적 상호작용을 하는 시민참여의 네트워크를 강조한다. 그리고 그는 공동체에서 이러한 네트워크가 조밀하면 할수록, 관련 행위자들이 상호 이익을 위해 협력할 가능성이 높아진다고 한다.

1991년 구미 두산전자 페놀 누출 사고 이후 안전한 취수원을 확보하기 위한 부산의 숱한 노력이 30년이 지나도 결실을 맺지 못하는 중요한 이유를 사회자본의 축적의 부재에서 찾을 수 있다. 남강댐과 합천댐 취수원 확보, 창녕과 합천의 강변여과수를 확보하려는 노력이 지역 주민들과 지속적인 신뢰 관계의 회복이 선행되지 못한 상태에서 기관장들 간의 신사협정으로 추진하려는 데서 정책실패의 원인을 찾는 이유도 여기에 있다.

연구문제

1 왜 정책학의 구조를 이해해야 하는 것일까?

2 지진 안전 문제를 중심으로 정책학의 구조에 따라 정책과정을 설명할 수 있겠는가?

3 정책과정을 지배하는 가장 중요한 기준은 무엇이라고 생각하는가?

4 정책추진과정에서 가치갈등의 가능성을 예측할 수 있겠는가?

5 전력공급을 위해 비용과 법적인 문제를 고려하면서 신중하게 송전선로 건설을 추진하는 산업통상자원부와 한국전력이 어떠한 문제에 직면하게 될 것인가?

6 내가 만약 특정 지역에 특정 기피시설 입지를 추진하는 정책담당자라면 어떤 정책윤리기준을 가지고 접근하겠는가?

7 공공갈등의 예방과 사회자본의 관계에 대해 토론해 보자.

제2부

환경분석과 정책의제설정의 구조와 논리

제3장에서는 환경분석의 구조와 논리를 다룬다. 정치체제는 환경과 직접·간접적인 영향을 주고받는다. 먼저 국민들의 다양한 이해관계에 따른 정치체제에 대한 요구(demand)를 들 수 있다. 그리고 국민은 정부에 대해 정통성을 부여한다든지 세금납부를 통해 정치체제에 대해 정신적·물질적 지지(support)를 보낸다. 이를 통해 정치체제의 구성요소인 입법부와 행정부는 정책을 만드는 전환과정을 거쳐 정책을 산출해낸다. 정치활동은 배분이 자기에게 유리하도록 노력하는 것인데, 정치활동의 결과인 정책은 비용부담자와 정책수혜자의 비용과 편익의 배분조정이 표현된 것이다. 정책이 환경에 미치는 영향은 정책효과와 정책비용으로 나눌 수 있다. 바람직한 정책이란 정책비용보다는 정책효과가 더 큰 정책수단이 될 것이다.

왜 수많은 사회문제 중에서 어떤 문제는 정부의 관심을 받아 정책의제가 되고 어떤 문제는 방치되는가? **제4장**에서는 이러한 연구문제에 대한 해답을 찾아가는 과정인 정책의제설정이론을 소개하고 있다. 정책의제설정이론은 1960년대 흑인폭동을 계기로 왜 수많은 사회문제 중에서 어떤 문제는 정부가 해결하려고 노력하고 어떤 문제는 공식적 거론도 없이 방치되는가라는 의문에서 출발하였다. 정책의제란 정부가 여러 가지 사회문제 중에서 정책적 해결을 의도하여 공식적으로 채택한 문제이고, 정책의제설정이란 정부가 정책적 해결을 위하여 사회문제를 정책문제로 채택하는 과정이나 행위이다. 정책의제설정은 문제해결의 첫 단계이며, 지지집단과 반대집단의 정치적 갈등의 발생이 나타나며, 정책대안의 실질적 제안과 범위가 한정되는 단계이다. 그리고 부산지역의 원전을 둘러싼 갈등과 선택, 낙동강 상류에 위치하고 있는 영풍 석포제련소라는 위험시설을 둘러싼 무의사결정의 문제를 제기했다.

제3장

정책환경의 분석

제1절 정책환경의 이해

제2절 환경분석과 정책대응 그리고 공공갈등의 분석

제3절 원전운영의 가외성과 부산광역시의 트릴레마

제1절

정책환경의 이해

1 정치체제와 정책환경의 관계

〈그림 3-1〉은 1953년 정치학자인 David Easton이 고안한 유명한 정치과정 모형이다(Easton, 1953). 여기서 전환(conversion; 轉換)이라는 정책결정과정을 담당하는 정치체제 혹은 정책체제(political system 혹은 policy system)는 체제를 구성하는 다양한 요소들(elements)로 구성되어 있고, 요소와 요소들은 긴밀하게 연결되어 있다. 그리고 이러한 체제는 경계(boundary)를 통해 외부의 환경(environment)과 구별짓는다(정정길 등, 2003: 87-134). 정치체제는 입법부와 행정부 그리고 사법부와 같은 정부로 볼 수도 있고, 중앙정부와 다른 지방정부들과 구별되는 부산광역시를 상정할 수도 있다.

그림 3-1 정치과정모형

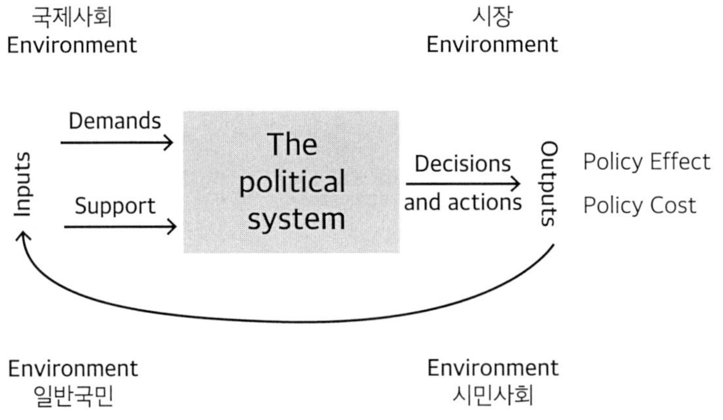

출처: Easton(1953) 수정 보완

여하튼 정치체제는 환경과 직접·간접적인 영향을 주고받는다. 먼저 국민들의 다양한 이해관계에 따른 정치체제에 대한 요구(demand)를 들 수 있다. 가령 대기오염과 기후변화 문제 나아가 미성년자 성범죄 문제를 해결해달라고 정부에게 요구하는 것을 예로 들 수 있다. 그리고 국민은 정부에 대해 정통성을 부여한다든지 세금납부를 통해 정치체제에 대해 정신적·물질적 지지(support)를 보낸다. 이를 통해 정치체제의 구성요소인 입법부와 행정부는 정책을 만드는 전환과정을 거쳐 정책을 산출해낸다. 정치활동은 배분이 자기에게 유리하도록 노력하는 것인데, 정치활동의 결과인 정책은 비용부담자와 정책수혜자의 비용과 편익의 배분조정이 표현된 것이다.

정책(policy)은 정치체제의 산출물(output)로 볼 수 있는데, 일정한 사람들에게는 가치를 부여하고, 다른 사람들에게는 이를 부여하지 않은 것이다. 가령 박근혜 정부의 경북 성주지역 사드배치 결정과 관련해서라든지, 이명박 정부의 4대강 살리기 사업에 대한 찬반논쟁이 발생하는 것은 비용부담자와 정책수혜자가 구별되기 때문이다. 이명박 정부와 박근혜 정부에서 밀양과 가덕도를 놓고 동남권역 국제공항 유치 전쟁이 벌어지고 있는 것도 같은 맥락이다.

한편 민주정부를 전제로 상정했던 그의 정치과정모형은 권위주의정부에서는 반대로 작동할 가능성이 높다. 권위주의정부에서는 정부가 내부적으로 미리 정책결정을 하고 시민사회에 대해 수용을 강제하는 정책과정이 이루어진다. 그러나 경제성장을 토대로 민주화된 이후에는 시민사회가 정부의 일방적 결정을 거부하게 될 가능성이 높아지면서 심각한 갈등에 노정될 가능성이 있다.

2 정책환경과 정책과정

서울대학교 정정길 교수(1997)의 정책과정모형에 따르면, 정책과정(policy process)이란 정책이 산출되고 실행되는 데 거쳐야 할 일정한 단계적 절차이다. 정책과정의 핵심인 전환(conversion; 轉換)의 내용을 상세히 검토하면 다음과 같다.

〈그림 3-1〉을 응용한 〈그림 2-2〉의 정책학의 구조에 따르면, 정책과정의 일반적인 단계는 먼저 정책의제설정단계로서 전통시장에 SSM(Super Super-Market) 진입 문

제와 같이 정부가 정책적 해결을 위해 사회문제를 정부의제로 채택하는 과정, 정책결정단계로서 정책목표를 설정하고 이 목표를 달성할 여러 가지 정책수단들을 모색·고안·검토하여 하나의 정책대안을 채택하는 과정, 정책집행단계로서 정책내용을 현실세계에 구체적으로 실현하는 활동, 정책평가단계로서 정책목표와 정책수단 간의 인과관계에 관한 가설을 검증하는 활동, 마지막으로 정책학습과 정책변동을 통해 정책이 지속·발전되거나 종결되는 단계이다.

3 정책의 환경에 대한 영향

정책이 환경에 미치는 영향은 정책효과와 정책비용으로 나눌 수 있다. 바람직한 정책이란 정책비용보다는 정책효과가 더 큰 정책수단이 될 것이다. 예를 들면 부산에 상수원 공급을 위한 남강댐 용수증대사업과 같이 500억 원 이상의 정부사업의 경우 예비타당성을 실시하는데, 정책비용보다 정책효과가 더 크다고 판단되는 경우 사업추진을 결정하게 된다.

1) 정책효과

정책효과(policy effect)는 정책이 집행되어 정책목표를 달성함으로써 나타나는 바람직한 결과로서 의도된 효과와 의도하지 않았던 부수효과(side-effect)가 있다. 청년실업 문제가 심각할 때 청년고용 확대를 목표로 하는 경우 경제정책을 추진하여 정책목표를 달성하는 경우를 예로 들 수 있다.

2) 정책비용

정책비용(policy cost)이란 정책수단의 실현을 위해서 지불된 직접적인 비용과 사회적 희생을 의미한다. 가령 남강댐 용수증대사업을 통해 용수확보를 하고자 하는 경우 직접적인 건설비용과 피해보상을 포함하는 것이다.

4 환경의 정책에 대한 직접적인 영향

1) 환경의 요구와 정책

국민들이 정치체제의 환경으로서 정부에 대하여 사회문제의 해결을 요구하는 것을 바탕으로 대부분의 정책이 만들어진다. 그러면 사회문제를 발생시키는 거시적인 원인은 무엇일까?

첫째, 사회문제의 가장 기본적인 원인은 산업화와 도시화에 기인한다. 2차 산업의 비중이 커지면서 등장하는 노사문제와 비정규직 문제를 해결하기 위한 노동정책이라든지 교통, 주택 그리고 환경문제의 해결을 정부에 요구하면서 교통정책과 주택정책 그리고 환경정책이 형성되는 것이다. 요즘은 기후위기가 이러한 폭염과 홍수의 빈도와 강도를 높이면서 사회문제를 증폭시키고 있다.

둘째, 세계화에 따른 국가, 지방정부 그리고 기업과 개인 수준에서의 상호의존관계의 증가는 산업안전과 노사관계 그리고 환경문제와 관련된 국제규범과 기준에 맞추도록 요구하면 정부는 이에 대응하여 세일즈를 중심으로 하는 외교정책과 산업정책이 등장하게 된다. 예를 들면, 교토의정서에 따라 2015년부터 우리나라는 온실가스 감축의무를 지며, 2016년부터는 런던협약에 따라 음식물쓰레기와 분뇨의 해상투기가 금지되고 있다.

셋째, 정보화에 따른 전략산업으로서 정보산업의 육성에 대한 요구와 사이버범죄에 따른 문제해결을 요구하기 때문에 이에 대응한 각종 정책을 내놓게 된다. 최근 디지털혁명으로 인한 사회변동은 디지털정부를 통한 문제해결을 요구하고 있다. 세상이 편리해진 만큼 위험도 증폭되어 위험이 일상화된 위험사회(Risk Society)로 치닫고 있다.

넷째, 지방자치제 실시 이후 지방화에 따른 다양한 지방분권의 요구는 참여정부 때 세종시나 혁신도시와 같은 지역균형발전정책이 탄생하게 된 배경이 된다. 민선자치시대 30년을 지나면서 자치분권에 대한 요구는 거세지면서, 한편으로는 수도권 중심의 일극 체제에 따른 저출생과 지역소멸 위험과 무력감도 팽배해지고 있다. 그리고 여성의 지위 강화에 따른 사회변화는 출산율 제고 정책은 물론 공중화장실 소변기 수의 조정 등 형평성에 대한 실질적인 정책을 요구받고 있다.

2) 환경의 지지와 정책

환경으로부터의 문제해결에 대한 요구가 아무리 강하게 표명되어도 그 해결을 위한 능력이 없으면 정치체제는 이 요구에 상응하는 정책을 만들어낼 수 없다. 산업 공동화 문제가 아무리 심각하여도 기업이 기반을 잡을 수 있는 값싼 양질의 용지와 인력의 공급이 원활하지 못하면 공염불이 되기 쉽다.

그런데 정치체제의 능력은 환경으로부터의 지지에 달려있다. 첫째, 국민들의 정치체제에 대한 지지와 순응 여부는 정책의 중요한 제약요인이다. 이명박 정부에서 부동산 경기를 활성화하기 위한 DTI(Debt-to-Income Ratio, 총부채상환비율) 규제완화를 검토했는데, 이에 대해 국민들이 정책효과를 믿지 못하는 경우 정책은 성공적으로 집행되기 어렵다. 둘째, 정치체제의 능력을 결정하는 환경의 지지로서 정치체제에 투입되는 인력의 양과 질이 중요하다. 최근에 논란이 되었던 공개경쟁채용과 특별채용의 비율 조정 문제는 공직체계의 능력을 결정하는 것은 결국 인적 자원이기 때문에 심각한 고민이 필요했던 것이다. 셋째, 정부의 재정수입은 물적 자원으로서 정치체제의 중요 지지요소이다. 아무리 국민의 삶의 질을 높이는 좋은 정책이라도 정부의 재정적 기반이 없으면 실현이 어렵기 때문이다.

5 환경의 정책에 대한 간접적인 영향

1) 정치이념

정책과정에 영향을 미치는 정치체제의 규범과 분위기 중에서 가장 중요한 것은 정치이념(ideology)이라고 볼 수 있다. 정치이념이란 정부가 가장 우선적으로 달성해야 할 가치가 무엇이며, 정부가 무엇을 해야 하고, 국민과의 관계는 어떠해야 하는지 등의 정치적 가치에 대한 일관성 있는 사고체계를 의미한다. 우리나라의 경우 정치적 자유주의와 경제적 자본주의 이념을 토대로 한다. 개발연대에는 경제성장제일주의의 이념을 표방하였고, 진보정권 시기에는 참여와 복지 그리고 분권을 표방하였다. 법치주의와 자유민주주의는 확고한 정치이념으로 자리 잡고 있다. 이명박 정부의 경우(http://www.president.go.kr/) 선진화를 통한 세계일류국가의 비전을 달성하기 위해 창조적 실용주의(創造的 實用主義, Creative Pragmatism) 행동규범을 택했다. 가령 녹색성장의 이념은 중앙정부는 물론 지방정부에 이르기까지 우리나라 정책 전반에 걸쳐 영향을 미치게 된다. 이명박 대통령이 2010년 광복절 경축사에서 '공정한 사회' 구현을 후반기 구상으로 밝힌 이후 중요한 정치이념으로 삼고 있다. 이로 인해 외교부 특채를 비롯하여 국정전반에 걸쳐 불공정한 정책에 대한 손질이 가해졌다.

2) 정치·행정문화

우리나라 정치와 행정의 풍토는 권력에 의존하는 경향이 강한 권위주의, 일차집단 중심의 분파주의, 타협을 어렵게 하는 극단주의와 흑백논리가 지배하면서 정책과정을 곤경에 빠뜨리는 경우가 많았다. 이제는 Putnam(1994)이 얘기하는 사회자본(social capital)이 충만한 사회로 나아가야 하는 과제가 남아있다. 그는 신뢰를 사회자본의 가장 중요한 요소로 본다. 신뢰는 거래와 협력을 오래 지속시킨다. 무엇보다 그는 개인적 신뢰가 어떻게 사회적 신뢰로 전이될 수 있는지에 관심을 가졌다. 그는 이를 위해서 사회적 자본으로서 연속적 교환과 보상을 확신하게 하는 호혜성의 규범과 매우 밀도 높은 수평적 상호작용을 하는 시민참여의 네트워크를 강조한다. 서로 신뢰하는 사회는 마르지 않는 우물과 같이 지속된다. Fukuyama(1995)가 역설하듯이 사회적 신뢰가 일차집단에 머물지 않고 사회 전반에 드리우는 신뢰사회는 정책과정을 훨씬 원만하게 만들 가능성이 높기 때문이다.

3) 권력구조

정치체제는 권력관계에 따라 유형화된 상호관계를 형성한다. 우리나라의 경우 지방분권보다는 중앙집권의 경향이 강했고, 입법부보다는 행정부의 권력이 우위에 있었고, 행정부 내부에서는 대통령의 권력이 중심에 있고 소위 법무부와 검찰 등 권부와 경제부처가 환경부 등 사회부처에 비해 상대적으로 권력의 우위에 있다. 이는 정책의 우선순위 결정에 간접적인 영향을 미친다.

제2절

환경분석과 정책대응 그리고 공공갈등의 분석

1 SWOT 분석의 개념

SWOT는 강점(Strengths), 약점(Weaknesses), 기회(Opportunities), 위협(Threats)의 머리글자로 이루어진 분석방법으로 광범위한 환경분석의 일종으로 기업 전략의 강점과 약점에 대한 내부 역량과, 기회와 위협과 같은 외부 가능성 사이의 적합성을 평가하는 분석방법이다(노동조, 2006: 339). SWOT 분석은 앤드류(Andrews)가 1971년 기업의 자원·역량과 외부환경 간의 전략적 적합성을 공식적으로 처음 개념화하면서 시작되었다.

표 3-1 SWOT 분석

내적 요소 / 외적 요소	강점(S)	약점(W)
기회요인(O)	SO 전략 기회의 이익을 얻기 위해 강점을 이용하는 전략	WO 전략 약점을 극복함으로써 기회를 활용하는 전략
위협요인(T)	ST 전략 위협을 회피하기 위해 강점을 이용하는 전략	WT 전략 위협을 회피하고 약점을 최소화하기 위한 전략

SWOT는 매우 단순하면서도 포괄적이기 때문에 공공조직이나 기업의 여러 분야에 널리 적용되고 있다. 구체적으로 SWOT의 강점과 약점, 기회, 위협은 다음과 같

이 정의될 수 있다. 첫째, 강점은 특징적 우위나 비교대상이 되는 조직보다 우월한 자원이나 역량을 의미하며, 성과목표 달성을 위해 효율적으로 이용될 수 있는 자원이나 역량을 의미한다. 둘째, 약점은 조직의 목표달성을 저해하는 한계나 단점, 결함을 뜻하며 비교대상이 되는 조직보다 열등한 자원이나 역량을 의미한다. 셋째, 기회는 제품이나 서비스에 대한 수요를 진작시키고 조직의 경쟁력을 제고시키는 환경의 우호적인 현재나 미래의 상황을 말한다. 넷째, 위협은 현재나 미래의 경쟁능력을 침해하거나 위협하는 비우호적인 상황이나 동향 또는 임박한 변화를 의미한다(노동조, 2006; Nishadha, 2012).

2 SWOT 분석의 장점과 단점

노동조(2006: 335-351)는 SWOT 분석의 장점으로 첫째, 가장 보편적이고 가장 활용도가 높은 분석수단이라는 점을 들고 있다. 둘째, 영리조직과 비영리조직에도 잘 적용할 수 있을 뿐 아니라 조직내부의 최고관리자, 의사결정자, 사업단위 등에까지 광범위한 적용 가능성을 가지고 있다. 셋째, 방대한 양의 재무자료나 계산을 요구하지 않고 외부환경과 조직의 적합성에 관련된 핵심요소에 신속하게 집중할 수 있다는 장점이 있다. 넷째, 경쟁 환경에 대응하기 위하여 실행 가능한 전술이나 전략의 범위에 대하여 보다 개선된 사고방식을 제공할 수 있으며, 조직 내외부의 상황분석을 통해 조직의 변화를 촉진하게 하는 역할을 한다. 마지막으로 SWOT 분석은 특정 공공조직이나 기업의 전략 성공과 실패에 대한 통찰력을 제공하게 되어 자료를 수집하고 해석해서 SWOT의 네 가지 측면으로 조직하는 과정은 그 이후의 전략분석을 위한 효과적인 기반을 제공한다.

그러나 그는 SWOT 분석은 단점도 있음을 지적한다. 첫째, SWOT 분석은 전형적으로 일반화된 상식적인 지침만을 제공하지 의사결정권자에 구체적인 해답이나 전략을 제시하지는 않으며, 다만 일반적인 제안만을 할 수 있을 뿐이다. 둘째, 단순한 분석기법이기는 하지만, 의사결정자에 따라 다른 판단과 그에 따른 복잡성을 만들어낸다. 셋째, SWOT 분석은 정량적 자료보다는 정성적 자료에 더 의존하고 일반적인 권고사향을 줄 수 있기 때문에 높은 추상성을 동반할 수 있다. 넷째, 본질적으로 약점은 예상보다 많고 강점은 기대되는 것보다 적으며 분석가가 충분한 경험이 없을 경우 기업의 약점이나 위협에 비해 장점이나 기회를 평가하는 데 지나치게 낙관적일 수 있다.

3 SWOT 분석의 적용

SWOT 분석을 실행할 때에는 철저하게 사실에 입각하여야 하며 편향성을 최소화하기 위해 공정한 외부 전문가의 참여가 중요하다. 또한 엄정하고 체계적이면서도 창조적인 분석이 필요하며 이를 위해 데이터와 정보와 같은 정량적·정량적 데이터를 모두 고려할 수 있어야 하고 경험과 전문성을 갖춘 분석가를 고려하여야 한다.

그림 3-2 SWOT 분석을 통한 대학발전전략의 모색

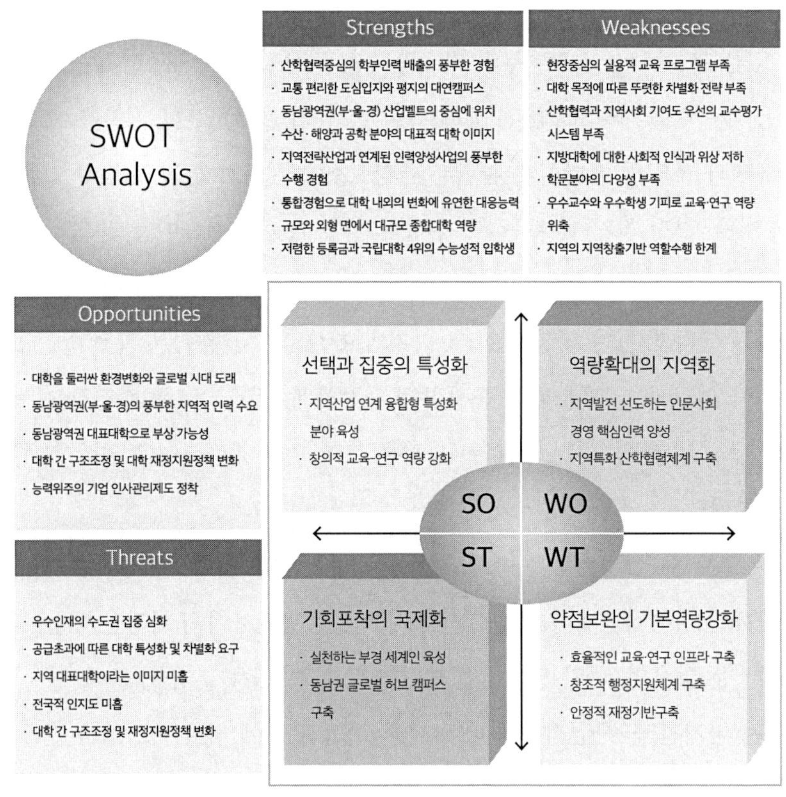

출처: 부경대학교 중장기발전계획(2013) 수정 보완

〈그림 3-2〉는 특정 대학발전전략의 모색을 위해 다양한 전공을 가진 교수와 직원들이 모여 브레인스토밍(brainstorming and brain-writing)한 결과를 정리하여 본 것이다. 개인이든 조직이든 자신의 강점과 약점을 객관화시키고 환경변화를 인식한 후 전략적 대응방안을 모색하면 의외로 괜찮은 성과를 얻을 수 있다.

〈그림3-3〉에서 '문제'는 갈등의 표면적인 요인이 되는 것인데, 좀 더 거시적인 맥락에서 권위주의와 같은 사회구조, 부처이기주의와 국지적 합리성과 같은 하위구조, 그리고 경쟁관계까지 고려하면서 공공갈등의 원인을 분석할 수 있다.

그림 3-3 구조적 갈등 이론

출처: 대통령자문 지속가능발전위원회 편(상) (2005: 95); Dugan(1996: 14)

제3절

원전운영의 가외성과 부산광역시의 트릴레마

1 중첩적인 시설확충의 트릴레마

효율적인 원전운영을 위해서는 가외적인 안전정치를 최소화하는 것이 맞다. 그러나 불확실성이 높을 경우 C≤P·D의 조건하에서는 장기적으로 효율성을 제고하면서도 민주주의에 기여할 수 있다. 고리원전 내부의 하위단위들이 상호 독립적으로 설계되어 있으면 오차를 걸러내는 데 유리하며 안전운영의 확률을 높여준다(Bowen, 1982: 1-22). 그러므로 압력용기의 안전성을 먼저 확보하고, 냉각장치와 철판 그리고 격납건물을 구성하는 것이 1차적인 안전성 확보의 핵심적인 기술 장치로 볼 수 있다.

그림 3-4 후쿠시마 사고 이후 고리원전의 안전개선대책 개념도

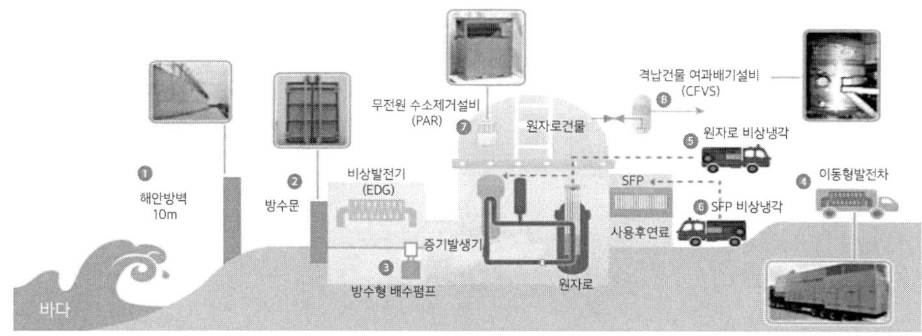

출처: (주)한국수력원자력 고리 원자력본부 자료 제공(2016)

나아가 〈그림 3-4〉의 후쿠시마 사고 이후 고리원전의 안전개선대책 개념도에 나타난 것처럼 8단계의 기술적 안전장치는 원전안전 확보에 기여할 가능성을 높여주고 있다(산업통상자원부, 2015: 918-919). 먼저 고리원전 부지에 최대지진 내성 구조물 안전성을 확보한 후 10m 방벽과 방수문을 통해 자연재해인 해일에 의한 구조물 안전성을 보강하였다. 3단계로 침수발생 때에 전력과 냉각수계통을 보강하였고, 4단계에서는 중대사고 발생 때에 냉각수 응급보급 능력을 보강하였다. 5단계 이후로는 압력용기 용융에 따른 수소 제거 등에 대비한 비상대응능력을 보강하였다. 정부관계자에 의하면, 2011년 이후 1조 1천억 원의 재원을 투입하여 단계적으로 안전개선대책을 추진하고 있다고 한다.

> 얼마 전 집중호우 때 고리원전 방벽 안쪽으로 배수가 안 되면서 침수된 사고에 직면한 적이 있습니다. 케이블 관로의 밀봉을 누락하는 인간적인 실수(human error)도 발생하고 있습니다(원자력안전 전문가 면담, 2016. 5).

고리원자력본부에서는 이러한 오차에 대한 학습을 통해 끊임없이 불확실성에 대비하고 있고, 그러한 성과들을 부산광역시 원자력안전대책위원회를 통해 공개하고 보고하는 형식을 취하고 있다.

> 일본은 초 단위의 대응을 한다고 합니다. 그런데 2011년 3월 11일 14~15m의 쓰나미에 의해 후쿠시마 원전의 외부전원이 상실되었을 때 침수로 인해 비상 디젤 발전기조차 이용 불능에 빠지면서 냉각수 유입중단과 핵연료 가열로 격납건물 수소 폭발로 이어졌다고 진단합니다. 전문가들은 후쿠시마 원전의 방벽이 낮아 해일이 7m를 넘으면 위험하다는 사전 경고를 경제성을 이유로 무시하면서 방벽 작업을 미루다가 호미로 막을 것을 가래로도 막지 못하는 지경에 이른 것입니다. 인근 오나가와 원전은 부지도 높고 방벽도 높아 안전했다고 합니다(원자력안전 전문가 면담, 2016. 5).

안전신화에 빠지게 되면 오차가 허용되지 않고 학습이 이루어지지 않으면서 엄청난 위험과 불확실성에 직면하게 되게 되는데, 후쿠시마 원전사고의 경우가 좋은 사례가 된다(하타무라 요타로 등, 2015: 95-100). 2016년 11월 면담한 원전전문가들은 후쿠시마 원전을 운영하는 도쿄전력이 단기적인 경제성을 우선하다가 지금은 210조 원을 투입하여도 복구가 어려운 사회적 비용을 초래하고 있다고 분석했다.

> 1979년 쓰리마일 아일랜드 원전사고와 1986년 체르노빌 원전사고에 대해 자체조사를 진행한 일본 원자력안전위원회는 1987년 중대사고 대책 검토 후에 1992년 5월 「발전용 경수형 원자로시설에서 중대사고(severe accident)대책으로서 사고관리(accident management)에 대하여」라는 보고서를 작성하여 발표하였다. 일본에서는 중대사고가 발생할 가능성은 극히 낮으며, 사고관리도 사업자의 자율적인 노력으로 충분하다는 것이 핵심적인 내용이었다(하타무라 요타로 등, 2015: 108-109).

일본 원자력안전위원회는 후쿠시마 원전사고 때에 이러한 결정이 무력해지자 2011년 10월 20일에 폐지하게 된다.[1] 매뉴얼을 통한 원전안전의 신화(myth)가 붕괴되는 순간이었다.

고리원전의 경우 시설투자 측면에서 가외적인 요소를 고려하여 높은 불확실성하에서 8단계에 걸친 높은 비용을 지불하고 있는 것으로 나타났다. 그러나 실질적으로 가외성이 작동하지 않을 수 있기 때문에 지속적인 학습과 보완이 요구되는 것으로 평가된다. 2011년 고리원전 전원중단사고 당시 백색 비상발령을 내리지 않은 것은 가외성과 실험 그리고 학습을 허용하지 않는 통제위주의 조직설계에서 나타나는 문제들로 확인되었다(김창수, 2013: 612). 불충분한 정보를 가정하고 오차와 잠정적인 위험을 예상하고 대비하는 가외성의 증대는 트릴레마 상황에서 지혜로운 대응 방안으로 평가된다.

2 조직확장과 비상계획구역의 확대와 국가적 연대의 트릴레마

부산광역시의 경우 2012년 10월 25일 부산시장의 특별지시에 따라 2014년 1월 도시개발본부 직속으로 8명 인원의 원자력안전실로 확대 개편하였고, 지금은 원자력안전과로 확대하여 14명의 직원이 근무하고 있다. 현재 부산광역시는 법이 허용하는

---

1 일본에서도 전력회사, 정부부처, 학계 그리고 정계의 유착관계가 후쿠시마 원전사고에 대비하지 못한 원인으로 작용했다는 비판이 있다(야마모토, 2011: 8-9).

테두리 안에서 중앙정부가 원자력안전 규제기능을 제대로 수행하는지 감시하고, 안전사고 발생에 대비한 방재와 훈련을 실시하고 있다(김창수 등, 2014: 40-41). 그러나 부산광역시의 이러한 자구노력들이 국책사업으로 추진되는 원전안전에 대한 실질적인 권한과 책임으로 이어지지 못하기 때문에 민주성과 경제성 측면에서 트릴레마에 직면하고 있는 것으로 분석된다.

방사능비상계획구역의 확대는 가외성과 민주성의 증대를 의미하지만, 부산광역시의 입장에서는 대응비용의 증대와 관광도시의 이미지 추락으로 인한 경제적 손실 때문에 트릴레마 상황을 초래하고 있는 것으로 볼 수 있다. 비상계획구역의 확대만큼 관리비용의 증대가 예상되고, 인구밀집도가 높고 대도시 인근에 위치한 고리원전 때문에 부산광역시 전역을 비상계획구역에 포함하면 관광도시 이미지 추락으로 인한 경제적 손실이 예상되는 등 이해관계의 복잡성도 내재하고 있었다.

> 2015년 4월 16일 부산광역시와 한수원이 20~21㎞로 협의하였으며, 5월 15일 원자력안전위원회에서 21㎞로 확정하였습니다. 이때 60여 개 단체로 구성된 반핵부산시민대책위원회는 247만 명이 대피할 수 있는 30㎞ 안을 강력하게 주장하였습니다(반핵부산시민대책위원회 관계자 면담, 2016. 3. 20).

이때 60여 개 단체로 구성된 반핵부산시민대책위원회는 247만 명이 대피할 수 있는 30㎞안을 강력하게 주장하였지만, 2015년 4월 16일 부산광역시와 한수원이 20~21㎞로 협의하였으며, 5월 15일 원자력안전위원회에서 21㎞로 확정하였다. 이에 따라 부산광역시의 경우 원자력안전 및 방사능방재체계 확립을 추진하고 있으며, 고리원전 방사능방재 합동 훈련을 강도 높게 실시하고 있다. 구체적으로 통합 방사능 감시시스템 확대·보강, 방사능재난 대응역량 강화, 해운대·금정구·기장군을 대상으로 한 방사능방재 합동훈련 등의 내용을 담고 있다.

> 지금 부산시의 대중교통수단을 활용하는 방사능방재 훈련이 1,500명~2,000명 정도 규모라면 좋습니다. 그러나 300만 명이 움직일 때는 각자 자기 차로 움직일 것이며 현재 훈련이 무용지물이 될 수도 있습니다(원자력안전 전문가 면담, 2016. 5. 27).

2011년 후쿠시마 사고 때는 원전직원이 먼저 대피해버림으로써 문제를 더 키웠다고 봅니다. 고리원전에서도 사고가 난다면, 실질적인 대피는 개인 중심으로 이루어질 가능성이 높고, 아시아드 주경기장으로 대피하는 방안은 교통상황을 고려할 때 현실적이지 않다고 판단합니다 (부산광역시 기장군의원 면담, 2016. 5. 27).

이런 가운데 부산을 지역구로 하는 야당 국회의원들을 중심으로 안전성과 민주성의 확장을 주장하였는데, 효율성을 고려해야 하는 부산광역시의 입장에서는 트릴레마 상황에 직면한 것으로 분석되었다.

「발전소 주변지역 지원에 관한 법률」 개정안은 발전소 주변 지역 지원 대상을 원전의 경우 발전소로부터 50㎞까지로 확대해, 거의 부산 전역을 지원 대상에 포함시켰다. 현행법은 발전소로부터 5㎞ 이내로 규정하고 있다. 그러나 원전이 지닌 위험은 다른 발전소와는 비교할 수 없고, 재산권과 신체적·정신적 건강을 침해받고 있는 지역의 범위 역시 훨씬 넓어, 다른 발전소들과 똑같이 5㎞로 한정하는 것은 합당하지 않다는 것이 김영춘 의원의 설명이다. 그리고 전기사업법 개정안도 함께 발의했는데, 전기판매사업자(한국전력)에게 원자력발전사업자로부터 전기를 매입할 때 거래액의 5%에 해당하는 '원자력 이용 부담금'을 부과하는 게 핵심 내용이다. 개정안에 따르면 원자력 이용 부담금은 발전소 주변 지역 지원을 비롯해 신·재생에너지 개발과 보급, 노후 원전 폐쇄 산업의 연구와 육성, 방사능 사고 방호·방재 대책 등에 사용된다. 지난해 한국전력이 원전사업자로부터 매입한 전기 거래액은 9조 8000억 원으로, 개정안이 시행될 경우 해마다 5000억 원 이상의 '원자력 이용 부담금'이 걷힐 것으로 예상된다(국제신문, 2016. 10. 12).

2016년 11월 이와 관련하여 부산광역시 관계자와 심층 면담한 결과, 관리비용의 증대로 인해 C〉P·D이기 때문에 현실적으로 실현 가능하지 않으며 실효성도 약한 데다가 무엇보다 부산전역이 관광도시 이미지 추락의 경제적 손실에 직면할 것이라고 분석했다. 한편 이러한 트릴레마 상황에서도 부산광역시는 방재훈련으로 현실적인 대응을 하고 있다. 2016년 6월 13일과 14일에는 1억 3천만 원의 예산을 투입하여 국민안전처의 차관이 참여하고 해운대구, 금정구, 기장군이 협업하는 형태의 2년에 1회 개최되는 방사능방재 훈련을 실시했다. 1,500명 이상이 참여한 훈련을 통해, 부산광역시는 원전소재도시로서 유례없는 방재훈련을 실시하고 있지만, 나머지 3개 광역지방자치단체와 중앙정부인 원자력안전위원회와 어떻게 연계할지에 대한 대응방안 마련이 필요하다. 무엇보다 후쿠시마와 같은 중대 사고에는 매뉴얼과 훈련경험이 실질적으로 작동하지 않을 것이라는 것이 재난관리 전문가들의 중론으로 평가된다.

> 체르노빌은 물론 후쿠시마 사고도 예측하지 못한 가운데 발생했습니다. 고리원전 인근에 진도 6~7의 지진사고가 발생했다고 가정했을 때 컨트롤 타워는 당연히 원자력안전위원회와 육군, 해군, 공군이 될 것입니다. 즉, 원자력안전위원회의 소관인데 부산광역시는 이때 무엇을 할 수 있느냐는 것입니다. 부산광역시가 아무리 자체훈련을 하더라도 중앙정부와 연계되지 않는다면 무슨 소용이 있느냐 하는 것입니다(원자력안전 전문가 면담, 2016. 5. 27).

그러므로 부산광역시의 입장에서 원전안전 문제를 세심한 비판으로 접근하되 국가적 연대를 통해 사고대응 훈련은 물론 원전산업과 원전해체산업을 함께 고민하는 것이 현실적인 삼각딜레마 대응방안으로 평가된다.

> 국가방재체계하에서 부산시장이 대응하는 것입니다. 4년에 한 번씩 원자력안전위원회 주관 훈련을 하고, 2년 단위로 부산광역시 주관 훈련을 하고, 기초 지자체는 매년 훈련을 실시하는 것입니다. 매뉴얼에 따라 대응하는 것입니다. 계속 훈련을 하면서 문제점을 발견하여 개선하고 안전사고에 대비하고자 합니다(부산광역시 관계자 면담, 2016. 5. 27).

연구문제

1 정책결정과 집행과정에서 정책환경을 이해하는 것이 왜 중요하다고 생각하는가?

2 인구위기(demographic onus)의 시기에 직면하면 일할 수 있는 젊은 사람은 줄어들고 부양해야 할 노년층은 늘어난다. 생산연령인구가 시간이 지나면서 고령 인구로 변하게 되면 생산연령인구의 비중이 줄어들고 이로 인해 경제 성장세는 둔화된다. 내가 정부관계자라면 이 문제를 어떻게 진단하고 대책을 마련하겠는가?

3 부산광역시의 정책환경(policy environment)을 이해하고 강점(Strength)과 약점(Weakness)을 분석해보자. 그리고 부산광역시를 둘러싼 환경의 기회요인(Opportunity)과 위협요인(Threat)을 논의해보자. 이러한 SWOT 분석을 토대로 할 때 부산광역시의 적절한 환경대응 전략은 어떠해야 하겠는가?

4 진화생물학자인 재레드 다이아몬드는 총기와 병균과 금속이 역사에 미친 엄청난 영향에 대해 분석한다(Guns, germs, and steel: the fates of human societies). 일단 수렵 채집 단계를 넘어서 농경을 하게 된 사회들은 문자와 기술, 정부, 제도뿐만 아니라 사악한 병원균과 강력한 무기들도 개발할 수 있었다. 그러한 사회들이 질병과 무기의 도움으로 다른 민족들을 희생시키며 자신들의 삶의 터전을 새로운 지역으로 확장하는 과정을 설명해볼 수 있겠는가?

5 부산광역시의 입장에서 볼 때, 원자력발전과 원자력안전 문제에 대해서 어떻게 대응하는 것이 지혜로운가?

제4장

정책의제 설정과 공공갈등

제1절 정책의제 설정의 의미

제2절 정책의제 설정의 과정

제3절 무의사결정론과 무시된 갈등

제4절 영풍 석포제련소를 둘러싼 무의사결정과 공공갈등

제1절

정책의제 설정의 의미

왜 수많은 사회문제 중에서 어떤 문제들은 정부의 관심을 받아 정책의제가 되고 어떤 문제는 방치되는가? 이러한 연구문제에 대한 해답을 찾아가는 과정이 정책의제 설정이론이다. 즉, 정책의제설정이론(policy agenda setting theory)은 1960년대 흑인 폭동을 계기로 왜 수많은 사회문제(social problem) 중에서 어떤 문제들은 정부가 해결하려고 노력하고 어떤 문제는 공식적 거론도 없이 방치되는가라는 의문에서 출발하였다(정정길, 1997: 247-258).

정책의제(policy issue)란 정부가 여러 가지 사회문제 중에서 정책적 해결을 의도하여 공식적으로 채택한 문제이고, 정책의제 설정(agenda setting)이란 정부가 정책적 해결을 위하여 사회문제를 정책문제(policy problem)로 채택하는 과정이나 행위이다.

정책의제 설정은 왜 중요한가? 정책의제 설정은 문제해결의 첫 단계이며, 지지집단과 반대집단의 정치적 갈등의 발생이 나타나며, 정책대안의 실질적 제안과 범위가 한정되는 단계이기 때문이다. 나아가 〈그림 4-1〉에 나타난 바와 같이 정책의제화의 차이에 따른 정책과정의 차이가 나타나기 때문에 중요하다. 즉, 정책의제 설정을 누가 주도하느냐에 따라 구별할 때 시민사회가 의제 설정을 주도하는(Society-mobilized) 외부주도형은 갈등과 타협의 정책과정으로 이어지며, 권위주의정부나 개발도상국에서처럼 정부가 의제 설정을 주도하는(Government-initiated) 동원형의 경우 분석적 정책과정으로 이어질 가능성이 높다. 윤석열 정부에서 보건복지부가 의료개혁의 의제 설정을 주도하여 분석적 정책과정을 이어가고 있지만 합의형성에는 난관에 직면하고 있다. 그리고 윤석열 정부가 추진하는 기후대응댐의 경우도 양구군 수입천댐과 같이 환경부가 의제 설정을 주도하는 다목적댐 건설은 분석적 정책과정에도 불구하고 난관에 부딪혀 있다. 반면 예천군 용두천댐과 같이 홍수피해를 겪은 지역에서 건의하여 의제 설정이 이루어진 홍수조절용댐 건설은 주민수용성이 높아 원만하게 합의형성에 도달하고 있다.

그림 4-1 정치과정모형과 정책의제 설정과정

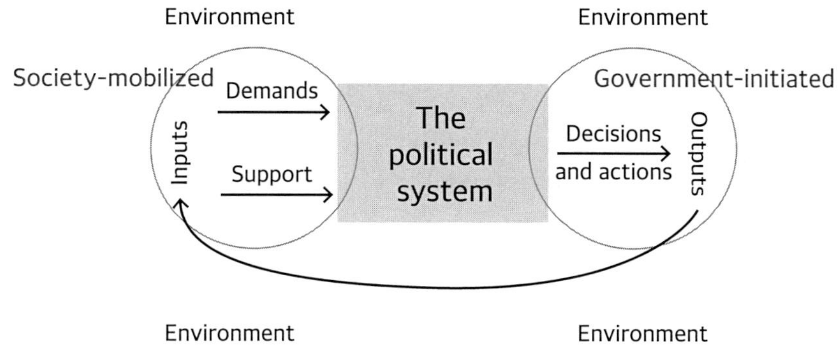

출처: Easton(1953) 수정 보완

제2절

정책의제 설정의 과정

1 정책의제 설정의 일반적 과정

〈그림 4-2〉에서는 일반적인 정책의제 설정과정을 소개하고 있다(Cobb and Elder, 1972: 82-89). 첫째, 사회문제(social problem)의 인지에서 출발한다.[1] 둘째, 문제의 사회적 쟁점(social issue)화 단계인데, 주도자(issue entrepreneur)와 점화장치(triggering device)가 필요하다. 이때 매스컴의 활약이 두드러진다. 셋째, 쟁점의 공중의제(public agenda)화, 즉 체제의제화가 이루어지는 단계이다. 매스컴을 통하여 공중에게 확산되어 일반대중의 주목을 받을 만한 가치가 있고 정부가 문제해결을 하는 것이 정당하다고 인정되는 사회문제이다. 넷째, 쟁점의 정부의제(governmental agenda)화로 제도적·공식적 의제, 좁은 의미의 정책문제가 만들어진다. 정부가 여러 가지 사회문제 중에서 정책적 해결을 의도하여 공식적으로 채택한 문제, 즉 정부내부로 진입한 경우이다.

1 사회문제(social problem)란 불특정 다수인에게 불만족스러운 상태가 장기간 지속되는 상태이고, 정책문제(policy problem) 또는 정책의제(policy issue)란 정부가 해결의 필요성을 인식하고 정책적 대처를 심각히 고려하기로 하였음을 공식적으로 명백히 밝힌 문제이다.

그림 4-2 정책의제 설정과정의 구조

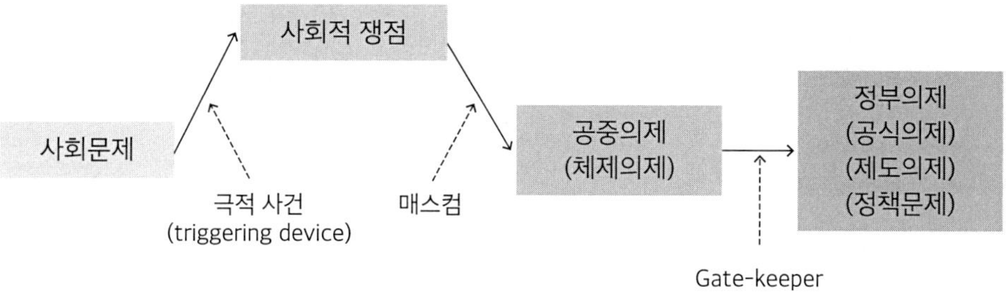

2 정책의제 설정의 다양한 과정

사회문제가 정부의제가 되는 과정은 선진국과 후진국, 그리고 정책유형에 따라 다양하다(정정길, 1997: 251-254). 첫째, 민주국가에서 나타나는 일반적인 현상인데 사회문제가 갑자기 공중에서 알려지게 되고 정부조치가 필요함을 공감하게 되면서 정부의제로 성립되는 경우이다. 2014년 봄 세월호 참사를 계기(triggering device)로 선박안전규제 강화라는 의제가 설정되는 것이 좋은 예이다.

둘째, 개도국에서 정부지도자가 압도적인 역할을 하면서 정부의제를 주도하는 경우이다. 박정희 대통령이 경제발전과 관련한 다양한 의제를 주도한 예를 들 수 있다.

셋째, 정책의제 설정과정의 가장 극단적인 예외는 정부가 반복하여 공식적 정책의제로 검토하는 반복적·관습적 의제(recurrent or habitual agenda) 혹은 필수적 의제(necessary agenda)라고 볼 수 있다. 예를 들면, 예산배정 문제라든지 공무원 봉급인상 문제 등은 매년 반복적으로 등장하는 의제이다.

3 주도집단에 따른 정책의제 설정과정

Cobb과 Ross and Ross(1976: 126-128)는 주도집단이 누구인가에 따라서 다음 세 가지 정책의제 설정 유형을 구분하였다.

그림 4-3 주도집단에 따른 정책의제 설정과정의 구조

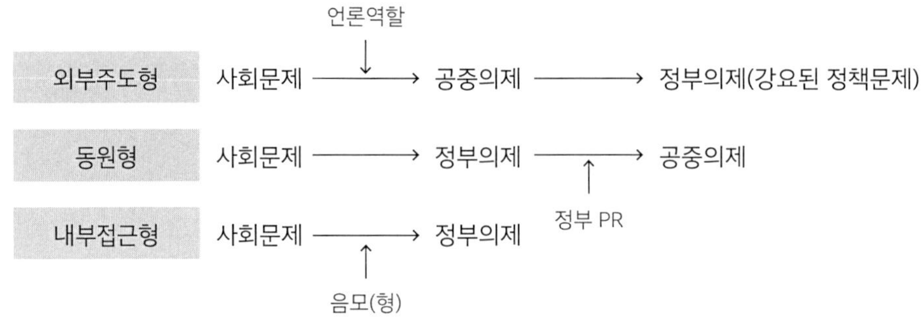

1) 외부주도형(Outside Initiative Model)

정부 외부에 있는 집단들이 주도하여 정책의제 채택을 정부에게 강요하는 경우로서 정부의 입장에서 볼 때 강요된(pressed) 정책문제이다(Hirschman, 1975: 388-391). 우리나라의 교육정책의 경우 권위주의정부 시절부터 외부주도형 의제 설정의 전형적인 사례로 평가받는다. 한때 중학교 입시폐지정책은 부산 어린이 6명이 집단가출을 하면서 점화장치(triggering device) 역할을 했기 때문이라고 평가한다. 2000년대 중반 고양시의 주택가에 일명 러브호텔 입지 문제를 둘러싼 갈등의 핵심에도 학부모들의 교육적 관심이 정책의제 설정을 주도했다고 볼 수 있다.

외부주도형 정책의제 설정은 다음과 같은 특징이 있다. 먼저 다원화된 선진국 정치체제의 특징으로 언론과 정당 등의 역할이 중요하다. 둘째, 외부 주도집단의 규모와 재정력 등 정치적 영향력이 주요 변수이다. 셋째, 정책과정이 수많은 이해관계가 표출되고 결집되는 진흙을 헤쳐 가는 과정(muddling through)이다. 넷째, 정책은 장기적으로 철저한 분석이 이루어지기보다는 단기적이고 단편적인 성격을 띤다. 마지막으로 선진국의 경우 대립되는 이해관계의 조정과정에서 공익이 고려되기 때문에 외부주도형이 적합한 것으로 평가받는다.

2) 동원형(Mobilization Model)

정부 내부의 정책결정자들에 의해 정부의제화가 주도되고 공공관계(Public Relations)를 통해 사회로 확산되는 경우로, 정부가 사회에 강요하는 정책문제(pressing problem)라고 불린다(Hirschman, 1975: 388-389). 예를 들면, 경부고속도로 건설과정에서 양당과 IBRD 반대에도 불구하고 박정희 대통령은 건설타당성 분석결과의 확산을 위해 노력했다. 박근혜 정부에서 추진된 한국사 교과서 국정화의 과정 역시 내부 결정내용을 시민사회에 강요하는 의제 설정과정으로 평가할 수 있다.

동원형 정책의제 설정은 다음과 같은 특징이 있다. 먼저 민간부문이 취약한 후진국의 경우에 나타나는 정책의제 설정유형이다. 둘째, 후진국의 경제개발계획과 같이 정책결정이 분석적으로 이루어지고 장기적인 성격을 띤다. 마지막으로 후진국의 경우 이 과정에서 복지, 노동, 환경 문제 등은 정책의제화가 억제되는 경우가 많다.

3) 내부접근형(Inside Access Model)

정부 내부의 관료집단이나 또는 외부집단에 의해 주도되어 이들이 최고 정책결정자에게 접근하여 사회문제를 의제 설정하는 경우이다. 내부접근형 정책의제 설정은 외교정책이나 국방정책에서 많이 나타나는데, 일반대중에게 잘 알리지 않으려고 하기 때문에 일종의 음모형에 속한다. 당연한 귀결로 동원형과는 반대로 정부 공공관계(PR, Public Relations)을 통한 공중의제화를 막으려고 한다. 박근혜 정부에서 내부자들끼리 은밀하게 결정하고 일방적으로 발표하고 대응한 개성공단 폐쇄과정 그리고 사드배치 입지 결정과정은 내부자들이 은밀하게 정책의제 설정과정을 주도한 경우로 볼 수 있다.

제3절

무의사결정론과 무시된 갈등

1 의의

무의사결정론(Non-decision Making Theory)은 정책의제 설정에 있어서 지배엘리트의 이해관계와 일치하는 사회문제만 정책의제 설정이 된다는 이론이다(정정길, 1997: 265-268).[2] 무의사결정이란 지배집단의 이해관계를 반영하는 의사결정자의 가치나 이익에 대한 잠재적인 도전을 억압하고 방해하는 결과를 초래하는 결정이다. Bachrach와 Baratz(1962: 948)는 정치권력의 두 얼굴 중에서 보이지 않는 권력 작용은 다원론자인 Robert Dahl(1961)이 간과했다고 비판했다. Robert Dahl 등 다원론자들은 드러나지 않은 문제를 어떻게 연구하겠느냐고 비판하지만, Bachrach와 Baratz(1962: 948)와 같은 신엘리트론자들은 적실성 있는 과학적 연구라고 반박한다. 프랑스의 마리 모니크 로뱅(2009)의 저작인 「몬산토: 죽음을 생산하는 기업」에서 저자는 세계 GMO의 90퍼센트에 대한 특허권을 갖고 있는 세계 최대 종자기업 몬산토가 베트남전쟁 때 사용된 고엽제 생산을 포함하여 그동안 벌인 만행을 고발하고 있다.

2 왜 수많은 사회문제 중에서 어떤 문제들은 정부가 해결하려고 노력하고 어떤 문제는 공식적 거론도 없이 방치되는가? Simon(1982)은 주의집중력의 한계(bounded rationality), Easton(1965: 80-145)는 체제이론의 문지기(gate-keeper), Bachrach와 Baratz(1962: 948)는 무의사결정(non-decision making) 때문이라고 한다.

2 무의사결정의 발생원인

지배엘리트의 이해관계와 일치하는 사회문제만 정책의제 설정이 이루어지는 이유는 무엇인가? 먼저 지배집단은 불리한 사태의 방지를 위해 일반대중의 관심을 받기 전에 의제 설정을 억압한다. 둘째, 의사결정자가 엘리트집단이 원하지 않을 것이라 미리 추정하는 과잉충성 때문이다. 셋째, 지배집단의 지배적 가치인 경제성장 때문에 노동·환경·복지 문제는 방치되기 때문이다. Crenson(1971)은 미국의 거대 철강회사(US Steel) 때문에 지역사회의 정치체제가 공장 대기오염문제를 거론조차 못한 사례를 분석하였다. Cobb과 Elder(1972: 64-67)는 지하탄광의 열악한 작업환경에 대한 탄광노동자들의 항의가 정책문제화되기 전에 탄광주들에 의해 거론조차 되지 못한 사실을 분석하였다(정정길, 1997: 266-267). 넷째, 편견적 정치체제의 구조 때문에 노동문제를 얘기하면 공산주의자 취급을 한다.[3] 마지막으로 우리나라와 같이 개별 부처의 자율성이 높은 경우 관료이익과 상충할 때 정책의제 설정을 외면하기도 한다.

3 무의사결정의 수단

정책의제 설정을 방해하는 지배집단의 수단은 매우 광범위하고 다양하다. 폭력의 행사와 같은 강력한 수단의 사용은 물론 혜택 박탈 또는 특혜부여가 이뤄지기도 하고, 심지어 교묘하게 '편견의 동원(mobilization of bias)'으로 노동운동가를 용공분자로 몰아가는 경우, 그리고 위장합의를 통하여 지연 전략을 쓰는 경우 등이 있다(Schattscheider, 1965).

지배집단의 무의사결정을 위한 노력은 정책의제 설정과정뿐만 아니라 정책과정 전반에서 나타난다. 정책결정과정에서 상징적 대안을 택하도록 노력하든가, 정책집행과정 관련 예산 없애거나 집행자를 매수하기도 한다. 심지어 정책평가과정에서 관련 자료의 제공 또는 거부를 통해서 광범하게 무의사결정이 이루어진다.

3 미국에서 1950년대에 조지프 매카시 상원의원이 당시의 극우 반공주의에 편승하여 근거 없이 많은 사람을 공산주의로 몰아 직장과 사회에서 추방시킨 현대판 마녀사냥이 일어났는데, 이를 '매카시즘'이라고 한다(유종선, 1995: 350-353).

4 평가: 무시된 갈등

우리나라에서 산업화시대에 지배엘리트들의 가치에 부합해야했기 때문에 노동·복지·환경문제가 경제제일주의에 압도당하고, 진보적 정치세력의 주장들이 안보우선주의에 눌려 정책의제 설정이 되지 못하는 경우가 많았다.

미국의 경우에도 20세기 말에 이르기까지 유독화학물질의 위험성에도 불구하고 지역경제발전을 위해 묻어두는 경우가 많았고, 자동차 배출가스 조작 문제가 오랫동안 묻혀있었고, 총기협회의 압력 때문에 총기규제가 제대로 이루어지지 못하는 경우가 많았다.

우리나라의 경우 2000년 동강댐 건설 백지화와 같이 환경보전이 경제개발을 우선하여 결정되는 사례가 나타나는 등 1987년 6월 항쟁과 6·29선언 이후 많은 변화가 있었지만, 여전히 경제발전이 다른 가치에 비해 우월적 위치에 있는 것이 현실이다. 2016년 우리사회를 충격으로 몰아넣었던 가습기살균제 사례의 경우 2011년부터 이미 제기된 문제들이 경제계급과 관료계급의 이해관계와 묶인 속에서 의제 설정이 지연되었기 때문으로 평가된다.

제4절

영풍 석포제련소를 둘러싼 무의사결정과 공공갈등

1 영풍 석포제련소의 역사

1935년 내륙 벽지 봉화군의 연화봉에 아연광산을 개발하겠다고 나선 것은 일제 강점기의 미쓰비시였다(김혜나, 2020: 324). 1960년대 연화광업소에 이어 1970년 영풍상사의 석포제련소가 생기고 나서는 강물 대신 폐수가 흐르고 물고기가 멸종되었다. 봉화의 제1연화광산과 삼척의 제2연화광산은 각각 1993년과 1987년에 폐광되었다. 2018년 8월 현장을 답사하고 봉화에서 환경운동을 하고 있는 활동가와 면담하면서 광산 폐광 후에도 수입 아연정광으로 운영을 지속하고 있는 석포제련소는 현재 세 개의 공장을 갖추고 있으며, 전체 면적은 약 49만 제곱미터에 이른다는 사실과 광석이 고갈된 산을 떠나기는커녕 몸집을 불린 영풍 석포제련소는 이제 외국에서 들여오는 광석을 제련해 세계 4위의 생산량을 자랑하고 있다는 것을 확인할 수 있었다(김혜나·손영호, 2020: 21-42).

〈그림 4-4〉에 나타난 바와 같이 1970년에 제1공장, 1974년에 제2공장을 지었고, 2005년 제3공장 건설허가가 거부되자 불법건설 후 14억 600만 원의 과징금을 납부하고 양성화했다(가톨릭뉴스, 2018. 12. 13). 제3공장은 원광석에서 아연을 뽑아낸 뒤 남은 찌꺼기(슬러지)에서 금, 은, 구리를 추출하는 재처리공장이다(한국일보, 2014. 8. 27). 2018년 8월 현장을 답사하고 환경운동을 주도하고 있는 활동가들과 지역주민들을 통해 영풍 석포제련소의 역사를 세밀하게 확인할 수 있었다(김창수, 2021).

그림 4-4 영풍 석포제련소의 위치도

출처: 환경부·대구지방환경청(2020: 2)

시급한 문제로 제기되고 있는 것은 제련소 설립 이후 50년 가까이 자행되어 온 환경범죄에 관한 것이다(김혜나·손영호, 2020: 43-67). 폐광산 지역의 지반 붕괴 위험과 침출수로 인한 오염, 공장부지와 매립지의 불법 폐기물 매립, 낙동강 상류에서의 폐수 유출과 중금속 오염, 대기오염물질 배출과 수치 조작 등 장기간에 걸친 전방위적 환경파괴, 그리고 이와 연결된 문제로 주민과 노동자의 건강피해, 공장 폐쇄를 주장하는 주민과 환경단체, 공장 유지를 주장하는 노동자와 사측 사이의 갈등이 발생했다(김혜나, 2020: 325). 환경부·대구지방환경청(2020: 1)에 의하면, 2019년 4월 석포제련소 특별 지도·점검 실시하여 그 결과 무허가 지하수 관정 52개소를 적발하였고, 33개소 관정에서 지하수 시료채취 및 분석결과 모든 시료가 카드뮴 지하수 수질기준(공업용수)을 초과하는 것으로 나타났다.

1935년 4월, 봉화군 법전면에서는 송본광산에서 사용한 청산가리로 인해 농사일과 빨래는 물론 식수까지 일대가 곤란을 겪은 일이 있었다. 연화광산 개발을 시작한 것도 1930~1940년대 군수 광물로서 아연의 중요성이 커진 것과 관계가 있었다. 영풍광업 소속의 조사담당자들에 따르면 미쓰비시광업은 1935년 4월 연화광산 개발에 착수해 월 100톤의 광물을 처리했다고 한다(제영건·이은재, 1987: 274; 김혜나, 2020: 333-334). 이는 일본의 1931년 만주사변 이후 일제의 중국침략 본격화에 따른 군수 광물의 필요성과 관련이 있다(김혜나·손영호, 2020: 112-124).

1980년대 초만 해도 15가구가 넘게 살던 석포제련소 뒷산의 굴티마을에서는 제련소가 들어선 후 농사를 지을 수 없어 사람들이 떠나갔다(MBC 시사매거진 2580, 2003. 2. 16). 고령의 노동자들이 대부분 하청업체를 통해 일하는 석포제련소는 동종업종에 비해 처우가 열악했다(영풍공대위, 2003: 87). 병원에서 매년 정상이라던 노동자들은 뼈가 물렁물렁해지고 코뼈가 녹아내리며 암으로 죽어갔다(김혜나·손영호, 2020: 56-67; 영풍공대위, 2003: 5-9). 영풍은 여기서 그치지 않고 2012년 강릉 옥계면에 연간 20만 톤 규모의 제2제련소를 건립하고 비철금속 산업단지를 조성하려고 했으나, 환경오염을 우려한 주민 반대에 부딪혀 계획이 무산되었다(뉴스1, 2014. 6. 17).

석포제련소의 환경위반 건수는 2013년부터 2018년 사이에만 46건에 달하며(연합뉴스, 2018. 10. 23),[4] 2019년 환경부의 조사결과에 따르면 수질과 하천 퇴적물 조사에서 모두 제련소 하류가 상류에 비해 카드뮴과 아연의 농도가 높게 나타났다. 영풍 석포제련소 봉화군대책위원회와 공동대책위원회, 민변 대구지부와 시민단체들의 꾸준한 노력의 결실로 석포제련소에 각각 20일과 120일의 두 차례 조업정지 처분이 내려졌다. 현재는 2018년 2월 폐수유출로 인한 20일 조업정지 처분에 대해 영풍 측이 제기한 행정소송 1심 판결(2019. 8. 14)에서 영풍이 패소한 상태이며, 120일 조업정지 처분은 '시간 끌기'로 의심되는 경상북도의 법제처 법령해석 요청으로 연기되고 있다(김혜나, 2020: 338-339).

2 영풍제련소의 현재 상태와 존재론적 딜레마

영풍제련소는 1960년 이후 비철금속(아연)을 생산하는 사실상 독점기업으로 낙동강 최상류인 경북 봉화군 석포면에 위치한 대표적인 환경오염기업으로 알려져 있다.

4 환경운동이 활발했던 이 시기에 6년 동안 영풍제련소가 지불한 과태료는 2,143만 원에 그치고 있기 때문에 행정처분의 실효성이 의심되고 있다(안동MBC 사생결담 21회, 끝나지 않은 논란, 석포제련소, 2019. 4. 13).

한편 석포제련소의 1년 매출은 2017년 기준 1조 4,000억 원으로, 조업정지가 집행될 경우 경상북도 지역총생산의 19.54%가 감소할 것으로 추정하고 있다(국민일보, 2020. 9. 28). 그럼에도 불구하고 2000년 초반부터 환경오염 및 노동자들의 직업병 등이 문제점으로 제기되면서 국정감사에서도 여러 번 다루어졌으나 큰 변화가 없는 상황이다. 특히 2014년부터 환경부가 문제점을 지적하면서 2015년에는 환경영향조사를 실시하고 주민건강영향을 조사하였다. 특히 한국환경공단에서 환경영향을 조사하였으나 부실조사 의혹이 제기되었고 석포제련소 측에서는 설비개선을 하겠다는 입장 외에는 별다른 조치가 없었다. 이러한 가운데 2017년 영풍제련소와 안동댐 중간지점에서 물고기가 떼죽음을 당하면서 다시 공론화되었다.[5] 당시 정의당 이정미 의원이 국정감사에서 영풍제련소 건을 다루었고, 민주당 민생 119의 제안으로 환경부에서도 상생협의체의 일환으로 낙동강상류환경관리협의회 구성을 제안하여 운영 중이다. 이 협의회에서는 토양, 산림, 대기, 수질·퇴적물, 수생태, 그리고 주민건강 등 6개 분야에 대한 조사를 진행하고 있으며, 조사결과를 바탕으로 2020년 9월까지 원인을 밝혀 환경오염 대책을 마련할 계획이었다(부산·경남생태도시연구소 생명마당, 2019). 안동댐 상류 중금속 오염과 관련하여 낙동강 상·하류 지역주민, 영풍제련소, 환경단체 등 이해관계자 간의 갈등이 심화되고 있지만 공장이전과 현재 상태의 유지라는 두 가지 선택은 결과가치가 동등하여 선택하기 어려운 존재론적 딜레마 상황으로 이해할 수 있다.

3 영풍제련소를 둘러싼 딜레마의 심화

영풍제련소는 1970년 낙동강 최상류에 거대한 오염유발산업으로 자리 잡아 가동되어 왔는데, 무려 50년간 1,300만 영남민의 식수원인 낙동강을 심각하게 오염시켜 왔다는 점이 가장 큰 문제점으로 지적되고 있다. 영풍의 수질오염 비리만 하더라도 2013년부터 2018년까지 46건이었으나(연합뉴스, 2018. 10. 23), 영풍은 막대한 재

5 당시 낙동강 상류 물고기와 새 집단 폐사는 중금속 때문이라는 지적이 있었다(뉴시스, 2017. 5. 25). 낙동강유역환경청에서는 인과관계를 부인하였지만, 환경전문가들은 홍수기에 일어난 사고라는 점에서 중금속 오염과 물고기 떼죽음의 인과관계가 있다고 보고 있다.

력을 동원하여 규제포획(regulatory capture) 노력을 하면서 처벌을 피해왔다. 게다가 2015년 5월에는 제3공장을 불법으로 증설하였는데 문제가 되자 봉화군에 벌금을 물고 사업장을 확장하는 등 불법과 탈법을 동원하였다. 그러나 2018년 2월에 처리되지 않은 오폐수 70여 톤을 낙동강으로 무단 방출하다가 적발되자, 4월에는 경상북도로부터 처음으로 조업중지 20일의 행정처분을 받게 된다. 영풍제련소는 경상북도를 상대로 조업정지처분 취소소송을 제기하였고, 2019년 8월 14일 대구지법은 조업정지처분 취소소송에서 원고인 영풍제련소의 청구를 기각하였다.

그림 4-5 영풍 석포제련소를 둘러싼 딜레마의 진행과정

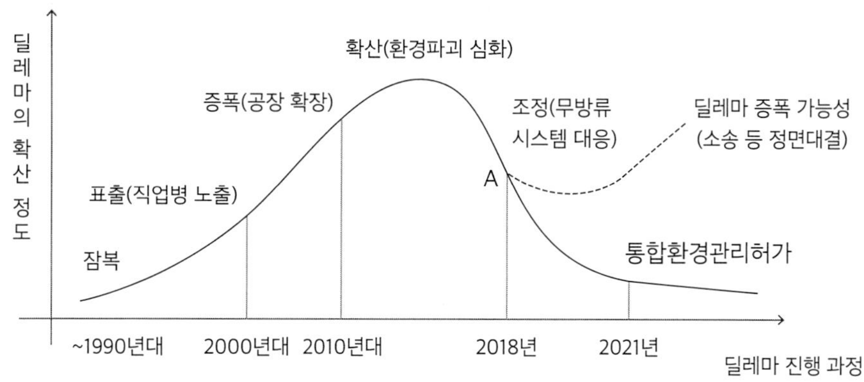

총리실은 지난 2020년 9월 23일 영풍 석포제련소의 120일 조업정지처분을 둘러싼 환경부와 경북도의 갈등을 조정하기 위해 행정협의조정위원회(중앙행정기관과 지방자치단체가 사무를 처리할 때 의견이 다른 경우 이를 협의·조정하기 위한 국무총리실 소속 정부위원회)를 열었다. 환경부와 환경단체들은 경상북도에 석포제련소 조업정지처분을 과감하게 이행할 것을 요구하고 있다. 반면 경상북도는 엄청난 산업, 경제적 파급효과와 지방소멸을 자극할 영향 등을 고려해 봤을 때 조업정지는 가혹하다는 입장이다(국민일보, 2020. 9. 28). 이때 환경부와 경상북도가 이를 딜레마로 인식하느냐의 문제가 남아있고, 만약 딜레마로 인식한다면 어떻게 대응할지의 문제가 남아있다.

연구문제

1 정책의제 설정과정에서 언론은 어떤 역할을 한다고 생각하는가?

2 왜 수많은 사회문제 중에서 어떤 문제들은 정부의 관심을 받아 정책의제 설정이 되고 어떤 문제는 방치되는가?

3 민주화된 상황에서 권위주의적 정책추진방식(DAD, Decide-Announce-Defense)이 지속되는 이유는 무엇인가?

4 영풍 석포제련소를 둘러싼 딜레마 상황에서 무의사결정이 지속된 이유는 무엇인가?

제3부

정책분석과 정책결정의 구조와 논리 그리고 공공갈등

제5장에서는 정책분석의 구조와 논리를 다룬다. 수많은 사회문제 중에서 공식적으로 정책문제가 선정되고 나면, 정책문제를 어떻게 해결해야 할지 고민하게 된다. 정책분석(policy analysis)이란 정책결정에 필요한 지식과 정보를 창출·제공하는 합리적·체계적 방법과 기술로서 사전적 분석을 의미한다. 정책분석의 목적은 정책결정자의 판단의 질을 높여 정책결정의 합리성을 제고하고, 정책의 사회적 적합성(소망성과 실현 가능성)을 확보하는 것이다. 그리고 공공갈등 관리의 핵심기법 중 하나인 갈등영향분석의 경험과 환경영향평가의 경험을 소개하고 있다.

제6장에서는 정책결정의 구조와 논리를 다룬다. 정책결정(policy making)이란 정책목표와 정책수단에 관한 기본방침을 개발하는 과정 및 행위이다. 정책분석(policy analysis)이란 보다 합리적인 정책결정을 위해 필요한 지식과 정보를 창출·제공하는 활동인데, 분석적·합리적 결정이란 정책분석의 논리나 절차에 따라 합리적으로 이루어진 정책결정을 의미한다. 정책결정의 주체는 권위 있는 정부기관이고, 정책결정의 내용은 개인적인 의사결정과는 달리 정치성, 강제성, 규범성을 띤다. 그리고 새로운 정책결정모형으로서 딜레마모형의 가능성을 검토해 보고, 실제 정책결정과정에서 활용되는 협상과 갈등 조정, 합의 형성, 그리고 관료정치를 통한 타협과정 등을 설명하고자 한다.

제5장

정책분석의 구조와 논리 그리고 공공갈등의 분석

제1절　정책분석의 의미

제2절　정책분석 절차

제3절　정책분석의 기법과 특징

제4절　정책분석윤리와 정책오차

제5절　정책분석의 실제와 공공갈등의 분석

제1절

정책분석의 의미

수많은 사회문제 중에서 공식적으로 정책문제가 선정되고 나면, 정책문제를 어떻게 해결해야 할지 고민하게 된다. 정책분석(policy analysis)이란 정책결정에 필요한 지식과 정보를 창출·제공하는 합리적·체계적 방법과 기술로서 사전적 분석을 의미한다. 정책분석의 목적은 정책결정자의 판단의 질을 높여 정책결정의 합리성을 제고하고, 정책의 사회적 적합성(소망성과 실현가능성)을 확보하는 것이다.

제2절

정책분석 절차

합리적·분석적 정책결정은 정책의 내용인 정책목표와 정책수단을 합리모형(rational model)의 전제와 절차에 따라 결정하는 것이다(정정길 등, 2003: 345-408). 〈그림 5-1〉은 정책분석절차를 간략하게 소개한 것이다.

그림 5-1 정책분석절차와 구조

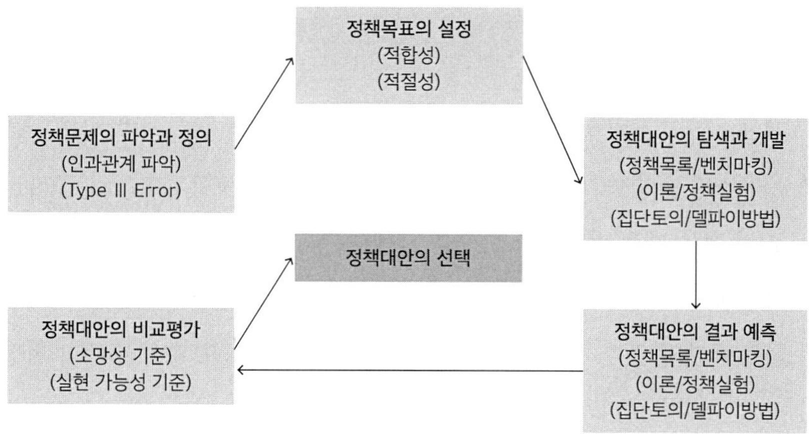

1 정책문제의 파악과 정의

정책문제(policy problem)란 정부가 해결의 필요성을 인식하고 정책적 대처를 심각하게 고려하기로 명백히 밝힌 문제이다. 정책문제의 파악이란 정책문제의 원인과 결과, 그리고 이들 간의 인과관계를 파악하는 것이다. 정책문제의 정의는 정책문제의 구성요소, 원인, 결과 등의 내용을 규정하여 무엇이 문제인지를 밝히는 것이다.

그런데 이러한 이상과는 달리 현실적으로는 시간과 비용의 한계 때문에 모든 정책 문제를 다룰 수 없다. 따라서 정책문제의 분류와 여과(filtering)를 통해 중요한 문제만을 골라 분석적으로 결정하는 작업이 필요하다. 그리고 제3종 오차(Type Ⅲ error)의 발생도 염두에 두어야 한다. 정책분석가가 정보부족, 편견의 개입 등에 의하여 정책문제를 잘못 정의한 경우 제3종 오차가 발생하는데, 이 경우 잘못된 정책목표의 결정으로 연결되고 결국 정책수단의 선택에서도 오차가 발생하게 된다. 이는 마치 서울행 버스를 타야할 사람이 속초행 버스를 탄 어리석음을 범한 경우와 같다. 가상적인 한 예는 사회 전체적인 입장에서 보아 만원버스 문제가 더 심각하고 중요한 문제인데도 교통체증 문제를 가장 핵심으로 보고 이를 해결하려는 경우를 들 수 있다(정정길, 1997: 310-311). 이 경우 대중버스의 추가공급이 없다면 도로확장 공사를 하더라도 만원버스 문제는 해결되지 않을 것이다.

2 정책목표의 설정

정책목표(policy goal)란 정책을 통하여 이룩하고자 하는 바람직한 미래 상태이다. 정책목표의 소망성 평가기준은 다음 두 가지이다. 첫째, 적합성(appropriateness)은 여러 목표 중에서 가장 바람직한 목표를 채택했는지 여부이다. 이명박 정부의 4대강 살리기 사업의 경우 경제 살리기가 적합한 목표인지 수질개선이 적합한 목표인지 설정해야 하는 문제가 있다. 둘째, 적절성(adequacy)은 정책목표 달성 수준의 적정성 여부이다. 만약 4대강 살리기 사업의 목표가 수질개선이라면 어느 정도 수준의 목표를 설정해야 할지가 중요하다.

정책목표의 종류는 다양하게 논의될 수 있다. 예를 들면, 치유적 목표는 환경오염 개선목표 등 문제발생 이전에 존재하던 상태를 정책목표로 삼는 경우이다. 창조적 목표는 수출 100억 불 달성목표 등 과거에 경험해보지 못한 새로운 상태를 정책목표로 삼는 경우이다.

3 정책대안의 탐색과 개발

정책대안(policy alternatives)이란 정책목표와 이를 달성하기 위한 정책수단들의 배합 하나하나 또는 문제해결을 위한 가능한 행동경로를 말한다. 정책대안의 원천은 첫째, 메르스 사태에 대비한 경험과 같이 정책목록(program repertory)을 의미하는 과거의 정책들의 묶음, 둘째, 창원특례시의 자전거도로 정책, 남원시의 이면도로 주차 정책 등 벤치마킹의 대상인 다른 정부의 정책, 셋째, 소득주도성장 이론에 근거한 최저 임금의 인상과 같이 정책목표와 정책수단 간의 인과관계를 내포하기 때문에 정책대안의 원천이 되는 관련 이론, 넷째, 주관적·직관적 방법인 집단토의(brainstorming)와 델파이 방법(delphi method)이 있다.

개방적인 분위기에서 창의적인 정책결과를 예측하는 브레인스토밍은 즉흥적이고 자유분방하게 여러 가지 기발한 아이디어를 창안하는 활동으로서 아이디어들의 제안, 대안들의 평가와 종합의 단계를 거친다.

그림 5-2 브레인스토밍과 대안 정리해 보기

〈그림 5-3〉은 2012년 베를린 주택가의 교통표지판을 소개하고 있는데, 우리나라에서는 보기 힘든 창의성이 돋보인다. 활발한 토론 과정의 산물이 아닐지 짐작해본다.

그림 5-3 베를린 주택가의 교통표지판

델파이 방법은 1984년 랜드 연구소에서 개발된 전문가들의 주관적 판단에 의한 미래예측 기법으로서 익명성이 보장된 가운데 전문가들의 의견을 종합하여, 보다 합리적인 아이디어를 도출하려는 방법이다. 이는 외향적이거나 공격적인 사람이 발언을 독점하고, 특히 권위주의적인 분위기에서는 공개적으로 다른 사람의 의견에 반대하기 어렵고, 많은 사람이 공개적으로 제시한 자신의 의견은 끝까지 고집하려는 경향이 있기 때문에 등장한 기법이다. 정책델파이(policy delphi)는 익명성을 보장하지 않고, 정반대의 입장에 있는 정책관련자들의 서로 상반되는 의견을 표출시켜 정책대안을 개발하고 대안의 결과를 예측하는 데 사용되는 방법이다.

4 정책대안의 결과예측

정책대안을 집행했을 경우에 나타날 결과들인 정책효과와 정책비용을 미리 예상하는 정책예측은 복잡하고 불확실성이 높다. 특히 고속전철사업의 타당성 평가와 같이 시계(time horizon)가 긴 장기정책의 경우 중요하다.

정책대안의 결과예측 방법은 첫째, 과거의 정책 및 외국의 정책을 활용한 예측방법이 있는데, 이때 시간과 상황의 차이를 고려하는 것이 중요하다. 둘째, 선형계획 등 확정적 모형과 의사결정분석 등 확률적 모형이론과 모형을 이용하여 인과관계를 규명한다. 셋째, 1990년대 초반 쓰레기종량제를 본격적으로 실시하기에 앞서 몇 개의 지방자치단체에 시범적으로 실시하거나, 규제샌드박스를 활용하여 일정 지역에서 자율주행차와 드론 운행을 시범실시하고 있는 것과 같이, 전면적으로 정책을 추진하기 전에 소규모로 일정한 정책대상집단에게 실험적으로 정책을 실시하여 정책의 효과 발생 여부를 알아보는 방법인 정책실험(policy experiment)이 있다. 넷째, 직관적·주관적 예측 방법인 브레인스토밍과 델파이 방법이 있다.

5 정책대안의 비교평가와 선택

각 정책대안이 집행되었을 때 어떠한 결과가 나올지를 예측한 후에는 어떤 정책대안이 더 바람직한가를 비교·평가함으로써 정책대안들 간의 우선순위를 정하는 과정이 필요하다. 그것은 실현 가능성과 소망성의 기준으로 비교하고 평가해야만 얻을 수 있는 결과이다. 먼저 실현 가능성 기준을 고려할 수 있다. 실현 가능성은 정책대안이 채택될 가능성인 정치적 실현 가능성과 충실히 집행될 가능성인 행정적·재정적·기술적·윤리적 실현 가능성으로 나누어진다(Dunn, 1994; 노화준, 2012: 363-377; 권기헌, 2014: 185-195).

소망성 기준은 효과성과 능률성 그리고 공평성을 고려할 수 있다. 첫째, 효과성은 목표의 달성 정도를 의미하는데, 목표와 수단 사이의 인과관계가 분명한 경우 효과적인 대안이라고 할 수 있다. 그러나 효과성은 목표달성을 위해 희생해야 하는 정책비용을 고려하고 있지 않다는 한계가 있다. 둘째, 능률성은 투입 대비 산출의 비율을 의미한다. 넓은 의미의 능률성은 사회적 희생을 포함하는 정책비용(policy cost) 대비 정책효과(policy effect)이다. 그러나 능률성은 정책효과와 비용의 공평한 배분상태, 즉 공평성은 고려할 수 없다는 한계가 있다. 셋째, 공평성은 정책효과와 비용의 공평한 배분상태의 실현에 관한 기준이다. 정책대상집단의 일방에게 편익이나 비용이 치우쳐서 공정하게 배분되지 못하면 소망스러운 정책대안이라고 볼 수 없다. 그런데 소망성 평가기준 간에 상충할 때, 공평성 기준을 먼저 충족시키고 능률성을 고려하는 것이 바람직할 수 있지만, 확실한 조화방안을 찾기가 쉽지 않다. 예를 들면, 경부고속전철 경주노선 결정 시 능률성에 기초한 도심통과 대안과 문화재 보존논리에 기초한 우회통과 대안 간의 상충관계를 조화시키는 데 어려움이 많았다.

정책대안의 실현 가능성을 검토한 후 이들 중에서 가장 소망스러운 대안을 선택하는 방법이 일반적이고 현실적이다. 이처럼 비록 현실적으로 실현 가능성 기준을 먼저 검토할 수밖에 없지만, 소망스러운 대안을 우선적으로 선택하고 실현 가능성을 저해하는 요인을 극복해 나가려는 자세도 필요하다. 예를 들면 〈표 5-1〉에서 기획재정부는 2009년 한국개발연구원의 남강댐 용수증대사업 분석결과를 바탕으로 경제성이 0.954로 1에 가깝고, 종합적 타당성이 0.527로 조사됨에 따라 부산·경남 광역상수도 사업이 타당성이 있는 것으로 나타났다고 했다.[1] 여기서 피해보상은 1999년 댐을 축조할 때 어업권 소멸보상이 이루어졌으므로 추가적인 소멸보상은 법률적으로 불가하다는 국토해양부의 판단에 근거한 것이다. 따라서 어업권 소멸보상이 추가적으로 이루어지지 않는 제1안은 사업비가 훨씬 적게 소요되는 것이다. 여하튼 조사결과 소망성이 있다고 판단되더라도 서부경남 주민들이 강력하게 반발할 경우 정치적 실현 가능성을 뛰어넘지 못할 가능성도 있다.

1 2009년 11월 21일 KNN의 「물, 나눔과 소통을 꿈꾸다」라는 프로그램에서 한국수자원공사 관계자는 낙동강의 최고하류에서 취수하는 경우 정수비용이 많이 들기 때문에 비효율적이라면서 수량이 풍부하고, 기존에 완공된 남강댐을 활용하는 것이 수몰예상지역의 피해와 어업피해에 대해서 충분히 보상하더라도 더 경제적이라고 주장했다.

표 5-1 남강댐 용수증대사업의 경제성 분석 결과

구 분	경제성 지표	
	편익-비용 비율(B/C ratio)	순현재가치(NPV)
제1안(피해보상)	0.954	-78,731백만 원
제2안(소멸보상)	0.831	-329,617백만 원

주: 사업기간은 2009년~2012년(공사기간은 2010년~2012년)이며, 분석기간은 2013년~2062년(50년간)임. 사회적 할인율은 30년간은 5.5%, 30년 이후 50년까지는 4.5%를 적용함(이시욱, 2009: 35).

비용편익분석(Cost-Benefit Analysis)은 비용편익비율(B/C ratio), 순현재가치(NPV), 내부수익률(IRR) 등을 계산한다. 정부예산의 한정성으로 인해 공공투자사업의 우선순위를 부여하여야 하는데, 각종 사업 대안을 비교 평가할 수 있는 기준과 논리가 필요하다. 비용편익분석이란 공공투자사업에 대한 정책결정에 있어서 투자사업의 편익이 비용보다 많은지의 여부를 체계적으로 분석하여 공공사업의 경제적 타당성을 검토하는 방법이다. 공공사업에 투입되는 비용과 그 사업으로부터 나오게 되는 편익은 장기간에 걸쳐 발생하기 때문에 그 사업의 비용과 편익을 현재가치로 환산하여 그 합계를 계산하여야 한다. 대안의 비교평가 기준은 첫째, NPV(NPV>0 대안 중 순현재가치가 가장 큰 대안이 최선의 대안), 둘째, B/C ratio(B/C ratio>1인 대안 중에서 가장 큰 대안이 최선의 대안), 셋째, 내부수익률법(NPV=0으로 만드는 할인율 혹은 B/C ratio=1로 만드는 할인율이 Internal Rate of Return인데, IRR이 크다는 것은 일정한 비용에서 효과가 크다는 의미이며, IRR이 클수록 좋은 대안) 등이 있다.

제3절

정책분석의 기법과 특징

1 개요

일반적으로 정책분석은 계량적인 관리과학을 포함하기 때문에 관리 분석 결과에 가치판단을 포함하는 것으로 이해하는 것이 좋다. 관리과학(Management Science)은 체제분석과 운영연구(OR)를 포함하는 개념이다. 운영연구는 선형계획(LP), 게임이론(Game Theory), 줄서기 이론(Queuing Theory), 의사결정분석(Decision Analysis) 등을 포함하는 개념이다. 체제분석(System Analysis)은 계량적 기법을 이용하여 여러 대안을 탐색 및 비교 분석한다.

운영연구(Operation Research)는 계량모형을 이용한 최선의 방법 추구한다. 선형계획(Linear Programming)은 한정된 자원 최적배분 기법이다. 의사결정분석(Decision Analysis)은 의사결정나무를 이용한 기대치와 확률 계산방법이다. 게임이론(Game Theory)은 둘 이상의 경합자 간의 상호의존적 게임 상황을 분석한다. 시뮬레이션(Simulation)은 실제 사회현상과 유사한 모형 만들어 모의실험을 한다. 대기행렬이론(Queuing Theory)은 대기시간(waiting time)을 계산하여 적정 서비스 절차와 통로 수 및 대기 규칙을 발견하는데, 은행 창구나 민원실 등에 적용된다.

그림 5-4 정책분석의 개념도

2 정책분석의 특징

정책분석의 특징은 다음과 같다. 첫째, 정책분석은 관리과학의 핵심기법인 체제분석의 기본논리를 흡수하면서 가치문제와 정치적 실현 가능성까지 분석한다. 체제분석은 가치문제를 고려하지 않는다. 둘째, 정책분석은 자원의 사회적 배분 중시한다. 체제분석은 자원배분의 경제적 효율성 중시한다. 셋째, 정책분석은 정치적 실현 가능성을 고려한다. 체제분석은 경제적 합리성을 중시한다. 넷째, 정책분석은 정책의 선호화를 지향한다. 체제분석은 대안의 최적화 추구한다. 다섯째, 체제분석은 계량적 분석에 치중하지만, 정책분석은 이념과 윤리 등 질적 분석에 충실한 측면이 있다. 여섯째, 정책분석은 정책과정 전반에 대한 관심을 가진다.

3 델파이 조사기법(Delphi Technique)

1) 개요

델파이 조사기법은 그리스의 신탁에서 유래하여 명명한 분석기법이다(남기범, 2015: 238-242). 1960년대 중반부터 산업계의 기술발전을 예측하는 데 널리 활용되기 시작하였으나 오늘날에는 미래예측뿐만 아니라 조직의 목표설정 및 정책수립에 이르기까지 적용 영역이 확대되고 있다(김영욱·김광호, 2010).

델파이 기법은 한 가지 주제에 대하여 여러 전문가의 독립적인 의견과 직관을 수렴하고, 해당 분야 전문가 의견을 종합하여 집단적 의사소통의 과정을 체계화하고, 미래를 예측하는 기법으로 많은 나라에서 기술예측조사를 위해 유용하게 사용하고 있는 방법이다.

이 조사기법은 기본적으로 전문가의 경험적 지식을 수렴하면서 주제별로 합의를 이루어 나가는 방식이라고 하여 전문가 합의법이라고도 한다. 현재 상태에 대한 일반화·표준화된 자료가 부족한 경우에 많이 사용되며 동일 주제에 대해 전문가를 대상으로 2회 이상의 설문조사를 시행하고, 이전 조사의 결과를 요약하여 다음 조사에서 제공한다(정용찬 등, 2009). 이 과정에서 중요한 것은 전문가의 익명성 유지와 회수된 설문 결과의 평가 및 정리 그리고 이를 바탕으로 전문가들에게 제공되는 환류(Feedback)과정이다. 전문가의 익명성을 보장함으로써 영향력 있는 특정 전문가의 견해에 치우침을 방지하고 응답자의 의견을 체계적으로 검토 및 정리하여 2차 또는 3차 설문지 작성에서 의미 있는 대안마련을 할 수 있기 위해서는 이러한 체계적인 절차를 준수하는 것이 매우 중요하다.

2) 델파이 조사의 일반적 절차

〈표 5-2〉는 델파이 조사의 일반적 절차를 소개하고 있다(권기헌, 2008: 남기범, 2015: 240). 정용찬 등(2009)은 델파이 설문을 실시할 때 3차(third round)까지 실시할 것을 권고하며 주의사항을 제시하고 있다.

표 5-2 델파이 조사의 일반적 절차

단계	절차
사전준비 단계	• 이슈의 명료화 • 전문가 선정 • 설문조사 설계

설문조사 단계	• 1차 설문조사 실시 및 설문결과 분석 • 2차 설문서 개발 • 2차 설문조사 실시 및 설문결과 분석 • 3차 설문서 개발 • 3차 설문조사 실시 및 설문결과 분석 ※필요시 다음 설문조사 실시
평가 및 정리 단계	• 결과의 정리 및 평가 • 최종보고서 작성

첫째, 실전경험이 있고 연구 현장에 있는 전문가가 참여하는 것이 중요하고, 둘째, 대안제시에 대한 질문은 육하원칙에 입각하여 구체적인 방법을 제시할 수 있도록 유도되어야 하고, 셋째, 1차 설문(First round)은 개방형 설문지를 활용하는 것이 전문가들의 발산적 지각(divergent perception)을 획득할 수 있어 이를 바탕으로 의견을 수렴하는 것을 권장하고 있으며, 넷째, 2차 설문(Second round)은 1차 설문 결과를 분석하여 참여자에게 제시하며 그들의 답안을 재수정하도록 요청하되 1차 조사 결과를 통계적으로 처리하여 구조화된 2차 설문지를 작성할 것을 권장하고 있다. 3차 라운드에서는 패널의 집단경향(Group trend)에 대한 피드백까지 포함하여 실시하는 것이 바람직하다고 보고 있다.

4 계층과정분석기법(Analytic Hierarchy Process)

1) 개념

계층과정분석기법(AHP, Analytic Hierarchy Process)은 의사결정의 계층구조를 구성하고 있는 요소 간의 쌍대비교를 통해 전문가 집단의 지식, 경험, 직관 등을 포착하여 대안들의 우선순위를 결정하는 의사결정 기법이다. 또한 명확성, 적용의 편의성, 범용성의 장점을 가지고 있어 다양한 분야에서 폭넓게 사용되고 있다(서준표 등, 2014).

2) 단계와 장점

AHP는 1단계 의사결정 계층 설정, 2단계 쌍대비교, 3단계 가중치 추정, 4단계 가중치 종합과 같이 일반적으로 4단계의 분석과정으로 이루어진다. AHP 기법은 첫째, 평가요소 간의 가중치를 체계적인 계량적 절차를 통해 결정할 수 있으며, 최적대안의 선택에 있어 기존의 효용이론 혹은 통계적 의사결정에 비하여 이해가 쉽고 전문가의 주·객관적인 정보를 종합적으로 사용할 수 있다는 점, 둘째, 의사결정자들의 일관성을 판단할 수 있는 지표를 제공하며, 분석절차가 합리적 의사결정 절차와 부합한다는 장점이 있다(고길곤·하혜영, 2008). AHP 기법에 의한 쌍대비교의 경우 응답자의 일관성(consistency)을 검토할 수 있는 장치가 마련되어 있어 불성실한 응답에 대한 제거가 가능하다는 장점이 있다. 일관성 비율(CR, consistency ratio) 값이 0.1 이내면 쌍대비교는 합리적인 일관성을 갖는 것으로 판단하고, 0.2 이내일 경우 용납할 수 있는 수준의 일관성을 구비한 것으로 판단하고 있다(Satty, 1980; 심형구·김창수·양기용·김성우, 2014).

3) 적용

AHP 적용과 관련하여 일반적으로 여러 가지 대안들 중에서 선택(selection)을 위해서 가장 많이 사용되었으며, 그 다음이 평가, 의사결정, 우선순위다. 반면, AHP 기법을 사용한 정책 분야의 28개 논문을 분석한 결과 일반적으로 조직성과나 특정 정책 평가지표를 만들기 위하여 평가지표들 간의 가중치나 우선순위를 획정하는 데 사용되거나, 혹은 특정 정책의 목표를 달성하기 위해서 대안이나 전략의 우선순위를 결정하는데 주로 사용되고 있다(고길곤·하혜영, 2008: 287-313).

다음 사례는 연구자가 함께 참여하여 2015년 전문가 30명을 대상으로 일관성 지수 0.1 기준으로 어떤 3가지 대안에 대해 AHP 기법으로 조사한 간략한 결과를 소개하고 있다(홍준형 등, 2015). 평가기준에 있어서 전문가들은 소망성(.376)보다는 실현가능성(.633)을 중시하고 있으며, AHP 분석 기법에 따른 전체적인 우선순위는 정치적 실현 가능성이 가장 높게 나타났으며, 그 다음이 법적 실현 가능성, 효과성 순서로 나타났다.

표 5-3 계층분석과정기법의 계층과 기준의 적용과정 사례

구분		내용 설명
평가 목표 (제1계층)		최적 행정체계 마련
평가 항목 (제2계층)		• 소망성: 정책대안이 얼마나 바람직스러운가를 나타내는 것 • 실현 가능성: 정책대안으로서의 채택 가능성과 채택된 후의 집행 가능성
세부 기준 (제3계층)	소망성	• 효과성: 목표를 효과적으로 달성하는 정도 • 능률성: 대안별 행정체계 운영에 따른 인적·물적 자원의 투입과 산출의 비율 • 민주성: 이용자에 대한 대응성 있는 행정을 실현하는 정도 • 연계성: 부처 간 업무 협력의 용이성 정도
	실현 가능성	• 정치적 실현 가능성: 정책결정 국면에서 정책으로 채택되고 집행될 가능성 • 행정적 실현 가능성: 정책대안의 집행을 위해 필요한 행정조직, 인력 등의 이용 가능성 • 법적 실현 가능성: 타 법률의 내용과 모순·충돌되지 않아야 한다는 조건 • 재정적 실현 가능성: 이용 가능한 재원으로서 정책대안이 실현 가능한지 여부
방안(제4계층)		① 분산형 ② 절충형 ③ 통합형

그림 5-5 계층분석과정기법 적용과 평가기준 종합가중치의 도출

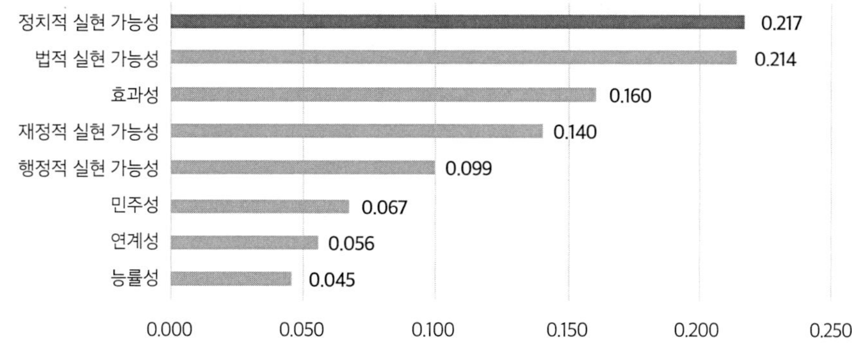

〈표 5-4〉에 의하면, 종합가중치를 고려하여 각 대안에 대한 평가 결과는 제3안이 가장 높은 평가를 받았다. 특히 제3안은 효과성과 연계성, 재정적 실현 가능성에서 다른 대안에 비하여 높은 평가를 받았다. 다만 제3안은 정치적 실현 가능성은 가장 낮게

나와 제3안을 정책 대안으로 채택하고 집행하기 위해서는 여러 정치적 저항이 발생할 수 있다는 것을 예상하게 한다.

표 5-4 계층분석과정기법 적용과 종합가중치의 도출

기준 / 대안	소망성 기준				실현 가능성 기준				종합 점수
	효과성	능률성	민주성	연계성	정치적	행정적	법적	제정적	
제1안: 분산형	11.5	3.0	5.8	2.7	22.5	9.2	19.1	9.4	83.2
제2안: 절충형	15.9	4.2	6.4	4.7	23.0	10.0	21.0	12.8	98.0
제3안: 통합형	18.7	4.9	6.7	6.2	19.9	10.3	21.6	14.3	102.8

4) 델파이 조사 기법과 AHP 조사 기법 비교

〈표 5-5〉는 델파이 조사 기법과 대비하여 계층과정분석기법(AHP)의 특징을 비교하여 설명하고 있다. 실제 중요한 정책선택과정에 직면하게 되면 연구자들은 델파이 기법과 AHP 기법 중에서 어느 것을 선택해야 할지 깊은 고민에 빠지게 된다. 먼저 연구목적을 충실하게 고민하고 연구기간과 비용문제도 고려하면서 적절한 기법을 선택하는 것이 좋다.

표 5-5 델파이 조사 기법과 AHP 조사 기법 비교

	델파이	AHP
활용 영역	• 미래 예측	• 평가요소 간 가중치 배분
절차	• 1단계 문제의 정의 • 2단계 전문 집단 구성 • 3단계 설문지 작성	• 1단계 의사결정 계층 설정 • 2단계 쌍대비교 • 3단계 가중치 추정
	• 4단계 설문 배부 및 회수 • 5단계 문항별 빈도 • 6단계 의견 일치 확인	• 4단계 가중치 종합
장점	• 전문가의 경험적 지식을 수렴하면서 주제별로 전문가 합의법 • 현재 상태에 대한 일반화·표준화된 자료가 부족한 경우에 많이 사용	• 평가요소 간의 가중치를 체계적인 계량적 절차를 통해 결정할 수 있음 • 전문가의 주·객관적인 정보를 종합적으로 사용 • 의사결정자들의 일관성을 판단할 수 있는 지표 제공 • 분석절차가 합리적 의사결정 절차와 부합
단점	• 조사 기간이 오래 걸리고, 비용이 많이 듦	• 전문가의 주관적인 의견이 반영되고, 소수 의견 반영이 어려움

제4절

정책분석윤리와 정책오차

1 정책분석윤리

정책분석윤리(ethics for policy analysts)란 정책분석 또는 정책결정을 수행함에 있어서 요구되는 가치기준 또는 행동규범을 의미한다. 윤리문제 대두의 근원은 집단 간 역학관계, 정치적 이해대립과 선거에 대한 지나친 의식 등으로 분석결과의 왜곡 가능성 있기 때문이다.

정책분석윤리가 중요한 이유는 정책영향의 근본적으로 중요하며, 광범위하며, 장기적으로 영향을 미치기 때문이다. 가령 이명박 행정부의 4대강 살리기 사업이 미치는 영향은 개발과 보전의 가치를 근본적으로 뒤흔들었고, 전 국토에 걸쳐 영향을 미치고 있고, 지속적으로 영향을 미칠 것으로 예상된다. 정책분석윤리의 본질은 공익(public interest)과 사회적 책임(social responsibility)에 있다. 그러므로 올바른 정책분석가라면 이명박 행정부의 4대강 살리기 사업의 타당성 분석 시에 공익과 전체사회에 대한 책임감으로 문제점을 끝까지 지적할 수 있어야 했다.

정책분석윤리의 확보를 위해서는 공개성 확보를 통해 비판과 의견수렴으로 정책오차 사전 시정이 필요하며, 정책윤리교육을 통해 정책윤리를 내면화하는 학습기회를 가지는 것이 요구된다.

2 정책분석의 오차

1) 의미

오차는 참값과 근삿값의 차이이다. 인간의 합리성이 제약되어 있기 때문에 정책분석과정에서 오차는 불가피한 측면이 있다. 정책결정자에게 제안된 정책문제의 해결방안에 대한 지식과 정보의 산출이 잘못된 경우 정책분석의 오차가 있다고 한다. 중요한 것은 오차가 허용범위 안에 있어야 하며, 오차의 발생 원인을 분석하여 되풀이되지 않도록 하는 것이 매우 중요하다.

2) 정책분석 오차의 유형

정책분석의 오차는 목표설정단계에서 발생하는 제3종 오차와 정책수단의 선택과 관련되는 제1종 오차와 제2종 오차가 있다. 제3종 오차(Type Ⅲ error)는 메타 오류 또는 근본적인 오류로서 정책문제의 정의와 목표설정을 잘못하여 정책수단을 잘못 선택하는 오차이다. 정책결정자의 편견이나 부족하거나 왜곡된 정보와 지식을 바탕으로 4대강 살리기 사업을 추진하였으나 수질개선효과나 충분한 일자리 창출로 이어지지 못했기 때문에 어떠한 정책을 결정하고 정책목표를 설정할 때에는 투명하고 신중한 접근이 요구된다.

통상 정책목표의 설정이 이루어지고 나면 올바른 의사결정을 위해 정책수단을 선택해야 한다(노화준, 1993: 264-265). 〈표 5-6〉에서 실제 정책수단이 효과가 없는데 잘못된 정보를 바탕으로 채택하는 경우는 제1종 오차를 범한 경우이다. 클린 디젤차가 대기오염 개선에 기여할 것으로 잘못 판단한 경우 질소산화물과 미세먼지 문제를 더욱 악화시키는 결과를 초래할 수 있다. 2016년 초겨울에 조류인플루엔자에 대응하는 과정에서 전혀 효과가 없는 소독약을 농가에 보급하여 방제효과를 전혀 얻지 못한 경우도 있다. 반면 프로그램이나 정책수단이 효과가 있는데도 불구하고 잘못된 정보 때문에 기각하면서 채택하지 않는 경우는 제2종 오차가 발생한다.

표 5-6 정책분석 오차의 유형

실제상태 \ 의사결정		정책수단의 정책영향에 대한 결론	
		없음	있음
정책수단 효과	없음	올바른 의사결정	제1종 오차
	있음	제2종 오차	올바른 의사결정

그림 5-6 정책오차의 발생구조

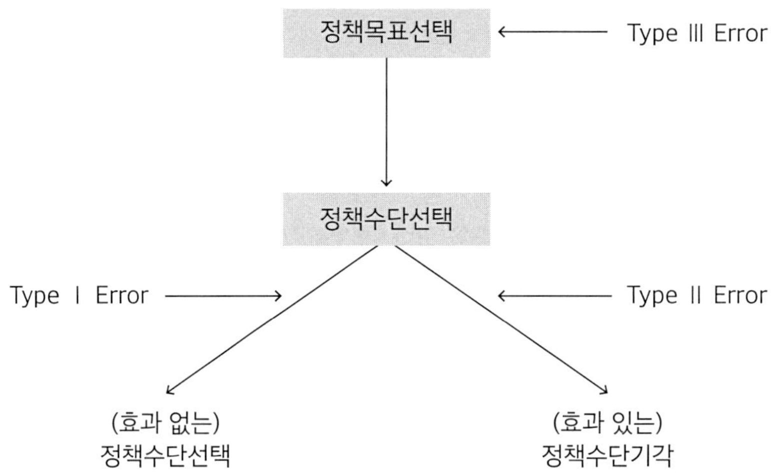

3) 정책분석 오차의 발생원인 그리고 해결방향

제3종 오차의 경우 정책문제정의가 주관성과 인위성을 띠기 때문에 분석가의 주관과 세계관이 작용할 수 있고, 전문지식의 결여나 자료의 왜곡이 원인이 될 수 있다. 따라서 충분한 의견개진 및 다양한 세계관 통합 및 체계적 자료시스템 구축이 필요하다. 제1종 및 제2종 오차의 발생원인은 잘못된 자료와 분석모형, 잘못된 평가기준 등이다. 따라서 체계적 자료시스템 구축과 집단토의 등이 필요하다.

3 정책목표와 인식오차 – 제3종 오차의 가능성

4대강 살리기 사업의 목표는 과연 적합한 것일까? 2008년 6월 19일 한반도 대운하 사업 포기 선언 이후 12월 15일에 발표된 '지역발전종합대책'에 4대강 정비 사업이 핵심 사업으로 포함되었다. 이러한 개발 프레임이 등장한 시기는 지역경제가 어려운 상태였기 때문에 설득력 있는 프레임은 '지역경제 위기론'과 '일자리 창출론'이었다. 그리고 경쟁 프레임의 공격을 흡수하면서 저변을 더 넓힐 수 있는 프레임으로 옷을 갈아입는다. 즉, 세력 확장을 위해 경부운하를 한반도 대운하로 범위를 넓혔고 운하의 목적도 '물류 운하'에서 '관광 운하'와 '지역개발 운하'로, 나중에는 '지구온난화 문제해결 운하'로 여러 차례 바꾸었다. 결국 2008년 말에 이르면 4대강을 죽은 강으로 정의하고 '4대강 살리기' 프레임을 사용하게 된다. 2009년 1월 6일에는 '4대강 살리기 및 주변정비사업'을 저탄소녹색성장을 실현하기 위한 핵심 녹색뉴딜 사업으로 제시하기에 이른다.

결국 보전 프레임에서는 멀쩡하게 살아있는 4대강을 대규모 토목공사를 통해 죽이려는 '4대강 죽이기 사업'이라는 프레임을 사용하면서 이명박 정부를 '삽질 공화국'이라고 비판한다(김정욱, 2010: 38). 2010년 예산편성과 심의과정에서 4대강 사업으로 인해 고용과 복지예산이 줄어들자 야당인 민주당은 '4대강 예산을 서민복지 예산으로' 혹은 '4대강 공사보다 사람이 더 중요합니다'라는 공격적이고 적극적인 프레임을 사용한다.[2] 그런데 2009년 12월 1일에 방송된 MBC PD수첩 「4대강과 민생예산」에 의하면, 실제로 정부는 4대강 사업과 전혀 관련 없는 경남 남해군의 한 지역과 경남 고성군 삼덕 저수지 등을 4대강 홍보영상에 사용했고, 가뭄과 거의 관련이 없지만 갈수기에 4대강에 물 공급이 가능한 96개 저수지의 둑 보강공사를 실시할 계획이라는 것이다.

2 2010년 8월 당시 지방정부들은 4대강 사업 예산에 밀려 복지예산 확보의 어려움과 국비예산 확보의 어려움을 토로하고 있었다.

만약 보전 프레임에서 주장하는 것처럼 개발 프레임이 편견과 더불어 자료의 왜곡이 작용하여 문제를 잘못 인지함으로써 정책목표를 잘못 설정했을 경우 잘못된 정책대안이 채택되고, 이러한 정책대안들이 효율적으로 집행된다면 제3종 오차를 범하는 것이 된다.

제5절

정책분석의 실제와 공공갈등의 분석

1 정책분석의 제약요인

2014년 4월은 우리국민에게 가장 잔인한 달로 기억될 것이다. 2014년 4월 16일 세월호의 침몰사고 소식을 접한 것만큼이나 박근혜 정부의 5월 19일 정부조직개편(안)은 충격으로 다가왔다. 무차별하게 해양경찰을 속죄양으로 삼고 공격하던 정부가 잘못된 시스템을 차근차근 고치려 하기보다는 단방에 인기영합 처방책을 내놓았기 때문이다. 그러나 정부가 주도하는 거대한 프레임 앞에 무능하고 나약한 자신을 들여다보면서 이명박 정부에서 4대강 살리기 사업을 추진할 때보다 더한 부끄러움과 자괴감에 빠지게 되었다.

박근혜 정부에서 컨트롤타워를 만들면 단기간에 안전국가가 자연스럽게 탄생하리라고 생각하는 것은 너무나 무책임하고 단순한 접근이다. 분권화된 민주국가에서는 해당 부처의 잘못된 부분을 각자 치밀하게 고쳐나가고, 그것이 하나씩 하나씩 합해진 전체는 훨씬 빠른 속도로 우리에게 안전한 국가를 선물할 것이다. 즉, 한국선급에 대한 감독기능을 손질하고, 한국선급의 선박운항사에 대한 규제기능을 다듬으면서 안전한 바다가 탄생하는 것이다. 해양수산부를 해체했다가 다시 통합했다가 그것도 모자라 해양경찰청을 해체하면서 안전한 바다를 어떻게 만들겠다는 것인지 그것이 신화(神話)일지라도 납득이 되지 않는다.

이처럼 현실에서 합리적·분석적 결정방법과 논리를 그대로 따르지 않는데, 여기에는 나름대로의 이유가 있다(정정길, 1997: 399-410). 첫째, 계량화의 문제점 때문에 비용과 효과의 양적 측정이 곤란한 경우가 많다. 분석기술상의 한계 때문에 복잡한 정책문제의 구조 파악이 쉽지 않을 수 있다. 규제영향분석의 경우에도 계량분석을 포함한 분석적 결정에는 과대한 비용투입이 되기 때문에 한계가 있다. 둘째, 결정자의 제한된 합리성(bounded rationality)으로 인해 나타나는 지식과 시간의 부족, 인지능력과 정보처리능력의 부족 때문에 분석적 결정에는 한계가 있다. 셋째, 구조적인 문제인데 의회는 협상과 타협에 의한 정치적 결정이 압도적이고, 행정조직 역시 표준운영절차(SOP, Standard Operating Procedure)와 행정선례를 중시하여 관습적 결정이 많이 이루어지고, 관료조직의 분업구조는 부처할거주의를 생성하여 협조를 어렵게 한다. 20년 가까이 물기본법의 제정이 난항을 겪고 있는 이유 역시 환경부와 국토교통부의 부처할거주의의 영향이 크다고 볼 수 있다. 관료제의 계층제적 조직구조는 의사전달을 왜곡시키고 참여기회를 제한할 가능성이 높다. 넷째, 사회문화적 요인과 국회·정당·이익집단 간의 흥정과 타협의 가능성 등 정치적 요인 때문에 분석적 결정이 어려울 수가 있다.

2 갈등영향분석의 경험

이 연구는 154㎸ B면 분기 T/L(송전선로, Transmission line) 건설 사업에 따른 갈등영향분석을 통해 갈등의 이해관계자를 파악하고, 주요 쟁점을 파악함으로써 복잡한 갈등 상황의 구조와 상호작용 양태를 체계적으로 분석하는 것을 목적으로 하였다(Susskind and Thomas-Larmer, 1999: 99-136). 연구목적을 달성하기 위해 「공공기관의 갈등예방과 해결에 관한 규정」에 따라 154㎸ 북면분기 T/L 건설로 인한 갈등발생과 전개상황으로 인한 사회·경제적 영향을 분석하고 대응방안을 모색했다. 154㎸ B면 분기 T/L 건설 사업에 따른 5개의 C/H(Cable Head) 예상 위치를 놓고 벌어지는 갈등 상황을 전제로 접근하였다.

구체적인 갈등 쟁점별로 이해관계자들의 입장에 대한 심층면담과 분석을 통해 갈등의 원인을 파악하고, 협상가능영역(ZOPA, Zone of Possible Agreement)을 밝힘으로써 대화와 타협을 통한 갈등의 해소 방안을 모색하고자 했다. 최초로 갈등이 표면화되기 전 단계에서 갈등분석전문가를 투입하는 형태로 진행하였다. 사후에 해결하는 것보다 사전에 예방하는 것이 훨씬 효율적이지만 정부 및 한전의 해결방식은 사후 해결방식을 반복함으로써 비용 부담뿐만 아니라 한전에 대한 신뢰 상실이 지속적으로 되풀이되고 있었는데 이에 대한 반성으로 시작된 것이다.

정부는 2007년부터 「공공기관의 갈등예방과 해결에 관한 규정」을 시행하면서 갈등영향분석을 통한 갈등예방활동을 선언하고 있지만, 실제로는 사후 해결과정에 주로 적용되고 있고 그나마 활용도 부진한 실정이다. 따라서 한전의 154㎸ B면 분기 T/L 및 C/H 건설 사업에 있어서 협상과 갈등분석 전문가를 활용하여 건설계획 단계부터 이해당사자의 목소리를 경청하고 적극적으로 합의에 참여하도록 유도하고자 하는 시도는 향후 전력사업 갈등해결에 있어 새로운 전환점이 될 수 있다는 의의가 있었다. 그러한 이유로는 첫째, 사업초기 단계에서 예상되는 문제점을 파악하여 어떠한 갈등이 어떻게 전개될 것인가에 관한 사전적 진단을 충분히 함으로써 대비책을 마련할 수 있는 시간을 벌 수 있다는 것이다. 둘째, 주요 이해당사자들과의 갈등의 골이 깊어지기 전에 적극적이고 다양한 협상 기술을 동반하여 폭력적 분쟁 발생뿐만 아니라 불필요하게 이해당사자 범위가 확대되는 것을 어느 정도 예방할 수 있으며, 셋째, 사업결정 이후 또는 시공 도중 이해관계자들과 갈등 발생으로 인한 집단 반발과 소송으로 공사가 중단되는 경우 막대한 손해가 발생할 뿐만 아니라 이를 저지하는 과정에서 많은 인명피해가 필연적으로 발생할 수 있는 범위를 줄일 수 있다는 점이었다. 이처럼 갈등분석전문가 사전투입을 통해 한전은 중립적 갈등해결전문인을 전력사업 계획 단계부터 참여시켜 이해당사자들의 폭넓은 참여와 충분한 협의를 통해 갈등을 최소화하고 향후 전력사업에 대한 모범적 사례를 구축하고자 하였다.

연구진들은 2016년 3월 갈등영향분석을 개시하였으나, 사안의 성격상 정치적으로 이용될 가능성이 있었으므로 2016년 4월 총선 이후 본격적인 분석활동을 시작하였다. 총선 이전 기간의 준비기간을 활용하여 연구진은 사업지인 D마을을 수차례 방문하여 핵심 이해관계자를 파악하고 이해관계지도를 예상하였다. 예상되는 핵심이해관계자는 D마을 원주민, C/H 후보지 중 하나에 위치한 B어린이집, G사회복지시설과 H교회 등이 있을 것으로 파악하였으며 전자파 유해성과 경관위해성이라는 주요 쟁점에서 본다면 어린이집 일원 등과의 갈등이 첨예할 것으로 예상하였다.

본격적인 심층면담은 2016년 4월 18일 D마을 원주민의 핵심인물로 예상되는 D마을 이장과 노인회장과의 면담으로 시작하였다. 1차 심층면담의 목적은 마을 공동체 속성을 파악하는 것과 갈등을 둘러싼 핵심 이해당사자를 파악하는 것이었다. 1차 심층면담을 통해 D마을개발위원회, 어린이집 일원, 신규주택조합, H교회 등의 이해관계자를 파악하였으며 전자파의 위해성과 경관위해성에 대한 우려가 크다는 것을 알게 되었고 D마을 이장 및 노인회장과 신뢰관계를 형성하였다.

2016년 5월 2일 2차 심층면담은 D마을 이장과 노인 회장에 더해 BD주택조합 조합장과 감사, 마을주민이 참석하였다. 마을주민을 대상으로 한전이 추진하고 있는 사업목적을 전달하고 연구팀의 역할을 설명하는 것을 2차면담의 목적으로 하였다. 그러나 마을이장의 독려로 인해 예상보다 많은 참석자가 오게 되어 감정적으로 격앙된 상황이 발생하였고 이 상황을 주도한 주택조합 감사와의 3차 심층면담을 마련하였다.

3차 심층면담에서는 주택조합 감사를 통해 D마을 공동체 속성을 추가로 파악하였고 2차면담에서 갈등상태인 이해당사자와의 관계를 3차면담을 통해 신뢰관계로 전환하는 성과를 거두었다.

2016년 6월 8일 4차 심층면담에서는 최초로 D마을 주민과 한전 관계자들이 자리를 함께하였으며 사업을 둘러싼 우려사항에 대해 논의하였다.[3] D마을 주민 중에서도 B면 지역 전체와 인근 마을주민과 폭넓게 교류를 하고 있는 주택조합 관계자를 중심으로 심층면담을 구성하였다. 이들과의 면담을 통해 6월 22일 D마을 전체 사업설명회와 집단면담을 추진하게 되었다.

5차 심층면담의 참석을 독려하기 위해 어린이집 일원 관계자들과 대면면담을 시도

3 이론적으로 사업자와 분석자의 관계는 분리된 상태에서 중립성과 자율성을 보장받아야 하지만 현실적으로 함께 소통하면서 이해관계자들에게 접근할 수밖에 없는 상황에 이르게 되었다.

하였으나 통화에 그치고 만나는 데는 실패하였다.[4] 2016년 6월 22일 5차 심층면담은 제1차 D마을 사업설명회로 D마을 주민들을 대상으로 한전의 공식적인 사업목적 및 개요 설명을 주요 내용으로 계획하였다. 이때 마을 원로들을 위하여 한전 측에서 술과 음료를 준비하였으나 이는 사전담합에 대한 의심을 주면서 어린이집 일원의 강력한 반발을 초래하였다.[5]

2016년 6월 30일 6차 심층면담에서는 D마을 주민을 포함하여 K와 M리 마을주민이 참석하였으며 한전에서 이들에게 송전탑 건설의 필요성을 설명하고 시각적 자료를 제공하는 것을 목적으로 하였다. 그러나 협소한 장소에 대한 불만을 시작으로 어린이집 학부모들이 중심이 되어 집단적 항의를 하였으며 언론까지 동원하여 분위기를 조성하였다. 감정적으로 격앙된 상태였기 때문에 의도한 설명회를 제대로 시행하지 못하였으며 이후 오히려 B면 일대 지역주민들의 반대대책위원회가 조직되는 상황이 전개되었다. 6차 심층면담에서 가장 격렬한 반대를 주도한 어린이집을 중심으로 한 이해관계자들을 별도로 분리하여 협상의 장을 마련해야 할 필요성이 대두되었고, 경상남도 고위관계자를 포함한 다양한 루트를 통해 대화를 시도하였으나 실패하였다.

4 연구진이 사전에 대면하지 못한 상태에서 어린이집 일원 관계자들이 갈등의 장에 노출되면서 갈등의 골이 깊어지는 계기가 되었다. 처음부터 대화를 거부하는 이해관계자에 대한 접근방법에 대해서는 좀 더 심층적인 토론이 요구된다. Rydin(2003: 38~53)은 실행현장(action arena)에서 심의와 담론생성과 의사소통적 상호작용 등 다양한 활동이 이루어진다고 전제했는데, 갈등현장이 그러한 것으로 평가된다. 사실 이상적인 심의절차의 성과물이 무엇인가는 심의이론의 중요한 과제인데, 진정한 심의과정에서는 상호 주관적 합리성의 확보가 요구된다(Niemeyer and Dryzek, 2007: 497~526). 그러므로 진정성 있는 대화를 어떻게 시작할 것인가가 중요해지는 것이다.

5 당일에 갑자기 한전 측에서 마을주민들을 배려하여 미팅시간을 오후 7시에서 6시로 앞당겨 고기와 술을 준비하였는데, 연구진에서 어린이집 일원의 관계자들에게 급히 변경 시간을 통보하고 저녁에 함께 모였을 때 이미 기울어진 분위기를 보고 흥분할 수밖에 없는 실수를 하였다. 한전 측과 연구진의 소통부족과 연구책임자의 조율능력 부족이 겹쳐서 나타난 뼈아픈 실수였다. 이중관심모형(The Dual Concern Model)에 근거하여 서로 문제해결을 위해서 자신은 물론 상대방의 결과에 대해서도 높은 관심을 보이게 하는 방안은 갈등 초기단계에 정책심의를 폭넓게 적용하는 것이지만(Pruitt and Rubin, 1986), 실제 현장에서 집중하지 않으면 디테일에서 흔히 범할 수 있는 실수로 판단된다.

그림 5-7 갈등의 진행과정과 갈등의 정도

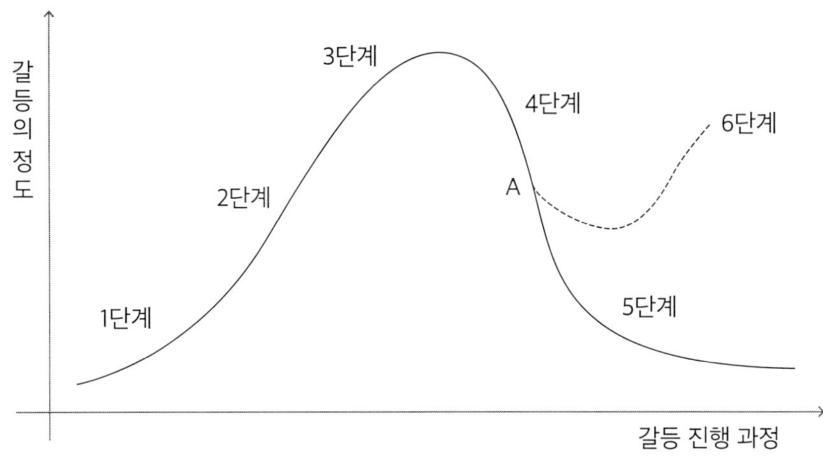

2016년 7월 22일 7차 심층면담에서는 갈등정도가 높은 어린이집 일원과의 전화면담을 시도하였고 BD주택조합 관계자를 대상으로 심층면담을 하였다. 어린이집 일원과는 전화면담을 통해 갈등조정을 시도하였으나 연구진에 대한 불만과 불신을 표출하였으며 이미 구성된 반대대책위원회를 통해 목소리를 내겠다는 의견을 전달받았다. 주택조합 관계자들은 반대대책위원회에 부분 가세하면서 유보적 입장을 표명하였으며, D마을 원주민들은 원주민으로서의 배타성을 드러내어 주민들 내부에서도 갈등관계가 선명하게 표출되었다.

이와 같은 연구진의 사전조사 및 7차에 걸친 심층면담을 통해 사업을 둘러싼 D마을 관계자들의 입장과 이해관계를 파악하였으며 **갈등지도**를 완성하였다. 그러나 전력사업 갈등영향분석의 마지막 단계인 합의형성절차의 설계에는 실패하였다. 그리고 〈그림 5-8〉과 같이 2단계에서 갈등이 봉합될 것으로 예상하였지만 일반적인 갈등주기에 따라 갈등이 증폭하였다.

〈그림 5-9〉를 바탕으로 갈등 당사자들의 역학관계와 힘의 균형 정도를 지도로 그려볼 수 있다.

그림 5-8 갈등지도

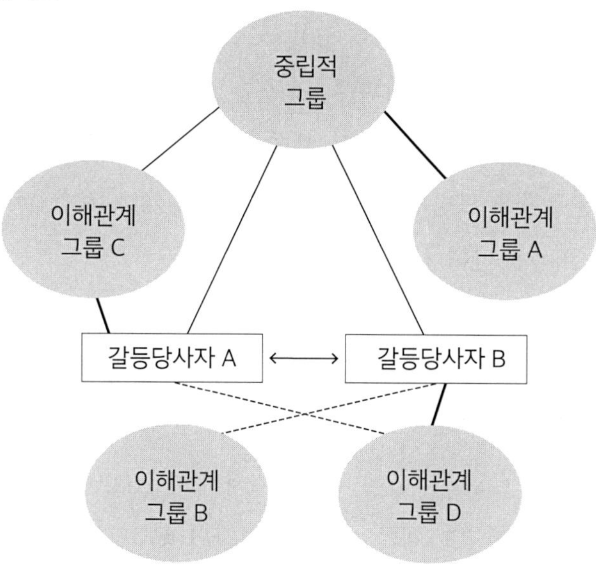

출처: 대통령자문 지속가능발전위원회 편(상)(2005: 108)

3 중앙버스전용차로제(BRT)의 혁신과 정당성 그리고 정책확장

1) 사례의 개요

부산 도심을 관통하는 중앙대로에 중앙버스전용차로(BRT)를 구축 완료함에 따라 서면~충무동 7.9㎞ 구간 개통으로 12월 20일 처음으로 운행되었다. 기존 시내버스 23개 노선 조정, 버스 속도 28%·정시성 30% 개선으로 일반차량의 원활한 흐름도 기대되었다.

〈그림 5-9〉에 나타난 바와 같이 부산시는 2021년 12월 20일 오전 4시 30분 시내버스 첫차 운행시간부터 중앙대로 서면 광무교~충무동 자갈치 교차로까지 7.9km 구간의 BRT를 개통했다. 이번 BRT 개통으로 동래구 내성 교차로에서 서구 충무동 자갈치 교차로까지 14.5km의 남북축 BRT가 완성됐다.

이에 따라 시내버스 속도는 12~28%까지 증가하고, 약속 시각을 지킬 수 있는 정도를 나타내는 정시성은 20~30% 정도 개선될 것으로 예상한다. 또 BRT 개통과 함께 서면복개로와 고관로 등을 운행하는 기존 시내버스 23개 노선을 조정해 버스의 정시성과 속도를 더욱 높이고 일반차량의 차량흐름까지 원활하게 할 계획이다.

부산시는 이번 BRT 개통에 대비해 경찰, 도로교통공단, 버스운수업체와 공동으로 교통안전시설 합동 점검을 통해 사전에 교통안전문제를 점검했다. 개통 당일인 20일 신설되는 BRT 정류소 36곳과 폐지되는 가로변 정류소 52곳 및 주요교차로 11곳 등에 시 공무원과 교통경찰, 모범운전기사 및 버스업계 관계자 등 100여 명을 배치해 시민들의 시내버스 이용을 안내했다.

부산시는 BRT 개통 후에도 교통전문가와 경찰, 도로교통공단 등 유관기관과 시민이 함께 참여하는 모니터링을 통해 대중교통 이용환경은 물론 일반차량의 흐름까지 지속적으로 관찰하면서 정책확장의 정당성을 확보하고 있다.

박형준 부산시장은 〈그림 5-9〉에 나타난 바와 같이 2022년에 예정된 서면교차로~주례교차로 5.4km 구간 BRT까지 개통되면 부산의 동서남북을 아우르는 BRT 축이 완성될 것이라면서 BRT 개통과 함께 대중교통 이용환경을 지속적으로 개선해 탄소중립시대 저탄소 그린 도시로 도약 방안을 제시했다.

그림 5-9 부산 중앙버스전용차로의 확장

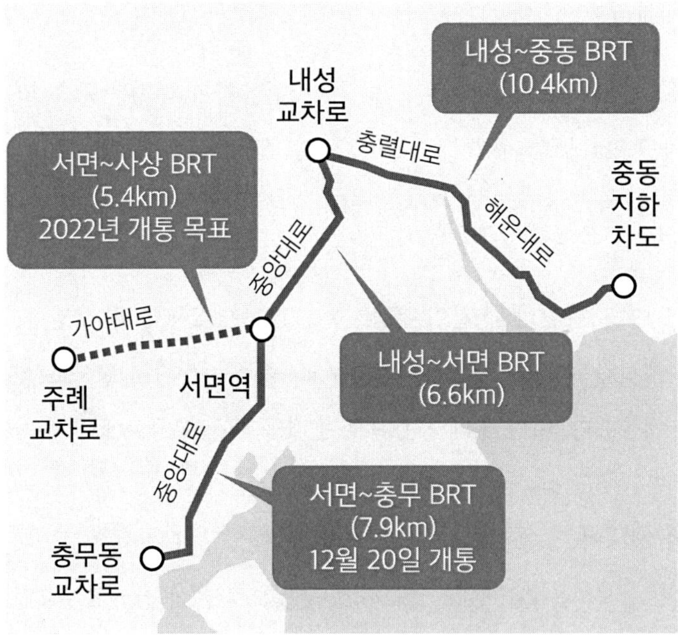

출처: 세계일보(2021.12.14) 참조하여 재구성

2) 정책의 정당성 확보와 정책확장의 성공

부산시는 서병수 시장 재임 당시인 2016년 3월 동래구와 해운대구를 연결하는 해운대로 원동IC~올림픽교차로 3.7km 구간에 처음 BRT 공사를 처음 도입했다가 오거돈 시장 취임 이후 2018년 전면 중단됐다(김창수, 2019). 오거돈 시장이 불명예 퇴임하면서 BRT 사업에 대한 공론화가 다시 시작돼 박형준 시장 취임 이후 가속도가 붙었다. 이는 공론화라는 혁신제도의 도입을 통해 정책의 정당성을 확보했기 때문에 단계적인 정책의 확장이 용이하게 이루어진 사례로 평가된다.

연구문제

1 합리적 정책분석절차는 최선의 정책을 보장하는가?

2 정책이 잘못되는 까닭은 무엇인가?

3 최근 완공된 제주해군기지건설 사업의 정책분석 방식을 어떻게 따져볼 수 있겠는가?

4 현재 건설 추진 여부를 고심하고 있는 지리산 문정댐 건설과 같은 국책 사업을 추진할 때 어떠한 정책분석 작업이 어떻게 수행되어야 하겠는가?

5 행동경제학에서 검은 백조(black swan)는 어떤 의미인가?

6 독일의 통일과정과 비교할 때 남북통일이 언제 이루어질지 예측할 수 있겠는가?

그림 5-10 베를린장벽 동편 갤러리(Berliner Mauer East Side Gallery)

7 정책을 추진할 때 환경영향평가나 교통영향평가는 물론 갈등영향분석이나 규제영향분석을 하는 이유는 무엇인가?

제6장

정책결정과 공공갈등

제1절 정책결정의 의의와 유형
제2절 정책결정모형
제3절 정책결정모형의 평가와 논의
제4절 협상과 조정활동을 통한 합의형성과정 분석
제5절 유전자원법 입법과정과 관료정치모형의 타당성
제6절 이슈네트워크의 변화와 정책변동

제1절

정책결정의 의의와 유형

정책결정(policy making)이란 정책목표와 정책수단에 관한 기본방침을 개발하는 과정 및 행위이다. 정책분석(policy analysis)이란 보다 합리적인 정책결정을 위해 필요한 지식과 정보를 창출·제공하는 활동인데, 분석적·합리적 결정이란 정책분석의 논리나 절차에 따라 합리적으로 이루어진 정책결정을 의미한다. 의사결정은 정책결정과 논리구조는 같으나 공사를 막론하고 모든 개인이나 집단이 행위의 주체라서 보편적 성격을 띠지만, 정책결정은 의사결정의 특수한 한 형태이다. 즉, **정책결정의 주체는 권위 있는 정부기관이고, 정책결정의 내용은 개인적인 의사결정과는 달리 정치성, 강제성, 규범성을 띤다.**

그런데 현실의 정책결정은 몇 가지 유형이 복합적으로 작용하면서 이루어진다. 첫째, 분석적 결정은 인간의 완전성을 전제로 하는 합리모형에 따른 결정인데, 현실적으로는 인간의 인지능력과 예측능력의 한계 및 시간·비용의 한계가 따른다. 둘째, 정치적 결정은 참여자들 간에 일련의 복잡한 상호작용을 거치면서 협상과 타협을 통해 정책결정이 이루어지는 것이다. 협상(bargaining)은 상이한 목표를 상호조정하고 타협함으로써 함께 수용할 수 있는 행동경로를 도출, 설득(persuasion)은 합리적인 논거를 통해 상대방이 자기의 주장을 받아들이도록 만들어 가는 과정, 강제(command)는 참여자들 간의 관계가 계층제하에 있을 때 사용하는 정치적 결정방법이다. 셋째, 직관적 결정은 정책결정자가 직관(intuition)에 의하여 모든 결정 단계를 순간적으로 거치는 경우이다. 예를 들어, 박정희 대통령이 독일의 아우토반을 보고 와서 경부고속도로 건설을 결정한 것은 직관적 결정에 가까운 것이다. 넷째, 관습적 결정은 반복적으로 등장하는 문제를 선례나 표준운영절차(SOP, Standard Operating Procedure)를 검토하여 결정하는 방법이다.

제2절

정책결정모형

저자의 경우 대학 1학년 때는 이러한 모형들을 왜 공부하는지 잘 이해가 되지 않았다. 대학을 졸업하고 군대에 다녀온 뒤 차분히 생각해보니 나름대로 답을 얻을 수 있었다. 먼저 배나 자동차 모형을 생각하면서 사람이 직접 운항을 하거나 운전을 할 수는 없지만 실제 운항을 하고 운전을 할 때 필요한 많은 지식을 제공해준다는 사실을 알게 되었다. 또 비행기 운전을 직접 하기 전에 비행기 모형으로 비행기를 이해하고 컴퓨터를 이용한 가상공간에서 연습을 한 후 실제 운항을 하면 훨씬 운항을 용이하게 할 수 있을 것이다. 정책과정이나 행정과정도 실제로 매우 복잡하지만, 이론과 모형을 체계적으로 배우면 공무원으로서 행정현실에 적응하기가 쉬울 뿐만 아니라 현실 인식도 정확해진다는 사실을 체득하게 되었다. '아는 만큼 보인다'는 진리를 터득하게 된 것이다. 따라서 정책결정모형들을 공부하고 나면, 정책현상을 이해하고 정책처방을 내릴 수 있는 다양한 개념적 안목(conceptual lens)을 가지게 될 것이다. 모형을 통해 실제 사업이 집행된 후의 모습을 이해하고 그려볼 수 있고, 정책을 집행하기 전에 나타날 결과를 예측해볼 수 있는 것이다.

여하튼 정책결정이란 설정된 목표를 달성하기 위하여 복잡하고 동태적인 과정을 거쳐 바람직한 정책대안을 작성·선택하는 과정이다. 따라서 현실의 복잡한 특징을 단순화시킨 모형을 활용하면 이러한 정책결정과정을 이해하고 처방하는 데 많은 도움을 얻을 수 있다(정정길 등, 2003: 467-562). 그런데 정책현상을 설명하고 예측하는 모형들이 다양한 이유는 무엇일까?

1 합리모형

먼저 합리모형(Rational Model)을 생각해볼 수 있다. 이는 인간을 합리적 사고방식을 따르는 경제인(economic man)으로 가정하며, 정책결정자의 전지전능함을 전제하여 목표달성의 극대화를 위해 모든 대안들을 탐색하고 합리적인 최선의 대안을 선택하는 이론이다. 이러한 합리모형은 정책결정의 이념형을 제시하고 있지만, 전지전능인의 전제는 비현실적이다.

비현실적인 가정에 근거하여 경제적 합리성만 추구하면 비현실적인 결론에 이를 수 있다. 그리고 목표가 명확하게 주어져 있다고 하거나 완전정보를 가정하지만, 목표는 가변적이고 정보는 불완전한 것이 일반적이다. 무엇보다 완전분석에는 많은 비용이 소요되며 대안의 비교평가 기준이 애매한 경우 최선의 대안이 무엇인지 모호해진다. 그러나 정보사회에서 정보수집 및 처리능력이 탁월해질 경우 설득력 있는 모형이며, 여타 모형의 준거가 된다고 할 수 있다.

2 만족모형

합리모형의 비현실성을 비판하면서 현실에서 일어나는 정책결정 사안들을 가장 잘 설명해주는 것이 만족모형(Satisficing Model)이다. 만족모형은 인간의 인지능력과 시간과 비용 그리고 정보의 부족으로 인한 제한된 합리성(bounded rationality)을 가정한다(Simon, 1997: 118-139). 합리모형과 달리 몇 개의 대안만을 무작위적이고 순차적으로 탐색하고, 중요결과만 예측하고, 만족할 만한 대안을 선택하는 관리인(administrative man)을 가정한다. 만족할 만한 수준의 대안을 선택하는 개인의 사회심리적 요인을 중시한다. 이 정도의 대안이라면 최선은 아니지만 만족할 만한 결과를 가져올 것이라고 판단하고 선택하는 것이다. 현실에서 청춘이라는 제한된 시간과 배우자 대상에 대한 제한된 정보 때문에 최선의 배우자를 선택하는 것은 합리모형이 꿈꾸는 이상이다. 현실에서는 만족할 만한 수준의 배우자를 주위에서 선택하거나 기껏해야 결혼정보회사나 중매쟁이의 도움을 얻을 수 있을 뿐이다.

또한 합리모형이 실질적 합리성(substantive rationality)을 추구한다면, 만족모형은 절차적 합리성(procedural rationality)을 추구한다. 절차적 합리성은 정책문제에 내재된 불확실성이 행정절차 등에 의해 해소되는 경우인데, 실질적 합리성에 근거하여 최선의 방안을 찾는 방법이 아니라 절차적 장치를 통해 최악의 방안을 걸러내는 방법이다(김영평, 1995: 15-21). 이처럼 만족모형이 비용의 중요성을 지적한 점은 높이 평가되지만, 만족할 만한 수준에 대한 객관적 기준이 없기 때문에 자의성과 보수성이 지배할 가능성도 높다.

3 점증모형

합리모형의 비현실성을 비판하면서 현실에서 일어나는 정책결정 사안들을 잘 설명해주는 또 다른 이론이 점증모형(Incrementalism Model)이다. Lindblom(1965)은 결정자의 인지능력의 한계와 정책결정상황을 고려할 때, 실제의 정책결정과정은 점증적일 뿐만 아니라 점증적이어야 바람직하다고 주장한다. 점증주의의 현실적 타당성은 의사결정자의 정보와 지식 그리고 시간이 제약된 제한된 합리성(bounded rationality), 건지기 어려운 투입비용인 매몰비용(sunk cost) 그리고 정치적으로 채택되고 실행될 정치적 실현가능성(political feasibility)에 있다. 현존 정책을 대폭 수정하는 경우 이해관계의 변동에 따라 강력한 반대에 직면하기 때문에 약간의 수정·보완(현존정책$\pm\alpha$)을 거쳐 정책결정을 하는 것이 현실적이다.

정책대안에 대한 제한적 분석·비교(적은 폭)나 계속적 정책결정(높은 빈도)이 이루어지는 것도 동일한 맥락이다. 부분적·분산적 의사결정을 하면 부분 최적화와 소폭적 변화를 통해 시행착오와 학습의 기회를 부여하기 때문에 사회 전체적으로는 중요한 대안을 폭넓게 고려할 수 있다. 목표와 수단의 상호의존성 때문에 정책목표와 가치에 대해서 합의가 곤란한 상황에서 정책목표와 정책수단을 동시에 결정할 수도 있다.

그러나 점증모형은 경험적·실증적 모형으로서 현실의 정책결정과정을 비교적 정확히 기술하지만, 예산부문에서조차 사회변화를 반영한 비점증적 결정이 나타나는 것을 설명하지 못한다. 처방적·규범적 모형으로서 정치적 실현 가능성을 고려하지만, 보수성 때문에 급변하거나 불안정한 사회에 적용하는 데는 한계가 있다.

최근에 점진주의자들은 개혁성공의 방정식을 '개혁의 속도=개혁사업의 폭×개혁사업의 빈도'라고 하여 점증모형의 한계를 보완하고 있다(Lindblom, 1979; 김영평·최병선, 1994: 25-26). 이 방정식에 의하면 개혁이 바람직한 결과를 가져오는 한 그 변화의 속도가 빠를수록 좋다고 한다. 대폭적인 개혁전략은 실패할 확률이 높기 때문에 소폭적인 개혁전략을 분산하여 사용하되 개혁의 빈도를 높이면 개혁의 속도는 빨라지고, 결국 개혁의 성공 확률이 높아진다고 한다. 이것이 점진주의 개혁의 지혜이다.

4 혼합탐사모형

미국 George Washington University 교수인 Amitai Etzioni(1968)는 합리모형의 비현실성과 점증모형의 보수성을 탈피하여 능동적 사회(active society)에 적용될 혼합탐사모형(Mixed Scanning Model)을 개발하였다. 그는 기본적 결정은 거시적이고 포괄적인 대안탐색(합리모형)과 중요 대안의 개괄적 결과 예측(완화된 합리모형)으로 이루어지고, 세부적 결정은 약간의 변화만 있는 대안탐색(점증모형), 세밀한 대안분석(합리모형)으로 이루어진다고 주장한다. 결과적으로 하나의 대안적 모형(a third approach to decision making)이지만, 단순한 절충에 그쳤다는 평가를 받고 있다.

5 최적모형

예루살렘의 Hebrew University의 정치학과 교수인 Yehezkel Dror(1964)가 고안한 최적모형(Optimal Model)은 의사결정을 할 때에 경제적 합리성뿐만 아니라 직관, 통찰, 판단력 그리고 창의력을 포함하는 초합리성(extra-rationality)을 고려하는 규범적·처방적 정책결정모형이다. 경제적 합리성이라는 양적 모형의 성격과 초합리성을 강조하여 선례가 없는 비정형적 결정을 위한 질적 모형의 성격을 모두 갖추고 있다.

그의 모형에는 정책과정이 환류성·중첩성을 띠는 중요한 특징이 있다. (1) 최적 모형의 가장 특징인 상위정책결정단계(meta-policymaking stage)에서는 전반적인 정책결정 구상과 전략에 대한 결정이 이루어진다. (2) 정책결정단계(policymaking stage)는 합리적·분석적 정책결정단계와 동일하다. (3) 후정책결정단계(post-policy-making stage)는 정책집행, 평가 및 환류단계를 포괄한다.

이러한 그의 모형은 초합리성을 부각시키고 사회적 변동 상황에서 상위정책결정단계를 강조한 점은 높이 평가되지만, 초합리성의 미명아래 비합리적인 권위주의적 결정을 미화시킬 가능성이 있다.

6 집단적 정책결정모형

1) 회사모형(Firm Model)

Cyert와 March의 회사모형은 March와 Simon(1958)의 조직모형에서 발전된 연합모형(Coalition Model)이다. 개인적 차원의 만족모형을 더욱 발전시켜 기업체와 같은 조직의 의사결정에 적용시킨 집단적 의사결정모형이다. 회사모형의 주요 내용은 다음과 같다. 첫째, 갈등의 준해결(quasi-resolution of conflict)이란 회사조직은 생산부와 판매부 등 서로 다른 목표를 가진 하위단위의 연합체이므로 통합적인 기준이 없어 갈등의 완전한 해결은 어렵다는 점에 착안한 것이다. 둘째, 문제중심의 탐색(problemistic search)이란 조직은 문제발생 후 문제해결을 위한 대안을 탐색한다는 것이다. 셋째, 불확실성의 회피(uncertainty avoidance)란 문제상황의 복잡성과 동태성 때문에 불확실성의 예측과 대응을 회피한다는 것이다. 여기서 복잡성(complexity)이란 문제의 원인과 결과의 관계를 알기 어렵다는 뜻이고, 동태성(dynamics)은 이러한 복잡한 인과관계가 시간변화에 따라 변한다는 뜻이다. 넷째, 과거의 경험을 통한 조직학습(organizational learning)이나, 표준운영절차(SOP)를 통한 학습된 행동규칙이 일상화된 업무를 효율적으로 처리하는 데 기여한다. 이러한 회사모형은 조직의 실제 의사결정상황을 실증하고 있지만, 권력적 측면이 중시되는 공공조직에 적용하는 데는 한계가 있다.

2) 쓰레기통모형(Garbage Can Model)

정리된 상황을 전제하지 않는 쓰레기통모형은 조직구성원 간의 응집성이 아주 약한 조직화된 무정부상태(organized anarchies)에서 이루어지는 극도의 불합리한 의사결정 상황을 강조하는 집단적 의사결정모형이다(Cohen et al., 1972: 1-25). 합리모형이 극도로 해체된 형태로 보면 된다. 세 가지 전제조건은 첫째, 문제성 있는 선호(problematic preferences), 둘째, 불명확한 인과관계에 관한 기술(unclear technology), 셋째, 간헐적·수시적 참여자(part-time participants)이다. 의사결정의 네 가지 요소인 첫째, 결정해야 할 문제(problem), 둘째, 해결책(solution), 셋째, 참여자(participants), 넷째, 의사결정의 기회(opportunity)가 독자적으로 움직인다.

의사결정의 계기는 극적 사건과 정치적 사건 등 점화기제에 의해 4가지 의사결정 요소가 결합되면서 이루어진다. 첫째, 국회에서 야당이 힘 빠질 때까지 기다리다가 의안을 통과시키는 진 빼기 결정(choice by flight), 둘째, 진 빠지는 것을 기다리기 어려울 때 재빨리 의사결정을 해버리는 날치기 통과(choice by oversight), 셋째, 대학 교수사회에서 교수들이 수많은 회의와 출장이 있는 것을 이용하여 반대자가 없을 때 안건을 통과시켜버리는 의사결정 방식 등에 적용된다. 과도기나 정권교체기의 혼란과 무질서 상태의 결정 방식을 설명하지만, 대부분의 조직은 안정과 질서를 유지하는 경우가 많기 때문에 쓰레기통모형의 적용에 한계가 있다.

그림 6-1 쓰레기통모형의 정책결정과정

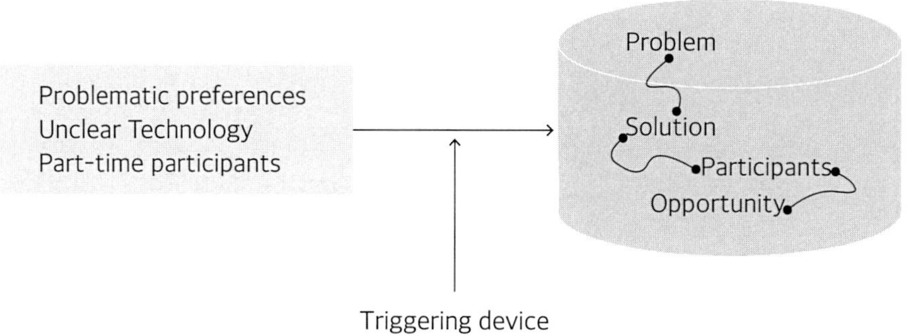

3) Allison 모형

Allison(1971)은 그의 박사학위 논문에서 1962년 10월 24일 해상봉쇄 명령으로 13일간의 쿠바 미사일 위기를 극복한 사건과 관련하여 미국이 왜 '해상봉쇄'라는 대안을 선택했는지 그 외교정책과정을 분석하였다. 캐빈 코스트너가 케네디 대통령의 참모로 주연한 「D-13 Day(Thirteen Days)」라는 영화에 쿠바 미사일 위기의 상세한 내용이 담겨있다.

집단의 응집성 등 특징에 대한 가정에 따라 세 가지 모형을 분류한 후 종합적으로 설명하고 있다. 첫째, Model I(합리모형)은 정부는 합리적인 단일의 결정자로서 국익을 극대화시키는 최선의 대안을 선택한다고 본다. 둘째, Model II(조직모형)는 정부는 느슨하게 연결된 반독립적(半獨立的) 하위조직들(케네디 대통령의 참모조직, 국방부 등)의 집합체로서, 하위조직들의 SOP에 의해서 실질적인 국가정책이 결정된다고 본다. 셋째, Model III(관료정치모형)는 국가정책을 결정하는 주체는 극도로 다원화된 참여자 개개인(대통령과 참모진들, 각부 장관들, 3군의 장성들)이라고 본다.

그림 6-2 Allison 모형의 적용계층

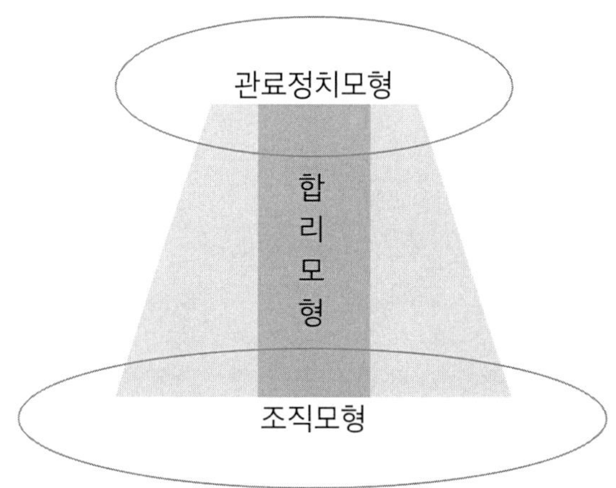

Model I은 조직의 전 계층, Model II는 하위계층, Model III는 Allison이 직접 개발한 모형으로서 상위계층의 정책결정과정 설명에 유용하다. 그러나 우리나라처럼

대통령에게 권한이 집중되어 각 부처의 대통령에 대한 자율성이 약한 경우에는 적용하기 어려운 면이 있다. 박근혜 정부에서 국무회의 진행과정을 보면 미국 대통령 집무실에서 수많은 아이디어의 토론과 격론이 오가는 모습과는 대조적으로 일방적으로 지시하고 열심히 받아쓰는 모습에서 괜찮은 정책결정이 이루어지는 것을 기대하기 쉽지 않다고 한다면 혹독한 평가일까?

4) 정책네트워크모형

정책네트워크모형(Policy Network Model)은 정책결정구조에 관한 이론이다. 미국 다원주의에서는 정책분야별로 실질적인 정책결정권을 공유하는 집합체를 정책네트워크라 한다(정정길, 1997: 227). 하나의 정책네트워크는 행위자와 그들 간의 연계, 그리고 경계로 이루어져 있다. 여기에는 공공부문 및 민간조직의 행위자들로 구성되는 비교적 안정적인 행위자들의 집합이 포함된다. 행위자들 간의 연계는 의사소통과 전문지식, 신뢰 그리고 여타 자원을 교환하는 통로로 작용한다.

이러한 정책네트워크에는 하위정부, 정책공동체, 이슈네트워크가 포함된다(Rhodes, 1997: 304-305; 강은숙, 2001: 39-47).

첫째, 하위정부모형(Sub-governmental Model)은 소수의 행위자 간에 이루어진 안정적인 정책망에 해당한다(정정길, 1997: 227). 특정 정책분야에서 지속적인 상호작용을 통하여 정책결정을 좌우하는 이익집단, 의회의 상임위원회 그리고 행정부처로 구성되는 소정부가 하위정부라는 것이다. 하위정부모형은 통합성이 매우 높고 동맹관계를 형성한다. 그러나 미국이나 우리나라에서 이익집단과 시민단체의 급증, 집단 간의 갈등의 발생 등은 안정적인 하위정부의 쇠퇴에 결정적인 영향을 미친다.

둘째, 관료·정치인·이익집단으로 구성되는 폐쇄적인 하위정부에 전문가집단을 중요한 행위자로 추가하게 되면 정책공동체모형(Policy Community Model)이 된다. 공동체의 구성원들은 정책문제가 공동체 내부에서 해결되어야 한다는 규범에는 동의하지만, 구성원들의 이해관계와 이념이 다르기 때문에 정책문제의 해결방안을 둘러싸고 갈등이 발생할 수 있다.

셋째, 거미집같이 수많은 행위자 간의 관계가 유동적이고 불완전할 뿐만 아니라 규모가 크고 신규 참여자의 접근 가능성이 높은 지식공유집단을 의미하는 것이 이슈네트워크모형(Issue Network Model)이다. 권력을 지닌 소수만을 관찰하게 되면, 마치 거미줄처럼 엮어진 수많은 행위자 간의 관계를 간과할 수 있기 때문이다(Heclo, 1978). 여하튼 정책네트워크의 변화는 정책변동의 중요한 원인이 되며, 정책네트워크의 구성원의 변화를 살펴보면 정책변동을 이해하고 예측하는 데 도움을 받을 수 있다.

제3절

정책결정모형의 평가와 논의

1 평가

인과관계에 관한 지식이 명확하고 불확실성이 낮은 경우 목표설정에 적합한 수단 선택이 이루어지는 합리모형의 적용이 적합할 수 있다. 그런데 정책수단은 있으나 목표가 모호하고 불확실할 경우에는 수단으로 달성 가능한 목표를 탐색하고 선택하는 쓰레기통모형이 설명하고 처방하기에 적합할 수 있다. 나아가 목표와 수단의 합의가 모두 어려운 상황에서 양자를 동시에 결정해야 하는 경우라면 점증모형의 적용이 더 설득력이 높을 수 있다.

서두에서 정책현상을 설명하고 예측하는 모형들이 다양한 이유는 무엇일까 질문했었다. 그것은 사람들이나 조직의 가치관이나 생각 그리고 이해관계가 너무나 다르기 때문에 정책현상을 하나의 모형으로 설명하는 것은 불가능하기 때문이 아닐까 싶다. 그러므로 다양한 모형을 상황에 맞게 적확하게 적용하는 것이 남은 과제라고 볼 수 있을 것이다.

2 정책결정의 실제와 새로운 정책결정모형의 탐색

1) 실제의 정책결정과정

현실의 정책결정은 수많은 참여자 간의 이질적인 이해관계의 대립을 조정하고 타협시켜 나가면서(정치적 성격), 정부가 당면한 공공의 문제를 합리적으로 해결하려는 일련의 노력(분석적 성격)으로 이루어진다(정정길, 1997: 410-422).

첫째, 정치적·타협적 결정이다. **협상**(bargaining)은 목표를 상호조정하고 타협하는 경우이며, 설득(persuasion)은 합리적 논거의 제시가 중요하며, 강제(command)는 권력을 바탕으로 강요하는 결정 방법이다.

협상을 구성하는 가장 큰 두 개의 축은 경쟁(competition)과 협력(cooperation)이다. 협상에서 경쟁이란 협상에서 다루어지고 있는 파이의 크기가 고정된 것으로 여기고 더 많은 몫을 차지하기 위하여 각 이해관계자가 다투는 것을 의미한다. 협력이란 협상에서 다루고 있는 파이의 크기가 고정된 것이 아니고 참여자들의 공동노력으로 얼마든지 파이를 키울 수 있기 때문에 먼저 파이의 크기를 확대한 후 각자의 몫을 요구하자는 입장이다. 〈그림 6-3〉에 근거하여 갈등 상황에서 어떻게 협력방안을 모색할지 지혜를 얻을 수 있다. 이때 협상은 씨름과 같이 싸워서 이기는 게임이 아니며, 댄스(Negotiation Dance)와 같이 공동의 이익을 추구하는 과정이라고 한다.

그림 6-3 협상의 기본원리

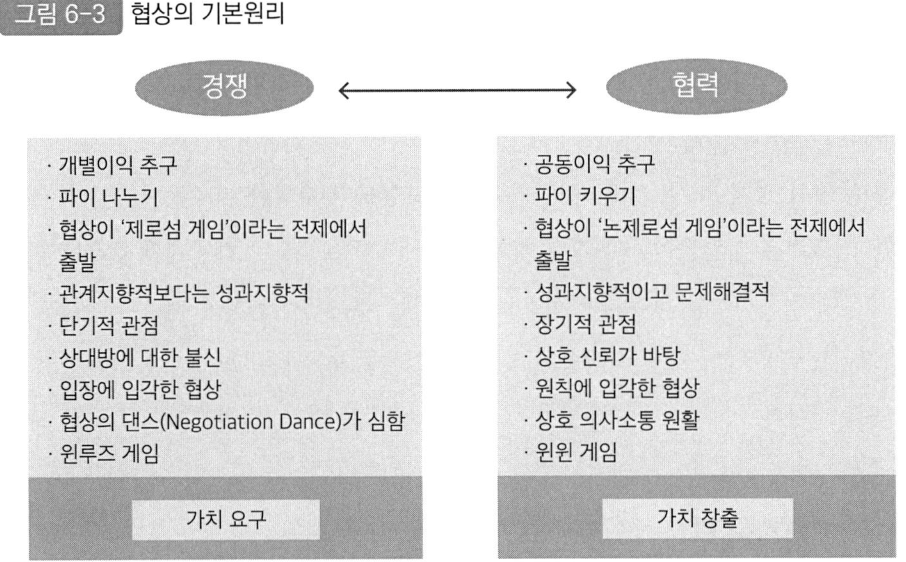

출처: 대통령자문 지속가능발전위원회 편(하)(2005: 218); Lex and Sebenius(1986: 30-33).

둘째, 실제의 비분석적·정치적 결정이다. 문제파악·정의과정에서 관련 정치세력의 영향을 받는다. 정책목표설정과정에서 연합형성의 필요성 때문에 모호하고 상호 충돌되는 목표들이 우선순위 없이 설정된다. 대안의 탐색·비교평가는 정책관련자 자신들에게 유리한 대안과 자료를 준비하며, 대안의 선택에서도 정치적 권력관계의 영향을 받는다.

〈표 6-1〉의 갈등영향분석을 통해 협상가능영역(Zone of Possible Agreement)을 살펴볼 때 부산과 경남 행위자들의 목표의 공유도와 연계의 강도가 매우 낮기 때문에 대구와 구미 지역에 비해 상대적으로 합의형성의 가능성이 낮아 보인다. 환경부와 전문가, 시민단체가 토론한 주요 내용을 보면 공식기관과 비공식기관의 입장 차이가 명확하며 반쪽짜리 합의형성이 이루어진 것을 알 수 있다. 공식기관의 입장이 아무리 명확하더라도 관련 지역주민과 지자체의 공감과 동의를 확보하지 못하면 합의 가능성을 확보하기 어려운 것을 알 수 있다.

표 6-1 부산과 경남 취수원 다변화에 대한 갈등영향분석

이해관계자	입장	쟁점에 대한 합의 가능성			
		규제피해	지하수영향	수질	비용
부산광역시	찬성	○	○	○	○
부산광역시의회	부분반대	○	○	×	×
경상남도	중립	○	○	○	○
합천군	반대	×	×	×	×
거창군	반대	×	×	×	×
의령군	반대	×	×	×	×
창녕군	반대	×	×	×	×
시민단체 A	찬성	○	○	○	○
시민단체 B	반대	×	×	×	×
지역주민	반대	×	×	×	×
K-water	찬성	○	○	○	○
환경부	찬성	○	○	○	○

주: ○ 합의 가능성, × 합의 불가능성

최근 환경부가 공개한 낙동강 통합물관리 방안을 두고 영남권의 관심이 집중됐다. 낙동강 수질 개선 방안과 취수원 다변화 방안이 담겨 논쟁도 계속되고 있는데, KBS창원 토론경남에서 환경부와 전문가, 시민단체가 토론한 주요 내용을 보면 공식기관과 비공식기관의 입장차이가 명확하며 반쪽짜리 합의형성이 이루어진 것을 알 수 있다.

창녕군 부곡면 주민들이 강변여과수 생산으로 인한 농업용수와 온천수 고갈 위기를 우려하면서 문제제기를 하자 수자원공사 측은 어떤 영향을 미칠지 사전조사를 위한 주민의 동의를 구하는 중이라고 했다. 부산광역시 관계자에 따르면, 초기에는 상수원보호구역으로 인한 규제피해 쟁점이 있었으나, 2018년 낙동강 통합물관리 방안의 마련을 통해 갈등 쟁점이 해소된 이후에는 다양한 지원책을 제시하면서 합의 가능성을 높여가고 있다고 했다.

한편 2023년 부산에서 세계 물의 날 행사 때에 한 시민단체 관계자가 부산도 뉴욕의 200㎞ 상류의 상수원 확보 사례(NYC Environmental Protection, 2022)를 참고하여 합천을 거부하고 345㎞ 거리의 안동댐 물을 가져오자고 주장하는 등 합의형성의 장을 거칠게 몰고 간 선례를 남기기도 하였다.

그림 6-4 부산-합천-창녕-의령의 협상가능영역 분석

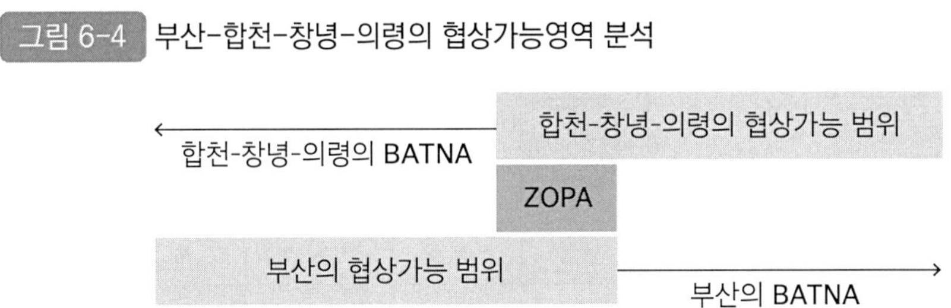

2) 정책유형과 동태적 결정과정

첫째, 배분정책 결정과정에서는 삼두마차(Troika)의 역할, 즉 특정 이익집단, 의회의 소관 위원회, 그리고 관련 관료집단의 역할이 많이 작용한다. 마치 돼지들이 먹이통에서 머리 처박고 꿀꿀대며 서로 많이 먹으려고 다투는 것과 같은 나눠 먹기식 결정(pork-barrel politics)과 통나무에서 서로 떨어지지 않으려고 서로 협력하여 이익을 나누어 가지는 상부상조 결정(log-rolling politics)이 이루어지고, 수혜집단과 비용부담집단 간의 정면대결이 필요 없다.

둘째, 규제정책 결정과정에서는 집중적인 희생을 감내해야 하는 비용부담집단의 정치적 반발이 심하고, 정치적 연합(political coalition)의 형성과 타협 가능성이 높으며, 따라서 다원론자의 주장이 타당하다.

셋째, 재분배정책 결정과정에서는 미국의 민주당과 공화당과 같이 건강보험예산이나 복지예산 배분을 놓고 벌어지는 이념논쟁이 야기되기도 하고, 대통령 주도하에 정상연합회(노조와 기업대표)에서 실질적 정책결정이 이루어지는 경우가 많다.

3) 딜레마 모형의 탐색

이종범(이종범 등, 1994; 이종범, 2005) 교수를 중심으로 형성된 딜레마(dilemma) 개념은 제한된 시간 내에 선택을 내려야 하는 의사결정자의 상황을 설명하는 데 좀 더 적실성을 가질 수 있다. 딜레마의 개념이 구성되기 위해서는 첫째, 서로 단절적인(discrete) 두 개의 대안이 존재해야 한다. 양자택일이 상황을 의미한다. 둘째, 단절적인 두 개의 대안은 서로 상충적인(trade-off) 상태로 존재해야 한다. 서로 충돌한다는 것은 두 대안을 맞교환할 수 없다는 것으로 한 대안을 선택하면 다른 대안은 포기해야 함을 의미한다. 모호성과 불확실성이 중대할수록 상충성은 증대한다. 셋째, 두 개의 대안이 가져올 결과가치의 크기는 균등해야(equal) 한다. 이는 하나의 대안을 포기할 때 기회손실의 크기가 크다는 의미이다. 넷째, 제한된 시간 내에 결정(unavoidable)을 해야 한다. 이는 갈등이론의 구성과 가장 큰 차이이기도 하며, 무한히 지연할 수 있다면 딜레마가 아니라는 것이다.

이 내용을 정리하면 딜레마는 두 개의 대안이 존재할 때, 두 개의 대안을 동시에 선택할 수 없으며, 그중 한 개의 대안을 선택하기도 곤란하지만, 제한된 시간 내에 선택을 하지 않을 수도 없는 상황이라고 정의할 수 있다(윤견수, 2013: 287-289). 이때 대안 간의 중요성이 비슷하다는 것은 특정 대안의 선택이 초래할 기회손실이 임계영역(critical level)을 넘어설 때를 의미한다고 한다. 하나의 대안을 선택함으로써 예상되는 어떤 가치의 포기를 기회손실(opportunity loss)이라고 한다. 이는 두 대안의 결과가치의 등가성을 전제로 하며, 기회손실이 임계영역을 넘어서서 한 대안의 선택으로 초래될 기회손실이 커지는 경우에 딜레마라 할 수 있다고 한다(이종범 등, 1994: 27-31).

낙동강 상류에서는 영풍 석포제련소 이전을 통한 새로운 상태와 그렇지 못한 현재의 상태(status quo) 간 충돌로 그것을 선택할 것인가 말 것인가의 존재론적 딜레마에 빠져 있을 수 있다. 뿐만 아니라 정부가 어느 정도 범위까지, 언제 그리고 어떻게 개입할 것인가의 문제, 즉 공장폐쇄와 이전이라는 선택지와 유지하면서 오염처리시설을 갖추는 두 가지 새로운 상태 간 충돌로 둘 가운데 어떤 것을 선택할 것인가의 인식론적 딜레마에 빠져있을 수도 있다(윤견수, 2013: 292-297). 낙동강 상류에서 환경오염기업이 이전도 못하고 그렇다고 공장가동을 멈출 수도 없는 난제가 발생하는 이유가 딜레마 때문은 아닐까?

정책주체는 딜레마 상황의 가장 큰 제약요건인 '주어진 시간'을 늘리는 지연 방안과 결정상황에 대한 압력을 버티지 못하고 결정자가 스스로 그 상황을 벗어나는 포기를 선택하기도 한다. 한편 비록 선택은 되었지만 내용이 결핍된 형식적 집행전략이나 단지 정당성 부여를 위한 상징적 집행전략을 택하기도 한다(윤견수, 2009: 131-136).[1] 실제 특정 대안의 선택과 지연의 결정이 기회손실을 임계치가 넘게 초래할 때는 딜레마에서 벗어나기 위해 만족 수준에서 제3의 대안을 결정하는 것이 현실적일 수도 있고 지혜로울 수도 있다(안문석·김태은, 2009: 61-81).

1 영풍제련소 문제를 해결하기 위한 정부의 대응과정은 아직은 '상징정치와 상징입법'의 의심을 하지 않을 수 없기 때문이다 (홍준형, 2020).

제4절

협상과 조정활동을 통한 합의형성과정 분석

1 협상을 통한 부산국제영화제 갈등 해결과정 분석

부산광역시가 법원에 부분적으로 의존한 점이나 시민단체에 의한 조정노력이 없었던 것은 아니지만 정치·행정인과 영화인이 서로 다른 프레임 전쟁 상황에서도 대화를 통해 협상에 성공하면서 합의형성이 이루어졌다. Fox와 Miller(1995: 111-159)는 다수 담론(many talk)은 중구난방(衆口難防)이 되고, 소수 담론(few talk)은 여론조사처럼 일방적 홍보와 독백이라고 한다. 그래서 그는 정책공동체와 같은 적당한 수가 참여하는 상당수 담론(some talk)에서 진정한 담론(authentic discourse)이 가능하다고 했는데, 부산광역시와 영화인들의 담론과 협상을 통한 합의형성과정에서 영화제 성공을 위한 진정성을 엿볼 수 있다.

> 행정부시장님과 혁신본부장님 등 부산시 관계자들과 의견이 다른 것이었지 대화가 안 된 것은 아니었습니다. 서로 조금씩 양보하는 과정에서 합의점을 찾고 있었지만, 영화계로부터는 변절자라는 심한 비난을 받기 했습니다. 그러나 '우리 모두의 영화제'를 희생양으로 삼을 수 없었고 반드시 지켜야 했기 때문에 협상을 지속하였습니다. 물론 완전한 합의가 아니기 때문에 저도 지금 몹시 괴롭고 부산시도 자리와 권한을 희생한 측면이 있지만 긴 호흡으로 견디고 있습니다(부산국제영화제 수석프로그래머 면담, 2016. 12. 18).

1) 조정과 소송에 의한 합의형성 시도

2016년 3월 4일 부산경실련 이훈전 사무처장은 중립적인 입장에서 조정을 위한 조언을 하였다.

> 그는 영화인들이 영화제를 키우고, 부산시가 이를 지원하며 부산시의 도시 이미지를 상승시켜 왔는데 이번 갈등으로 인한 이미지 손실은 결국 부산시민에게 돌아올 수밖에 없다며 더 이상의 파행이 있어서는 안 되며 이번 일을 계기로 부산시는 영화제에 대한 간섭을, 영화인들도 관행이란 이름으로 이뤄지던 부분을 중단해 부산국제영화제를 다시 정상화시킬 필요가 있다고 말했다(부산일보, 2016. 3. 4).

부산시와 부산국제영화제의 갈등이 결국 법정 싸움으로 비화했다. 부산시는 2016년 3월 14일 부산지방법원에 BIFF 조직위 자문위원 신규 위촉 효력정지 가처분 신청을 냈다. 2016년 4월 11일 부산지법이 부산국제영화제 자문위원 위촉 효력정지 가처분 신청 인용 결정을 내림에 따라 BIFF 사태가 새로운 국면을 맞게 됐다. 정관 개정과 차기 조직위원장 임명 등을 놓고 벌어지고 있는 일련의 갈등 사이에서 법원이 부산시의 손을 들어줬기 때문이다(부산일보, 2016. 4. 12).

> 부산시의 가처분신청과 부산지법의 인용 결정은 여론의 향방이 이용관 집행위원장에게서 돌아서는 계기가 됩니다. 시민들은 이 위원장이 법위에 서 있는 사람이라고 인식하게 되었다고 봅니다. 시민들은 검찰의 이 위원장에 대한 유죄 구형과 판결 과정을 모두 인지하고 있었던 것 같습니다. 이로 인해 영화계의 세력이 약화되는 계기가 되면서 대화와 협상으로 가는 길을 열게 됩니다(부산광역시 관계자 면담, 2016. 10. 26).

2) 협상에 의한 합의형성

(1) 이해관계자의 입장과 주요 쟁점 매트릭스

〈표 6-2〉의 갈등영향분석에 따른 이해관계자의 입장과 주요 쟁점 매트릭스를 살펴보면, 갈등 쟁점별로 이해관계자들의 입장에 대한 심층면담과 분석을 통해 갈등의

원인을 파악하고, 협상가능영역(ZOPA, Zone of Possible Agreement)을 밝힘으로써 대화와 타협을 통한 갈등의 해소 방안을 모색할 수 있다(Kunde, 1999: 435-462).

부산시는 영화계와 협상을 위해서 영화제에 정치적 개입은 안 된다는 비정치성(독립성), 재정 책임성(투명성), 지역참여성 등의 원칙을 일관되게 유지하려고 하였습니다. 그러나 시장 사과 요구라든지 이용관 집행위원장 명예 회복 건은 수용하기 어렵다고 판단했습니다(부산광역시 관계자 면담, 2016. 10. 21).

정관 개정에서 영화계가 지역참여성을 보장해주어 합의형성이 가능했습니다. 국제와 영화는 있고 부산이 빠지면 안 된다고 믿었습니다. 그래서 이사회는 지역인사가 중심이 되고, 집행위원회는 영화인이 중심이 되는 지배구조에 대해 합의한 것입니다. 물론 부산시의 당연직 공무원이 빠지고 시장이라는 큰 인물이 빠져 중립화되었다고 판단한 영화계에서도 정관 개정을 수용하였습니다. 그리고 영화제의 사유화를 막기 위해 시민평가제와 상임감사제를 도입하였습니다(부산광역시 관계자 면담, 2016. 10. 26).

2016년 10월 26일 면담한 부산시 관계자에 의하면, 영화인들이 요구하는 이용관 전 집행위원장 명예 회복, 부산시장의 공개 사과와 재발 방지 약속은 부산시장이 결코 받아들일 수 없는 영역이라고 설명했다.

BIFF를 지키는 범영화인 비상대책위원회는 2016년 7월 26~29일 소속 9개 단체 회원을 대상으로 보이콧 해제 여부에 대한 투표를 벌인 결과 보이콧 해제 4, 유지 4, 유보 1로 집계됐다고 8월 1일 밝혔다. 제작가협회·독립영화협회·시나리오작가조합·마케팅사협회가 해제, 감독조합·PD조합·촬영감독조합·영화산업노조는 유지, 여성영화인모임은 유보 입장을 밝혔다. BIFF의 독립성과 자율성, 책임성과 투명성을 모두 담은 정관 개정으로 1년 10개월간의 갈등 사태가 마무리되기를 부산시와 BIFF는 희망했지만, 영화계의 반응은 생각보다 냉담했다. 비대위가 보이콧 결정을 밝히며 요구했던 BIFF의 독립성을 담은 정관 개정, 이용관 전 집행위원장 명예 회복, 부산시장의 공개 사과와 재발 방지 약속 가운데, 정관 개정을 제외한 두 요구가 받아들여지지 않았다(부산일보, 2016. 8. 2).

표 6-2 이해관계자의 입장과 주요 쟁점 매트릭스

쟁점 / 이해관계자	비정치성 (독립성)	재정책임성 (투명성)	지역 참여성	민간 조직위원장 체제	정관 개정	시장 공개 사과	이용관 집행 위원장 명예회복
정치·행정인 프레임 집단	○	○	○	○	○	×	×
영화인 프레임 집단	○	○	○	○	○	○	○

주: ○ 합의 가능 쟁점, × 합의 불가능 쟁점

(2) 협상에 의한 합의형성과정 분석

2016년 10월 면담한 부산광역시 관계자에 의하면, 부산시 경제부시장이 이용관 집행위원장이 미팅했을 때 그는 정관 개정의 명분을 달라고 요구하였고, 2년 뒤에는 물러나겠다고 협의하였다. 그러나 1년 만에 임기 만료되면서 부산시가 고발상태인 그를 재위촉하지 않으면서 물러나게 되고 정관 개정은 이루어지게 된다고 설명했다. 그에 의하면 영화제를 둘러싼 이해관계의 깊은 공유가 협상 성공의 중요한 이유가 되었음을 알 수 있다.

> 부산시와 부산국제영화제는 협상을 통해 합의형성을 하고자 하는 충분한 이해관계가 있었습니다. 부산시는 브랜드가치를 잃을 수 없었고, 영화제는 영화인들의 일자리이기 때문에 피차 피해가 클 수밖에 없었습니다. 서울에 있는 영화인들은 이용관 집행위원장이 접근통로였으며, 부산국제영화제의 중요한 고객이었습니다만, 부산시나 부산국제영화제에 비해 절실함은 덜한 편이었습니다. 그리고 김동호 집행위원장 시기에 행정과 문화를 모두 아우르는 조정능력이 있었을 때는 청와대와 문화부의 정치적 개입이 있었을 때도 원만하게 풀어나갔습니다. 지원은 받되 간섭은 받지 않는 스킬을 가진 분이 아니었나 생각합니다. 이용관 집행위원장은 행정능력에 한계가 있어 원만하게 처리하지 못한 것으로 보입니다. 다이빙벨 상영은 청와대를 건드리는 것이었고, 서병수 시장이 친박계였음을 고려했다면 좀 더 포용적으로 접근할 수 있었어야 했던 것으로 봅니다(부산광역시 관계자 면담, 2016. 10. 26).

서 시장과 이 위원장은 2015년 1월 27일 오후 부산시청에서 면담을 가진 뒤 합의문 형태의 공동 발표문을 내놨다. 서병수 부산시장과 이용관 부산국제영화제 집행위원장이 전격 회동을 갖고 '영화제 쇄신'에 합의함으로써 국내외로 번진 '사퇴 종용' 파문은 일단락되는 수순에 접어들었다. 이 위원장이 직을 유지하면서 영화제 발전방안을 마련하기로 함으로써 극단적인 충돌과 영화제 파행은 피하게 된 것이다(부산일보, 2015. 1. 27). 2015년 2월 17일에는 부산국제영화제 조직위원장인 서병수 부산시장과 BIFF 이용관 집행위원장이 BIFF 공동집행위원장 제도에 합의함으로써 사퇴 종용 파문의 출구전략이 마련되었다.

BIFF 출범 20년간 외부 인물이 수장을 맡은 전례가 없었기 때문에 영화계 안팎에서 불안과 우려도 나온다. 부산시와 BIFF가 2월 17일 공동집행위원장제 도입과 3대 발전전략에 합의함으로써 갈등 국면이 일단락된 것과 관련, BIFF 집행위의 한 관계자는 "부산시가 인적 쇄신과 산업 활성화를 요구한 데 대해 이 위원장이 고심 끝에 공동집행위원장 제도를 제안했다"라고 설명했다. 이 관계자는 영화와 관련된 총체적인 업무는 이 위원장이 그대로 맡고 새로 영입되는 집행위원장은 시가 요구하는 산업적인 기능을 주로 맡을 것이라고 덧붙였다(부산일보, 2015. 2. 17).

〈표 6-2〉에 나타난 바와 같이 이해관계자집단은 몇 가지 쟁점에 대해서 의견이 나뉘면서 찬성집단과 반대집단으로 양분되는 경향을 보이고 있다. 부산시와 BIFF 양측 실무 책임자는 2016년 2월 15일 오후 만나 상호 요구 조건을 최종 확인하고, 마지막 협상 타결 가능성을 타진했으나 실패했다.

부산국제영화제의 독립성을 놓고 갈등을 빚어온 부산시와 BIFF 집행위가 본격 정관 개정 협의에 들어갔다. 2016년 3월 8일 오후 열린 BIFF 조직위 임원회의에서는 일부 위원이 대화를 통해 조속히 사태를 수습해야 한다는 의견을 강하게 피력했다.

김규옥 부산시 경제부시장(조직위 부위원장)과 강수연 집행위원장이 2016년 3월 8일 오전 만나 각자의 정관 개정안과 현안에 대한 입장을 확인했다. 총회 개최 이후 양측의 일방적 기자회견이 잇따라 열린 이후 처음 열린 공식적 협의 자리였다. 이 자리에서 논의된 주제는 조직위원장 선임 방식, 임시총회 연기 여부, 라운드 테이블 구성, 이용관 위원장 복귀 여부였다. (중략) 참석자 대부분은 이번 갈등 사태가 장기화되거나 소송 전으로 비화될 경우 부산시와 BIFF 두 조직뿐 아니라, 부산이라는 도시브랜드와 BIFF라는 무형의 자산마저 스스로 무너뜨릴 수 있다는 우려를 내놓았다. 대화와 타협을 통한 사태 수습이 시급하다는 데 대부분의 회원이 공감했다(부산일보, 2016. 3. 8).

BIFF 사태는 서병수 부산시장의 조직위원장 민간 이양 및 정관 개정 표명으로 전기를 맞았다. BIFF 집행위원회 측도 임기가 만료된 이용관 전 집행위원장의 복귀는 절대 없을 것이라는 입장이다. BIFF의 독립성을 확보하는 정관 개정에 모든 걸 걸겠다는 것이다. 문제는 시와 집행위가 모두 영화제의 독립성을 강조하지만 그 추진 방식이 다르다는 데 있었다.

> 초미의 관심은 정관 개정을 통해 조직위원장 선임 방식을 결정할 임시총회 개최에 쏠려 있다. 그런데, 여기서 탈이 나 버렸다. 집행위가 조직위에 알리지도 않은 채 2016년 2월 24일 집행위에 우호적인 인사들로 의결권을 가진 자문위원들을 무더기로 신규 위촉해 버린 것이다. 이는 집행위 주장의 정관 개정과 조직위원장의 총회 선출을 위한 조치로 볼 수 있다(부산일보, 2016. 3. 11).

이렇게 파국으로 치닫던 부산국제영화제 갈등 사태가 마침내 일단락됐다. 2016년 5월 3일 부산시와 BIFF 집행위원회는 김동호 전 BIFF 집행위원장을 조직위원장으로 추대하는 방안에 전격 합의했다. 그동안 시가 요구했던 정관 개정안에 대해서는 김동호 위원장 체제에서 충분한 시간을 갖고 협의해 나가기로 하였다. 사실상 시가 영화계와 집행위의 요구를 전폭적으로 수용한 것이다. 이로써 2014년 9월 부산시의 영화 '다이빙벨' 상영 취소 요구에서 비롯된 시와 BIFF의 갈등 사태는 1년 8개월 만에 극적으로 마무리된 것이다. 21회 영화제 개최마저 불투명할 정도로 갈등의 골이 깊었지만, BIFF와 부산시가 합의점을 찾으면서 최대 고비는 넘겼다. 강수연 BIFF 집행위원장은 2016년 5월 9일 서병수 부산시장 겸 BIFF 조직위원장을 만나 영화제를 성공적으로 개최하기 위해 김동호 명예집행위원장을 새로운 조직위원장으로 위촉하기로 결정하면서 칸 영화제 개막에 앞서 타결이 이루어졌다.

> 부산시와 영화계가 서로 양보할 수밖에 없었던 이유는 서로 잃을 것이 너무 많았기 때문인 것으로 판단됩니다. 여론의 압력도 중요했던 것 같습니다. 무엇보다 시간이 중요한 변수였습니다. 칸에서 마켓이 이루어지는데 작품을 받아와야 하는 영화계의 입장에서는 6월이 되기 전에 끝내기 위해서 5월에 급히 합의한 것입니다(부산광역시 관계자 면담, 2016. 9. 9).

> 부산시와 영화계의 교착상태에서 강수연 집행위원장이 많은 부담을 안고 있던 가운데 원 포인트 정관 개정을 원했습니다. 부산시에서 조직위원장을 민간인이 맡는 것으로 양보하면서 쟁점이 됐던 정관 개정에도 합의점을 찾았습니다. 그리고 민간인인 김동호 조직위원장을 영입하였는데, 그 역시 강경한 영화계를 온전히 설득하기 어려웠습니다(부산광역시 관계자 면담, 2016. 10. 21).

이번 갈등 사태가 문화예술의 자율성과 독립성이 침해당한 사안이라는 관점 아래 비판적 활동을 벌여온 BIFF를 지키는 시민문화연대도 부산시가 지역을 대표하는 인사를 조직위원장 자격으로 내세웠던 데서 한 발 물러나 영화계의 신망이 높고 BIFF를 잘 알고 아끼는 김동호 조직위원장 안을 수용한 것은 의미가 있다고 일단 환영 입장을 밝혔다(부산일보, 2016. 5. 10).

> 시장이 개막선언을 하면 관제 냄새가 나고 시에서 더 이상 간섭하지 않는 것이 옳다고 봅니다. 영화는 권력과 갈등을 다루어야 이슈가 되고 흥행이 되기 때문에 정치권력과 대립관계가 될 수밖에 없음을 인정합니다. 프로그램 선정 등 예술적 독립과 자유를 인정하되, 시민평가위원회에서 평가하게 하여 행정적 투명성은 확보하는 절충을 가져왔습니다(부산광역시 관계자 면담, 2016. 10. 26).

2 기장해수담수화 시설 갈등조정 사례 분석

1) 고리원전과 지역공동체의 이해관계 복잡성

한국수력원자력에서 운영하고 있는 고리원자력발전소는 부산광역시 기장군 장안읍 고리 일대에 위치하고 있다. 1971년 11월에 착공되어 1977년에 완공되었고 1978년 4월에 상업운전을 시작한 고리원전 1호기는 대한민국 최초의 상업용 원자로이다. 현재 고리에는 모두 6기의 상업용 원자로가 가동 중이다.

고리원전 1호기는 2007년 6월 9일 30년인 설계수명을 다하여 가동이 중단되었으나 IAEA 검증과 지역사회 합의를 거쳐 상업운전을 10년 연장하기로 하였다. 지역주민들과 합의 후 상업운전 연장을 했다고 하지만, 정작 지역사회에서는 상업운전 연장에 대해 반발하는 목소리가 높았다. 원전은 크게 원자로와 터빈계층으로 나누어지는

데 안전과 직결되는 곳은 원자로 부분이다. 이 원자로의 노심과 기체 또는 액체 등의 1차 냉각제를 수용한 강철로 만든 원통형 용기를 압력용기라고 하는데, 고리원전 1호기의 경우 30년 이상 운용되면서 압력용기 최대 흡수에너지 정부고시 기준치를 훨씬 밑돌기 때문에 더 이상 사용할 수 없을 정도로 취약한 상태였다. 2012년 5월 IAEA와 원자력안전위원회의 안전점검을 불신하는 것도 원전의 핵심인 압력용기 검사를 하지 않았기 때문이다. 결국 원자력안전위원회는 2015년 6월 18일 고리원전 영구정지를 결정하고, 2017년 6월 18일이 되면 폐로작업에 들어가서 2030년까지 마무리할 계획이다. 토양오염까지 완전히 해소하기까지는 15년이 더 소요되어 2045년까지 갈 것으로 예상된다.

2013년 부산을 방문한 국제적인 반핵환경보호단체인 그린피스는 고리원전 비상계획구역을 현재 10㎞에서 30㎞로 늘릴 것을 주장했는데, 그들은 후쿠시마 원전보다 고리 원자력발전소가 더 위험하다고 주장했다. 고리원전 30km 안에는 대략 341만 명이 거주하고 있는데, 고준위 방사성 폐기물 임시저장소가 큰 규모로 가깝게 붙어 있으며, 건설 중인 원전까지 합하면 12개의 원전이 한 지역에 밀집되는 세계에서 가장 높은 밀집도 때문에 위험성은 기하급수적으로 커질 것이라고 경고했다. 즉, 해수담수 공급예정지역이 1978년 고리원전 가동 이후부터 지속적인 위험에 노출되어 피해의식이 매우 강한 지역이라는 점이다.

부산광역시는 일찍이 2008년 12월 취수원의 대부분을 낙동강에 의존하고 있는 현 상수도공급체계를 개선, 향후 예상되는 낙동강 수질악화나 오염사고에 대처하기 위해 정부에 해수담수화를 포함한 취수원다변화 사업의 적극적인 추진을 요청하였다(부산일보, 2008. 12. 10). 그러니까 절차적인 문제점은 있었지만 취수원 다변화를 위한 해수담수화 사업은 부산광역시의 장기계획에 일찍이 포함되어 있었다.

정부가 수자원의 미래가치 창출과 해수담수화기술 연구개발을 위해 추진 중인 대규모 해수담수화 플랜트의 부산 유치가 사실상 확정됐다. 2008년 12월 11일 부산광역시 상수도사업본부에 따르면 국토해양부가 해수담수화 플랜트 건설을 위해 전국의 지방자치단체를 대상으로 해수담수화 R&D사업 유치제안서를 접수한 결과 부산지역이 단독 후보지로 결정됐다(부산일보, 2008. 12. 11).

그런데 기장지역 안에서도 어업과 양식업에 종사하는 사람들은 해수담수 공급을 지지하면서 지역사회가 양분되고 있고, 해운대구 송정동과 기장군 장안읍, 기장읍, 일광읍의 경우 그동안 원전지역에 살면서 피해의식이 가장 높은 지역인데, 원전 인근에서 처리한 물을 식수로 먹어야 한다는 점이 견디기 어려운 불신으로 다가온 것으로 평가된다.

> 우선 부산시는 이달에 전체 시설이 완공된 기장군 대변리 해수 담수화 설비를 오는 7월에 총 가동해 통합 시운전을 하고 수질검사에서 이상이 없으면 기장군민을 대상으로 시음회와 여론 조사를 실시할 계획이다. 이후 결과가 양호하면 9월부터 화명정수장에서 오는 물을 차단하고 해수 담수를 수돗물로 공급하게 된다. 대상은 명장정수장에서 물을 공급받는 정관신도시와 철마면은 제외하고 기장군 전역이다. 5만 세대 11만여 명에 이른다. 우선 하루에 2만 3천 톤을 생산해 공급하고 동부산관광단지와 일광택지 등이 개발되면 2025년부터 4만 5천 톤으로 공급량을 크게 늘린다(부산일보, 2014. 5. 27).

그런데 부산에 건설된 국내 최대 해수담수화 시설에서 생산하는 수돗물의 공급을 앞두고 있던 2014년 12월 안전성 논란이 일면서 심각한 곤경에 처하게 된다. 환경영향평가라든지 갈등영향분석을 통해 사전에 분석이 이루어져야 할 부분이 제외되면서 그동안 잠재되어있던 음용 안전성 문제가 수면 위로 떠올랐기 때문이다. 마라도를 비롯한 전국 109곳에서 해수담수화 시설이 가동되고 있지만, 기장시설은 고리원자력발전소가 있는 기장군 앞바다에서 바닷물을 취수하기 때문에 위험인식이 남다른 곳이었다. 그러나 부산광역시 상수도사업본부의 경우 이러한 기장 지역주민들의 위험인식을 인지하지 못하고 안이하게 대처한 측면이 강했다.

> 기장해수담수 원수는 대변리 앞 바닷가에서 330~400m 떨어진 지점의 수심 10~15m 깊이의 중층수를 사용한다. 이 물은 각종 부유물을 거르는 전처리단계를 거쳐 역삼투막을 통과하는 정수 과정을 거친다. 기존의 증발식이 아니라 역삼투압 방식으로는 세계 최대 규모다. 그러나 최근 환경단체가 고리원전 주변 해조류에서 방사성 물질인 요오드-131이 검출됐다고 발표하면서 인근 주민의 불안감이 높아지고 있다(연합뉴스, 2014. 12. 2).

2) 공공갈등의 경과

그림 6-5 기장해수담수화사업을 둘러싼 공공갈등의 경과와 예상도

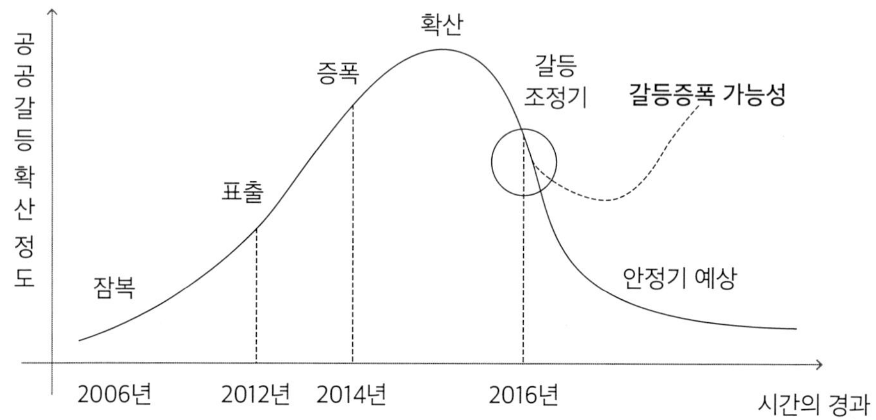

〈그림 6-5〉와 〈표 6-3〉의 기장해수담수화사업을 둘러싼 공공갈등의 경과를 살펴보면, 2014년까지 급수해당지역 주민들은 거의 정보와 지식이 없는 상태에서 그해 12월에 관련 정보를 접하게 되면서 갈등이 증폭되고 부산광역시와 상수도사업본부는 이에 대응하는 전형적인 권위주의적 정책추진방식(DAD, Decide-Announce-Defense)을 택한 것으로 분석된다.

표 6-3 기장해수담수화사업을 둘러싼 공공갈등의 경과

일정	주요내용	평가
2006	건설교통부 미래가치 창출이 가능한 10대(VC-10)과제 중 하나로 해수 담수화 플랜트 사업을 선정, 약 1,500억원의 연구비를 지원	결정 (Decide)
2008.12	테스트베드 건설지 유치신청에서 단독 응모한 부산시 선정	
2009. 4	두산중공업과 플랜트 건설 협약 체결(R&D사업으로 결정)	
2010. 12	해수담수화 플랜트 테스트베드 실시계획 인가 및 착공	
2012	지역어민 피해보상 갈등으로 플랜트 준공 지연	

2013.12	소유 · 운영을 위한 협약식 체결 - 소유·운영권: 국가(후속 R&D까지) - 수돗물 비용지급: 부산시(기존 정수장 생산원가 수준) - 수돗물 생산·공급: 두산중공업	
2014~2019	후속운영 **R&D사업** 시행(안정 · 고도화 운영: 국비 120억 원)	
2014. 5	기장 해수담수화 플랜트 준공 완료 및 시험 운행 (2014.6~12월: 시운전)	
2014.12	부산시는 담수화 수돗물 공급계획을 최초 발표했으나, '해수담수화반대주민대책위' 중심의 기장과 송정 주민 반대로 무산	공표 (Announce)
2015. 6	수질검증대책협의회 구성(25명)	공정구성
2015. 8	수질검증연합위원회 구성(49명) - 수질검증대책협의회로는 진척이 없다고 판단 - 어촌계 등 기장 지역 15개 단체로 구성	편파구성
2015. 12	1년간 수질 검증 후 수돗물 공급 계획을 다시 발표했으나, 주민들의 '주민투표' 요구 등 강력한 반대로 무산	방어 (Defense)
2016. 1.13	부산 기장군 주민 100여 명, 해수담수수돗물 공급을 두고 주민투표 실시를 요구하며 부산시에 주민투표 대표자 증명서 신청을 냈지만, 부산시는 해수담수 수돗물 공급은 국가의 권한 또는 사무임으로 주민투표 대상이 아니라며 거부	
2016. 1	서병수 부산시장, 2016년 시무식에서 "시민 동의 없이 기장에서 생산된 물을 공급하지 않겠다."라고 발표	갈등확산
2016. 1. 29	주민투표 거부 처분 취소를 위한 행정소송 돌입 기자회견(반대하는 군의원과 주민들이 부산시 상대 주민투표 청구 대표자 증명서 거부처분 취소소송제기)	소송제기
2016. 2. 4	기장해수담수공급 찬반 주민투표 관련 시민사회원로 기자회견	
2016. 2.22	기장해수담수공급 찬반 주민투표 관리위원회 출범	
2016. 3.19~20	기장해수담수공급 찬반 주민투표 실시	
2016 상반기	공개토론회, 전문가 시사대담, 직능별·단체별 간담회 등 (지역주민 의견수렴, 공감대 형성을 통해 해결방안 모색)	조정국면

2016. 8. 22	기장군의회는 위원장인 김정우 의원과 주민대표위원 14명 등 총 15명으로 구성된 '원전해역 바닷물 수질검증 위원회'를 꾸림	조정국면
2016. 9. 8	부산 기장군 해수담수 수돗물 공급 문제가 주민투표 대상에 해당한다는 부산지방법원 판결(원고 승소 판결)	소송국면
2016.10.18	부산광역시, 기장군 해수 담수화 시설은 국가시설로서 시가 주민투표를 할 수 있는 사안이 아니라면서 부산 고법에 항소 제기	소송국면

제5절

유전자원법 입법과정과 관료정치모형의 타당성

관료정치(bureaucratic politics)란 행정부처 간의 경쟁과 갈등 그리고 협상이 이루어지는 정치적 과정으로 이해할 수 있다(안문석, 2008). 정책과정에서 정부관료제의 주도적인 역할을 전제로 하는 관료정치모형은 정부를 정책선호와 이해관계를 달리하는 행정기관들이 권력행사와 자원배분을 둘러싸고 상호경쟁을 벌이는 갈등의 장으로 파악하고 있다.[2] 행정부의 의사결정은 각각 다른 이해관계를 지닌 복수의 정부 구성원들에 의해 이루어지는 고도로 복잡한 경기이며, 정책은 이들 복수의 정책참여자가 지닌 제도적·개인적 역할을 수행하는 방식과 이들이 지닌 자원과 동원능력, 그리고 다른 행위자들과의 연합 및 협상능력에 따른 결과물이라는 것이다. 따라서 분업화된 정부관료제하에서 서로 상반되는 정책지향과 이익을 추구하는 행정기관 상호 간의 갈등과 경쟁에 분석의 초점을 두고 있는 이 이론은 정부 내의 동태적인 권력 작용과 정치적 상호작용의 산물로서의 정책을 이해하는 데 유용한 분석틀로 인식되고 있다(Allison, 1971; Allison and Zelikow, 1999: 26-28).

정정화(2003)는 부처 업무의 전문성이 높고, 조직구성원들 간의 결속력이 강하며, 리더가 적절한 영향력을 발휘하게 되면 해당부처의 정치권력이 강화된다고 보고 있다. 관료정치 모델은 다수의 정책결정 참여자 간의 정치적 타협과 흥정의 결과가 정

2 Allison(1969: 689-718)은 행정부의 의사결정을 합리모형(rational policy model), 조직과정모형(organizational process model), 관료정치모형(bureaucratic politics model) 등 세 가지로 설명하고 있다. 정정화(2003)는 관료정치를 부처 간의 상호작용과 권력역학관계라는 포괄적인 의미로 사용한다. Allison and Zelikow(1999: 293-368)에 따르면, 이제 장·차관까지 정책결정에 관여하고 여러 기관이 권력을 공유하는 정부에서 관료정치상황이 나타나고 있다.

책이라고 본다. 그리고 기본적으로 정부정책은 하나의 합리적인 결정자가 아니라 다수의 조직과 정치적 행위자들의 집단에 의해서 결정된다. 그런데 이 조직과 행위자들은 정부가 뭘 해야 하는지에 대해서 의견이 다르다고 본다(Allison and Halperin 1972: 42). Allison(1969: 689-718)은 1962년 쿠바 미사일 위기 당시 미국의 케네디 행정부가 쿠바를 봉쇄하기로 결정한 것은 대통령과 국방부, 군, 중앙정보국 등의 다양한 기관이 '쿠바 미사일 위기'에 대한 대응책을 두고 치열하게 다툰 결과였다고 분석했다. Halperin(1974: 306)은 린든 존슨 미국 대통령이 탄도미사일요격미사일을 배치하는 결정을 내리는 과정을 자세히 분석한 결과 이 결정이 군과 정부관료, 의회지도자들 그리고 일반의 여론에 의해 영향을 받아서 결정된 것임을 보여줬다. 합리적 행위자모형이 외교정책 결정과정에서의 대통령의 역할을 강조하는 반면, 관료정치 모델은 상대적으로 다원적인 권력투쟁에 주목한다. 이러한 권력투쟁의 추진력은 각 행위자의 이익 추구에서 나오고, 다양한 이익의 충돌과 올바른 정책에 대한 다른 해석 때문에 행위자 사이의 갈등은 불가피하고 이러한 갈등을 조정하고 해결하는 정책결정과정은 복잡하고 투쟁적일 수밖에 없다는 것이 관료정치 모델의 핵심적인 주장이다(최종철, 1998: 260). Goodin(1975)은 관료들 상호 간의 이익충돌로 심한 대립이 일어날 수 있는 반면에 한통속이 되어 서로 돕는 상호편의(back-scratching)나 담합을 통한 타협이 이루어지는 정치적 결탁(log-rolling)과 같은 협력의 형태도 발생할 수 있다고 주장했다. 2021년 3월 면담한 한 국회전문위원에 따르면, 우리나라도 이제 입법과정에서 관계 부처는 효율성보다는 책임성과 정당성에 무게를 두면서 과거처럼 찍어 누르는 형태가 아니라 다양한 타협과정을 중요시한다고 한다.

그러나 관료정치 모델이 외교정책 결정의 현실세계를 타당성 있게 분석하고 있지만 그것은 단순한 분석과 서술 차원이기 때문에 예측 가능성의 한계를 지닌다고 한다. 그리고 관료정치모형이 사회적·정치적 다원성을 가진 미국에만 적용되는 것은 아닌가 하는 비판이 있다(안문석, 2008). 그러나 실제로 관료정치를 이해하면 정책결정 결과를 어느 정도 예측 가능하고, 한국과 같이 다원화가 어느 정도 진척된 경우에도 충분히 설명 가능한 모델이라고 평가할 수 있다(Allison and Zelikow, 1999: 28-33). 실제로 관료정치의 대결과 타협이 지속될 때 이해관계의 지속 가능성이 나타날 가능성이 높을 것으로 예측이 가능하다(김창수, 2021: 53-54).

19대 국회 시기인 2015년 당시 연구자가 면담한 전문가들은 정부제출 법률안에서 국가점검기관을 '대통령령으로 정하는 중앙행정기관'으로 명시하고 있음을 고려할 때, 「정부조직법」을 개정하지 않는 한 새로 위원회 등의 독립기구를 설치하여 점검기관을 맡길 수 없다면서 나고야의정서와 생물다양성협약의 목적이나 채택 취지 등에 비추어 볼 때 생물다양성 보전을 포함한 자연환경보전 업무를 이미 소관업무로 하는 중앙행정기관인 환경부가 국가점검기관을 맡는 것이 적절하다고 판단하였다(홍준형 등, 2015). 그러나 유관부처의 입장은 사뭇 다른 것으로 나타났다.

> 나고야의정서 이전에 생물다양성협약 워킹그룹에서의 개도국들의 입장은 통상으로 끌고 가자는 입장이었습니다. 우리나라의 경우 산업부와 미래부 등은 통상의 입장을 반대했습니다. 생물다양성협약의 취지는 부가가치를 창출했을 때 이익을 공유함으로써 생물다양성을 추구하는 것이기 때문입니다. 그러나 현재 입장이 바뀌어서 산업부의 경우 기업과도 연계되기 때문에 환경뿐만 아니라 다양한 입장을 고려해야 한다고 하고 있습니다. 산업부의 경우 점검기관 중심으로 의견을 제출하고자 하며 국가책임기관과 점검기관 간의 혼선 방지에 관심이 있습니다. 산업부는 점검기관의 기능에 있어 일본의 사례를 참고하고자 하였으나, 일본의 경우 나고야의정서 관련 법안이 없으며 산업계의 영향이 커서 부처 간 조정이 안 되는 특징이 있습니다. 식약처는 적극적 점검기관을 요구하고 있지만, 생물다양성협약 워킹그룹에서 한국은 이용국이기 때문에 최소 방어적 차원의 소극적 점검기관 설치 입장입니다. 농림부와 산림청은 환경부의 입장을 받아들이기 어려운 상태이며, 점검기관에 대한 향후 회의 일정을 잡아 논의를 하자는 입장입니다(국립생물자원관 관계자 면담, 2015. 7).

이때 흥미로운 점은 20대 국회에서 시행령 제정과정에서 복잡한 관료정치 요인이 작동하였는데, 국가점검기관에 보건복지부와 산자부까지 포함할 뿐만 아니라 법률안에서 확정했던 국가책임기관에 4개 부처 이외에도 보건복지부를 포함하여 각 부처의 이해관계를 모두 반영한 후에야 법률안과 시행령이 모두 통과된 점이다. 이후 유전자원정보관리센터를 환경부 국립생물자원관 소속으로 배치하는 데에는 크게 갈등이 없었던 이유 역시 이러한 이해관계의 적절한 배분에 기인하는 측면이 강했다.

19대 국회에서 유전자원법안 제13조 제1항에서는 국제법전문가들은 국가점검기관의 종류를 대통령령에 포괄적으로 위임하도록 하였는데, 국내 행정법전문가들은 관계부처 간에 합의된 대로 시행령이 아닌 법률에 미래창조과학부, 농림축산식품부, 산업통상자원부, 보건복지부, 환경부, 해양수산부를 열거하고, 각 부처별로 관련 법률명을 명시하는 것이 법률의 명확성 원칙 및 포괄위임 금지 원칙에 부합할 것으로 보았다 (손충덕, 2016).

> 먼저 국가점검기관의 역할에 대해서 관계부처 간 공감대 형성이 미흡했다는 점입니다. 초기 논의과정에서 해외이용자가 접근하는 국가책임기관과는 달리, 국내이용자가 해외에 접근하는 경우 어떤 방식으로 점검기관을 규정할 것인가에 대해 명확한 공감대가 없었기 때문에 대통령령으로 규정했지만, 이후 논의과정을 통해 이것이 정리되면서 구체화할 수 있지 않았나 생각됩니다(환경부고위관료K FGI, 2021. 3).

특히 〈표 6-4〉에 따르면, 환경부와 산업부의 영향력이 강한 상태에서 두 부처의 관료정치와 합의형성이 입법성공에 중요한 영향을 미쳤던 것으로 해석할 수 있다.

표 6-4 전문가 10명의 유전자원법 입법과정에서 행위자의 영향력 평가

행위자	빈도	최소값	최대값	평균	표준편차
외교부	10	2.00	3.00	2.4000	.51640
환경부	10	3.00	5.00	4.6000	.69921
과기부	10	3.00	5.00	3.9000	.73786
농림부	10	3.00	5.00	3.7000	.82327
해수부	10	3.00	5.00	3.9000	.56765
복지부	10	3.00	5.00	3.6000	.84327
산자부	10	3.00	5.00	4.2000	.78881
국회	10	2.00	5.00	3.3000	.82327
산업계	10	3.00	5.00	3.6000	.69921
기타(언론)	1	4.00	4.00	4.0000	.

① 전혀 없다. ② 미미하다. ③ 보통이다. ④ 강하다. ⑤ 매우 강하다.

2014년 평창에서 개최된 생물다양성협약 당사국총회 개최국이 되면서 급히 법률 제정을 서둘렀습니다. 전문가들조차 인정하며 ○사무관 입법이라고 할 정도로 환경부가 입법과정을 주도했다고 합니다. 그러나 입법과정에 관여한 전문가들이 대부분 국제법 전공자로서 국내법에 어두웠기 때문에 유관기관을 시행령에서 정하면 될 것으로 자문하여 1차 입법실패에 이르렀다는 해석을 내놓기도 했습니다. 다행히 차기국회에서 국가점검기관을 법률에 담고 산업통상자원부도 초기회의 때 반대하다가 2차 때 점검기관에 들어오면서 입법을 허용했습니다(유전자원관련 행정입법전문가P 면담, 2019. 1).

제6절

이슈네트워크의 변화와 정책변동

황령산 개발정책의 이슈는 다양한 정책행위자가 참여하면서 규제와 규제완화의 정책변동을 보였는데, 이러한 과정에서 규모가 절반으로 줄고, 지하수 사용을 하지 않게 되고, 건축물의 높이와 층수가 축소되어 그나마 황령산과 조화를 이루는 설계가 가능하게 되었다. Olson(1965)과 Hardin(1968)은 특별한 인센티브 메커니즘이 없이는 행위자들이 정책에 순응하지 않을 것이라고 장담했다. 그러나 Wilson(1986)이 규제정치모형에서 논의하는 정책선도자(political entrepreneur)의 역할, 즉 이 연구에서는 NGO의 주도적인 역할을 통해 개발보류기를 거치면서 그나마 환경친화적인 스키돔 개발이 가능했던 것으로 판단된다(고한산·김창수, 2007). 이처럼 이슈네트워크는 참여자들의 관계구조가 매우 유동적인 경우에 정책변동을 설명하는 유력한 분석틀이며, 민주화된 상황에서 관련 정보가 공개되고 공유되면서 사회적 합의를 이루어내는 유용한 도구로 평가된다. 이는 정책결정과정에서 정책행위자들이 절차적 정당성(procedural legitimacy)을 부여하여 합의에 이르게 하는 중요한 메커니즘으로 기능하기 때문이다(Shambaugh Ⅳ & Weinstein Jr., 2003: 6-11). 그리고 관련 정책이슈가 등장했을 때 이슈네트워크의 형성은 바람직한 정책변동을 유도할 가능성이 높기 때문에 정책행위자들은 개방적인 이슈네트워크의 형성에 관심을 가져야 함을 제안한다. 실제로 이슈네트워크의 왕성한 활동은 정책성과로 이어지게 된다.

온천개발이 무산된 것은 환경오염이 심했다고 판단했기보다는 시민단체의 반발이 강했기 때문입니다. 부산시의 입장에서도 결코 여론을 무시할 수 없었던 것이지요. 무엇보다 스키돔 건설을 인가해줄 수밖에 없었던 가장 중요한 이유는 2003년에 개발업체가 제기한 행정소송에 패소했기 때문입니다. 그래서 합법적인 절차를 거칠 수밖에 없었습니다. 그리고 황령산 개발의 전체적인 맥락은 1992년 (주)라이프플랜에 대하여 체육시설 조성사업 인가를 해준 상태에서 시작되는데, 1995년 온천지역 고시가 있었고 1996년 이후 여론의 반대가 있어서 사업 중단과 사업 지연이 이루어지면서 방치된 상태가 된 것이지요. 그래서 황령산의 환경친화적인 복구 차원에서 스키돔 건설을 허가한 것입니다(부산광역시 관계자 면담, 2007. 2. 14).

그림 6-6 개발진행기의 이슈네트워크 변화와 정책변동의 관계

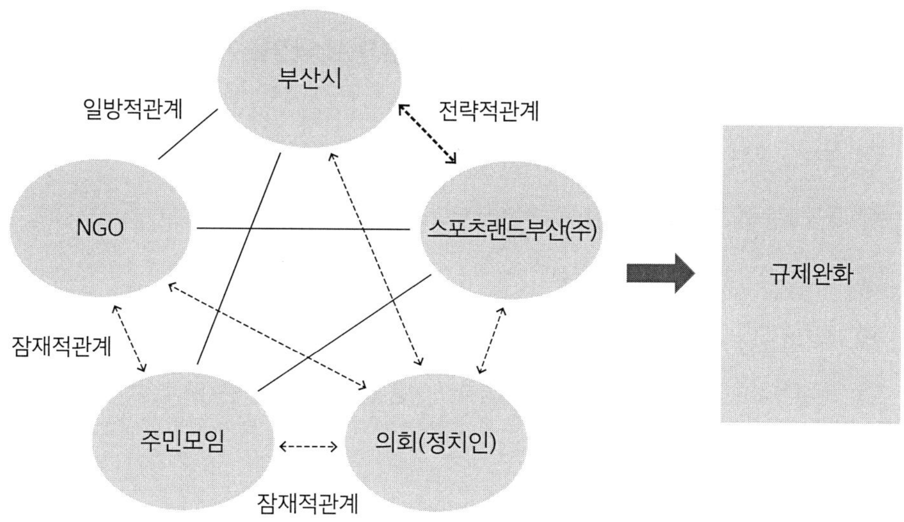

연구문제

1 정책결정모형이 다양한 이유는 무엇이라 생각하는가?

2 우리나라 예산결정과정은 점증모형이 잘 설명해준다고 생각하는가?

3 예기치 않은 대형재난에 직면했을 때 정책결정이 어떻게 이루어지겠는가?

4 대통령이 계획한 대로 정책결정이 이루어지지 않는 이유가 무엇인가?

5 지역주민이 원하는 대로 정책결정이 이루어지는 것이 바람직한가?

6 우리나라에서 대통령이 주재하는 국무회의의 정책결정과정을 이해하고 설명해볼 수 있겠는가?

7 협상을 통해 합의형성이 이루어질 수 있는 조건은 무엇인가?

8 공공갈등의 조정이 실패하는 이유는 무엇이라 생각하는가?

9 관료정치모형에 따른 정책결정은 언제나 바람직하지 않은가?

10 네트워크에 연결된 참여자의 변화가 정책변동을 가져오는 사례가 있는가?

11 딜레마 이론이 정책결정모형으로 성립하고 적용될 가능성이 있는가?

제4부

정책기획과 정책집행의 구조와 논리 그리고 공공갈등

제7장에서는 정책기획의 구조와 논리를 소개하면서 공공갈등문제를 다룬다. 정책기획(policy planning)은 행정조직의 상위계층, 즉 중앙정부의 고위층에서 광범위한 목표설정을 내용으로 하여 이루어지는 정책적 차원의 기획이다. 운영기획(operative planning)은 정책기획 단계에서 설정한 목표를 실천에 옮기기 위한 관리 차원의 기획으로서 조직의 중간계층 이하에서 이루어지게 된다. 우리가 통상 사용하는 정책기획이란 더 나은 수단으로 정책목표를 달성하기 위해 장래의 행동에 관한 일단의 결정을 준비하는 과정이다. 정책기획은 정책분석과 결정, 그리고 결정된 정책을 구체화하는 기획과정을 포괄하는 의미로 사용된다. 나아가 공공갈등 예방과 관련하여 협력적 정책기획의 지혜와 경험을 소개하고 있다.

제8장에서는 정책집행의 구조와 논리를 통해 공공갈등을 다룬다. 결정과정을 통해서 얻어진 정책은 문서로 작성된 서류에 불과하다. 정책결정이 잘 되었다고 해서 정책이 저절로 집행되어 원하는 정책목표를 달성할 수 있는 것은 아니며, 결정된 정책내용이 전혀 집행되지 않는 경우가 있으며, 경우에 따라서는 집행과정에서 정책의 내용이 변질되는 경우도 허다하다. 정책집행과정은 또 다른 정책결정과정이며 이때 지방정부 간에 경쟁과 협력 그리고 협상이 일어나기도 한다.

제7장

정책기획과 공공갈등

제1절 정책기획의 의미와 중요성

제2절 협력적 정책기획의 이해

제3절 협력적 정책기획의 이론

제4절 협력적 정책기획의 성공조건

제5절 협력적 정책기획의 지혜와 사례

제1절

정책기획의 의미와 중요성

정책결정은 정책이 발전되는 과정을 지칭하고, 기획은 계획이 만들어지는 과정을 지칭한다. 기획을 분류하는 기준은 너무 많고, 또 학자마다 제각기 다른 기준으로 다양하게 분류하고 있는데, Millett(1959)의 유형을 따르면, 조직의 계층에 따라서 정책기획과 운영기획으로 구분이 가능하다.

정책기획(policy planning)은 행정조직의 상위계층, 즉 중앙정부의 고위층에서 광범위한 목표 설정을 내용으로 하여 이루어지는 정책적 차원의 기획이다. 여기에는 기본적인 정치·경제·사회적 목표를 설정하는 가치판단의 문제가 내포된다. 이러한 맥락에서 스탈링(G. Starling)은 정책기획을 거시적인 목표와 목표의 우선순위를 결정하는 과정으로 이해한다. 우리나라 참여정부 때 대통령자문 정책기획위원회(이명박 정부의 미래기획위원회), 외교통상부 정책기획관실, 미국의 국무부 정책기획실 등이 그러한 예이다.

운영기획(operative planning)은 정책기획 단계에서 설정한 목표를 실천에 옮기기 위한 관리 차원의 기획으로서 조직의 중간계층 이하에서 이루어지게 된다. 현재 우리나라의 중앙정부와 지방정부의 주요 업무계획이 대표적인 예이다.

그러나 행정실무에서는 정책기획이라는 용어는 중앙정부뿐만 아니라 지방정부에서도, 그리고 고위층뿐만 아니라 중간관리층에서도 광범위하게 사용하고 있다. 충청남도의 기획관리실의 정책기획관을 예로 들 수 있으며, 일부 지방공무원교육원에서는 6~7급 공무원들을 대상으로 '정책기획 과정'을 개설하기도 한다. 이때 정책기획은 결정을 준비하는 합리적이고 분석적인 절차이며 집행계획을 준비하는 과정인데, 정책기획이 잘못되면 바람직한 정책결정과 정책집행이 이루어지기 어렵다.

정책기획이란 더 나은 수단으로 정책목표를 달성하기 위해 장래의 행동에 관한 일단의 결정을 준비하는 과정이다. 정책기획은 정책분석과 결정, 그리고 결정된 정책을 구체화시키는 기획과정을 포괄하는 의미로 사용된다. 즉, 정책기획이란 정책의 개념과 기획의 개념을 포괄하는 개념으로서 바람직하다고 생각하는 목표를 설정하고 그러한 목표를 달성할 수단으로서 제재(sanctions)와 프로그램 활동들을 설계하며, 이들 양자 간의 관계를 구체화하는 목적 지향적이며 동태적인 활동이다. 일부 행정학자들이 기획 부문을 정책분석과 정책결정에 포함하여 생략하는 이유도 여기에 있다.

결국 정책기획이란 바람직한 정책결과를 얻기 위해 의견을 개진하고 집약하는 집합체 혹은 매체인 포럼, 입법기관과 위원회 등 경쟁 무대, 그리고 분쟁조정기구인 법정을 설계하고 활용하며 그 결과로서 소망하는 정책계획(policy plan)을 산출해 내는 과정이다. 정책과 계획의 설계를 집행과 분리시켜 생각하면 치명적인 문제를 초래할 수 있다. 왜냐하면 이와 같은 분리로 인해 방향 감각을 상실한 맹목적인 집행이 될 수도 있기 때문이다. 그러면 어떻게 소망스럽고 실현 가능한 정책계획을 만들어 낼 것인가?

만약 정책담당자가 완전한 정보와 지식 그리고 충분한 시간을 가지고 있다면 완벽한 품질의 정책계획을 생산할 수 있을 것이다. 그러나 현실에서 이러한 가정의 충족이 어렵다면, 좀 더 가까운 해답은 절차를 합리적으로 장착하여 정책오차(policy error)를 걸러내는 것이다.

오차(誤差, error)란 참값과 근삿값의 차이다. 실지로 한 셈이나 측정한 값과 이론적으로 정확한 값과의 차이다. 쉽게 말하면 실수 또는 잘못이다. 정책추진과정에서 오차를 줄이는 일차적인 방법은 실질적인 합리성(substantive rationality)을 제고하는 것이다. 정책오차에 대한 지식을 곧바로 알 수 있다면, 이보다 좋은 방법은 없다. 그러나 인간의 인지능력의 한계 때문에 절차를 합리적으로 구축하는 것이 현실적인 대안이다. 절차적 합리성(procedural rationality)이란 정책담당자의 제한된 합리성을 전제하고, 공개적이고 공정한 절차를 통해 최악의 대안을 걸러내고 상호 합의할 수 있는 대안을 찾아가는 과정과 지식을 의미한다. 절차적 합리성에 의존하여 오차를 조금씩 줄여 가면 참값에 좀 더 근접한 결론에 이를 수 있다. 이는 절차적 합리성이 주는 선물이다. 상황변화를 고려하면 정책오차의 발생은 오히려 바람직할 수도 있다. 그러나 절차가 합리적이지 못할 때 정책오차의 수정기회는 상실된다. 그러면 이론적으로 어떠한 정책기획절차가 바람직할 것인가?

제2절

협력적 정책기획의 이해

정책기획을 협력적으로 수행한다는 것은 어떤 의미일까? 먼저 정책과 기획 개념의 혼란을 피하기 위해서는 양자를 포괄하는 정책기획의 개념에 대한 이해가 필요하다(Hambleton, 1979: 46 - 48; 노화준, 1995: 116; 김신복, 1993: 39 - 40). 정책결정은 정책이 발전되는 과정을 지칭하고, 기획은 계획이 만들어지는 과정을 지칭한다.

기획은 다양하게 분류되고 있는데, Millett(1959)는 조직의 계층에 따라 정책기획과 운영기획으로 나눈다. 정책기획은 행정조직의 상위계층, 즉 중앙정부의 고위층에서 광범위한 목표설정을 내용으로 하여 이루어지는 정책적 차원의 기획이다. 여기에는 기본적인 정치·경제·사회적 목표를 설정하는 가치판단의 문제가 내포된다. 반면 운영기획(operative planning)은 정책기획 단계에서 설정한 목표를 실천에 옮기기 위한 관리 차원의 기획으로서 조직의 중간계층 이하에서 이루어진다(행정학용어표준화연구회, 1999).[1]

이러한 맥락에서 Starling(1998: 209 - 216)은 정책기획을 정치적 리더십의 영향을 많이 받으면서 거시적인 목표와 목표의 우선순위를 결정하는 과정으로 이해한다. 그리고 정책기획 단계에서 설정한 목표를 구체화하는 중간단계기획(medium - range planning)을 집행과 평가 이전에 이루어지는 중요한 기획 단계로 본다.

그러나 행정실무에서 정책기획이라는 용어는 중앙정부뿐만 아니라 지방정부에서도, 그리고 고위층뿐만 아니라 중간관리층에서도 광범위하게 사용하고 있다(김창수, 2005). 이때 정책기획은 결정을 준비하는 합리적이고 분석적인 절차이며 집행계

---

1 Millett(1959)의 글은 행정학용어표준화연구회(1999)에서 재인용한 것임을 밝힌다.

획을 준비하는 과정인데, 정책기획이 잘못되면 바람직한 정책결정과 집행이 이루어지기 어렵다. 오히려 잘못된 정책과 계획의 효율적 집행은 문제를 더욱 악화시킨다(Hambleton, 1979: 47).

정책기획이란 보다 나은 수단으로 정책목표를 달성하기 위하여 장래의 행동에 관한 일단의 결정을 준비하는 과정이다. 정책기획은 정책분석과 선택은 물론 선택된 정책을 구체화시키는 기획과정을 포괄하는 의미로 사용된다.[2] 즉 정책기획이란 정책의 개념과 기획의 개념을 포괄하는 개념으로서 바람직하다고 생각하는 목표를 설정하고 그러한 목표를 달성할 수단들을 설계하며, 이들 양자 간의 관계를 구체화하는 목적지향적이며 동태적인 활동이다(노화준, 1995: 121).

일본학자들은 'Policy Planning'을 정책분석으로 번역하고 있다(九州大學出版會, 2004). 일부 행정학자들이 기획 부문을 정책분석과 정책결정에 포함하여 생략하는 이유도 여기에 있다(정정길, 1997). 그러나 정책기획은 정책분석보다는 훨씬 넓은 개념으로서 최종적인 정책과 계획의 선택을 위한 포괄적인 활동이다.

결국 정책기획은 바람직한 정책결과를 얻기 위하여 의견을 개진하고 집약하는 매체인 포럼, 정책이 경쟁하는 무대인 입법기관과 위원회 그리고 분쟁조정기구인 법정을 설계하고 활용하며 그 결과로서 소망하는 정책계획(policy plan)을 산출해 내는 과정으로 정의할 수 있다. 나아가 본 연구에서 정의하는 협력적 정책기획은 정책주도자가 유리병같이 투명한 정책과정을 보증하는 것은 물론 다양한 참여자 역시 단순한 고객이나 방관자가 아니며 파트너로서 책임감 있게 정책과정에 참여할 것을 요구한다.

서로 다른 전문성과 견해를 가진 참여자들이 편협성을 극복하고 좀 더 크고 새로운 그림을 함께 그리는 것이 협력적 정책기획이다. 이때 중요한 것은 참여자들의 협력의 시점이 정책집행단계가 아니라 정책과 계획이 결정되는 정책기획 단계부터라는 점

---

2 그런데 Hambleton(1979: 288 - 290)은 정책결정과 정책기획을 거의 동일한 개념으로 인식하고 있으며, 정책설계가 정책집행과 분리되지 않고 연계되어야 함을 강조한다. 그러나 정책기획은 정책결정을 준비하고 계획의 작성과 집행을 준비하는 과정으로서 정책분석, 정책설계 그리고 정책결정보다 훨씬 포괄적인 개념이다.

이다. 정책과정을 설계할 때 무엇(what)도 중요하지만 언제(when) 할 것인가도 중요하기 때문이다. 이는 적절한 시기선택과 순서(timing and sequence)의 문제이다.

정책시간표가 진행될 때 분리된 요소들이 연결되지 않거나 시간적 순서가 잘못되면 정책효과에 심각한 영향을 미치기 때문이다(Pierson, 2004: 54 - 78). 그리고 정책과 계획의 설계를 집행과 분리시켜 생각하면 치명적인 재난을 초래할 수 있다. 왜냐하면 이와 같은 분리로 인해 방향감각을 상실한 맹목적인 집행이 될 수도 있기 때문이다(Pressman and Wildavsky, 1983). 뿐만 아니라 이해관계자의 협력과 공적인 참여를 통해 상호 작용이 이루어지면, 이를 통해 목표를 공유함은 물론 집행에 대한 헌신까지 높여 정책계획이 집행과정에서 지지를 받으면서 효과적인 실행이 가능하다(Margerum, 2002a; 2002b).

결국 협력적 정책기획은 폭넓은 이해관계자와 전문가의 공정한 참여를 허용하여 면대면 상호 작용을 통해 합의를 형성하고 함께 정책계획을 만들어 가는 과정으로 정의할 수 있다. 본 연구에서는 먼저 협력적 정책기획 이론을 검토한 후 민주화된 우리 사회를 전제로 협력적 정책기획의 성공과 실패 경험에 대해서 논의하고자 한다.

제3절

협력적 정책기획의 이론

1 Healey의 협력기획을 위한 제도설계 이론

Healey(1997: 284 - 314)는 협력기획을 위한 체계적인 제도설계에 관심을 가졌다. 먼저 그는 관련된 모든 이해관계자가 자기 목소리를 내고 영향력을 행사할 수 있는 폭넓은 권리, 모든 당사자가 자기 이해관계를 밝히고, 양질의 정보를 공유하고, 공식·비공식 기관에 실패의 책임을 물을 수 있는 권리를 강조했다. 그리고 이에 상응하여 구성원들에게 주의를 기울이고, 합의한 정책과 프로그램을 효과적으로 실행하고, 공개적으로 동의한 원칙을 준수할 의무와 책임을 강조했다.

둘째, 자원의 통제와 분배 문제를 강조했다. 공동체 구성원들에게 최소한의 삶의 질을 보장하고, 법적 권리를 행사하여 참여할 수 있는 자원을 부여하고, 기반사업에 투자할 자원을 확보하고, 다수의 정책주도자에 의해 역으로 피해를 보는 자들을 보상할 자원을 확보하고, 양질의 정보자원을 공유하는 것을 강조했다.

셋째, 도전에 대응하는 기준을 구체화하는 것인데, 다양한 요구와 이견에 대해 합리적인 이유와 근거를 제시하는 포용적 논변 접근법(inclusionary argumentative approach)을 사용하는 것이다.

넷째, 역할을 분담하고 참여를 확대하고 행정적·기술적 전문성을 활용하여 관리역량을 제고하고, 법원의 설계는 물론 시간과 비용을 절감할 수 있는 대체적 분쟁해결수단을 이용하여 분쟁해결기제를 조직화함으로써 협력적 관리 역량을 강화하는 것이다. 결론적으로 그는 협력기획의 모델이 이상적이라서 현실적인 제도적 제약을 갖기도 하지만, 협력적 기획의 경험을 통해 제도적 역량을 구축해 나갈 것을 강조하고 있다.

2 Mason의 참여적 기획 이론

Mason(2008: 72 - 77)은 협력기획에서 유역이나 생태지역과 같은 지역에 기초한 기획(land - based planning)이나 수요에 기초한 시민참여(civic engagement on demand)가 중요한 기반이 된다고 한다. 그러므로 다양한 이해관계자가 지역 현안을 확인하고 대응하는 데에 함께 일해야만 한다. 왕성한 전통적 기획 접근방법(conventional planning approach)보다 불완전한 협력적 접근방법(collaborative approach)에 의해 더 많은 것을 얻을 수 있다는 것이다. 그러나 협력적 기획에서 딜레마는 기획과정에 관계자들을 참여시켜야 하는데, 이에 근본적으로 반대하는(fundamentally opposed) 참여자들이 협력과정에 위협이 될 수 있다는 점이라고 한다.

그럼에도 불구하고 이들이 기획과정에 참여하여 시간을 투자하게 되면, 결국에는 지지하게 될 것이라는 것이다. 비록 이러한 반대자들이 진정한 담론을 경험하지 못할지라도, 의미 있는 참여를 통해 비타협적인 태도를 완화하면서(relaxing intransigence) 건설적으로 협력할 무한한 잠재력을 가지고 있다는 것이다.

3 Conley와 Moote의 협력적 기획 평가이론

Conley와 Moote(2003: 376)는 기존 연구를 정리하면서 협력적 자원관리의 평가기준을 〈표 7-1〉과 같이 폭넓게 제시한다.

표 7-1 협력적 자원관리 평가기준(Typical Evaluation Criteria)

평가영역	평가기준
과정평가 (Process criteria)	폭넓게 공유된 비전(Broadly shared vision)
	명확하고 실현가능한 목표(Clear, feasible goals)
	다양하고 포괄적인 참여(Diverse, inclusive participation)
	지방정부의 참여(Participation by local government)

	1차적 관계를 초월하는 개인과 집단의 참여(Linkages to individuals and groups beyond primary participants)
	공개되어 접근 가능하고 투명한 과정(Open, accessible, and transparent process)
	명확하게 문서화된 계획(Clear, written plan)
	합의에 기초한 의사결정(Consensus - based decision making)
	공정한 결정(Decisions regarded as just)
	현존 법과 정책에 대한 부합도(Consistent with existing laws and policies)
환경결과 평가 (Environmental outcome criteria)	개선된 서식지(Improved habitat)
	개발로부터 보호된 토지(Land protected from development)
	개선된 수질(Improved water quality)
	변화된 토지관리 관행(Changed land management practices)
	보전된 생물학적 다양성(Biological diversity preserved)
	토양과 수자원의 보존(Soil and water resources conserved)
사회경제적 결과평가 (Socioeconomic outcome criteria)	구축된 혹은 강화된 관계(Relationships built or strengthened)
	증가된 신뢰(Increased trust)
	지식과 이해가 높아진 참여자(Participants gained knowledge and understanding)
	증가된 고용(Increased employment)
	개선된 분쟁해결 역량(Improved capacity for dispute resolution)
	현존제도의 변화와 새로운 제도의 도입(Changes in existing institutions or creation of new institutions)

출처: Conley and Moote(2003: 376)

4 Margerum과 Whitall의 협력적 기획 성공요인에 관한 이론

Margerum과 Whitall(2004)은 협력적 기획의 성공요인과 문제해결과정 그리고 딜레마에 관한 연구를 수행했다. 그들은 협력을 하나의 과정으로 보고 문제의 서로 다른 다양한 측면을 바라보는 당사자들이 그들의 차이점을 건설적으로 탐색하고 그들의

제한된 시야를 넘어서는 가능한 해결책을 탐색하는 것으로 본다(Gray, 1989: 5).[3]

다수의 이해관계자에 의해 유도되는 협력적 기획과정은 몇 가지 요소로 구성된다(Margerum and Whitall, 2004: 407 - 427). (1) 공통된 목적에 동의하는 것, (2) 포용적이고 투명한 과정을 보증하는 것, (3) 참여자들이 과정을 설계하도록 허용하는 것, (4) 함께 사실관계를 확인하고 창의적인 문제해결책을 제시하는 것, (5) 책임감을 강조하는 것, (6) 실행계획을 발전시키는 것, 그리고 (7) 협력적 리더십을 발휘하는 것이다.[4] 이러한 협력기획의 성공요인들은 복잡하며, 분산되고 그리고 논쟁적인 자원관리 문제들을 설명하는 데 사용되고 있다고 한다. 그들은 또한 협력적 기획의 표준적 문제해결과정을 제시한다.

그들은 이처럼 협력적 기획은 폭넓게 옹호되지만, 역설적으로 몇 가지 딜레마에 직면하게 되고 약점도 발견된다고 한다. 첫째, 유역 차원에서 협력관리에 관한 의사결정의 분권화에 관한 것이다. 지난 수십 년 동안 정책결정자들은 자연자원관리와 환경정책은 국가목표와 일관성을 위하여 집권적으로 관리해야 한다고 생각했다. 그러나 그럴 경우 지역의 독특한 수요나 상황에 적합한 창의성을 발휘하기가 어렵게 된다.

둘째, 전문가적 지식과 지역의 평범한 지식과의 긴장이다. 협력적 접근은 지역을 지식의 원천으로 삼고 지역의 지식으로부터 학습하는 능력을 강조한다. 이는 지역 상황에 맞는 지식을 옹호하면서 과학적 지식을 희생한다는 비판을 받을 수 있다.

셋째, 협력적 의사결정의 규모와 범위(scale and inclusiveness)에 관한 것이다. 지방 수준에서 중요한 사항이 지역이나 국가 수준에서는 적절하지 않을 수 있는 것이다. 지방의 상황에 초점을 맞춘 의사결정이 자칫 자연자원을 즐기면서 이에 간접적으로 의존하는 도시 거주자들의 관심과 차이가 있을 수 있기 때문이다.

---

3 Selin and Chavez(1995: 189 - 195) 역시 과정 지향적 협력모형에 관심을 보이면서 참여자를 존중하는 기획, 공동 합의, 대화 그리고 협상을 통한 문제해결 구조를 설계한다.

4 이러한 맥락에서 Baker(2004)는 캘리포니아 북부 Humboldt County의 자연자원 복원과정에서 네트워크를 구성하는 다양한 행위자가 공통된 목표에 동의한 것이 가장 중요한 성공요인이라고 했다.

넷째, 생태적·과학적 시간 프레임과 관리적·구성적 시간 프레임의 긴장이다. 협력모델은 과정에 과학을 통합할 것을 강조하지만, 생태계 실험에는 수십 년이 걸리기 때문에 정부 정책은 종종 선거에 의해 바뀐다.

다섯째, 협력적 의사결정에 소요되는 비용과 기관자원에 대한 염려이다. 협력은 결정과정에서 시간의 증가를 통해 거래비용을 증가시킨다. 동시에 많은 기관이 재정지출을 줄이게 되면 더 적은 자원으로 꾸려 나가야 한다. 그러나 거래비용을 줄이기 위해 결정시간을 줄이게 되면 역설적으로 더 많은 거래비용을 초래할 수 있다.

5 종합검토

이러한 선행연구들을 검토할 때 협력적 정책기획의 성공을 위해 어떤 조건들이 검토되어야 할지 몇 가지 공통점을 발견할 수 있다.[5] 첫째는 정책참여자들이 정책목표를 공유해야 한다는 것이다. 처음부터 모든 정책참여자가 정책목표를 완전히 이해하고 받아들이기는 어렵지만 정책결정 시간이 지체되더라도 목표에 대한 합의는 성공적 정책기획을 위해 반드시 선행되어야 할 조건이라는 점이다.

둘째는 정책과정에서 반대자들을 포용하고 유리병 속에서 논의되는 것처럼 모든 이해관계자가 정책추진과정을 투명하게 들여다볼 수 있어야 한다는 것이다.

셋째는 정책참여자가 단순히 정책을 반대하거나 안락의자에 앉은 고객의 입장에서 방관해서는 안 되고 함께 정책을 만들어 가고 결과에 대해서 함께 책임을 지는 책임감이 요구된다는 것이다.

5 구리시의 자원회수시설 성공사례를 연구한 박용치 등(2004: 756 - 774)은 정책순응에 영향을 미치는 중요한 요인들로서 정책집행수단의 적절성, 집행기관의 신뢰성, 집행기관의 의사전달의 정확성, 지역주민의 참여를 들고 있다. 이강웅(2008)은 혐오시설 입지갈등 관리문제에 대해 현실적 대안을 제시하거나 영향을 미칠 수 있는 관련 집단의 의견을, 주관적 인식을 객관화하는 설문분석 기법인 Q방법론을 이용하여 분석하였다. 여기서 그는 시설 자체의 특성이나 환경적 요인보다도 시설설치자로서 정부와 해당 지역주민이 가장 중요한 요인이라는 분석결과를 제시한다. 따라서 그는 매우 폭넓은 실질적 주민참여와 당사자 간의 직접 협상 그리고 적절한 보상체계를 대안으로 제시하는데, 이는 본 연구의 협력적 정책기획의 성공조건과 일정 부분 맥락이 닿아 있다고 본다.

넷째는 반대의견에 귀 기울이고 반대세력을 포용하는 리더의 협력적인 자세이다. 협력적 리더는 아무리 자기 의견이 옳다고 판단했더라도 정책참여자의 반대의견이 있다면 정책일관성 상실에 따른 부분적인 정책혼란을 감내하면서도 이견을 수용하는 자세가 요구된다.

제4절

협력적 정책기획의 성공조건

사례의 비교분석 결과에 의하면, 경기도에서 한강을 끼고 인접한 3개 지방정부의 기피시설 입지과정과 한국전력의 세종시 송전철탑 경과지 선정과정에서 보여준 정책기획의 모습은 판이하게 달랐다.[6] 이러한 4개 사례의 분석결과를 바탕으로 협력적 정책기획의 성공조건을 논의해 볼 수 있다. 첫째, 정책기획과정에 이해관계자들이 참여할 때 정책목표에 먼저 동의하는 것이 매우 중요하다는 것이다. 일단 목표에 동의하게 되면 세부적인 계획을 조율하면서 원만한 정책집행이 가능할 수 있기 때문이다.

그러나 현실적으로 참여자들이 처음부터 정책목표에 온전히 동의하는 것은 매우 어렵고, 참여과정에서 서로 다른 의견이 조율되면서 사회적 합의를 도출하게 된다. 구리시의 경우 정책목표에 합의하기 위해 지속적인 노력을 기울인다. 한국전력의 세종시 송전철탑 경과지 선정과정에서 지역주민들은 세종시 전력공급이라는 정책목표에 크게 이의를 달지 않았다. 반면 남양주시나 하남시의 경우 원래 의도했던 계획을 강요할 뿐 서로 양보하고 합의하는 노력을 제대로 기울이지 못했다. 목표에 대한 합의는 역지사지(易地思之)를 바탕으로 해야 한다.

포스트모더니즘(postmodernism)은 나와 다른 사람을 인식적 객체로서가 아니라 도덕적 타자(moral other)로 인정한다(他者性, alterity). 공동체에 대해 모든 결정과정을 공개할 것을 요구하며 다양한 이견(異見)을 존중하고 심지어 무질서를 허용할 것을 강조한다(Farmer, 1995: 227 - 245). 개발을 통해 이득을 보는 사람과 보전을 통해 이

6 유재원·소순창(2005)은 우리나라 지방정부의 정책과정이 협력과 협상으로 특징지어지는 네트워크보다 명령과 복종으로 특징지어지는 계층제가 더 일반적인 현상임을 실증적으로 규명한다. 이런 입장에서 보면 구리시의 사례는 통계학적 의미에서 극단치(outlier)에 해당하는지도 모른다.

등을 보는 사람은 서로 매우 다른 입장에 서 있다. 그런데 일방이 타방에 대해 한 가지 주장만을 강요하게 될 때 결코 합의점을 찾을 수가 없다.

나 아닌 다른 사람을 도덕적 타자로 인정하고, 과학적 합리성을 바탕으로 성실하고 능동적으로 담론에 임할 때 목표에 대한 합의의 가능성은 높아진다(강신택, 2002: 183 - 187).[7] 이러한 관점에서 남양주시가 지역공동체 구성원들에 대해 합법성으로 무장하고 폭력을 행사한 점은 비판받아야 한다.

둘째, 반대자를 포함한 모든 이해관계자의 의견이 공정하게 대표되는 포용성과 더불어 모든 과정이 공개되는 정책기획이 요구된다는 것이다. 구리시는 3개 후보지를 놓고 최종 입지선정을 위해 입지선정위원회를 구성하여 정책과정을 투명하게 보증하였기 때문에 협력적 정책기획에 성공하였다. 한국전력의 경우에도 세종시 송전철탑 경과지 선정과정에서 공정하고 투명한 협의체를 구성하였다. 그러나 남양주시와 하남시의 경우 입지선정위원회 구성을 회피하고 일방적으로 입지선정을 함으로써 정책과정의 투명성 확보에 실패하였다.

Lindblom과 Woodhouse(1993: 126 - 138)는 엘리트의 영향력을 배제하고 소수의 견해를 반영하기 위해서는 다양한 전문가 그룹과 아이디어 경쟁을 할 것을 제안하는데, 이견이 반영될 수 있도록 전문가와 반대세력이 포함된 구리시의 입지선정위원회는 앞으로 지방정부의 기피시설 입지과정에서 시금석이 될 것으로 평가된다. 그런데 〈표 7-2〉와 같이 사례분석을 통해 확인할 수 있었던 사실은 정책기획 순서(temporal ordering)에서 정책과정의 투명성 조건이 먼저 충족되어야 참여자들의 정책목표에 대한 합의 조건의 충족이 가능하다는 것이다. 정책과정을 은밀하게 진행하면서 목표의 합의를 강제하면 진정한 협력은 어렵다.

---

7 Dukes(2004: 165 - 187)는 서로 적대적인 관계에 있는 미국 남부의 담배농장주들과 공익보건단체가 포럼을 형성하면서 생산적인 대화를 하고, 담배농장주들은 담배제조회사와 미디어의 건강에 대한 왜곡보도에 시달려 오다가 공익보건단체와 면대면 대화를 통해 새로운 학습을 허용하고, 결국 감정이입을 통해 공통가치와 목표를 인식하게 되는 과정을 상세하게 묘사했다. 그래서 여전히 약간의 차이와 공통관심사를 모두 인정하면서 2001년 이후 대통령 소속의 연합위원회를 형성하고 있다.

표 7-2 협력적 정책기획의 구조 (1)

		정책목표 합의(t_2)	
		높음	낮음
정책과정 투명성(t_1)	높음	구리시 자원회수시설 세종시 송전철탑 경과지 선정	
	낮음		남양주시 소각잔재매립장 하남시 광역화장장

셋째, 정책주체가 지역주민들이 파트너로서 함께 책임을 지고 정책기획과정에 처음부터 참여할 수 있도록 허용하는 것과 더불어 지역주민들도 일방적인 반대자가 아니라 문제해결자로서 적극적인 책임감을 보여야 한다는 것이다. 한국전력의 경우에도 세종시 송전철탑 경과지 선정과정에서 이해관계에 있는 통장과 이장 대표는 물론 현장의 지역주민들도 참여하여 적극적으로 의견을 개진하는 책임감을 보였다. 구리시는 지역주민과 전문가를 포함하는 입지선정위원회 구성원들과 함께 입지선정을 하고, 시범운영과 모니터링을 함께함으로써 신뢰관계를 구축하였다. 그러나 남양주시와 하남시는 입지선정과정에 반대하는 주민들의 참여를 철저하게 배제함으로써 불신의 골이 깊어졌다.

Conyers(1982: 102 - 139)는 기획과정에서 시민과 공동체의 참여를 매우 중요하게 생각하였다. 그녀는 참여기획에서 시민참여가 중요한 이유는 중요한 현장정보의 획득, 사업에 대한 일체감과 지지의 확보, 가장 기본적인 민주적 권리의 부여 측면 때문이라고 한다. 가령 현장조사, 인터뷰, 공청회 개최는 현장정보의 획득을 위해 매우 중요하다. 그러나 그녀는 참여를 유도하는 것이 지극히 어렵고, 또 참여가 기획과정을 복잡하게 만들 수 있음을 강조한다. 그럼에도 불구하고 공동체 수준의 참여가 많은 사람의 직접적인 참여를 이끌어 내는 데 중요하다고 한다.[8]

8 결정에 참여하는 사람의 수가 증가할수록 결정비용이 증가한다는 명제는 직관적으로 그럴듯하다. 의사결정자의 수가 여럿일수록 조정과정은 더 어려워진다는 것은 상식적인 가정이다. 그러나 Lindblom(1965: 156)은 점진적이고 단속적·비연계적인 의사결정에서는 더 적은 수보다 더 많은 수의 의사결정자가 조정을 더 용이하게 한다고 한다. 만일 각자가 서로 다른 이익을 대표한다면, 그리고 그들이 문제를 서로 다르게 바라본다면, 상호 조절의 가능성은 훨씬 더 커진다. 조정을 이룩하기 위하여 의사결정자의 다수성에

이처럼 협력에는 다양한 비용이 수반되지만, 참여하는 구성원의 도덕성(morality)의 수준이 높으면 오히려 편익으로 전환될 수 있는 것이다(Pellikaan and Veen, 2002: 197 - 209). 시민사회 역시 반대를 위한 반대를 하기보다는 책임감과 도덕성의 수준을 높여야 하는 이유가 여기에 있다.

넷째, 민선자치시대에 시장의 협력적 리더십이 결정적으로 중요하다는 점이다. 시장 주도로 반대자들을 끌어안은 구리시장의 협력적 리더십은 정책기획을 성공으로 이끌었다. 한국전력의 경우에도 최근 세종시 송전철탑 경과지 선정과정에서 협력적 리더십을 보여준 것으로 평가된다. 그러나 남양주시의 소각잔재매립장과 하남시의 광역화장장의 경우에는 시장이 시민사회의 반대세력을 철저하게 배제함으로써 갈등과 분쟁을 증폭시킨 사례로 평가된다.

Fox와 Miller(1995: 159)는 그의 저서 마지막 장에서 귀 기울여 듣는 것(傾聽; listening)이야말로 자기기만에서 벗어나게 하는, 담론이론이 함축하는 적극적 책임감(proactive responsibility)이라고 강조한다. 이는 동양에서 얘기하는 이청득심(以聽得心)의 지혜와 상통한다. 즉 귀 기울여 들어야 사람의 마음을 얻을 수 있다는 것이다. 상대방의 말을 경청하기보다는 자신을 주장하는 일에 더 골몰하고, 마음의 문을 열고 상대방의 말을 받아들이기보다는 편견과 아집으로 상대의 말을 끊어 버리는 일을 경계하는 것은 진정한 담론의 가장 중요한 조건이다.

서 오는 다양한 에너지와 관심과 지성을 활용할 수 있기 때문이다(김영평, 1995: 33 - 34). 무엇보다 다수의 이해관계자가 관련되어 복잡하고 논쟁의 여지가 있는 공적 이슈에 대해서는 소통을 통한 합의형성(consensus building)이 유일한 대안이다(Innes, 1996: 460 - 472). 결국 정책기획에서 중요한 열쇠는 참여자의 수가 아니라 다양한 참여자가 얼마나 공정하게 참여하여 수평적인 면대면 상호 작용(face - to - face encounter)을 할 수 있느냐이다(Fox and Miller, 1995: 111 - 159).

표 7-3 협력적 정책기획의 구조 (2)

		정책참여자 책임감 (t_2)	
		높음	낮음
협력적 리더십 (t_1)	높음	구리시 자원회수시설 세종시 송전철탑 경과지 선정	
	낮음		남양주시 소각잔재매립장 하남시 광역화장장

그런데 〈표 7-3〉과 같이 사례분석을 통해 확인할 수 있었던 사실은 협력적 리더십 조건이 먼저 충족되어야 참여자들이 안락의자에 앉은 고객으로서 불평만 하지 않고 책임감을 가지고 협력할 수 있다는 점이다.[9]

9 물론 예외적인 경우이지만, 반대의 상관관계가 나타난 사례도 있다. 1992년부터 천안시 백석동에 쓰레기 소각장을 은밀하게 추진하던 지방정부에 대해서 시민사회와 지역주민들이 파트너로서 끝까지 성숙한 책임감을 보이면서 1998년 협력에 성공한 사례가 있다(배응환, 2004).

제5절

협력적 정책기획의 지혜와 사례

1 협력적 정책기획의 지혜와 경험

삼성경제연구소의 「한국의 사회갈등과 경제적 비용」에 관한 2009년 보고서에 의하면, 우리나라의 사회갈등지수가 0.71로 나타나 경제협력개발기구(OECD) 27개 회원국 가운데 4번째로 높은 것으로 나타났다. 이 보고서는 우리나라 사회갈등지수를 OECD 평균인 0.44로 줄이면 1인당 GDP가 27% 증가할 것이란 분석을 내놓고 있다. 본 연구는 협력적 정책기획의 지혜를 통해 우리사회의 정책갈등을 저감하고자 하는 의도에서 추진되었다.

협력적 정책기획은 정책과 계획이 이미 결정된 상태에서 지역주민이 협력자로 나서라는 것이 아니라 정책과 계획이 결정되는 과정에서부터 파트너로서 함께 참여하여 결정하고, 집행과정에서도 협력하라는 것이다. 이는 전통적인 정책기획의 개념을 해체(deconstruction)하는 중대한 도전이다.

1990년 이후 협력적 정책기획의 지혜를 발휘한 지방정부와 그렇지 못한 지방정부의 정책성과는 확연히 차이가 났다. 본 연구에서 분석한 경기도의 인접한 3개 도시들과 한국전력의 상반된 정책과정과 성과가 나타난 점은 주목할 만하다. 구리시가 정책기획 단계에서부터 적극적이고 공정한 입지선정위원회를 구성한 것은 기피시설 입지를 위한 협력적 정책기획의 모범사례로 평가된다. 한국전력의 세종시 송전철탑 경과지 선정과정 역시 협력기획의 모범사례로 평가된다. 반면 남양주시의 경우 1990년대에 이미 첫 단추를 잘못 끼워 미궁 속으로 빠져들었으며 민선 자치시대에도 입지선정위원회 구성을 끝까지 거부하고 일방적인 정책추진을 하면서 심한 후유증을 남겼다.

무엇보다 하남시의 경우 이미 수많은 지방정부에서 시행착오를 경험한 상태인 2006년의 시점에서 시장이 일방적으로 사업추진을 발표하고, 최종 후보지를 선정하는 독선적 일처리 때문에 주민소환의 위기에 직면하기도 하였다.

이러한 연구결과의 일반화 가능성도 조심스럽게 내다볼 수 있다. 이는 방사성폐기물처분장과 같은 국가적 위험시설의 입지과정에서도 타당성을 보였기 때문이다. 먼저 북구유럽의 방사성폐기물처분장 입지성공 사례들이 그러하다. 1995년부터 15년간 부지선정 과정 거친 스웨덴 포스마크 고준위 방사성폐기물처분장 입지성공 사례는 협력기획의 모델을 제공하고 있다.

스웨덴은 1995년에 고준위방사성폐기물처분장 부지선정에 들어가 15년 동안 이해관계 주민 2만 5천 명을 모두 만나는 설득작업 끝에 2009년 부지선정에 성공한 것이다. 물론 스웨덴 방사능 안전국은 5년간의 과학적 심사 끝에 안전성을 검증하였고, 웨스트 함마르의 시의회 산하 3개 위원회에서 검토를 하면서 투명성을 확보하였다. 그리고 매년 70억 원 상당을 폐기물기금에서 지원하고 있다.

핀란드 '고준위 방사성 폐기물 처분장' 입지선정 성공사례 역시 마찬가지이다. 핀란드는 무려 37년에 걸쳐 사용 후 핵연료를 영구처분하기 위한 로드맵을 세운다. 핀란드는 전 국토를 대상으로 17년간의 정밀조사 후 2000년에 최종 부지를 선정했고 2020년부터 영구처분을 할 수 있도록 하기 위한 작업을 진행 중이다. 최종부지 선정과정은 우선 지역의회의 결정을 거쳐 정부에 유치신청을 하고 정부는 진행과정상 문제가 없는지를 검토해서 의회에 제출하고 의회 동의를 거쳐 영구처분 부지를 최종 확정하였다. 이는 후쿠시마 원전 사고 이후 고리원전 사고를 포함한 안전운전에 대한 정부와 ㈜한국수력원자력의 바람직한 대응방안을 모색하는 데 있어서 많은 시사점을 준다. 여기서 NIMBY를 YIMBY(Yes In My Back Yard)로 전환시키는 지혜를 배울 수 있다.

실제로 20년간 표류하던 방사성폐기물처분장이 경주에 입지할 수 있었던 중요한 배경은 2005년 3월 31일 「중·저준위 방사성폐기물 처분시설 유치지역 지원에 관한 특별법」이 제정되어 절차와 내용이 명문화되고 명확하게 되었다는 점이다. 그리고 2005년 6월 16일 '중·저준위 방사성폐기물 처분시설 후보부지 선정 등에 관한 공고'를 통해 주민투표에 의한 부지선정, 부지적합성 평가 그리고 경제적 지원방안 등 획기적인 내용의 새로운 입지정책을 발표하게 되는데, 이는 국가 차원에서 협력적 정책기획의 성공 가능성을 보여준 사례로 평가된다. '공공기관의 갈등 예방과 해결에 관한 규정'(대통령령 제21185호)이 2009년 1월 1일부터 시행된 것도 이러한 맥락에서 이해할 수 있다.

민주주의는 지역주민의 동의를 얻지 못한 정책은 추진하지 않는 것이 더 낫다는 사실을 입증한다. 권위주의 시대에는 위정자가 정책을 추진하면 지역주민들은 말없이 따를 수밖에 없었다. 그러나 민주주의는 설사 위정자의 뜻이 아무리 선할지라도 지역주민이 동의하고 합의하지 않은 정책을 무리하게 추진하는 것은 독선과 아집이라면서 거부한다. 우리나라 지방정부가 협력적 정책기획에 귀 기울여야 하는 이유가 여기에 있다. 이제 지역주민은 위정자의 복종자가 아니며 위정자의 뜻을 거스르는 폭도도 아니며 위정자의 정책에 협력하는 동반자인 것이다. 동반자는 뜻이 맞지 않거나 옳지 않다고 판단하면 거부할 권리를 갖고 있다. 그리고 위정자의 정책을 자신의 정책으로 받아들이고 함께 책임지고 함께 만들어 가고 싶어 한다. 이것이 21세기 지방정부의 파트너로서 지역주민인 것이다.

그러므로 지방정부의 리더들은 이러한 상황변화를 인식하고 협력적 리더십을 발휘할 수 있도록 많은 노력을 기울여야 한다. 계획의 입안단계에서부터 반대하는 이해관계자들과 전문가를 참여시키면서 함께 만들어 가는 지혜를 발휘해야 한다. 조급함으로 합의를 하지 못한 설익은 정책을 추진하다가 지역주민들의 반대로 곤욕을 치르는 것보다는, 입안단계에서 지역주민과의 합리적 대화와 협상을 통해서 사회적 합의를 도출하는 것이 더 효율적이고 민주적이기 때문이다.

2 협력적 정책기획을 통한 댐 건설의 지혜

정책갈등과 관련된 다양한 수준의 게임의 규칙은 분쟁을 해소하기도 하고 제도가 잘못 설계될 경우 오히려 갈등을 촉진시키기도 한다. 정책참여자들은 상호작용 과정과 절차가 불공평하거나 부적절하다고 느끼게 되면 되먹임(feedback)을 통해 전략과 구조를 바꾸려고 시도한다는 점을 강조한다(Ostrom, 2005: 1-31).

첫째, 협력기획의 제도화를 고려할 수 있다. 우리나라의 경우 최근까지 댐 건설과정에서 정보공개, 주민설명회 등의 사회적 합의수단이 작동할 수 있는 절차는 환경영향평가와 댐 건설예정지 지정 및 고시 등 고작 2개에 불과하였다. 그러나 이때는 이미 건설공사 기본계획과 기본설계가 확정되고 난 이후이기 때문에 비판의견이 반영될 시간이 없는 경우가 많았다. 이 때문에 〈그림 7-1〉에 나타난 바와 같이, 최근 국토교통부 수자원개발과(2013)가 지역주민과 환경단체 등의 반대의견을 수렴할 수 있는 절차적 장치를 포함하는 「댐 사업절차 개선방안」을 마련한 것은 획기적이라 할 수 있다. 그러므로 댐 건설 사업주체는 이러한 국가정책의 추진방향에 맞추어 댐 건설과정에서 나타날 갈등을 사전에 분석하고 예측하여 지역사회와 함께 소통하며 댐 건설과정을 추진할 필요가 있다. 지리산 문정댐의 경우 새로운 절차에 따라 댐 이외의 대안 분석까지 포함하여 충분한 사전검토와 주민의견 수렴절차 등을 진행할 계획이다. 당시 진행 중이던 타당성조사는 유보(2011년 12월 타당성조사에 착수하였으나 지역주민들의 반대로 2013년 2월 이후 조사가 중단)되었다. 그리고 2012년 6월 문화재청은 문정댐 상류(3.2㎞) 용유담 보존을 위한 대안검토를 요청하였다. 이에 용유담에 미치는 영향을 최소화하면서 동시에 홍수도 조절할 수 있는 '홍수 조절 전용 댐'을 검토 중이다. 한탄강댐과 같이 평상시에는 물을 담지 않아 용유담이 수몰되지 않고, 홍수 시에만 일시 저류한 후 비가 그치면 다시 비워두는 방식을 고려하고 있다. 문정댐도 새로운 절차에 따라 보다 충분한 검토와 문화재청 등 관계부처 협의 및 지역의견 수렴절차를 거칠 계획이다(국토교통부 수자원개발과, 2013). 이를 통해 사전의견 수렴절차의 도입이라는 민주적인 제도변화가 댐 건설갈등 해소와 합의형성에 어떻게 기여할지는 불확실함을 알 수 있다.

그림 7-1 2013년 정부의 댐 사업절차 개선도

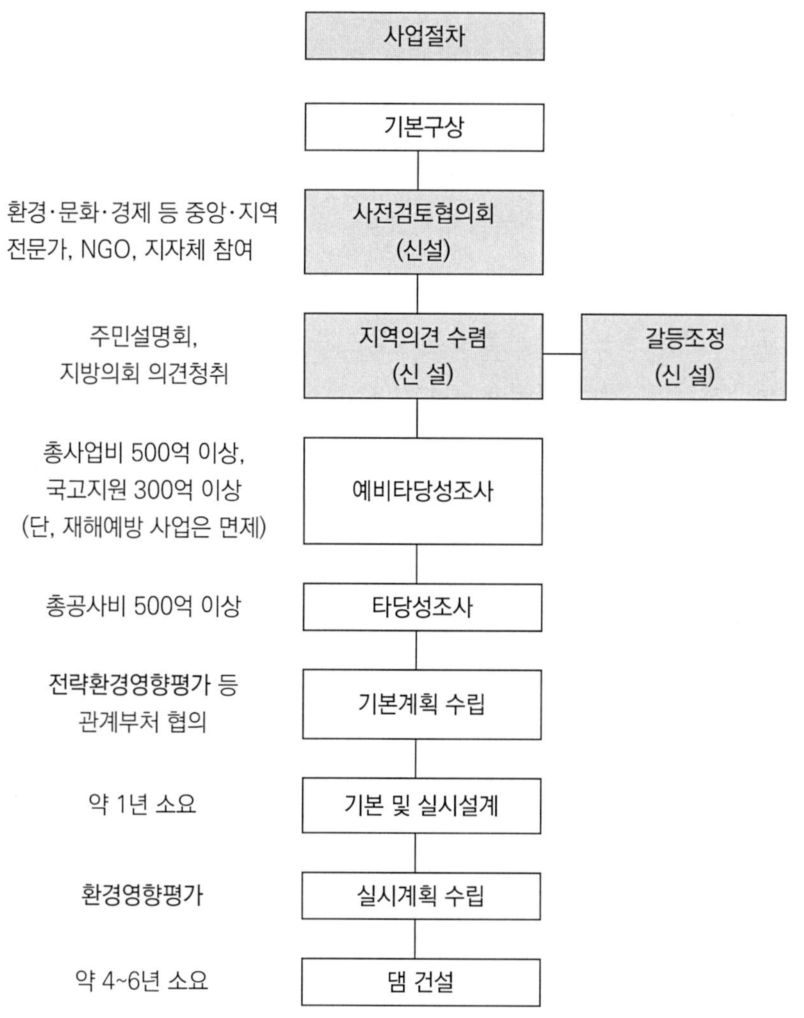

둘째, 일본의 참여적 의사결정사례는 댐 건설에서 시간선택의 변화가 만병통치약(panacea)은 아님을 방증하고 있다. 일본사례에서 주민참여를 통해 댐 건설의 정당성을 얻어가는 민주적 절차의 중요성을 학습할 수 있다. 일본에서 1997년의 「하천법」 개정과 「환경영향평가법」 시행에 따라 계획결정과정에 나타난 변화는 네 가지로 요약할 수 있다(오비타니 히로아키, 2004: 70-74). 첫째, 하천 공사의 내용을 큰 틀에서 결정하는 '하천정비 계획'이 '하천정비 기본 방침'으로부터 분리되어 그 책정과정에서 지역주민이 의견을 제시할 수 있게 되었다. 둘째, 환경영향평가법에 근거한 환경영향평가제도 도입에 의해 조사단계에서도 주민이 의견서를 제출할 수 있고, 심의과정에서는 대안의 비교 검토가 이루어진다. 셋째, 하천법 개정 전에는 제도화되지 않았던 시·정·촌장의 의견을 청취하게끔 되었다. 넷째, 가장 중요한 점으로 이제까지 비공개로 행정 내부 절차에 의해 책정되었던 계획이 '하천정비계획' 책정과정(심의과정)을 공개함으로써 개별 사업계획의 근거를 명시하도록 바뀌었다. 일본에서 전후부터 오늘날에 이르기까지 하천정책과 법 제도의 변천을 살펴보면, 하천행정을 '건설성에 의한 공공성의 독점'이라고 하는 비판은 분명히 타당한 주장이다. 그렇지만 한편으로는 단순히 정책이나 법 제도적인 측면에만 근거한 비판에는 한계가 있는 것도 분명하다. 그것은 이미 언급한 것처럼 근대화 과정에서의 하천 관리에 관한 기술이나 지식의 변모와 담당자의 한 축이었던 주민의 의식과 생활양식, 지역사회의 변화를 동시에 염두에 두지 않으면, 주민참여를 제도화했다 해도 그것이 형식적인 참여에 그치고 말 우려가 충분히 있기 때문이다. 자민당은 1955년 집권 이후 이후 4차례 국토계획을 통해 중앙정부 주도로 전국에 약 900기에 가까운 댐을 건설하였다. 2009년 선거에서 승리한 민주당은 국가 재정부담 악화에 따라 공공사업의 축소, 지방분권 및 수자원기구 민영화, 댐 건설계획 전면중지 및 치수정책 전환 등의 수자원정책을 제시하였다(K-water 연구원 정책·경제연구소, 2011). 물론 이러한 일본의 2009년 이후의 수자원정책변화를 그대로 수용하기는 어렵기 때문에 참고하여 타산지석으로 삼을 필요가 있다.

표 7-4 2012년 댐건설장기계획의 14개댐 현황

구 분	댐명칭	위치	저수용량(백만 톤)
다목적댐 및 홍수조절댐 (6개소)	영양댐	경북 영양(낙동강 장파천)	57
	달산댐	경북 영덕(낙동강 대서천)	45
	문정댐	경남 함양(낙동강 임천)	170

	내서댐	전남 구례(섬진강 내서천)	21
	지천댐	충남 청양(금강 지천)	21
	장전댐	강원 평창(한강 오대천)	90
지역건의댐 (8개소)	원주천댐	강원 원주(한강 원주천)	1
	봉화댐	경북 봉화(낙동강 월노천)	5
	신흥댐	전북 완주(만경강 신흥천)	4
	대덕댐	경북 김천(낙동강 감천)	16
	내촌댐	강원 홍천(한강 내촌천)	7
	상촌댐	충북 영동(금강 초강천)	19
	신촌댐	전북 완주(만경강 소양천)	6
	상관댐	전북 완주(만경강 전주천)	15

자료: 국토교통부 수자원개발과(2013)

국토교통부는 당시 댐 건설 장기계획에 포함되어 있던 14개 댐 모두 각 댐별로 충분한 검토와 의견수렴과정을 거칠 계획임을 밝혔다. 그동안 논란이 되어 온 영양댐은 댐 이외의 대안분석까지 포함하여 충분한 사전 검토와 주민의견 수렴절차 등을 진행할 계획이고, 지리산 문정댐은 상류의 용유담에 미치는 영향을 최소화하면서 동시에 홍수도 조절할 수 있는 대안을 검토 중이며, 이후 문화재청 등 관계부처 협의 및 지역의견 수렴절차를 진행할 계획이었다(국토교통부 수자원개발과, 2013).

'지역건의 댐'은 지방자치 단체가 중앙정부에 댐 건설을 요청하는 것이다. '4대강 사업' 이후 환경 단체 반대로 댐 건설이 무산되는데 홍수·가뭄 위험은 계속 커지자 2016년 국토부는 '댐 건설 희망 신청제'를 시작했다.[10] 지자체가 원하니 지어주겠다는

10 하반기부터 지자체가 중앙정부에 댐 건설을 신청하면 중앙정부가 타당성을 검증해 댐 건설 장기계획에 반영하는 '댐 희망지 신청제'가 도입된다. 지금까지는 국가가 '댐건설장기계획'을 수립·발표하고 댐 사전검토협의회 검토를 거쳐 지역의견을 수렴했으나 하반기부터는 지자체가 지역의견을 수렴해 국가에 댐 건설을 신청하면(댐 희망지 신청제), 댐 사전검토협의회의 댐 건설 타당성 검증 절차를 거쳐 '2017 댐건설장기계획'에 반영된다. 국가시행댐도 마찬가지로 지역의견을 수렴해 댐 사전검토협의회 검토를 거쳐 '댐건설장기계획'에 반영된다. 댐 희망지 신청제 도입 계획 주요내용에 따르면, 댐 건설을 희망하는 지자체가 댐 건설 신청을 할 수 있다. 댐 건설 장기계획 수립 전, 지역의견 수렴 및 댐 사전검토협의회 검토를 시행한다. 올 하반기 시행 예정이며 현재 시행방침을 수립 중에 있다(대한민국 정책브리핑(www.korea.kr), 2016. 6. 29).

것이다. 2017년 지자체 11곳이 비교적 소규모인 22개 댐 건설을 요청했고 포항 항사댐, 연천 아미천댐 등 6곳에 대한 검토가 이뤄졌다. 그러나 문재인 정부는 지자체가 원한 댐을 짓지 않았고, 2022년 9월 태풍 ‘힌남노’ 때 포항 냉천이 범람해 인명 피해가 났다. 이에 항사댐을 제때 추진했으면 막을 수 있던 재난이란 평가가 나왔다(조선일보, 2023.11.30).

그림 7-2 댐 건설 절차의 변화

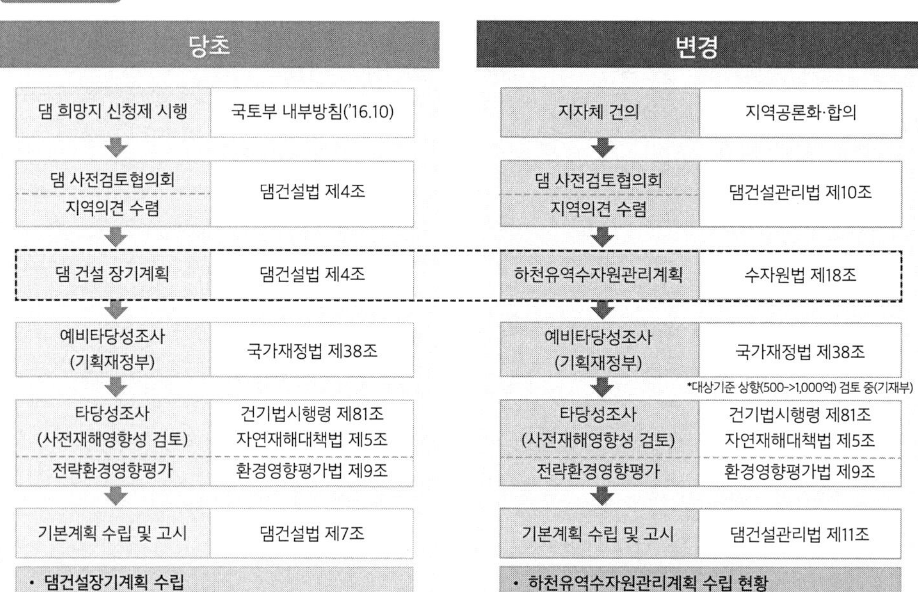

자료: K-water 수자원개발처 댐계획부(2024)「기후위기 대비 신규 물그릇 확보대책」

연구문제

1 부산광역시의 경우 어떠한 정책현안이 있는가? 내가 담당자라면 맡은 정책을 어떤 마음가짐으로 그리고 어떤 절차에 따라 어떻게 기획하고 관리할 것인가?

2 따듯한 마음을 품어라. 밀어내기 식의 재개발이 아닌 끌어안기 식의 도시마을(urban village) 창조 방안을 고안한 부산 감천문화마을 사례에 대해 어떻게 생각하는가?

3 〈그림 7-3〉은 독일 프라이부르크 대학로에서 만난 인상적인 개구리 주차 디자인이다. 합리적인 정책기획은 규제주체와 규제대상 간의 불필요한 거래비용을 줄여준다. 우리나라에서도 이를 합법화하여 이면도로 주차시스템에서 고려할 만한 제도설계로 평가되는가?

그림 7-3 독일의 개구리 주차 디자인

4 댐 건설 관리과정에서 댐 사전검토 협의제와 지자체의 댐 건설 희망지 신청제는 어떤 점에서 효과적이라고 생각하는가?

5 결집된 사회가 국가를 통제하면서 섬세한 균형을 이루는 역동적인 과정, Acemoglu (2019)의 좁은 회랑(narrow corridor)의 관점에서 윤석열 정부의 기후대응댐 추진 과정을 토론해보자.

6 환경부는 2024년 7월 30일 〈그림 7-4〉와 같이 기후대응댐 후보지(안) 14곳을 발표하였다. 환경부는 8월부터 지역 설명회, 공청회 등을 통해 주민분들의 궁금한 점과 우려 사항에 대해 적극 설명하고 소통해 나가는 한편, 관계기관과도 충분한 협의 과정을 거칠 계획이다. 이러한 환경부의 댐 건설 정책을 비판적으로 검토해 보시오.

그림 7-4 기후대응댐 후보지(안)

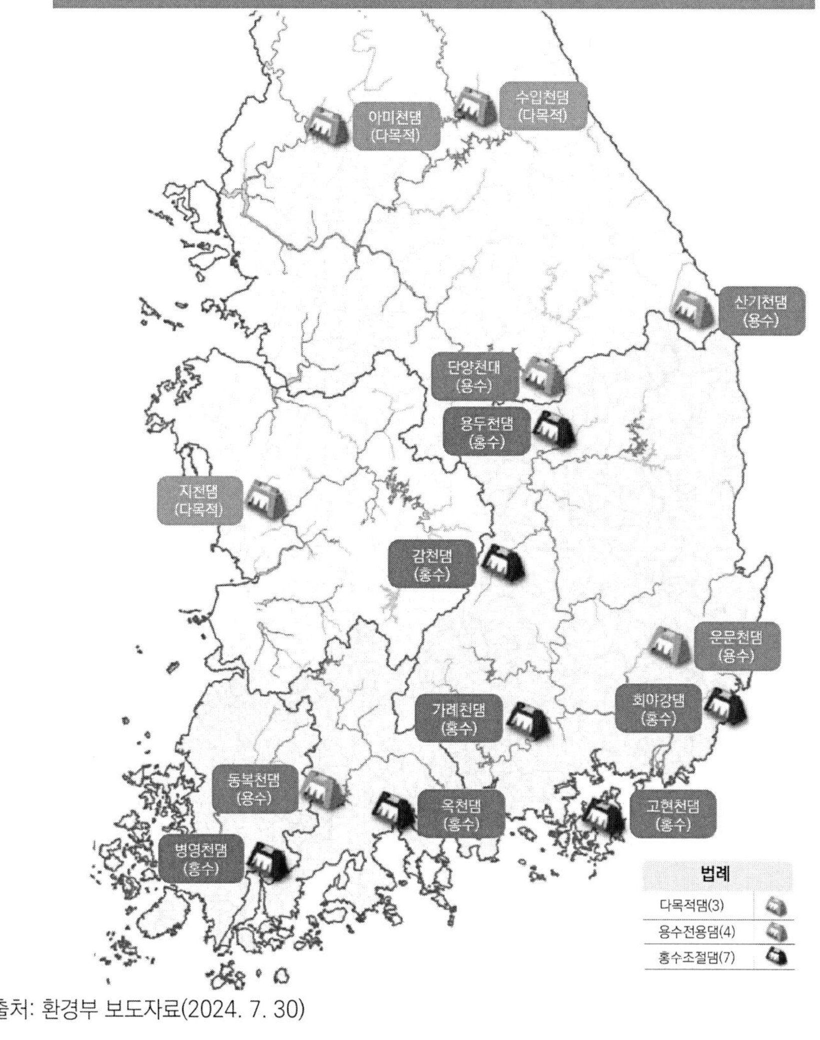

출처: 환경부 보도자료(2024. 7. 30)

제8장

정책집행과 공공갈등

제1절 정책집행의 의의와 유형

제2절 정책집행이론의 전개

제3절 토론과 사례

제1절

정책집행의 의의와 유형

1 정책집행의 의의

정책집행(policy implementation)이란 만들어진 정책내용(plan - 정책목표와 정책수단)을 실현(do)하는 과정이다. 왜 정책집행을 치밀하게 공부해야 하는 것일까? 이는 개인이 아무리 원대한 계획을 세우더라도 실천하지 않으면 의미가 없는 것과 같은 맥락이다. 결정과정을 통해서 얻어진 정책은 문서로 작성된 서류에 불과하다. 정책결정이 잘 되었다고 해서 정책이 저절로 집행되어 원하는 정책목표를 달성할 수 있는 것은 아니며, 결정된 정책내용이 전혀 집행되지 않는 일도 있고, 경우에 따라서는 집행과정에서 정책의 내용이 변질되는 경우도 허다하다.

정책결정과 정책집행은 어떻게 비슷하고 어떤 점에서 다를까? 먼저 업무성격 면에서 공통점은 의사결정이라는 점과 가치배분이 끊임없이 일어나는 정치적 성격을 띤다는 점이다. 정책결정과 정책집행의 차이점에 대해서는 논란이 있기는 하지만 광범한 결정 대 세부적 결정, 정치적 성격 대 기술적 성격이라는 점에서 나타난다. 또한 담당주체가 행정부라는 점에서는 공통점이 있지만, 상위계층 대 일선관료라는 점에서 차이가 난다. 그러나 이러한 차이점도 상대적이며 절대적인 것은 아니다.

그러면 성공적인 정책집행이 중요한 이유는 무엇인가? 그것은 정책결정자의 의도(legal intention)인 정책목표가 집행을 통해 실현되기 때문이다. 정책집행은 추상적이고 일반적인 정책내용이 구체화되는 과정이며, 계속적·구체적 결정과정이다. 정책집행은 국민생활과 직결되는 정부활동이기 때문에 민과 관의 상호접촉 영역이다(정정길,

1997: 541-688). 따라서 정부는 재화나 서비스 제공 및 규제 활동을 통해 정책대상집단과 맞닿아 실질적인 영향을 미친다.

2 정책집행의 유형

학자에 따라 다양한 관점에서 다양한 정책집행의 유형을 분류하고 있다. 정책결정과 집행자의 권력관계라든지 정부의 성격에 따라 다양한 집행유형이 나타날 수 있다. Berman(1978)은 정책집행에 관한 관점 또는 상황의 차이에 따라 정책집행의 유형을 분류했다. 첫째, 정형적 집행(programmed implementation)은 비교적 명확한 정책목표에 의거하여 사전에 수립된 집행계획에 따라 일사분란하게 이루어지는 집행유형이고, 둘째, 적응적 집행(adaptive implementation)은 비교적 불명확한 정책목표에 의거하여 다수의 참여자가 협상과 타협을 통하여 정책을 수정하고 구체화하면서 집행해나가는 유형이다. 우리나라의 경우 어떤 집행유형이 설득력이 있을까? 우리의 경우 과거 권위주의체제하에서는 정형적 집행이 설명력이 강했지만, 최근 민주화된 상황에서는 적응적 집행이 더 설득력이 있다.

제2절

정책집행이론의 전개

정책집행에 영향을 미치는 요인들은 다양한 각도에서 검토가 가능하다(정정길, 1997: 603-688; 김병진, 1997: 379-392; 송병주, 1993: 10-72). 정책집행에 대한 관심은 1970년대 초 미국의 '위대한 사회 건설사업(Great Society Program)'의 실패에서 출발한다. 학자들은 이때부터 정책집행이 왜 성공하거나 실패하는지에 대해서 관심을 갖기 시작했다. 이러한 초기의 정책집행에 관한 연구를 제1세대 집행연구라고 하는데 주로 사례연구를 중심으로 이루어졌다(Pressman and Wildavsky, 1983: 1-162). 특히 그들은 1966년부터 3년간 추진된 미국 캘리포니아 오클랜드시의 실업자 구제정책이 모든 조건을 충족했는데도 실패한 원인을 잘못된 집행기관의 선정, 과도한 목표를 설정한 연방정부의 정책이 지방으로 내려오면서 거쳐야 하는 의사결정점들로 인해 인과관계 연결고리가 복잡해지면서 의도한 성과를 달성하지 못하는 과정을 분석하고 있다. 〈그림 8-1〉은 그들이 악보를 자동으로 넘기는 장치를 고안한 천재가 A에서 시작하여 Q에 이르러 악보를 자동으로 넘기기까지 인과관계의 연결고리(causal chain)가 얼마나 복잡한지를 재미있게 묘사하고 있다.

그림 8-1 인관관계의 연결고리의 복잡성

(Rube Goldberg cartoon, courtesy of the Bancroft Library.)

SIMPLE, ISN'T IT?

출처: Pressman and Wildavsky(1983: 8)

그러나 제1세대의 사례연구들은 개별사례에서의 정책집행을 설명할 뿐 일관된 이론적 틀을 형성하지는 못했다. 따라서 1970년대 중반 이후의 제2세대 집행연구에서는 기존의 다양한 사례연구를 토대로 정책집행의 이론적 틀을 제시하고자 노력했다. 이러한 연구의 성과는 크게 정책내용과 순응을 강조하는 하향적 접근방법(top-down approach)과 집행현장과 재량을 강조하는 상향적 접근방법(bottom-up approach)이라는 상이한 분석틀로 유형화될 수 있다. 한편 제2세대 집행연구의 이론적 틀의 종합적인 시각의 결여를 지적하면서 하향적 접근방법과 상향적 접근방법을 통합하고자 하는 제3세대 집행연구가 1985년 전후로 진행되었다(Goggin, et al., 1990).

1 하향적 집행연구와 순응요인 검토

정책집행의 성패를 좌우하는 요인 중에서 핵심은 바로 정책대상집단의 순응을 어떻게 확보하느냐에 달려 있다. 정책대상집단의 순응은 정책결정자가 의도한 정책효과로 이어지게 할 가능성이 높다. 그리고 순응요인은 많은 부분에서 집행영향요인과 일치하는 경우가 많다.

1) 순응, 수용 그리고 동조

순응과 불응의 개념 및 이를 좌우하는 요인에 대해서는 많은 학자가 논의하였다(이상안, 1989: 44-63). 순응(compliance)이란 정책이나 법규에서 요구하는 일반화된 행동규정(behavioral prescriptions)에 따르는 행위를 의미한다. 일반적으로 특정행위자의 순응 또는 불응은 선택행동을 내포하고 있다고 한다(Young, 1979: 4-5). 외면적 행동이 일정한 행위규정에 일치하면 순응이고, 그렇지 않으면 불응으로 보는 것이다. 그리고 구별 개념으로 수용(acceptance)은 내면적인 가치 및 태도의 변화를 포함하고, 동조(conformity)는 명시적 또는 묵시적 규범에 일치하는 방향으로 행동을 수정하는 것으로 순응과 수용의 개념을 포괄한다고 본다(정정길, 1997: 653; Duncan, 1981: 192).

2) 순응과 불응의 유형과 원인

정책에 대한 순응은 정책목표를 달성하기 위하여 설정된 정책지침이나 지시 등의 행동규정에 대하여 정책집행자 또는 정책대상집단이 이와 일치하는 방향으로 외면적으로 행동하는 것을 의미한다. 반대로 이에 대해 어떤 불일치의 행동이 일어날 때 불응이라고 한다(이상안, 1989: 46). Coombs(1980: 889)에 의하면, 정책대상집단의 불응은 불분명한 의사전달, 부족한 자원, 부적절한 정책, 순응에 수반되는 부담, 그리고 권위에 대한 불신에 기인한다.[1] 특히 그는 정책대상집단이 부적절한 정책으로 인해 불응하는(policy-based noncompliance) 이유를 목표로 인한 불응(goal-based noncompliance)과 신념으로 인한 불응(belief-based noncompliance)으로 구분하였다. 전자는 정책목표가 사회의 기존 가치체계와 갈등하거나 정책대상집단의 가치체계와 상치될 때, 그리고 정책대상집단이 정책목표 자체를 반대하거나 정책목표의 우선순위를 낮게 부여하는 경우에 발생한다.[2] 후자의 경우는 정책대상집단이 정책목표는 반대하지 않으나, 채택된 수단의 목표달성 가능성에 반대하는 경우에 발생한다.

---

1 당시 김명자 환경부 장관은 낙동강 수질개선대책 마련과정에서 1999년 10월 말 공청회가 연거푸 무산되자 정책추진과정에서 가장 어려운 점은 정부정책에 대한 정책대상집단의 불신이라고 하였다.

2 1990년대 이전에는 환경가치는 경제적 가치에 무시당하고 소외되었다. 그러나 1990년대 이후 환경보전은 점차 높은 정책가치를 부여받고 있다. 2000년대에 들어서면서 우선순위가 높은 정책으로 평가받고 있다.

3) 성공적 집행조건과 순응요인

하향적 집행연구의 대표자인 Sabatier와 Mazmanian(1980)은 성공적인 집행의 조건을 제시하고 있다. 이들은 정책과정의 두 가지 인과관계를 첫째, 대상집단의 행태변화와 정책목표 간의 인과관계, 둘째, 정책수단과 대상집단의 행태변화와의 인과관계로 나누고 있다. 하향적 접근방법은 정책결정자의 정책목표와 집행과정에서의 순응에 초점을 맞추는 접근방법으로서 정책대상집단의 순응의 조건을 검토한다.

첫째 조건은 정책집행이 타당한 이론에 근거할 것을 요구하고 있다. 둘째 조건은 법령이 명확한 정책목표와 대상집단이 순응할 가능성이 높은 구조를 가지고 있어야 한다는 것이다. 셋째 조건은 집행책임자가 관리적·정치적 기술을 가지고 목표에 헌신해야 한다는 것이다. 넷째 조건은 정책이 조직화된 유권자 집단(organized constituency groups)과 주요 입법자들(key legislators) 혹은 최고집행자의 지지를 받고, 법원은 최소한 중립적이어야 한다는 것이다. 다섯째 조건은 상충하는 정책의 출현이나 사회경제적인 여건의 변화로 정책목표의 우선순위가 시간에 따라 현저하게 달라지지 않을 것이 요구된다.

4) 평가

이처럼 하향적 접근론자들은 정책집행 현상을 체계적으로 연구할 수 있도록 분석틀을 만들었다는 점에서 집행연구에 크게 기여하였다. 그러나 하향적 접근론자들은 민간부문, 일선관료 및 지방의 집행담당자 등의 역할을 소홀히 취급하였으며, 정책대상집단과 집행주체 사이의 관계를 경시하였다. 또한 너무 많은 변수를 포함시켜 모형의 일반화에 실패했고, 어떤 상황에서 어떤 변수가 더 중요한지를 식별해주지 못한다고 비판받고 있다.

2 상향적 집행연구와 집행상황요인의 검토

1) 의의

상향적 집행연구자인 Elmore(1979-1980)는 집행분석에서 최소한 두 가지의 구별

가능한 접근(forward mapping and backward mapping)이 있다고 한다.[3] 이 중에서 후방향접근(backward mapping) 내지 상향접근방법(bottom-up approach)은 집행과정에 정책결정자가 결정적 영향을 미친다는 가정을 부정한다. 정책지침, 명확한 행정가의 책임규정, 그리고 잘 정의된 정책결과는 필연적으로 정책의 성공적 집행가능성을 증가시킨다는 가정도 거부한다.

2) 핵심내용

후방향접근(backward mapping)은 정책결정자의 의도에 대한 순응을 성공이나 실패의 기준으로 보지 않는다. 문제의 원천(source of problem)에 가까울수록 영향력이 커진다고 본다. 따라서 시스템의 문제해결능력은 위계적 통제가 아니라 문제에 가장 근접해있는 지점에서 재량권을 극대화하느냐 여부에 달려있다. 결정된 정책이 자동적으로 집행되지 않는다는 것이 집행분석의 출발점인 것이다. 공식 권위는 조직의 상층부(top)에서 하층부(bottom)로 흐르지만, 전문성, 기술, 수행업무에 대한 근접성에서 비롯되는 비공식 권위는 반대 방향으로 흐른다. 재량권의 위임은 이러한 교호적 관계를 활용하는 한 가지 방법이다. 특별한 전문성과 문제에 대한 근접성을 요하는 책임은 조직하부로 보내고, 보다 일반적인 책임은 조직상부에 두는 것이다. 이것은 공식권위가 조직하부의 권위가 갖는 전문적 문제해결능력에 크게 의존하고 있음을 의미한다.

문제로부터 떨어져서 개발된 표준화된 해결책은 신뢰할 수 없으며, 일선관료의 행동을 획일적으로 고정시킨 정책은 정책결정자가 예상하지 못한 상황에 적응하기가 어렵다. 여기에는 창의성이나 실험성은 물론이고 특별한 기술과 판단의 활용을 위한 여지조차 없다. 하향적 접근론자(top-downer)가 생각하는 것처럼 집행이 재량을 통제하는 과정으로 이루어진다면, 일선에서의 지식과 기술에 대한 의존을 감소시키는 대신 추상적이고 표준화된 해결책에 대한 의존을 증가시키게 된다. 따라서 일반적인 정책을 특정한 상황에 적응시키면서 학습이 일어나지 않게 된다. 일선관료의 적응적 행동은 정책결정자에게는 불법적 행동으로 비춰진다. 일선에서의 다양성과 재량은 하나의 자산으로 간주될 수 있다. 그러나 이러한 지식을 활용하려면, 순응보다는 재량에 보다

3 이 책에서 후방향적 접근은 상향적 접근과 동일한 용어로 이해하기로 한다.

더 큰 가치를 부여할 필요가 있다. Hawkins(1984: 23-36)는 집행기관은 실질적인 입법권에 해당하는 환경오염의 정의 및 기준설정, 그리고 정책집행에 대해서 광범한 재량권(broad discretion)을 행사한다고 한다.

3) 평가

그러나 상향적 접근론자들은 집행현장을 지나치게 중시한 나머지 정책결정과 정책내용 등을 소홀히 다루고 있으며, 일선관료들과 정책대상집단이 인지하는 문제와 그들 간의 상호작용을 중심으로 연구하게 된다. 환경정책의 내용이 인과성과 소망성이 있느냐의 여부가 집행의 성패에 막대한 영향을 미치는 것을 감안하면, 정책내용요인은 결코 간과할 수 없다. 또한 상향적 접근은 정책에 간접적으로 영향을 미치는 사회, 경제, 그리고 법적 요인들을 경시한다고 비판받고 있다. 특히 하향적 집행연구와 상향적 집행연구의 관점의 차이는 중앙정부의 의도를 중시할 것이냐 아니면 지방정부의 집행현장과 재량을 중시할 것이냐는 심각한 질문에 이르게 한다. Bardach와 Kagan(1982: 3-119)은 이때 정책집행의 엄격성을 강화하고, 표준화된 법규를 다양하고 복잡한 상황에 획일적으로 적용하려하면 규제의 불합리성(regulatory unreasonableness)에 이를 수 있음을 명심해야 한다고 한다.

3 통합모형과 지방정부의 정책대응방식요인

1) 거시집행과 미시집행

Berman(1978)은 연방수준의 거시적 집행과 지방수준의 미시적 집행의 통합을 시도하였는데, 그는 정책집행문제는 정책설계로부터 발생할 뿐만 아니라 제도적 환경과 정책의 관계로부터 도출된다고 한다. 그는 사회정책 집행연구는 두 가지 문제로 구성된다고 하면서, 하나는 연방정부가 정책집행을 할 때 지방전달조직으로 하여금 바람직한 방향으로 행동하도록 영향을 미칠 때 일어나는 거시집행문제(macro-implementation problem)이고, 다른 하나는 연방정부 조치에 대응하여 지방조직이 그들 나름의 내부정책을 고안하여 실행할 때 발생하는 미시집행문제(micro-implementation problem)가 그것이다. 한편, 미시집행은 상이한 두 가지 관점에서 접근해야 하는데, 연방정부나 주정부 차원에서의 미시집행은 지방정부 차원의 채택결정에서 시작하여, 지방조직이 새로운 관행을 구체화할 때 끝난다. 그러나 지방정부 관점에서는 연방정부의 정책을 수행하는 것이 아니라 지방정부 자신의 정책을 수행하는 것을 의미하는데, 이를 전달자집행(deliverer implementation)이라 한다.

표 8-1 Berman의 전달자집행의 유형

구분		지방전달자	
		적응	비적응
사업계획	적응	상호적응 (mutual adaptation)	동화 (cooptation)
	비적응	기술적 학습 (technological learning)	비집행 (non-implementation)

전달자집행 국면의 핵심요소는 적응(adaptation)인데, 전달자는 사업계획을 그들의 표준행위에 적응시킬 것인가 아니면 그들의 행위를 계획에 적응시킬지를 결정해야 한다. 〈표 8-1〉에서와 같이, 전달조직의 적응유형에 따라 네 가지의 전달자집행경로가 나타난다. 우리나라의 경우 사드정책이라든지 원전정책의 경우에도 집행현장에서는 지방정부와 지역주민들이 적응하지 못하고 불응하는 경향이 강하게 나타나고 있다.

2) 중앙정부와 지방정부 정책대응

Stoker(1989)는 연방정부와 주정부 및 지방정부의 관계를 Berman(1978)과 같은 맥락에서 다루고 있다. 〈표 8-2〉에 나타난 바와 같이, 그는 협력과 태만의 차원을 놓고 적응적 집행, 정책제안 수정, 연방태만집행, 정책침체 등의 대응방식을 설명하고 있다. 그에 의하면, 참여자가 2(연방 프로그램 후원자인 EDA, 지방의 중간매개집단인 World Airways), 전략이 2(협력과 태만)인 상황에서 결과는 다음과 같다. A는 사익추구를 전제로 한 유인체계에 의해 상호이득이 있을 때 협력하는 경우이고, B는 중간매개집단이 협력을 거부하고 자신의 이해관계에 적응하기 위해 연방의 정책제안을 수정하는 경우이고, C는 연방정부가 태만한 경우이며, D는 상호 거부하는 경우이다.

표 8-2 집행참여자들 간의 전략적 상호작용모형

구분		지방의 매개집단인 World Airways	
		협력	태만
연방 프로그램 후원자인 EDA	협력	A(적응적 집행)	B(흡수)
	태만	C(연방태만 집행)	D(정책 침체)

Goggin 등(1990)은 주정부는 연방정부로부터 지시와 유인을 받고, 한편으로는 지방정부로부터는 압력을 받으면서, 연방정부의 정책을 충실히 집행하는 집행기계가 아니라 나름대로의 집행스타일로 대응한다고 한다. 첫째, 도전(defiance)은 연방정부의 정책의 집행을 연기할 뿐만 아니라, 그 정책을 나름대로 수정함으로써 정책의도를 실현시키지 못하는 경우이고, 둘째, 연기(delay)는 연방정부의 정책을 수정하지는 않으나 집행을 연기하는 경우이며, 셋째, 전략적 연기(strategic delay)는 연방정부의 정책을 주정부에 맞도록 수정하기 위하여 집행을 연기하는 경우이다. 넷째, 순응은 집행의 연기 없이 정책목표가 성취되는 경우이다. 물론 이러한 집행 스타일은 고정되어 있지 않다. 그러나 이들의 연구는 미국 연방제하에서 연방정부와 주정부 및 지방정부의 대응구조에 관심을 갖지만, 정책집행주체와 정책대상집단과의 관계에 대한 관심은 적다는 한계를 지닌다.

3) 평가

우리나라의 청년정책에 있어서 2016년 중앙행정기관인 보건복지부의 정책방향과 갈등을 일으키면서까지 이끄는 서울시가 독자적인 정책을 추진하는 것은 상호적응의 형태는 아니지만 기술적 학습을 통해 정책집행이 이루어지는 경우로 볼 수 있다. 박근혜 정부의 교육정책에 있어서도 교육부의 정책방향과 다르게 진보성향이 교육감이 장악하고 있는 서울시와 경상남도 등의 경우 협력이나 적응보다는 태만이나 거부의 형태로 정책집행이 일어나고 있는 것을 알 수 있다.

제3절

토론과 사례

1 정책학습과 정책발전 토론

집행과정에서 너무 많은 오차는 무능을 의미하고, 너무 적은 오차는 학습을 방해한다(Pressman and Wildavsky, 1983: 206-256). 적절한 학습을 위해서는 적절한 오차를 허용하는 것이 바람직하다는 것이다. 합리모형에서 상정하는 오차 없는 결정(error-free central plan)은 불완전한 인간에 의해서 이루어지기는 어렵기 때문이다. 따라서 적절한 오차가 허용되는 것이 현실적이고, 중요한 것은 '학습과 적응'이다. 진화는 하나의 지식과정이며, 적응은 지식의 증가분이다. 새로운 변화의 양상에 새로운 대응방법을 발견하는 것이 지식의 증가이다. 지식의 증가는 단기적인 시행착오의 결과이다. 시행착오가 원활하게 이루어지도록 절차를 마련하면 그것이 학습의 제도화이다. 학습의 제도화는 불확실성 속에서 기대할 수 있는 마지막 정책의 정당성이다. 학습의 제도화를 통해 정책의 정당성을 개선하려는 논리를 진화적 합리성이라고 한다(김영평, 1995: 10-43). 정책은 정책수단과 정책목표 사이의 인과관계에 대한 검증되지 않은 가설을 의미한다. 정책집행은 가설검증(hypothesis-testing)의 과정이고, 그것은 곧 탐색이다. 평가-집행-학습은 상호 연계된 연속적 과정이고 평가와 집행이 격리되면 평가는 벙어리가 되고 집행은 눈이 멀게 된다. 따라서 정책과정과 정책결과를 평가하고 정보를 생산하는 정책평가를 이어서 다루고자 한다.

2 정책협상과 협력 사례

대구의 구미 해평취수장으로의 이전 방안은 구미와 경북의 반대에 직면하고 있고, 울산시장은 대구와 구미와 청도군민들이 울산에 방문할 때 시민에 준하는 혜택을 제공하겠다고 하지만, 대구 운문댐 취수원 이전과 사연댐 개선 과제를 안고 있다. 대구 시민들도 울산의 운문댐 취수를 반대할 가능성이 있어 난관이 예상된다.[4]

그림 8-2 대구-구미-울산의 협상가능영역 분석

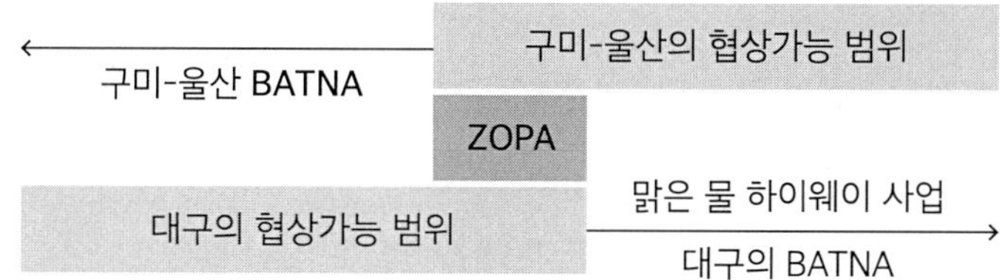

무엇보다 리더십이 교체된 상황에서 홍○○ 대구시장이 협상가능영역(Zone of Possible Agreement)을 깨고 안동시장과 180㎞ 안동댐의 물을 가져오는 현재 진행 중인 협상이 실패하는 경우 당사자가 선택할 수 있는 최선의 대안을 의미하는 바트나(BATNA, Best Alternative To a Negotiated Agreement) 방안을 추진하면서 새로운 국면을 초래하고 있다. 갈등중재자가 더 나은 대안이 있다는 대구의 입장을 상대방에게 알려주고 언론에게 설명해야 함에도 불구하고 이를 생략하여 거친 바트나 활용 선례를 남겼다(Kunde, 1999: 458-459). 즉, 대구·경북지역은 대구시장-구미시장 간 이견에 따른 예비타당성조사 통과 후속절차 이행이 잠정 보류 중인데, 대구시는 대안인 '맑은 물 하이웨이' 사업 추진을 검토 중인 것이다(환경부, 2023: 468).

4 울산시는 사연댐의 수위를 낮출 경우, 대체 식수원 확보가 필요하다는 입장을 정부에 제기하였으나, 정부는 울산만을 위한 식수원 확보 계획 대신 부산·경남권 식수원 확보 계획 차원에서 이를 다루기로 하면서 오랫동안 문화재청, 국토교통부, 울산시 간 대립이 증폭, 지속되어 왔다(장현주·정원옥, 2015: 901-924).

연구문제

1 정책집행이 잘못되는 까닭은 무엇인가?

2 그렇다면 정책이 성공적으로 집행되기 위해서는 가장 중요한 요인은 무엇이라 생각하는가?

3 자동차 뒷좌석 안전벨트 매기라든지 자전거 헬멧 착용 등에서 불응이 나타나는 이유는 무엇인가?

4 소득주도성장 이론에 따른 최저임금의 급격한 인상에 대해 소상공인들이 불응하는 이유는 무엇이라고 생각하는가?

5 정책주체 간의 협력은 어떻게 이루어지는가?

제5부

정책평가와 정책변동의 구조와 논리 그리고 공공갈등

제9장에서는 정책평가의 구조와 논리 그리고 공공갈등 이슈를 다룬다. 정책평가(policy evaluation)란 정책목표와 정책수단 사이의 인과관계에 대한 아직 검증되지 않은 가설을 검증하려는 활동이다. 정책분석이란 합리적인 정책결정을 위해 사전적으로 정책대안의 결과를 예측하고 이에 근거하여 정책대안을 비교·평가하는 것을 의미하며, 정책평가란 정책이 결정된 후에 집행과정이나 집행결과를 사후적으로 검토하는 것을 의미한다. 부산지역 교통정책의 혁신의 관점에서 공공갈등 이슈를 평가해 보았는데, 부산광역시는 정책의 정당성을 확보하기 위한 환경영향평가와 문화재현상변경 허가 등에 필요한 형식요건은 갖추었지만, 내용적으로 미흡한 상태에서 속도를 내다가 열린 공간에서 시민사회의 비판의 빛 아래 제지를 당하면서 정책의 확장에 한계에 봉착하고 있는 것으로 평가된다.

제10장에서는 정책변동의 구조와 논리를 소개하면서 공공갈등의 이해를 시도하였다. 정책변동은 정책내용의 변동뿐만 아니라 정책집행방법의 변화까지도 포함한다. 정책의 변동은 정책결정에서 일어나는 정책의 수정·종결만이 아니라 집행단계에서 일어나는 정책의 변화도 포함한다. 특히 ACF 모형과 다중흐름모형을 통해 실실적으로 공공갈등을 해결할 수 있는 모멘텀을 찾고자 하였다.

제9장

정책평가와 공공갈등

제1절 정책평가의 의의

제2절 정책평가의 유형

제3절 정책평가의 타당성

제4절 정책평가의 방법

제5절 우리나라의 정책평가

제1절

정책평가의 의의

정책평가(policy evaluation)란 정책목표와 정책수단 사이의 인과관계에 대한 아직 검증되지 않은 가설을 검증하려는 활동이다. 계획(plan)이 실행(do)된 결과를 살펴보고 검토(see)해보는 것이다. 정책평가와 사업평가가 혼용되는 경우가 있는데, 이는 사업이란 구체화된 정책수단을 의미하기 때문이다. 한편 정책분석이란 합리적인 정책결정을 위해 사전적으로 정책대안의 결과를 예측하고 이에 근거하여 정책대안을 비교·평가하는 것을 의미하며, 정책평가란 정책이 결정된 후에 집행과정이나 집행결과를 사후적으로 검토하는 것을 의미한다(정정길, 1997: 691-781).

이러한 정책평가는 왜 필요할까? 정책평가는 첫째, 정책결정과 집행의 개선에 필요한 정보 제공과 지식의 활용을 위해서 필요하다. 관리적 측면에서 환류 기능이 요구되는 것이다. 둘째, 정책의 정당성 확인과 정책담당자의 책임성 확보를 위해서 필요하다. 셋째, 지식적 측면에서 정책목표와 정책수단 간의 인과경로에 대한 검토·확인·검증을 통해 이론발전과 학문적 기여를 위해서 요구된다. 넷째, 정부재정 부문의 팽창에 따른 효율성과 경제성 평가를 위해 정책평가가 필요하다. 마지막으로 정책과정 참여자의 지지 확보를 위해 정책평가가 요구된다.

그런데 미국에서도 과학적 방법에 의한 정책평가는 1960년대 후반 이후에 등장하게 된다. 대표적인 사례로는 1960년대 후반 민주당 Johnson 대통령의 위대한 사회건설사업(Great Society program)의 국립 무료 유아원 사업(Head Start Program)에 대한 평가라든지 기획예산제도(PPBS) 정착이 실패하면서 정책집행과 그 효과에 대한 경험적인 기초정보의 필요성이 강조되면서 정책평가연구가 활성화되었다.

제2절

정책평가의 유형

1 개요

첫째, 평가주체기준에 따라 내부평가와 외부평가가 있다. 내부평가는 전문성과 경험을 활용할 수 있고, 평가결과의 활용이 용이하다는 장점이 있으나, 평가의 공정성 유지가 곤란하다는 단점이 있다. 외부평가는 평가의 공정성 유지가 장점이지만 평가결과의 이용이 잘 되지 않는다는 단점이 있다.

둘째, 평가방법 기준에 따를 때, 비과학적·주관적 평가는 정책대상자의 만족도 평가와 전문가 판단 이용한다. 과학적·객관적 평가는 실험적 방법(진실험과 준실험)을 이용한다.

셋째, 평가대상기준에 따를 때 총괄평가는 정책이 집행되고 난 후에 정책이 사회에 미친 영향 또는 정책결과 중에서 순수한 정책효과(효과성, 능률성, 공평성)를 추정하는 활동이다. 과정평가는 정책집행과정과 활동을 분석하는 판단 활동이다. 여기서는 총괄평가와 과정평가를 중심으로 논의하기로 한다.

2 총괄평가

총괄평가(summative evaluation)는 정책이 집행되고 난 후에 정책이 사회에 미친 영향(정책영향) 또는 정책결과 중에서 의도한 정책효과가 정책으로 인해 발생했는지를 판단하는 활동이다.

첫째, 효과성 평가는 정책목표 달성 정도를 판단하고, 의도한 정책효과가 그 정책 때문에 나왔는지 여부를 평가하여, 정책의 추진 여부 및 수정 여부 결정에 필요한 정보를 제공한다. 둘째, 능률성 평가는 투입 대비 산출의 평가인데, 정책집행의 직접적 비용과 사회적 비용을 판단하고, 정책의 추진 여부 및 수정 여부 결정에 필요한 정보를 제공한다. 셋째, 공평성 평가는 정책효과와 정책비용의 배분이 사회집단 간·지역 간에 공정하게 이루어졌는지 여부를 판단한다.

3 과정평가

과정평가(process evaluation)란 정책집행과정을 대상으로 하여 분석하는 활동이다. 평가의 내용과 목적에 따라 집행과정평가와 좁은 의미의 과정평가로 대별되며, 시간적 기준에 따라 형성평가와 사후적인 과정평가로 나눌 수 있다.

1) 집행과정평가(형성평가·집행분석)

원래의 집행계획이나 집행설계에 따라 정책집행이 이루어졌는지를 확인하고 점검(monitoring)하는 집행분석인데, 집행 도중(途中)에 평가가 이루어지기 때문에 형성평가라고도 한다. 보다 효율적인 집행전략을 수립하거나, 정책내용의 수정에 필요한 정보를 제공하며 집행요원의 책임성 확보에 기여한다.

2) 협의의 과정평가(사후적 과정평가)

정책수단과 정책효과간의 인과관계의 경로를 검증·확인하는 평가를 의미한다. 집행 후(後)에 집행과정을 대상으로 하여 이루어지는 평가라는 점에서 사후적(事後的) 과정평가라고도 한다. 정책효과가 어떠한 경로를 거쳐 발생했는지 혹은 발생하지 않았는지 또 보다 강한 영향을 미치는 경로는 없는지 판단한다. 효과성 평가를 보완해 주고, 인과경로(因果經路)의 잘못을 밝혀 정책실패의 원인을 파악할 수 있게 도와준다.

제3절

정책평가의 타당성

평가의 타당성이란 정책의 효과를 얼마나 진실에 가깝게 추론해 내느냐 하는 정도를 의미한다. 평가의 타당성의 종류는 다양하지만, 여기서는 내적 타당성과 외적 타당성만 살피기로 한다(남궁근, 1999: 204-230).

1 내적 타당성

내적 타당성(internal validity)이란 어떤 특정한 상황에서 정책이 집행된 후에 결과변수상에서 변화가 일어났을 때 이 변화가 정책 때문에 발생했는지 아니면 다른 요인에 의해 발생했는지를 명백히 하는 것이 중요하다(정정길, 1997: 745). 즉, 내적 타당성이란 원인변수(정책수단)와 결과변수(정책효과) 간의 인과적 추론의 정확도를 의미한다. J. S. Mill이 제시하는 인과적 추론의 조건은 첫째, 원인이 결과보다 시간적으로 앞서야 한다는 시간적 선행성(temporal precedence), 둘째, 원인과 결과는 공동으로 변해야 한다는 상시연결성(constant conjunction) 또는 공변성(共變性), 셋째, 결과는 원인에 의하여 설명되어져야 하며, 제3의 변수인 허위변수(spurious variable)와 혼란변수(confounding variable) 등에 의한 설명 가능성은 배제되어야 한다는 경쟁가설(rival hypothesis) 배제 또는 비허위적 관계(non-spurious relation)를 제시하고 있다.

2 외적 타당성

한편 외적 타당성(external validity)이란 어떤 특정한 상황에서 내적 타당성을 확보한 정책평가가 다른 상황에서도 적용될 가능성, 즉 평가결과의 일반화(generalization) 가능성을 의미한다.

제4절

정책평가의 방법

1 의의

정책평가란 정책수단과 정책목표 간의 인과관계를 하나의 가설로서 설정하고 이것을 검증하려는 과학적 조사의 일부이며, 평가결과를 정책결정 및 집행과정에 환류시켜 정책과정의 개선을 그 목적으로 하기 때문에 평가의 타당성이 전제되어야 한다. 따라서 타당성 있는 정책평가를 위해서는 과학적 방법에 의한 정책평가가 이루어져야 한다. 정책평가의 방법은 과학적 조사방법의 절차에 따라 조사설계에 의한 자료수집과 통계적 분석을 이용한다(남궁근, 1999: 160-275). 그러면 정책집행으로 인한 정책효과는 어떻게 측정할 수 있을까?

2 실험적 방법

1) 사회실험의 의미와 종류

사회실험은 실험실에서의 실험과 기본논리가 동일하다. 실험의 기본 논리는 실험집단(EG, Experimental Group)과 통제집단 또는 비교집단(CG, Comparative Group)을 구성하고 실험집단에 일정한 처리를 가하고 통제집단에는 처리(X)를 가하지 않고 일정한 시간이 지난 후에 양 집단이 나타내는 결과변수상에서의 차이를 처리의 효과로 판단하는 것이다.

사회실험의 종류는 (1) 무작위배정(random assignment)에 의해 실험집단과 통제집단의 동질성을 확보하고 행하는 진실험과 (2) 짝짓기(matching) 등의 방법에 의해 두 집단의 동질성을 확보하지 않고 행하는 준실험이 있다.

2) 진실험(True Experiment)

(1) 통제집단 사전사후측정 설계: 고전적 실험 설계

(EG): (R) O_1 × O_3

(CG): (R) O_2 O_4

(E) = $(O_3 - O_4) - (O_1 - O_2)$

Solomon의 4집단 설계는 사전측정에 의한 영향 즉 시험효과를 통제하기 위하여 고안된 가장 강력한 설계유형이다(남궁근, 1999: 248-250). 여기서는 무작위배정(R)에 의해 실험집단과 통제집단의 동질성을 확보하고 있다. 예를 들면, 실험하기 전 초등학교 4학년 평균체중이 40㎏이었는데, 실험집단(EG)에 대해서만 우유급식(×)을 하고, 통제집단(CG)에 대해서는 아무 처리를 하지 않고 1년 후 5학년 때 평균체중을 측정하였을 때 EG가 45㎏, CG가 43㎏이었다면 2㎏이 효과라고 평가할 수 있다.

(2) 진실험의 타당성과 실행 가능성의 문제

진실험은 무작위배정에 의해 실험집단과 통제집단의 동질성을 확보하고 행하는 실험이기 때문에 내적 타당성이 높은 편이다. 그러나 격리된 실험실 상황에서의 평가결과를 자연스러운 사회생활 과정에 일반화시키기 곤란한 측면이 있기 때문에 외적 타당성은 준실험에 비해 약해지는 문제점이 있다. 다만, 진실험의 경우 최대의 약점은 실행 가능성의 제약을 받는다는 점인데, 암 치료의 효과실험에서 일정 집단만을 실험집단으로 할 경우에는 윤리적 문제가 발생할 수 있다.

3) 준실험(Quasi Experiment)

다양한 준실험 중에서 비동질적 통제집단 설계는 집단을 두 개로 나누어 한 집단에는 실험변수를 처리하고 한 집단에는 실험변수를 처리하지 않고 사전측정과 사후측정을 하는 설계이다(남궁근, 1999: 254-255). 사례로는 공무원 해외연수 참가자 200명과 비참가자 200명을 선정하여 설문조사를 한 후 직무만족도 등에 미친 효과를 측정하는 경우를 들 수 있다. 처리(×)는 해외연수로 볼 수 있는데, 짝짓기(matching) 방법에 의해 두 집단을 나누었기 때문에 동질성을 확보하지는 않았다.

(EG): $O_1 \times O_3$

(CG): (M) $O_2 \quad O_4$

(E) = $(O_3 - O_1) - (O_4 - O_2)$

준실험은 선정과 성숙효과의 상호작용(selection-maturation interaction)이나 실험 중에 일어나는 사건(intra-session history) 등이 내적 타당성을 저해할 우려가 있다. 그러나 진실험과 비교할 때 외적 타당성과 실행가능성 면에서 장점이 있다.

3 비실험적 방법

1) 의의

정책평가 또는 인과관계 판단을 위한 비실험적 방법은 실현 가능성이 높은 장점이 있다(정정길, 1997: 748-756). 그러나 내적 타당성에 문제점이 있어 허위변수와 혼란변수가 작용하여 정책효과의 추정이 부정확해질 수 있다. 다만, 남궁근(1999: 264-265)은 아래의 두 가지 비실험적 방법을 인과적 추론이 어려운 준실험 설계로 보고 있다.

2) 약점

(1) 사후적 비교집단 구성과 선정효과

영어 특별지도 희망 학생 100명을 대상으로 특별반을 실험집단(EG)으로 만들어 1주일 동안 영어지도(×)를 한 후 영어시험을 본다. 비교집단(CG)인 다른 학급보다 10점이 높게 나타나면($O_1 - O_2$) 그만큼 영어실력이 향상된 것으로 효과의 평가 가능하다.

그러나 이 사례의 경우처럼 학생들이 특별반을 희망하여 자원자들로 실험집단이 구성되는 경우 자기선정(self-selection) 효과가 발생한다.

(EG): × O_1

(CG): O_2

(E) = (O_1- O_2)

(2) 정책실시 전후 비교 설계와 성숙효과

우유급식 하기 전에 실험집단인 100명의 아동들의 평균체중이 40㎏이었는데, 우유급식(×) 1년 후 45㎏이 되었다(O_3). 그런데 여기에는 자연히 성장한 결과가 영향을 미친 부분인 성숙효과(maturation effect)도 있는 것인데, 이러한 경쟁가설(rival hypothesis)에 대한 통제가 어려워 순수한 정책효과 측정이 어렵다.

× O_1

(E) = (O_3)

제5절

우리나라의 정책평가

1 정부업무평가

1) 의의

정부업무평가기본법은 정부업무평가에 관한 기본적인 사항을 정함으로써 **중앙행정기관·지방자치단체·공공기관** 등의 통합적인 성과관리체제의 구축과 자율적인 평가역량의 강화를 통하여 국정운영의 능률성·효과성 및 책임성을 향상시키는 것을 목적으로 한다. 이 법에 근거해 추진되는 정부업무평가는 대표적인 성과관리 및 정책평가제도다. 이 법에 의해 정부의 성과관리는 중앙행정기관, 지방자치단체, 공공기관 등의 정책·사업·업무에 관한 계획 수립과 집행과정 및 결과를 점검·분석·평정하는 것을 핵심으로 운영된다. 제7조는 정부업무평가의 원칙을 세 가지 제시하고 있다. ① 정부업무평가를 실시함에 있어서는 그 자율성과 독립성이 보장되어야 한다. ② 정부업무평가는 객관적이고 전문적인 방법을 통하여 결과의 신뢰성과 공정성이 확보되어야 한다. ③ 정부업무평가의 과정은 가능한 한 평가대상이 되는 정책등의 관련자가 참여할 수 있는 기회가 보장되고 그 결과가 공개되는 등 투명하여야 한다. 이 제도는 크게 중앙행정기관의 자체평가, 지방자치단체의 자체평가, 특정평가, 지방자치단체의 합동평가, 공공기관평가 등으로 구분해 살펴볼 수 있다(이종수 등, 2022: 620-623).

2) 유형

(1) 중앙행정기관의 자체평가

중앙행정기관의 자체평가를 위해 중앙행정기관의 장은 매년 자체평가위원회를 통해 소속기관의 정책을 포함해 성과관리 또는 자체평가를 시행한다. 자체평가는 기관의 임무, 전략 및 성과목표, 평가 대상 연도의 주요 정책 및 사업성과 등을 대상으로 한다. 국무총리는 평가 총괄기관을 통해 중앙행정기관 자체평가를 확인 점검할 수 있다.

(2) 지방자치단체의 자체평가

지방자치단체의 자체평가와 관련해 지방자치단체의 장은 정부업무평가 시행 계획에 따라 소속기관의 정책 등을 포함해 자체평가를 실시해야 한다. 행정안전부 장관은 평가의 객관성과 공정성을 높이기 위해 평가와 관련된 사항들에 관해 지방자치단체를 지원할 수 있다. 지방자치단체의 자체평가 대상 및 절차 등에 관한 사항은 지방자치단체의 장이 정한다.

(3) 특정평가

특정평가는 국정의 통합적 관리를 위해 국무총리가 두 개 이상의 중앙행정기관을 대상으로 중앙행정기관 관련 시책, 또는 주요 현안 사업 중 대통령령이 정하는 부문에 대해 시행하고 그 결과를 공개한다.

(4) 지방자치단체 합동평가

지방자치단체 합동평가는 행정안전부가 주관하는데, 지방자치단체 또는 그 장이 위임받아 처리하는 국가사무, 국가보조사업, 그리고 국가 주요 시책 등에 대해 효율적인 집행 여부를 확인하기 위해 시행된다.

(5) 공공기관평가

공공기관 평가는 「**공공기관의 운영에 관한 법률**」에 규정된 공기업과 준정부기관, '지방공기업법'에 의한 지방공사와 지방공단, '정부출연연구기관 등의 설립·운영 및 육성에 관한 법률'에 의한 연구기관, '과학기술 분야 정부출연 연구기관 등의 설립 및 운영에 관한 법률'에 의한 지방자치단체 출연 연구원 등을 대상으로 한다. 공공기관평가는 개별 법령에 의해 진행되는 경우 대체할 수 있도록 했고, 그렇지 않은 공공기관은 소관 중앙행정기관의 장이 평가를 실시할 수 있다.

평가 결과는 기관 차원에서 정책 개선, 예산편성, 조직관리 등에 활용되고, 개인 차원에서 성과급 및 인사와 연계되며 평가 결과는 매년 축적·활용된다. 평가 결과를 바탕으로 시행 중인 정책에 문제점이 발견되면 이를 수정하거나 정책집행의 중단, 축소 등 시정을 위해 지속적으로 정책개선을 추진해야 한다.

2 정책평가의 확장

1) 기획재정부의 재정사업 자율평가

국가재정법 제8조 제6항에 근거해 사업 수행부서가 재정사업을 자율적으로 평가하고 기획재정부가 확인·점검한 평가 결과를 재정 운용에 활용하는 것을 목적으로 하여 2005년부터 시행되고 있다. 평가 대상은 원칙적으로 예산, 기금이 투입되는 모든 재정사업이며 성과계획서상 전체 성과목표 중 1/3(3년 주기)에 해당하는 성과목표 내 전체 관리과제(단위사업)가 대상이 된다. 평가과정에서는 계획, 관리, 성과·환류 단계의 11개 지표를 사용해 평가지표별 점수를 종합한 후 사업별로 단계 등급화하는 방식을 활용하고 있다. 평가 결과는 성과에 따라 사업별 예산 증액 또는 감액 형식으로 환류된다.

2) 환경부의 환경영향평가

환경영향평가제도는 1977년 환경보전법에 근거가 명시된 이후 지속적으로 발전해 온 평가제도다. 각종 개발정책 혹은 개발사업이 수립되는 단계에서 추진하려는 사업이 환경에 미치는 영향을 종합적이고 체계적으로 분석해 부정적인 환경영향을 줄일 수 있게 사업계획 및 의사결정 지원을 목적으로 운영되고 있다. 이 사업의 평가 대상은 2012년 말 기준 환경영향평가법에 규정된 17개 분야 78개 사업이며, 대기환경, 물

환경, 토지환경, 자연생태환경, 생활환경, 사회·경제환경 등 6개 분야 21개 항목을 평가한다. 환경영향평가는 사업자가 평가서를 작성하여 관련 전문기관(한국환경정책·평가연구원 등)의 검토를 거친 후 협의 기관장이 협의 내용을 승인기관에 통보해 사업자가 협의 내용을 준수하도록 강제하는 형태로 환류된다.

3) 여성가족부의 성별영향평가

성별영향평가제도는 2011년 제정된 성별 영향분석평가법에 근거한 것으로서 정책을 입안할 때 성별 요구와 차이를 반영해 정책이 여성과 남성에게 차별적인 혜택을 발생시키지 않도록 분석·평가하며 장기적으로 해당 정책이 양성 평등한 효과를 가지도록 개선하기 위해 도입된 제도다. 성별영향평가를 위해 활용하는 지표에는 성별 통계의 생산 및 활용, 정책의 성별 관련성 파악, 정책결정 과정의 양성평등 참여, 성인지적 예산편성, 정책수행 방식의 양성 평등성, 정책수혜의 양성평등성, 정책개선 및 환류 등 7개 분야를 대상으로 평가 및 점검을 시행한다. 평가 결과는 법제도 개선, 정책 혹은 사업 수행 방식의 개선 권고 및 확인 절차로 환류된다.

4) 기타 정책평가 유관 제도들

교통영향분석, 재해영향분석, 인구영향분석 등 정책성과의 평가와 관련된 평가제도는 훨씬 더 많다. 이들 평가의 공통점은 양적 평가와 질적 평가 방법을 혼용하고 있다는 점이다.

이런 평가들과는 성격이 조금 다르지만, 특정 제도 혹은 정책이 도입되기 전 입법과정에서 미래 영향을 평가하는 제도들도 있다. 규제영향평가, 갈등영향평가, 부패영향평가 등이 대표적이다. **규제영향평가**는 새로운 규제가 입법되려 할 경우, 사회·경제·행정 등에 미치는 제반 영향을 비용과 편익의 관점에서 분석해 규제의 적정성을 판단하는 제도다. **갈등영향평가**는 법률이나 공공정책의 형성과 집행이 사회 갈등의 발생이나 관리 및 해소에 어떤 영향을 미치는지를 분석 및 예측하고 대안을 제시하려는 제도다. **부패영향평가**는 법령 등에 잠재되어 있는 부패 유발 요인을 분석해 부패에 취약한 부분을 보완하고 법령 입안 과정의 재량권을 적절한 수준으로 조정하며 투명성을 높여 정책의 신뢰성을 증진하려는 제도다.

3 엄궁·장락·대저대교 건설 환경영향평가의 경험과 공공갈등

1) 사례의 개요

공론조사는 과도한 정책결정 비용, 과도한 시간 소요로 인한 적시성의 부족, 전문성의 한계, 정책결정자의 도구적 합리화 수단으로 전락 가능성, 공론화에 따른 일반의지와 결정자 의지의 충돌 가능성이 있다(김주환·하동현, 2019: 138-139). 그러나 이러한 한계 때문에 권위주의적 정책추진방식(Decide-Announce-Defense approach)을 취하게 되면 절차적 합리성을 확보하지 못하고, 정책오차를 걸러내지 못하여 과학적 합리성의 한계까지 보이게 되면 사업완성 시간은 역설적으로 더 증가하는 딜레마에 빠지게 된다.

2020년 '거짓' 환경영향평가를 시작으로 논란에 휩싸였던 대저대교의 대안노선이 발표됐다. 환경부가 '멸종 위기종인 큰고니의 서식지에 피해를 준다'는 이유로 기존 안 대신 4가지 대안노선을 권고한 것이다. 하지만 부산시는 대안노선을 그대로 수용하기 어렵다며 난색을 보였고 환경단체까지 반발하면서 실제 노선 확정까지는 다소 시간이 걸릴 전망이다.

2021년 12월 27일 환경부 산하 낙동강유역환경청은 '대저대교 노선 선정을 위한 겨울 철새 공동 조사·평가 협약'에 따라 대저대교 대안노선 4가지를 발표했다. 낙동강유역청 측은 "모든 대안노선이 철새 핵심 서식지인 대저생태공원 남측 신덕습지 일원을 우회하도록 했다"라고 설명했다.

〈그림 9-1〉에 따르면 1·2안 기존 노선과 종점 같고, 3·4안은 종점이 바뀌어 교량 재설계가 요구되기 때문에 노선 확정까지 시간이 소요될 것으로 판단된다.

그림 9-1 낙동강유역환경청 제시 대저대교 대안노선

출처: 부산일보(2021. 6. 27) 재구성

2020년 12월 부산시와 낙동강유역청, 환경단체는 대저대교가 낙동강 철새에게 미치는 영향을 파악하고 대안노선을 제시하기 위해 협약을 맺었다. 부산시와 환경단체가 2명씩 추천한 4명의 조사위원은 낙동강 본류 구간에서 큰고니 서식 환경을 조사했다. 평가위원회는 이를 토대로 7번의 회의를 거쳐 협약 이후 약 반년 만에 대안노선을 도출한 것이다.

〈그림 9-1〉에 나타난 바와 같이 낙동강유역환경청이 제시한 대안노선은 총 4가지다. 부산시가 제시한 기존 안은 '큰고니의 핵심 서식지를 통과하고 철새 비행을 방해한다'는 평가위원회 판단에 따라 대안에 포함되지 않았다. 1안은 낙동강수관교에 가까운 위치로 노선을 우회해 기존 종점인 삼락 IC에 도착한다. 2안은 공항교차로까지 도로를 연장한 뒤 아래쪽으로 방향을 틀어 기존 종점을 향한다. 반면 3안은 공항 교차로까지 도로를 연장하는 점은 2안과 같지만, 종점지가 삼락동 방면으로 변경됐다. 4안도 경전철과 가까운 노선이라 종점 변경이 불가피하다. 종점이 변경된 두 안은 교량 재설계에 상당한 시간이 소요된다.

전체 '식만~사상 간 도로' 중 서낙동강 구간(식만 JCT~평강교차로·4km)은 이번 대안노선에 포함되지 않았다. 2020년 6월 부산시, 환경단체, 낙동강유역환경청 사이에서 서낙동강 구간과 대저대교 구간을 분리해 환경영향평가와 착공을 진행하자는 의견이 있었지만 무산된 바 있다. 어떤 대안노선을 선택하든 서낙동강 구간은 변화가 없을 것으로 나타나면서 분리 착공 가능성도 조심스레 관측된다.

부산시는 4가지 대안노선 모두 위법 요소 등으로 인해 실제 착공은 어렵다는 입장이다. 부산시 도로계획과 관계자는 "환경적 편익이 교량 건설을 했을 때 얻을 수 있는 교통 편익보다 클 때만 노선 변경을 수용할 수 있다"라면서 "충분히 검토해야겠지만 그대로 수용하기엔 어려움이 있다"라고 말했다. 환경단체도 반발하고 있다. '습지와 새들의 친구' 박중록 운영위원장은 "대안노선안은 교량이 큰고니의 서식지를 파편화한다는 공동조사 결과를 제대로 반영하지 않았다"라면서 "대책 회의를 갖고 공동 조사의 정확한 결과와 대안노선의 문제점을 밝힐 것"이라고 전했다(부산일보, 2021. 6. 27).

2) 환경단체의 입장

〈그림 9-2〉에 나타난 바와 같이 문화재보호구역인 부산 낙동강 하구에 건설 추진 중인 엄궁대교 등 교량 건설과 관련해 환경단체가 건설 계획을 철회하라며 무기한 농성에 들어갔다. '낙동강하구 지키기 전국시민행동'은 2021년 12월 21일 부산시청 앞에서 '엄궁·장락·대저대교 환경영향평가 부동의와 건설계획 철회 촉구' 기자회견을 연 뒤 낙동강유역환경청으로 자리를 옮겨 무기한 농성에 들어갔다. 이들은 "부산시가 협의를 통해 최적의 대교 노선을 도출하자는 약속을 일방적으로 파기했다"라고 주장했다.

그림 9-2 엄궁·장락·대저대교를 반대하며 기자회견하는 부산 환경단체

출처: 부산녹색연합(2021. 12. 26).

'낙동강 하구 지키기 전국시민행동' 등 환경단체는 강력하게 교량건설을 반대하고 있다. 시민행동에 따르면 현재 낙동강 하구 일대 건설을 추진하거나 추진 중인 교량과 터널은 모두 12개다. 이 가운데 엄궁대교, 장락대교, 대저대교 등이 문화재보호구역 내 핵심지역을 관통하자 환경부·부산시·시민행동은 공동조사 평가 협약을 맺고 라운드 테이블을 열고 있다. 이들은 "부산시는 라운드 테이블에서 열리는 어떤 대안 노선도 받아들일 수 없다고 공식화했다"라면서 "이는 공동조사·평가 협약을 지키지 않겠다는 뜻"이라고 말했다.

이들은 또 환경부가 해당 교량 건설을 위한 환경영향평가를 편법으로 이행했다고 주장했다. 이 단체는 "정부 부처와 시민행동의 겨울철새 공동조사 결과에서 나온 교량 건설로 인한 서식지 파편화 현상이 환경영향평가에 전혀 반영되지 않았다"라면서 "부산시가 발주한 장락대교 건설 조류영향조사 보고서에서도 조류 서식지에 부적절한 영향을 미친다고 나왔으나 평가서에 누락됐다"라고 말했다. 이어 "부산시가 엄궁·장락·대저·사상대교 건설 계획을 철회하고, 환경부가 내놓은 환경영향평가를 동의하지 않아야 한다"라고 촉구했다(연합뉴스, 2021. 12. 21).

3) 부산시의 입장

〈그림 9-3〉에 나타난 바와 같이 엄궁대교는 총사업비 3455억 원(국비 1,555억 원, 나머지 시비)을 들여 강서구 대저동과 사상구 엄궁동을 연결하는 3㎞의 6차로 교량이다. 보상비 등을 제외한 공사비는 2900억 원이다. 부산시는 2021년 말 공사를 시작해 2024년 완공을 목표로 했다.

부산시는 에코델타시티 등 서부산권 개발 완료시기인 2025년 차량 통행량이 2018년 기준 약 57만 대에서 약 71만 대로 증가할 것으로 예상하고 엄궁대교와 대저대교, 장낙대교 등 낙동강 횡단 3개 교량의 조속한 완공을 추진한 것이다.

엄궁대교가 완공되면 창원~부산 민자 도로와 장낙대교, 강서~엄궁, 북항으로 이어지는 서부산권 광역교통망이 완성될 것으로 기대했다. 특히 엄궁대교는 사상구 엄궁동과 북항재개발지역을 바로 잇는 승학터널과 연결되고, 엄궁대교는 장낙대교와 이어지기 때문에 이들 도로가 만들어지면 부산 원도심에서 창원까지 30분대 이동이 가능할 것으로 기대했다(국제신문, 2020. 11. 24). 그러나 엄궁대교의 경우 1개 업체만 참여하여 유찰되는 문제가 발생했고, 문화재보호구역에 속해있는 장락대교의 경우 2018년 9월 문화재청에서 철새 영향성 검토부터 하라면서 문화재현상변경허가를 반려해 제자리걸음 상태이다(국제신문, 2020. 1. 22).

그림 9-3 엄궁·장락·대저대교 위치도

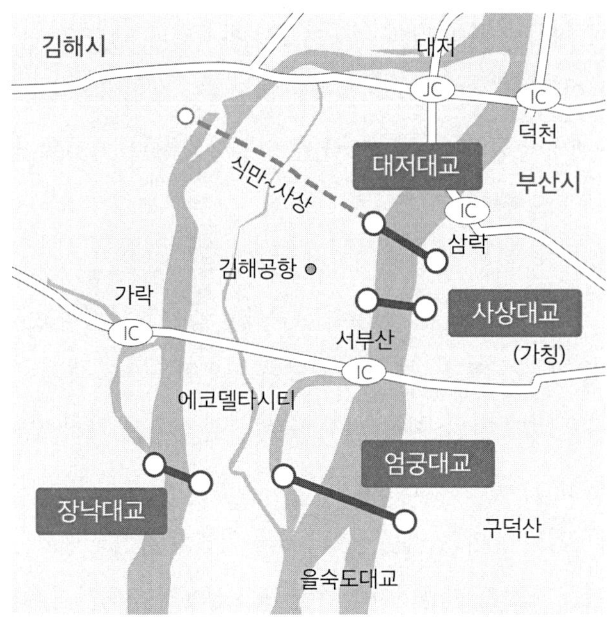

출처: 국제신문(2020. 11. 24) 재구성.

한편 대저대교의 경우 부산시는 환경단체가 주장하는 대안 노선은 경제성이 낮은 데다 오히려 환경 파괴를 야기할 수 있다는 입장이다. 부산시 관계자는 "환경단체 측이 주장한 대안 노선은 준주거지역 등을 포함하면서 보상비가 많아져 현실적으로 이행할 수 없다"라면서 "대안 노선을 건설하려면 낙동강을 지나는 교량을 추가로 건설해야 해 환경 생태계에 오히려 부정적일 수 있다"라고 밝혔다. 이어 "겨울철새 공동조사와 관련해 철새를 조사할 수 있는 시기가 도래하지 않아 조사를 못 했고, 더 정확한 자료를 내기 위해 재조사를 시작할 예정이다"라고 해명했다(연합뉴스, 2021. 12. 21).

4) 공공갈등과 정책확장의 가능성

낙동강유역환경청이 부산시의 환경영향평가서를 반려하면서 완공 시점 더 늦어졌다. 에코델타시티·명지지구 등 속속 입주로 유동인구는 증가세에 있다. 부산시가 엄궁, 장락대교 건설을 앞두고 진행한 환경영향평가가 반려되면서 서부산 시민이 겪어야 할 교통난이 당분간 지속할 것으로 보인다. 29일 부산시에 따르면 시는 2018~2019년 서부산 일대 교통난을 해소하기 위해 강서구와 인근 지역을 연결하는 엄궁대교, 장락대교 건설을 추진해왔다. 장락대교는 강서구 생곡동에서 에코델타시티를, 엄궁대교는 강서구 대저동과 사상구 엄궁동을 연결하는 다리로 각각 2023년과 2024년 완공을 목표로 했다.

하지만 해당 대교 건설을 위해 통과해야 하는 환경영향평가가 최근 관할 당국으로부터 반려되면서 건설에 차질이 불가피해졌다. 낙동강유역환경청은 에코델타시티 양옆에 있는 엄궁대교와 장락대교에 대해 부산시가 각각 별도의 환경영향평가를 진행한 점과 겨울 철새 서식지에 대한 조사 미흡을 이유로 부산시의 환경영향평가를 반려했다.

부산시 관계자는 "에코델타시티를 사이에 둔 2개의 대교를 하나의 영향권으로 간주해야 한다는 환경청의 입장을 수용할지 재검토할 것"이라며 "부족한 철새 서식지 조사는 보완할 계획이고 이외 반려 이유를 분석해 재신청할 예정"이라고 말했다.

낙동강을 가로지르는 엄궁대교, 장락대교 등 교량 건설이 차질을 빚으면서 서부산 시민의 교통 불편은 한동안 지속될 것이라는 우려가 있다. 최근 에코델타시티 입주를 시작한 데 이어 명지지구 2단계, 대저 1·2동 공공주택지구 등 개발이 완료될 예정이어서 이 일대 유동 인구수는 지금보다 훨씬 늘어날 것으로 예상된다. 여기에 강서구 식만동과 사상구 삼락동을 잇는 대저대교는 환경영향평가서 조작 의혹이 불거지면서 현재 건설이 중단된 상태다.

강서구 관계자는 대저대교가 제때 건설되지 않으면 출퇴근 시간대 심각한 교통체증이 발생하고, 이동 거리가 늘어나 기업의 물류비용이 증가할 것이라면서 서부산권 산업단지의 경쟁력 저하는 부산과 인근 지역 경제의 경쟁력 약화로 이어질 것이라고 우려했다.

부산시는 당장 이번 겨울 철새 서식지 조사를 착수하는 등 발 빠르게 조치하겠다는 입장이다. 부산시 관계자는 2019년 엄궁대교 실시설계 입찰이 한 차례 유찰되면서 이미 완공이 2~3년가량 늦어진 상태라면서 서부산권 일대 교통난 해소를 위해 사업 추진에 속도를 내겠다고 말했다.

한편 부산 환경단체는 엄궁대교, 장락대교에 대한 건설 계획 철회를 계속해서 촉구하고 있다. '낙동강하구 지키기 전국시민행동'은 엄궁대교와 장락대교는 문화재보호구역의 가장 핵심 지역을 통과하기 때문에 환경훼손이 심각하다면서 부산시는 엄궁대교, 장락대교 등 건설 계획을 철회하고 대안 강구를 위해 재논의에 나서야 한다고 말했다(연합뉴스, 2021. 12. 29). 지역교통정책의 혁신의 관점에서 평가해 보면, 부산광역시는 정책의 정당성을 확보하기 위한 환경영향평가와 문화재현상변경 허가 등에 필요한 형식요건은 갖추었지만 내용적으로 미흡한 상태에서 속도를 내다가 열린 공간에서 시민사회의 비판의 빛 아래 제지를 당하면서 정책의 확장에 한계에 봉착하고 있는 것으로 평가된다.

〈표 9-1〉을 참고하여 육하원칙에 따라 갈등사례를 분석해 보면, 갈등의 원인이 선명하게 드러난다. 정책이 확산될 때 갈등관리를 통해 갈등의 원인과 해결 방안에 대해 토론하는 노력도 함께 가져가야 한다.

표 9-1 육하원칙을 활용한 갈등분석

초점	기초분석	심화분석
누가 (who)	• 갈등 당사자는 누구인가? • 갈등에 직간접적 영향을 받는 제2, 제3의 당사자는 누구인가?	• 당사자들의 갈등에 대한 입장은? • 당사자들의 서로에 대한 태도는? • 갈등을 해결하고자 하는 의지는?
무엇을 (what) 왜(why)	• 갈등의 발생 원인은 무엇인가? • 무엇을 위한 갈등인가? • 갈등의 일차적, 이차적 쟁점은 무엇인가?	• 갈등 당사자들이 진정으로 원하는 것은 무엇인가? • 문제별 분류가 명확하게 이루어질 수 있는가?
어떻게 (how)	• 갈등은 어떻게 진행되었는가? • 갈등 당사자 간의 의사소통의 통로나 방법은 무엇인가?	• 갈등발달의 과정 상의 문제점은 무엇인가? • 갈등 당사자의 관계는 어떠한가?
언제 (when)	• 갈등의 역사는? • 갈등의 현재 단계는?	• 앞으로의 갈등 진행방향은 예측 가능한가? • 제3자의 적절한 개입시점은 언제 인가?
어디서 (where)	• 갈등에 대한 지역적·환경적 영향은 무엇인가?	• 갈등에 영향을 주는 문화적·구조적 영향은 어느 정도인가?

출처: 대통령자문 지속가능발전위원회 편(상)(2005: 101-102)

연구문제

1 정책을 평가하는 이유는 무엇인가?

2 정책을 평가하는 경우 어떠한 장점과 어떠한 단점이 있는가?

3 평가과잉이 초래할 수 있는 문제점을 생각해 본 적이 있는가?

4 정책평가라는 이름으로 등장하지만 실은 사후적인 평가가 아니라 사전적인 정책분석의 성격이 강한 제도들은 없는가?

5 정책평가 결과에 따라 공공갈등이 발생할 수 있는가?

6 감사원, 사법부, 그리고 헌법재판소의 판단과 평가결과는 언제나 공공갈등을 종식시키는가?

제10장

정책변동과 공공갈등

제1절　정책변동의 개념과 유형
제2절　정책옹호연합모형(ACF)
제3절　다중흐름모형(MSF)

제1절

정책변동의 개념과 유형

정책변동은 정책내용의 변동뿐만 아니라 정책집행방법의 변화까지도 포함한다. 정책의 변동은 정책결정에서 일어나는 정책의 수정·종결만이 아니라 집행단계에서 일어나는 정책의 변화도 포함한다(정정길, 1997: 785-807). 정책변동은 네 가지로 나누어진다(Hoghood and Peters, 1983: 26-29).

첫째, 정책혁신은 정부가 관여하지 않고 있던 분야에 개입하기 위해 새로운 정책을 결정하는 것을 의미한다. 미국에서는 1970년대에 들어서야 환경규제에 본격적인 관심을 가지고 법제도적 정책변동을 하게 된다. 둘째, 정책유지는 정책의 기본적 특성을 그대로 유지시키는 것을 의미한다. 관련법령이나 기본정책이 그대로 유지되면서 정책을 구성하는 사업내용이나 예산액수 그리고 집행절차의 변경이 이루어지는 경우이다. 셋째, 정책승계는 기본정책목표는 변하지 않으면서 승계되지만 정책의 근본적인 수정이 이루어지거나 완전히 대체하는 경우를 말한다. 넷째, 정책종결은 현존하는 정책을 완전히 소멸시키는 경우를 말한다. 본 연구에서는 정책이 새롭게 도입되거나 정책결정과 집행과정 그리고 정책평가 과정에서 정책내용이 변경되는 경우를 정책변동으로 넓게 인식한다.

제2절

정책옹호연합모형(ACF)

1 개념

Sabatier & Jeckins-Smith(1999)가 주장한 정책옹호연합(ACF, Advocacy Coalition Framework)모형은 정책과정에서 정치·사회적 요인, 외부요인 등이 어떻게 영향을 주는지 알아볼 수 있고 서로 다른 신념체계를 가진 행위자들이 옹호연합을 형성하여 각 옹호연합 간의 갈등과 상호작용을 통한 정책산출 과정을 살펴보는 데 유용하다. 물론 〈그림 10-1〉의 분석모형은 공작소에서 투입 재료가 달라지듯이 하위 변수들은 설명 대상에 따라 변화하고 있어 연구자가 상황에 적합한 분석모형을 구성하면 좋을 것으로 판단된다.

그림 10-1 ACF 분석모형

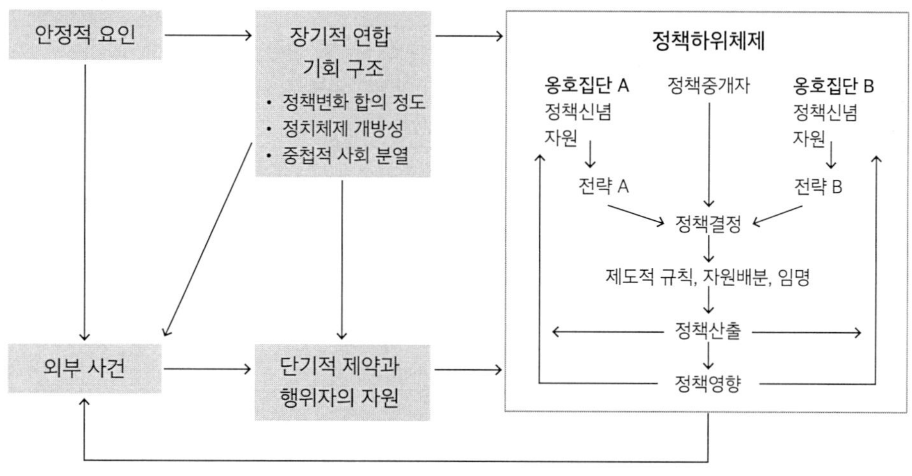

출처: Sabatier and Jenkins-Smith(1999: 128); Sabatier(1988: 132); Weible, C. M. et al. (2009: 123)

2 외적요인

외적요인은 행위자들의 행동을 제약하거나 기회를 제공해 주는 요인으로서, 상대적으로 안정적인 지표들과 역동적인 외부사건들로 구성된다.[1] 첫째, 안정적인 변수는 좀처럼 변화하지 않고, 변화하더라도 시간이 매우 오래 걸려 행위자들의 행태나 정책의 변동을 초래하는 동인이 되지 못하는 경우가 많지만, 하위체제 내 행위자들이 동작하는 데 근본적인 자원과 제약요인으로 작용한다(Sabatier, 1993: 20-22; Jenkins-Smith et al., 2014: 194). 안정적인 변수는 문제의 기본속성, 자연자본의 기본분포, 근본적인 사회·문화적 가치와 사회구조, 기본적 법적 구조로 구성된다.

둘째, 반면 역동적인 외부사건들은 역동적이어서 불안정성을 띠고, 변화하기 쉬우며 정책하위체제에도 직접적으로 영향을 미치는 변수들을 말한다. 예상하지 못하게 작용할 수 있으므로 미리 예측하는 것이 중요하다(Sabatier, 1993: 22-23). 역동적인 외부사건에는 사회·경제적 조건의 변화, 여론의 변화, 정치체제의 지배연합의 변화, 다른 하위체제로부터의 영향으로 구성된다(Burnham, 1970; Jenkins-Smith et al., 2014).

표 10-1 ACF 모형의 외적 요인

외적 요인	하위요인	내용
안정적 요인 (Relatively Stable Parameters)	① 문제의 기본속성	옹호연합 간 갈등의 쟁점이 무엇인가에 초점을 맞추고, 정책의 당위성, 심각성, 전문성, 복잡성을 통해 설명
	② 자연 자원의 기본적 분포	현재 혹은 과거의 자연적 자원의 분포는 국부와 경제·사회·문화의 역동성과 정책선택의 가능성에 영향을 미침
	③ 근본적인 사회 문화적 가치와 사회구조	그 사회가 지니는 정체성으로 전반적인 인식

1 열거된 지표가 대표지표이나, 사례에 따라 달라질 수 있고 특히 역동적 외부사건 지표는 무수히 많을 수 있다(Sabatier, 1993: 17-18).

	④ 기본적 법적구조	정책산출로부터 정책변동이 발생할 때까지 정책하위체제 전반에 기본적 영향을 미치는 법률 등을 의미
역동적 외부사건 (External Subsystem Events)	① 정치체제의 지배연합의 변화	공공정책을 실질적으로 입안하고 집행하는 관리책임자의 변동, 정권교체 등
	② 여론의 변화	공공정책에 대한 국민의 변화된 행태
	③ 사회·경제적 조건의 변화	사회·경제적으로 나타나는 급격한 변화(오일 쇼크, IMF 외환 위기 등)
	④ 다른 하위체제로부터의 영향	본 체제 이외의 다른 부문에서 결정하고 영향을 주는 행태로서 유사정책의 결정 등

출처: Sabatier(1988: 129-168); Weible, C. M. et al. (2009: 123); 김순양(2010)

3 신념체계와 옹호연합 형성

정책하위체제는 정책논쟁에 참여하는 행위자들로 구성되어 진다. 여기에는 철의 삼각인 의회, 정부부처, 이익집단뿐 아니라 연구인, 전문가, 언론, 정당, 시민단체 등도 포함된다. ACF는 과학적·기술적 정보가 신념을 형성하는 데 중요하다고 여기므로 전문가의 역할을 특히 중시한다(Jenkins-Smith and Sabatier, 1993: 42-43; Ike, 2009; 김순양, 2010; Jenkins-Smith et al., 2014).

정책하위체제는 2~4개의 옹호연합으로 구성되며 이들은 기본적인 가치, 정책에 대한 인과적 가정, 문제인식에 대한 태도, 정책수단에의 동의 등에서 주요한 신념체계를 공유하는 행위자들의 협력체로 구성된다. 옹호연합 간에 공유된 신념은 접착제 역할을 하여 잘 변하지 않고 끊어지지 않게 만들어 옹호연합이 안정적으로 유지되도록 한다(Sabatier, 1993: 27). 이러한 신념은 규범적 핵심신념, 정책 핵심신념, 이차적·도구적 신념으로 3층의 위계를 가진다.

표 10-2 ACF의 신념체계 구조

구분	규범적 핵심 신념	정책 핵심 신념	이차적·도구적 신념
특징	• 근본적 규범, 존재론적인 공리	• 규범적 공리를 달성하기 위한 기본적 전략에 관한 근본적인 정책 입장	• 정책핵심을 집행하기 위해 필요한 도구적 결정과 정보탐색
적용 범위	• 모든 정책 영역에 대해 적용함	• 관심 있는 특정 정책영역에 적용함	• 관심 있는 정책영역에 특별함
변화에 대한 민감성	매우 어려움 • 종교개종과 비슷함	어려움 • 심각한 변칙이 일어나면 변화 가능	꽤 쉬움 • 가장 행정적이고 법적인 정책결정의 주체임
설명 요인	사람의 속성(천성) • 다양한 가치에 대한 우선권 - 미, 자유, 지식, 건강 등 분배적 정의에 대한 기본정의	• 정부와 시장의 적절한 활동범위 • 정부권위의 적절한 수준 • 근본적인 정책갈등 방향 - 환경보호와 경제개발 • 정책도구에 관한 기본적 선택 - 강제, 유인, 설득	• 행정규칙, 예산 배분, 규정 해석에 관한 결정 • 프로그램 실적에 관한 정보

출처: Sabatier(1993); 박상원·박치성(2009)

행위자들은 신념을 바탕으로 옹호연합을 형성하기도 하지만, 다수가 힘을 합치는 것이 유리하기 때문에 행위자들은 이익극대화를 위하여 연합을 형성하기도 한다(김순양, 2010: 7). 옹호연합은 자신들의 신념이 정부의 정책과 프로그램으로 관철되도록 자신들이 동원할 수 있는 자원을 최대한 이용하는 등 다양한 전략을 구사한다. 자원에는 결정을 위한 공식적인 법적 권위, 일반여론, 정보, 동원할 수 있는 인적 자원, 재정 자원, 기술적인 리더십 등이 있다(Sabatier, 1993; Jenkins-Smith et al., 2014).

4 정책중개자

정책중개자(policy broker)는 옹호연합 간의 갈등을 중재하는 제3의 행위자로, 주요 관심은 옹호연합 간의 갈등을 최소화하고 합리적으로 타협점을 산출하는 것이다

(Sabatier, 1993; 김순양, 2010). 정책중개자는 의회, 행정관료, 사법부, 시민단체, 전문가집단 등으로 이루어진다.

정책중개자에게는 전문성과 정당성이 요구되어진다. 정책중개자가 전문성을 지니지 않으면 중개를 해야 할 정책문제에 있어서 전문성을 지닌 다른 정책행위자에게 의존하는 경향을 보이게 되고, 이 과정에서 정책중개자의 영향력은 상대적으로 약해진다. 또한 정당성은 정치인과 대중들이 얼마나 정책중개자를 신뢰하고 정치적 정당성을 주는가와 관련된다. 즉 정치인과 대중들이 정책중개자를 신뢰하는 수준이 높을수록 정책옹호연합 간의 갈등에 개입할 수 있는 여지가 커진다. 정당성을 확보한 정책중개자는 정책과 관련한 정책행위자 또는 옹호연합들과 공감대를 형성하기가 유리하므로 보다 효과적인 중개가 가능하게 된다(박용성·최정우, 2011: 109-110).

정책중개자들은 중립적이고 전문성이 있어야 하나 현실적으로는 사안 자체가 양자택일의 성격이 강해 중립을 지키기 어렵고 중개자 또한 정책성향(bent)을 가지고 있는 경우가 많아 정책중개자와 정책옹호자는 연속선상에 있다고 할 수 있다(Sabatier, 1993: 27).

5 정책지향학습과 정책산출

옹호연합 구성원들의 행동은 공유된 신념을 정책으로 전환시키고자 한다. 옹호연합들은 정책지향학습을 통해 자신들의 정책방향이나 전략을 수정하기도 하는데, 이는 신념체계를 강화하거나 수정하는 것을 의미한다. 정책학습이 이루어지기 위해서는 첫째, 상당한 정도의 갈등 및 대립이 옹호연합들 사이에 존재하여야 하고 둘째, 옹호연합들 사이의 논쟁을 촉진하는 공개적이고 전문적인 토론회 및 공청회가 있어야 한다. 결국 이러한 과정을 통해 의사결정이 이루어지고 정책이 산출되어 정책변동이 이루어지게 된다. 이 과정에서 정책지향학습이 점증적인 변화를 촉진하는 힘으로 파악된다. 가령 2011년 후쿠시마 원전사고 이후 독일의 경우 2022년까지 원전을 전부 폐기하는 것으로 정책변동을 하였는데, 여기에는 원전 폐기를 지지하는 옹호연합이 훨씬 강력했기 때문으로 해석할 수 있다.

6 4대강 보 해체와 개방 사례

보 해체와 유지라는 두 개의 분절적인 대안의 선택에 따른 환경보전과 경제개발의 가치충돌과 기회손실이 큰 것으로 나타났다. 문재인 정부에서 대통령 공약사항이고 지시사항인 4대강 재자연화를 임기라는 제한 시간 내에 선택할 수밖에 없는 딜레마 상황에 빠져있는 것으로 분석되었다. 문재인 정부는 보 개방 정책실험과 자원투입을 통해 시간을 벌고 있었고, 국가물관리위원회를 통해 먼저 금강과 영산강 보에 대해 상징적 결정을 하고 구체적인 실행은 미루는 형식적 정책대응을 하였다. 윤석열 정부에서 2023년 7월 20일 발표된 감사원 감사결과로 4대강의 재자연화, 즉 보 해체는 사실상 무산되었고, 환경부는 보 해체 결정을 원점에서 재검토하고 있다. 이러한 정책의 일관성 상실과 정책혼란의 원인을 ACF 모형을 통해 좀 더 구체적으로 살펴보면 다음과 같다.

그림 10-2 정권변동에 따른 4대강 보 관련 연합형성의 변동과 정책혼란

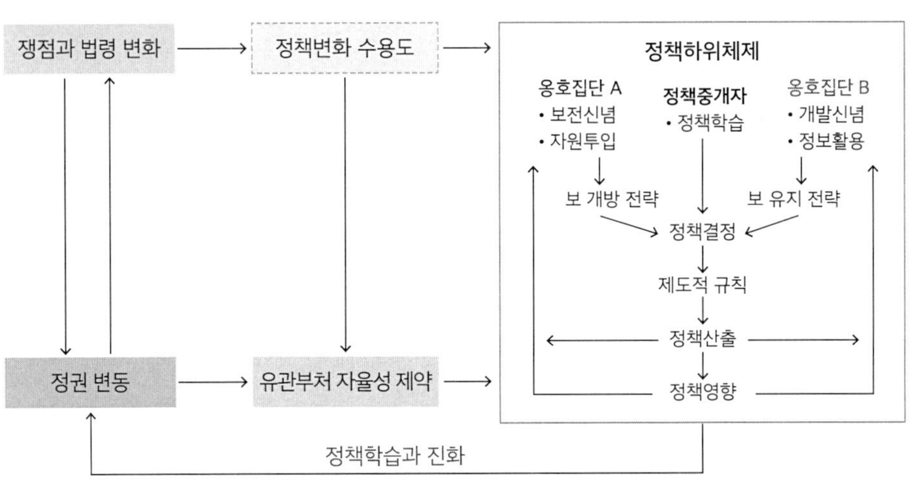

출처: Sabatier and Jenkins-Smith(1999: 128)를 토대로 4대강 보 옹호연합의 갈등상황에 적용

〈그림 10-2〉에서는 4대강 보 해체와 개방을 둘러싼 갈등구조를 ACF 모형을 단순화하여 분석한 결과를 제시해 보았다. 첫째, 외부사건인 정권교체는 정책의 근본 틀을

변화시키는 핵심 요인인 것으로 나타났다. 환경위기와 경제위기와 같은 문제 속성들도 정권의 입맛에 따라 재해석되고 관련 법령들도 정권의 정책변화에 맞추어 손쉽게 변화하는 것으로 나타났다.

둘째, 4대강 보와 관련된 핵심 행정부처인 환경부도 정권의 변화에 따라 바뀐 장관의 입장도 변하고 보의 해체와 개방에 대한 입장이 변화하면서 정책의 일관성을 상실하고 있는 것으로 나타났다.

셋째, 옹호연합의 구성 역시 정권의 변화에 따라 정권을 중심으로 이루어진 것으로 나타났다. 문재인 정부에서 보 해체와 개방 입장을 견지하면 4대강 자연성 회복을 주장하는 환경단체 중심의 연합구성이 이루어졌다. 반면 윤석열 정부는 보의 유지와 활용을 공약으로 내세웠고, 4대강 국민연합과 같은 친정부단체, 상류 지자체장, 취수기업, 관광업자, 수막재배 농민을 중심으로 연합구성이 이루어졌다.

넷째, 윤석열 정부에서도 찬성연합의 4대강 자연성 회복이라는 환경가치와 반대연합의 경제개발 가치와 같은 핵심신념과 정책신념의 변화는 없었지만, 기후변화 따른 가뭄의 빈발 때문에 **물그릇 확보**를 위한 보의 유지와 탄력적 운영과 댐-보 연계운영과 같은 도구적 2차신념은 감사원 보고서 결과로 조금씩 변화가 나타나는 것으로 확인되었다. 문재인 정부에서 보를 해체하거나 개방하더라도 경제개발가치라는 핵심신념은 불변이었지만, 농업과 친수시설 이용이 취수장과 양수장을 개선하는 자원투입으로 가능하게 되자 도구적 2차신념은 변화하는 것으로 나타났다.

다섯째, 찬성연합은 4대강 보 개방 정책실험, 대체관정 개발과 친수시설 자원투입, 국가물관리위원회를 활용한 결정을 통하여 보 해체와 개방 전략을 지지하였다. 반대연합은 감사원 감사결과와 반대연합 전문가 정보를 활용한 대응으로 보의 탄력적 운영 전략을 지지하였다. 여섯째, 정책중개자들은 중립성, 전문성, 정당성의 문제 때문에 신뢰 수준이 낮아 정책중개 역할을 제대로 하지 못하고 정책혼란을 가중시킨 것으로 나타났다. 찬성연합이 주도할 때인 2021년 1월 18일 국가물관리위원회는 보 해체와 개방 결정을 했지만, 정권 변화와 함께 보 유지로 가닥을 잡고 감사원의 보 개방 부정적 결과까지 가세하면서 보의 탄력적 운영으로 방향을 잡는 정책의 비일관성에 정책중개자들의 무력성이 한 몫을 한 것으로 평가된다.

일곱째, 찬성연합과 반대연합이 정책중개에 따라 정책논쟁을 따라 과학적 근거를 토대로 정책지향학습과 정책변화를 가져오는 것이 아니라 정권의 변화에 따라 4대강 보의 해체와 개방 정책을 요동치는 것으로 나타났다. 그러므로 지금부터라도 현재까지 축적한 과학적 데이터를 토대로 4대강 보 해체와 개방에 대한 정책방향을 설정하고 일관되게 추진할 필요가 있다.

표 10-3 4대강 보 해체와 개방을 둘러싼 옹호연합의 정책변동 영향력 분석결과

구분		한국 4대강 보 해체와 개방 사례	영향력 평가
외적 요인	안정적 요인	환경위기-녹조위험 상존 • 자연재난-치수역량 초과한 재난 빈도 높아짐 • 경제위기-건설경기와 일자리 논리 • 관련법령-목적변화에 따른 법령 변동성 높음	◎
	외부 사건	• 정권교체-정책의 근본 틀을 변화시키는 핵심 요인	●
행위자의 제약과 자원		• 정권 예속성과 환경부의 비일관성	○
옹호연합의 구성	찬성연합	• 문재인정부, 환경단체(재자연화) 중심 연합구성	◎
	반대연합	• 윤석열정부, 상류 지자체장, 취수기업, 관광업자, 농민대표(경제개발) 중심 연합구성, 4대강 국민연합	◎
신념체계	찬성연합	• 환경가치(자연성 회복) 핵심신념과 정책신념 불변 • 2차신념-감사원 보고서 결과로 변화	◎
	반대연합	• 경제가치 핵심신념과 정책신념 불변 • 도구적 2차신념(농업과 친수시설 이용)-취수장과 양수장을 개선하는 자원투입으로 변화	◎
자원	찬성연합	• 4대강 보 개방 정책실험, 대체관정 개발과 친수시설 자원투입, 위원회 활용과 상징적 결정	◎
	반대연합	• 감사원과 반대연합 전문가 정보를 활용한 대응	◎
전략	찬성연합	• 보 해체(개방)	◎
	반대연합	• 보와 유관 시설물 유지 • 보의 탄력적 운영	◎
정책중개자		• 국가물관리위원회의 무력성 • 정권 예속성과 감사원의 비일관성 • 법원의 한계	○

정책지향학습	찬성연합	• 정책실험, 감사원 보고서, 정책논쟁을 통한 정책학습	◎
	반대연합	• 감사원 보고서, 정책논쟁을 통한 정책학습	◎
정책산출	찬성연합	• 보 해체와 개방 실현	◎
	반대연합	• 댐-보 연계운영과 협력	◎

주: ● 강한 영향력, ◎ 보통 영향력, ○ 약한 영향력

제3절

다중흐름모형(MSF)

1 의미

Kingdon(1984; 1995; 2011)이 주장한 정책흐름모형(PSF, Policy Stream Framework) 혹은 다중흐름모형(MSF, Multiple Stream Model)은 정책의제설정, 정책결정, 그리고 정책변동이 합리적으로 이루어지는 것이 아니라 비합리적으로 또는 예측 불가능하게 이루어진다는 것을 가정한다. 이 모형은 정책문제의 흐름, 정책대안의 흐름, 정치의 흐름, 그리고 정책의 창이 열렸을 때 이를 결합하는 정책선도자라는 개념을 통해 정책변동을 설명한다(Kingdon, 1984). 이런 측면에서 Cohen 등(1972)의 쓰레기통모형에서 기원한다고 볼 수도 있다(Smith and Laimer, 2017: 108-112). PSF 모형을 이용하면 정책형성과정에서 어떻게 기회의 창이 열리고 누가 이 과정에서 주도적인 역할을 했는지 알 수 있기 때문에 정책이 역동적으로 변동·결정되는 과정을 살펴볼 수 있다(Zahariadis, 2007).

그림 10-3 정책흐름모형의 구성

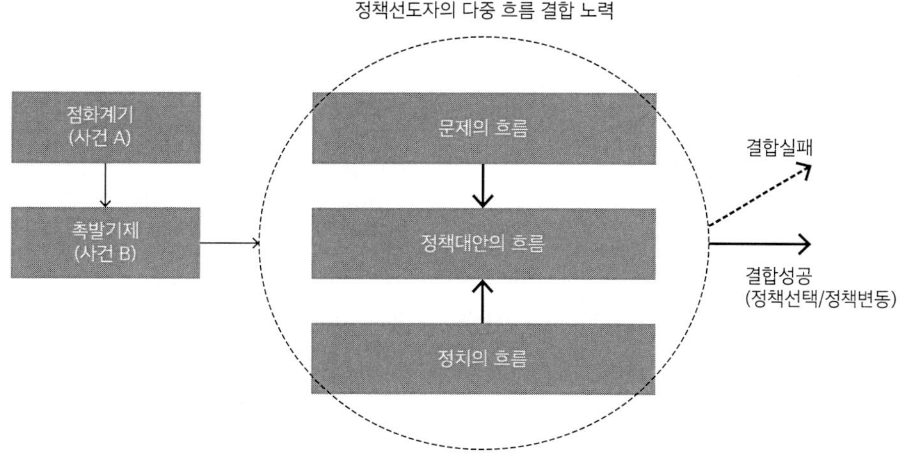

2 세 가지 흐름

1) 정책문제의 흐름

〈그림 10-3〉에 나타난 바와 같이 정책문제는 여러 가지 정책문제 가운데 "왜 어떤 문제는 정책결정자의 관심을 끌지 못하고 어떤 문제는 관심을 끌어 중요 정책문제로 인지하게 되는가?"에 관한 것이다. 정책문제는 이전부터 계속 존재해 왔고 정책공동체 내에서 정책문제로 인식해 왔던 사회적 상황들이 지표(index), 초점사건(focusing event), 피드백(feedback) 등으로 인해 새로 혹은 갑자기 정책의제로 주목받게 되는 것을 말한다. 이렇게 사회적 상황이 정책문제가 되기 위해서는 정책결정자가 그 상황을 심각하게 고려하고 무엇인가 변화해야 한다고 지각·인지해야 한다(Kingdon, 1995: 109-110; 최성락·박민정, 2010: 2-3). 단순히 정책대안이 제기되는 수준이 아니라 다양한 정책대안이 상호작용과 수정을 거쳐 소수의 대안으로 합의를 얻어가는 과정을 거쳐야 한다(성욱준, 2013: 153).

또한 정책문제를 인식하고 정의하는 데에는 참여자가 중요한 역할을 한다. 가시적 참여자는 대통령, 고위 임명직, 주요 의회 의원, 미디어, 정당 등이 포함되며, 비가시적인 참여자는 학자 및 연구원과 같은 전문가, 경력직 공무원, 의회의 참모, 최고위직

아래 임명된 공무원 등이 포함된다. 이익집단은 경우에 따라 가시적 참여자가 될 수 있고 비가시적인 참여자가 될 수 있다(김복규·김선희, 2006: 168; 김상봉·이명혁, 2011: 3-4). 정책문제의 흐름에서는 가시적 참여자가 보다 중요한 역할을 담당한다는 것이 일반론인데, 미디어뿐만 아니라 시민단체와 법원 등도 문제의 흐름을 주도할 수 있을 것이다.

2) 정책대안의 흐름

정책대안의 흐름은 정책과정에 참여하는 전문가집단이 정책공동체의 내부적 합의에 따라 대안을 선택·개발하는 과정을 말한다. 정책전문가와 정책결정자는 자신들이 선호하는 대안이 채택될 수 있도록 적극적으로 참여함으로써 정책의 흐름에 영향을 미친다. 정책공동체가 활용하는 방법은 공청회, 토론회, 논문발표, 여론조사 등이 있다(김시진·김재웅, 2012: 184).

정책대안은 정책문제가 발생해서 고려되는 것이 아닌 그 이전부터 존재해오는 것으로서 아이디어의 수프(soup of ideas)로 표현된다(Zahariadis, 2007: 72). 즉, 정책공동체 내에서 수많은 정책대안이 하나의 수프 속에서 떠다니다가 어떤 것은 살아남고 어떤 것은 도태되며 또 어떤 것은 초안에서 여러 생존·진화과정을 거쳐 정책대안으로 인정받게 되기도 한다(Kingdon, 1984: 138; 최성락·박민정, 2010: 8-9). 이 과정에서 정책대안의 기술적 실현 가능성(technical feasibility), 가치 수용성(value acceptability) 그리고 예산제약의 고려를 통해 아이디어가 선택된다(Zahariadis, 2007: 72-73; 김상봉·이명혁, 2011: 4).

3) 정치의 흐름

정치흐름은 정치적 사건과 역동성에 의해 진행되며 대개 정책문제 흐름과 정책대안 흐름을 정책의제로 전환시키는 데 결정적인 역할을 한다. Kingdon은 정책결정은 우연적 과정이라고 설명하며 정책내용의 합리성보다 결정이 이루어지는 정치적 여건이나 과정을 강조하였다(Kingdon, 2011; 김시진·김재웅, 2012: 184).

정치적 요소의 등장으로 정책의제의 우선순위가 바뀌기도 하고 새로운 의제가 등장하기도 한다. 합의는 설득보다는 협상에 의해 도출되며 가시적인 참여자가 중요한 역할을 한다. 정치흐름을 구성하는 요인들은 국가적 분위기(national mood), 행정부의 변동(changes of administration), 이익집단의 압력 캠페인(interest group pressure campaigns) 등이다. 특히 국가적 분위기와 행정부·입법부상에 일어나는 변화가 결합될 때 의제에 가장 강력한 영향력을 가지게 된다(Zahariadis, 2007). 세 가지 흐름을 결합하는 결정적인 힘은 정치의 흐름에서 나올 가능성이 높은데, 시민사회연합의 형성과 언론의 지속적인 관심이 없다면 정치의 흐름은 지속되기 어려울 것이다. 박근혜정부가 처음부터 의도하지는 않았지만 2014년 세월호의 침몰 사고를 계기로 국민안전처가 탄생한 것은 이러한 맥락에서 이해할 수 있다.

표 10-4 다중흐름모형의 세 가지 흐름

	세부요인	지표
문제 흐름	지표	▪ 문제 상태가 비교적 정량적으로 측정 가능한 상태, 어떤 상황의 규모나 정도를 표시해주는 수치, 규칙적으로 모니터링하여 해당문제에 대한 갑작스러운 변화 등을 설명해줄 수 있음 ▪ 정치적으로 이용되어 공식적인 의견으로 사용되어질 수 있음
	초점사건	▪ 재난, 사고, 위기, 상징, 집단시위, 청원 등 정책 입안자들이나 대중들에게 갑자기 알려져 관심·주목을 집중시켜 정책변화를 불러일으킬 수 있을 정도 규모의 커다란 사건(예: 911테러 등)
	피드백	▪ 예전의 정책이나 정책경험으로부터 오는 정보, 정책집행 결과로 제기되는 문제점 등 의견수렴과정. 정책결정자는 이상적인 상태에 관한 자신의 가치와 현재의 상태 또는 다른 나라의 것과 비교하거나 범주화하여 문제를 정의함 ▪ 어떤 정책이 성공하고 어떤 정책이 그렇지 못할 것인지에 대한 판단에 도움을 줌
정책 흐름	기술적 실현 가능성	▪ 대안의제의 실현 가능성
	가치 수용성	▪ 구성원들의 가치체계와의 합치성, 공감대 형성
	국가적 분위기	▪ 절대 다수의 분위기. 해당 국가에서 대다수의 국민들이 일반적으로 생각하는 경향이 어떤 것인지에 대한 문제에 대해 정부 관료는 국민들에게 설문이나 모니터링을 통해 의제가 빨리 제도화되도록 촉구·회피하는 등의 선택 ▪ 정치적 지지와 바로 직결되므로 정책결정자들은 민감하게 반응

정치 흐름	행정부·입법부의 변동	▪ 입법부 주도 정당이 바뀌게 되어 법안 통과여부에 영향을 미치거나 대통령이 바뀌면서 정부의 입장이 바뀌는 등 드라마틱한 영향력이 행사되는 것 ▪ 대통령 비서실장의 변화도 중요한 잠재변수로 작용 ▪ 앞으로 발생할 수 있는 잠재적 변화를 의미
	이익집단의 압력 캠페인	▪ 각종 압력집단(NGO, 정당 지지자, 기업, 여성단체 등)의 주장이나 입장표명에 정당이나 정부가 민감하게 반응함

자료: Kingdon(1995; 2011); Zahariadis(2007)

3 정책의 창

문제의 흐름, 정책대안의 흐름, 정치의 흐름은 각각 따로 움직이지만 어느 순간 우연히 만나 결합(coupling)하는데 이것을 정책의 창이 열렸다고 표현한다. 정책의 창은 특정 문제에 관심을 집중시키거나 선호하는 정책대안이 선택될 수 있도록 하는 기회라 할 수 있다. 예상 가능한 수준에서 열릴 수도 있지만 때로는 전혀 예측할 수 없이 열리기도 하므로 정책결정자 및 정책선도자들은 자신들이 선호하는 대안을 준비하고 있다가 기회의 창이 열릴 때 놓치지 않도록 해야 한다(Kingdon, 1995; Zahariadis, 2007: 73-74; 성욱준, 2013: 154-155). 많은 경우 다음 정책의 창이 언제 열릴지는 가늠하기 어렵기 때문에, 정책 참여자들이 정책의 창이 열린 짧은 시간(fleeting) 동안에 자신들이 지니고 있는 시간, 자금, 신망 등의 자원을 기꺼이 투자한다면 정책변동은 가능하지만 그렇지 못하면 기회는 상실된다(최성락·박민정, 2010: 4).

실제로 창을 열리게 하는 데 결정적인 역할을 하는 것은 정치흐름이다. 예를 들어 정권교체, 의회 내의 정당 의석 변경, 사상적 경향의 변동, 국민여론의 변동 같은 정치흐름의 변화가 정부고위관료나 의사결정과정에 가까운 사람들로 하여금 새로운 문제에 주의를 기울이게 만듦으로써 새로운 정책의 창이 열리게 하는 것이다. 이 중에서도 정권교체가 가장 눈에 띄고 광범위한 영향을 갖는다고 할 수 있다(Kingdon, 1984). 우리나라 석면정책의 변동과 관련해서는 1969년 이후 제일화학 사건과 2009년 충남 홍성광산 피해사건으로 인한 여론의 변화가 정책의 창을 열리게 한 결정적인 계기라고 할 수 있을 것이다.

4 정책선도자

정책선도자는 문제의 흐름, 정책대안의 흐름, 정치의 흐름을 결합하여 정책의 창을 열고 자신들이 선호하는 대안이 최종적으로 선택되도록 하기 위해 그들이 가진 시간과 에너지, 명성, 돈 등 모든 자원을 기꺼이 투입하는 사람 또는 집단을 말한다(Kingdon, 1995: 175). 이들의 지위는 공식적 자리에 있는 사람이 독점적으로 행사하는 것이 아니다. 정부 내·외부에 있는 행위자일 수 있고 선출직·임명직일 수 있으며 이익집단이나 연구조직의 전문가들, 내각의 수장이나 의회의원, 로비스트, 학계의 인물 등 다양한 지위에 있는 사람들이 그 역할을 맡을 수 있다. 이들은 직업의 유지, 자기가 속한 조직의 확대, 개인 경력의 증대와 같은 개인적 이익의 추구, 그들이 원하는 가치를 정책대안으로 실현시키는 과정에서 오는 순수한 즐거움 등의 유인으로 그들의 아이디어나 대안을 지지한다. 따라서 이들은 정책주창자라고도 정의할 수 있다(Kingdon, 2011; 성욱준, 2013: 155).

정책선도자는 누구나 될 수 있지만 정책의 창을 통과하기 위해서는 다음의 세 가지 특징이 중요하다. 첫째, 다른 사람들이 그 사람의 의견에 귀를 기울여 줄 수 있는 사람이어야 한다. 그러기 위해서 정책선도자에게는 전문성이나 이익집단의 지도자처럼 다른 사람들을 대변해 줄 수 있는 능력, 공식적으로 권위 있는 의사결정을 할 수 있는 지위 등이 요구된다. 둘째, 좋은 정치적 연결과 협상기술을 가지고 있어야 한다. 기술적 전문성과 정치적 전문성이 합쳐지면 더 큰 효과가 발휘될 수 있기 때문이다. 셋째, 정책선도자의 가장 중요한 자질은 인내력과 끈기이다. 끊임없는 토론, 의견서 개발, 중요한 위치에 있는 사람들과의 연락, 입법안 초안 작성, 상임위원회 증언 등 그들이 선호하는 정책대안이 채택될 수 있도록 그들의 시간과 자원을 아낌없이 투자할 수 있는 인내력과 끈기가 중요하다(Kingdon, 1984; 2011; 성욱준, 2013: 155).

정책선도자는 세 가지 흐름(문제흐름, 정책흐름, 정치흐름)을 결합하기도 하지만 두 가지 흐름만 결합시켜 정책결정을 이루어내기도 한다. 정책의 창이 열리는 기간이 짧기 때문에 정책선도자 어떠한 기회를 어떻게 활용하느냐에 따라 정책변동이 이루어질 수 있고 그렇지 않을 수 있다(최성구·박용성, 2014: 381).

5 평가와 사례

1) 평가

1991년에 낙동강 페놀사고가 있었고 1990년대 중반 이후 성수대교 붕괴와 상품백화점 붕괴를 겪었고, 2011년부터 가습기살균제 사고로 인해 수많은 사람이 목숨을 잃고, 2014년에는 세월호의 침몰사고에 직면했고, 2016년 9월에는 경주일원에서 규모 5.8의 강진에 직면하였다. 때로는 예고되기도 하고 때로는 전혀 예고되지 않은 채로 사건의 흐름이 지속되고 있고, 정책대안 역시 끊임없이 연구되고 실험되고 축적되고 있으며, 정권교체와 여야의 권력구조의 변화 등 정치의 흐름 역시 지속되고 있다. 대형사고가 발생할 때 정책의 창은 열렸고 이때 정책선도자가 제대로 역할을 하는 경우 정책변동이 바로 이루어지기도 하지만 다중흐름의 결합에 실패하면서 정책결정이나 정책변동에 실패한 경우도 많다. 불확실성이 지배하는 상태에서 우연하게 혹은 필연적으로 사건사고가 발생할 수 있다고 전제한다면, 정책대안을 항상 준비하는 전문가들의 역할과 다중흐름을 결합할 수 있는 정책선도자들의 대응능력을 제고하기 위한 지속적인 노력이 필요함을 알 수 있다.

2) 석면정책 변동사례

제일화학 석면피해 사건이 발생하면서 정책의 창이 열리고 문제의 흐름이 지속되더라도, 언론과 시민단체가 정치의 흐름을 지속시킬 뿐만 아니라 정부와 국회가 제도적 대응을 통해 정책대안의 흐름을 지속시켜야만 정책변동이 이루어짐을 확인할 수 있었다. 실제 2009년 충남 홍성광산 석면피해 사건 이후 환경부를 중심으로 하는 중앙정부가 정책을 선도하였으며 국회의원들도 적극적으로 대응하게 되면서 정책흐름의 강력한 결합이 이루어지게 된다. 이 점은 이기영(2011)의 연구가 지적하듯이 환경부가 정책대안의 흐름, 정치의 흐름을 주도하는 정책선도자 역할을 수행하였다는 점과는 일치한다. 그러나 정책변동의 시간적 맥락을 확장하여 정책변동을 가져올 때 어느 하나의 주체가 계속해서 정책선도자로서 역할을 하는 것이 아니라 세 가지 흐름을 결합하려고 노력하는 정책선도자가 시기별로 다를 수 있다는 점을 확인할 수 있었다(남명숙·김창수·양기용, 2017).

시기별로 보면 첫째, 석면위험 잠복기(1971년~2003년)에는 부산지역의 석면공장들을 중심으로 석면위험이 정책문제의 약한 흐름을 시작하지만 정치의 흐름과 정책대안의 흐름이 결합되지 못하면서 정책변동이 나타나지 않은 것으로 분석되었다. 둘째, 석면피해 표출기(2004년~2007년)에는 2005년 6월 석면공장 인근 지역주민의 석면피해가 확인되는 일본의 쿠보타 쇼크와 ILO 협약을 거쳐 2007년 12월 제일화학 원 모씨가 악성 중피종 재판에서 승소하면서 정책문제의 흐름은 여론의 지지를 받아 정치의 흐름과 약한 결합을 이루게 된다. 이 시기에는 환경부가 노동문제에서 환경문제로 이슈를 전환하면서 영역 확보와 능동적 대응을 하였기 때문에 석면관리대책의 형성이 가능했던 것으로 분석된다. 〈그림 10-4〉와 〈그림 10-5〉는 석면피해 표출기와 제도적 대응기의 다중흐름 및 결합을 나타낸 것으로 주요 정책흐름 내용이 표시되어있다. 정책흐름의 약한 결합은 점선으로 강한 결합은 굵은 테두리로 표시하였다.

그림 10-4 석면피해 표출기의 다중흐름과 약한 결합

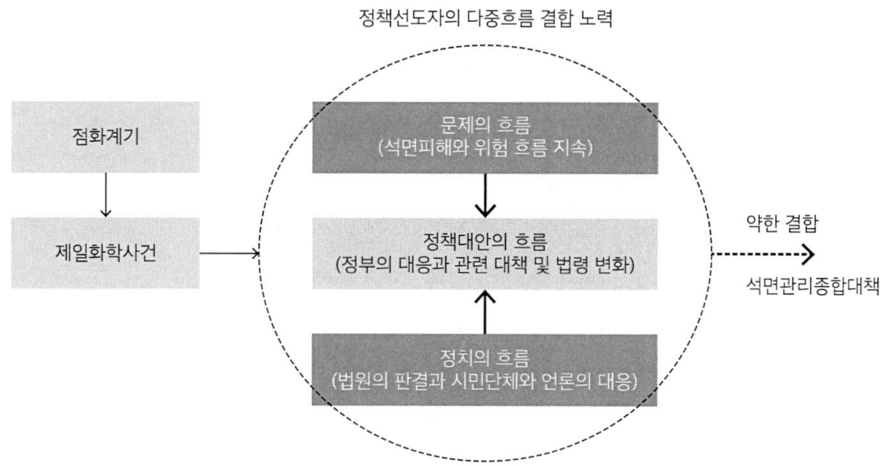

석면피해 표출기의 움직임은 〈그림 10-4〉에 나타난 바와 같이, 석면피해자집단 및 시민단체, 언론의 강력한 문제흐름과 정치흐름의 압력도 중요하지만, 중앙정부와

국회가 정책대안의 흐름을 지속하면서 강력한 결합을 수용하지 않으면 큰 폭의 정책 변동은 쉽지 않음을 시사한다. 이 과정에서 석면위험과 피해를 확인하면서 석면문제의 공론화 작업을 진행한 정책선도자는 석면피해자(가족), 언론 그리고 지역 및 전국단위의 시민단체들이었다.

아울러 중요한 정책흐름(문제와 대안)을 지속시키고 정책변동의 동력을 불어 넣은 계기는 바로 법원의 판결이었다. 법원의 판결은 석면피해의 존재와 그 책임의 주체를 명시하고 보상을 명시적으로 결정하였다. 아울러 법원은 석면공장 노동자뿐만 아니라 석면공장 인근 지역주민 피해도 인정하여 환경성 석면위험을 확인하여 주어, 석면위험과 피해의 공동체로의 확장 가능성을 보여주었다.

셋째, 제도적 대응기(2008년~2011년)에 이르게 되면 2009년 홍성 석면광산 사건을 계기로 시민단체들이 지속적으로 주도하였던 정책문제의 흐름과 보다 적극적인 자세로 전환한 환경부가 이끈 정책대안의 흐름이 국회의원들이 주도하는 정치의 흐름과 강력하게 결합하면서 '석면피해구제법'이 탄생하는 정책변동을 가져오게 된다. 다시 말하면 〈그림 10-5〉에 나타난 바와 같이 정책의 창이 열려 닫히기 전에 세 가지 강력한 흐름이 강하게 결합하면서 새로운 정책과 제도가 형성된 것이다.

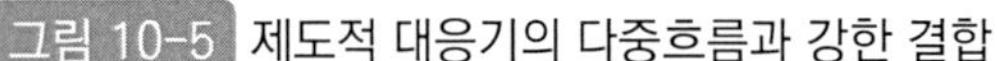
그림 10-5 제도적 대응기의 다중흐름과 강한 결합

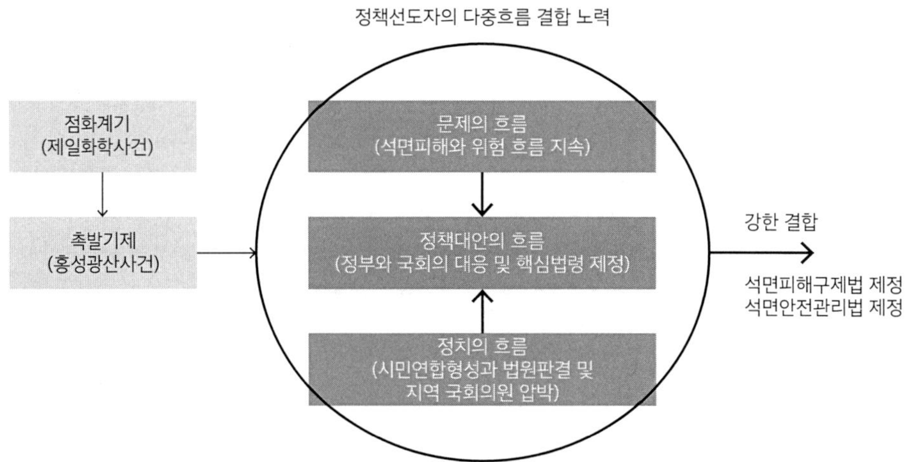

연구문제

1 정책은 어떠한 요인들이 작용하여 변화하는가?

2 정책이 바람직한 모습으로 변화하지 않는 이유는 무엇인가?

3 적절한 공공갈등 사례를 들어 ACF를 통한 정책변동을 설명해 보시오.

4 〈표 10-5〉에는 갈등유형을 분류한 후 갈등유형에 적합한 해결방식을 소개하고 있다. 우리나라 **댐 건설 갈등**은 어떠한 갈등으로 이해하고 접근하는 것이 타당하다고 생각하는가?

표 10-5 갈등유형의 분류와 해결방안

구 분	정의	해결을 위한 접근(예시)
사실관계 갈등	사건, 자료, 언행에 대한 사실해석의 차이에서 오는 갈등	객관적 자료나 제3의 개입을 통한 사실증명, 공동조사
이해관계 갈등	한정된 자원이나 지위, 자원을 분배하는 과정에서 생기는 갈등	공정한 분배시스템, 합리적 의사결정 제도
구조적 갈등	사회, 정치, 경제 구조와 왜곡된 제도, 관행, 관습 등으로 인해 발생한 갈등	제도적 개선과 새로운 문화 창출을 위한 교육과 훈련
관계상의 갈등	불신, 오해, 편견 등 상호관계의 이상으로 생기는 갈등	의사소통의 통로 확보 및 확대, 변환적 조정
가치 갈등	가치관, 신념, 세대, 정치관, 종교, 문화의 차에서 오는 갈등	의견수렴, 평화적 공존을 강조하는 다종교간의 대화, 다문화 이해 교육
정체성 갈등	개인이나 집단이 가진 정체성의 의도적인 훼손이나 강요 때문에 발생하는 갈등	공동역사 연구모임 중립적 이해를 위한 상호이해 교육

출처: 대통령자문 지속가능발전위원회 편(상)(2005: 79); 강영진(2000: 12)

5 적절한 공공갈등 사례를 들어 다중흐름모형을 적용하여 정책변동을 설명해 보시오.

제6부

공공갈등의 난제와 정책이론

제11장에서는 공공갈등의 난제 해결 관점에서 정책이론을 재조명해본다. 첫째, 프레임이란 상호작용 상황에 대한 다소 포괄적인 해석의 틀이며, 사회적 행위자들이 간주관적 의미를 창조하기 위해 사용하는 일종의 설득장치이다. 둘째, 시간적 접근은 사회적 현상을 발생시키는 주체들이나 대상들의 속성이 변화하되, 시간적 차이를 두고 변화한다는 사실 자체가 연구되어야 할 가장 중요한 측면으로 보고 있다. 모든 사물이 시간의 흐름에 따라 변화한다는 사실에 추가하여, 이러한 변화의 속도가 사물마다 다르고, 변화속도를 인지하는 것도 사람의 느낌에 따라 다르다는 사실을 강조하는 것이다. 셋째, 딜레마란 주어진 시한 내에 선택을 하여야 함에도 불구하고 단절적인 대안 간의 선택이 초래할 결과가치가 비슷하여서 어느 것도 선택하기 어려운 경우이다. 결과가치가 비슷하다고 하는 것은 어느 대안을 선택하든 결정에 대한 반대 때문에 그 선택을 유지하기 힘든 것을 의미한다. 넷째, 불확실성하에서는 효율성보다는 가외성이 더 많은 범위에서 문제를 해결하는 데 도움을 줄 수 있다는 점에 주목하고 있다. 그리고 제도이론과 담론이론, 행동경제학을 가볍게 소개하고 있다.

제12장에서는 공공갈등 해결의 관점에서 협력의 정책이론을 다룬다. 제도이론, 심의민주주의, 넛지와 행동경제학 이론, 협력적 거버넌스 이론과 사회자본을 소개했다. 먼저 제도연구와 담론분석을 결합한 제도적 담론 분석틀을 구성하였다. 둘째, 심의(deliberation)란 개인들이 강압, 조작 그리고 기만 없이 다른 사람의 관점에서 자신의 견해를 심사숙고하는 의사소통 과정이라는 관점에서 대화 중심의 민주주의 이론이 투표 중심의 민주주의 이론을 대체하는 과정을 논의했다. 셋째, 행동경제학의 관점에서 자발적 협력 가능성을 다룬다. ‘비합리성’이란 개념은 터무니 없거나

또는 정형화되지 행동경향이 아니라 합리성의 기준에서 벗어난다는 의미로 사용될 뿐이며, 비합리적이기는 하나 일정한 경향을 띠고 있고 따라서 예측 가능한 행동이라는 입장에서 정책현상 갈등현상을 분석해 보고자 한다. 넷째, 신국정관리(New Governance)는 과거에 정부가 담당하던 공적인 업무를 정부와 민간의 구분 없이 합동하여 해결하는 방식을 말한다. 이는 정부가 중심이 되기는 하지만, 비정부기구, 민간기업, 시민 개개인들이 공동으로 공적인 문제의 해결을 위하여 결정하고 집행하는 새로운 국정운영 패러다임이다. 또한 국정관리의 개념을 집권화된 중앙정부와 지방정부 간의 직접적인 연계성을 갖는 낡은 유형의 정부로서 상징되는 강력한 관료제적 위계체제로부터 연합, 파트너십, 또는 네트워크 등과 같이 느슨하고 보다 상호작용적인 행정관리구조로의 이행을 의미하기도 한다.

제11장

공공갈등과 정책이론

제1절 프레임의 차이와 공공갈등
제2절 시간의 논리와 정책
제3절 딜레마의 논리와 공공갈등
제4절 가외성과 정책의 정당성

제1절

프레임의 차이와 공공갈등

1 개념

사실 우리나라에서 벌어지고 있는 개발과 보전의 딜레마는 구조적인 접근으로 이해하고 해결하는 데는 많은 한계가 보인다. 정권교체 때마다 정부조직구조를 바꾸어 보지만 딜레마 상황이 좀처럼 나아지지 않고 있다. 경제부처의 독주에 보전부처는 들러리를 서는 경우가 많다. 이명박 정부는 4대강 살리기 사업에서 일방적 정책추진을 강행하고 있다. 이로 인해 딜레마 상황을 구조적 접근으로 이해하고 해법을 찾는 데 한계가 있기 때문에 구조와 더불어 프레임 갈등에 주목한다. 프레임이란 상호작용 상황에 대한 다소 포괄적인 해석의 틀이며(Goffman, 1974: 21; 이준웅, 2000: 85), 사회적 행위자들이 간주관적 의미를 창조하기 위해 사용하는 일종의 설득장치이다(주경일 등, 2004: 56-57). 그리고 프레임은 의미전달의 텍스트상에서 현실의 어떤 측면은 강조하고, 다른 요소들은 무시하는 것이다(Entman, 1993: 51-58). 즉, 특정 측면을 선택하여 문제를 정의하고, 원인을 진단하며, 도덕적 평가를 내린 뒤, 그 문제에 대한 처방과 해결 가능성을 제안하는 것이 프레임이다. 심리학에서 프레임은 세상을 바라보는 마음의 창을 의미한다. 어떤 문제를 바라보는 관점, 세상을 관조하는 사고방식, 세상에 대한 비유 그리고 사람들에 대한 고정관념 등이 모두 여기에 속한다(최인철, 2008). 따라서 병원이라는 동일한 프레임 안에 있는 사람들은 각종 약품과 의료행위에 대한 이해가 쉬운 것이다.

나아가 그린벨트 해제 등 특정 이슈에 대해 동일한 감정과 신념과 욕심을 가진 집단은 연합을 형성하면서 그렇지 않은 집단과 충돌하고 분쟁을 일으킬 가능성이 매우 높아진다. 그것은 프레임이 틀 지어 주는 사실만을 바라보게 되면서 개인이나 집단은 제한적 사고에 빠지기 때문이다. 정부정책에 대한 신념, 인식 그리고 개발과 보전의 문제처럼 가치관이 근원적으로 다른 프레임들이 서로 대립할 가능성은 아주 높다(Hajer, 2003: 90-91; Schön & Rein, 1994: 23-36). 정부의 개발정책에 대해 찬성하는 집단과 반대하는 집단은 서로 다른 프레임을 형성하고 충돌하면서 더욱 강화되고 확장된다. 그리고 개발과 보전에 대한 언론의 태도가 긍정적이냐 부정적이냐에 따라 시민들의 프레임은 많은 영향을 받게 된다(한균태·송기인, 2005; 원만해·채백, 2007). 사실상 대중민주주의 사회에서 언론이 보여주는 창은 시민들이 세상을 인식하는 가장 강력한 틀이기 때문이다.

프레임의 유형은 먼저 표층 프레임(surface frame)과 심층 프레임(deep frame)으로 나누어 볼 수 있다. 전자는 단기적인 슬로건에 의존하는 프레임이다. 미국에서 이라크 전쟁을 찬성하는 집단의 슬로건은 '테러와의 전쟁'이라고 한다. 그러나 반대하는 집단은 전쟁이 아니라 '점령'이라는 슬로건을 사용하면서 프레임을 다시 짤 것을 요구한다. 한편 심층 프레임은 도덕적 세계관과 철학을 바탕으로 대중들의 마음속에 자리하는 장기적인 프레임을 의미한다. 표층 프레임의 뿌리 역할을 하는 것이다. 그런데 어떤 슬로건이 대중들에게 외면을 받는다면 표층 프레임이 심층 프레임과 깊이 연결되지 못했기 때문이다(Lakoff, 2006: 25-48). 그러므로 시민사회에서 진정 원하는 것이 무엇인지 간파하고 이를 바탕으로 표층 프레임과 심층 프레임을 연결해야만 프레임 전쟁에서 승리할 수 있다. 녹색성장의 프레임 역시 심층적인 내용이 전혀 녹색이 아니고, 개발위주의 회색이라면 장기적으로 시민사회의 신뢰를 얻기 어렵다.

그리고 프레임은 관여하는 참여자의 수에 따라 개인 프레임과 집단 프레임으로 나누어 볼 수도 있다. 개인 프레임이란 개인이 상호작용 상황에서 현상을 인식하고 해석하는 틀이다. 만약 개인이 프레임이 틀 지어 주는 사실만을 바라보게 되면 제한적 사고에 빠지게 된다. 개발주의 이념의 틀로 세상을 보면 자연은 개발과 개척의 대상일 뿐이며, 자연을 보전하는 데 에너지를 투입하는 것은 낭비로 인식된다. 개인들 간의 프레임 차이도 극복이 쉽지 않지만, 집단들 간의 프레임 차이는 다수의 이해관계자가 관여하기 때문에 극복되기보다는 조정과정을 거쳐서 변형되는 것이 일반적이다(장지호, 2004: 175-196). 집단 프레임은 동일한 프레임을 가진 개인들이 집단 수준에서 동질적인 지향과 가치관을 가질 경우에 형성된다. 동질적인 프레임 내용을 공유하는 집단들은 해당 이슈에 대해서 협력관계에 놓이게 되는 반면, 이질적인 집단과는 대립관계에 놓이게 된다(Snow and Benford, 1992). 이질적인 집단이 대립적인 상황에 놓이면서 각자 프레임에 유리한 사실만을 고집하게 되면 분쟁을 심화시킨다(Schön and Rein, 1994: 4-5; Klintman and Boström, 2004: 615). 대립하는 집단 프레임은 서로 세력을 확장하려고 하고, 자신들의 프레임을 강화하려고 하기 때문에 하나의 집단 프레임이 도태될 때까지 충돌이 지속되는 경우가 많다.

한편 프레임이 변화하는 과정에 주목하는 프레이밍(framing)이란 사건이나 이슈의 특정 측면들을 선택적으로 부각시키고, 특정한 해석을 할 뿐만 아니라 해결책을 증진시키기 위해 이러한 측면들을 서로 연결시키는 것이다(Entman, 2004: 5). 프레이밍 과정에 대해서 다수의 학자들이 다양한 관점에서 논의하였다(Benford and Snow, 2000; 강민아·장지호, 2007; 이준응, 2000; Klintman and Boström, 2004). 비교적 쉽게 집단 프레임의 변화와 진화과정을 재구성하여 소개하면 다음과 같다(김창수, 2008). (1) 프레임 명료화(frame articulation)단계에서는 양 집단 프레임 간에 분쟁이 발생한 원인에 집중하면서 책임자 규명에 나선다. 이를 통해 동질적인 집단 프레임이 확인되고 이질적인 집단 프레임이 구별되는 것이다. (2) 양 집단은 각자의 프레임이 명료화된 이후에는 선택적 주목과 상반된 해석을 통해 각자의 프레임을 견고하게 강화(amplification)하는 단계에 이르게 된다. (3) 양 집단은 정책분쟁이 심화되면서 각자의 프레임 확대(frame extension)에 초점을 맞춘다. 이를 위해서 사태의 심각성과 시급성을 강조하는 동기유발 프레이밍을 통하여 연합형성과 세력 확장을 꾀한다. (4) 프레임 변형(frame transformation)을 통해 기존의 의미나 해석을 변화시킴으로써 새로운 의미를 창출하고 부여하게 된다. 이와 같이 형성된 프레임들은 단선적이거나 불변하는 고정적인 것이 아니라 '반격적 프레이밍'과 같이 이미 제시된 프레임에 대한 도전의 과정을 통해 도태되거나 진화한다. 양 프레임은 처방과 반격을 통해 변화하고 재구성된다. 상대방이 제시한 해결책이나 그러한 해결책의 근거에 대해 반박하는 담론활동을 통해 프레임의 변형과 재구성이 이루어지는 것이다. 이러한 프레임 차이로 인한 딜레마는 단순한 구조의 조정으로는 해결이 어렵기 때문에 공정한 절차에서 만나 진정한 담론이 이루어질 것을 요구한다(Fox and Miller, 1995).

2 기장해수담수화 사업 갈등 프레이밍 과정과 갈등영향분석

1) 프레임의 명료화 - 원인과 책임규명

(1) 찬성 프레임의 명료화

찬성집단은 먼저 기장해수담수화 사업의 타당성을 부각시키고 있다. 2006년 3월 면담한 부산광역시 상수도사업본부 관계자에 의하면, 부산광역시는 원수수질을 극복하기 위하여 고도 정수시설을 선도적으로 도입하였으며, 고지대가 많은 지형적 특성으로 가압장과 배수지가 많고 노후배수관 교체수요가 많다. 이로 인해 감가상각비, 수선교체비 등의 부담으로 영업비용이 지속적으로 증가하고 있으며 지속적인 영업 손실 및 당기순손실을 기록하고 있다. 그리고 취수원과 정수장의 거리가 상대적으로 멀어 동력비가 많이 발생하고 있는데, 동력비가 톤 당 81원으로 특별시와 광역시 중에서 최고로 높은 수준이라는 것이다.

뿐만 아니라 2016년 8월 면담한 부산광역시 상수도사업본부 관계자에 따르면, 지역적 특성에 따른 배수지와 가압장 운영인력, 정수장과 시설관리사업소 운영인력 등의 분산도 심각한 문제라고 한다. 부산광역시 상수도사업본부에서 운영 중인 취수장은 총 3개소이고, 정수장은 총 5개소이다. 낙동강취수원이 전체 94%를 차지하고 있으므로 취수원다변화를 위하여 강변여과수와 같은 대체수원개발이 시급한 실정인데, 4.5만 톤/일 규모의 기장해수담수화 시설을 도입한 타당성도 같은 맥락에서 설명할 수 있다. 즉, 화명정수장에서 기장지역까지 34㎞에 달하는 장거리 급수구역을 거치다보니 염소 소독 부산물이 증가하고 수질이 30% 가량 취약해지는 것으로 분석하고 있었다.

나아가 부산광역시 상수도사업본부를 중심으로 하는 찬성집단은 기장해수 담수화 사업을 둘러싼 갈등의 원인이 대화에 응하지도 않고 일방적으로 반대하는 해운대구 송정동과 기장군 3개 읍면지역 주민들과 반핵단체에게 있음을 명료화한다.

(2) 반대 프레임의 명료화

해운대구 송정동과 기장군 3개 읍면지역 주민들과 반핵단체에서는 지역주민들의 의사도 묻지 않고 일방적으로 삼중수소로 오염된 해수담수를 공급하려는 부산광역시 상수도사업본부와 부산광역시에 갈등의 원인과 책임이 있다고 명료화했다. 2015년 3월 22일 세계 물의 날 기념 긴급 성명서에서도 '주민이 반대하고 방사능 안정성 검증도 없는 해수담수화 수돗물 공급 재검토하라'는 제하에 반대 프레임을 명료화했다(http://pusan.kfem.or.kr/).

> 부산광역시 상수도사업본부는 지난 3월 20일 시내에서 시민을 상대로 기장 해수담수화 수돗물 시음 행사를 펼쳤다. 또 오는 3월 23일과 24일에는 시내 곳곳을 순회하며 기장 해수담수화 수돗물 시음 행사를 예정하고 있다. 상수도본부가 추진하고 있는 해수담수화 수돗물 공급은 지난해부터 방사능 안전성에 대한 문제로 사회적 논란이 진행 중이다. 해당 시설은 기장군 대변리에 소재하고 있는데, 이곳은 고리원전으로부터 약 11㎞ 떨어져 있다. 고리원전이 38년간 가동되는 동안 기체와 액체상태의 방사성 물질이 지속적으로 방출되었다. 고리원전에서 방출된 삼중수소가 수돗물 원수에서 검출되었고, 삼중수소는 해수담수화 시설의 정수과정에서도 걸러지지 않는 것으로 확인되었다(부산환경운동연합/부산시민운동단체연대, 2015. 3. 22).

2) 프레임의 강화 – 선택적 주목과 상반된 해석

(1) 사업의 경제성에 대한 선택적 주목과 상반된 해석

해수담수화 수돗물 생산원가는 광역상수도 생산단가 대비 264원이 더 비싸 경제성 논란이 발생하고 있다. 그리고 담수화 글로벌 허브도시로 만들겠다는 부산시의 구상과 대기업 배불리기라는 반대 측 의견이 팽팽히 맞서고 있다.

① 찬성 프레임

기장해수담수화 시설의 운영자인 두산중공업의 경우 관련 시설을 테스트 베드로서 활용하여 기술축적을 하고 운영수익을 확보하는 구조로 파악하고 있었다. 실제 현재 세계 3위의 해수담수화기업으로서 자신감을 갖고 있었고 정상적으로 운영되기를 바라고 있었다.

> 기장해수담수화 플랜트는 하루 최대 10MIGD(Million Imperial Gallons per Day, 1MIGD=4,546㎥) 즉, 45,460톤 규모의 용수를 생산하는 사업입니다. 따라서 부지면적을 줄일 수 있고 운영비의 절감이 가능합니다. 5년간 고압펌프와 여과 막 등 다양한 개선과제를 실험하면서 운영하고자 합니다(두산중공업 관계자 면담, 2016. 5).

2016년 5월 면담한 부산광역시 상수도사업본부 관계자는 실제 생산비용은 톤당 1,187원으로서 두산중공업에 지불하게 되는 톤당 정수구입비 941원과의 차액 264원을 향후 정부에서 5년간 보조하고 이후에는 부산시의 재정으로 충당할 것이기 때문에 경제성의 문제는 없다는 입장이다. 그리고 이때 면담한 부산시 관계자는 향후 5년간(2014~2019년) 전력비 절감기술 개발을 위해 120억 원을 투자하여 생산원가의 52%를 차지하는 전력비용을 낮추겠다는 입장이었다.

② 반대 프레임

해수담수는 하천수가 없는 섬이나 산업지역에는 경제성이 있지만, 생산비용의 52%에 달하는 전력비와 미네랄 공급비용까지 고려하면 전혀 경제적인 대안이 아니라고 비판한다. 무엇보다 기술발전이 없다면 수돗물 가격을 인상할 것이라는 점에서 경제성에 대해 의구심을 제기하고 있다.

> 부산광역시 상수도사업본부는 바닷물을 역삼투압 방식으로 정수, 각종 불순물을 없애는 데 소요되는 생산단가가 기존 수돗물보다 3.8배가량 높아 수도 요금 인상 요인으로 작용할 우려가 높을 것으로 분석하고 있다. 상수도사업본부는 기존 수돗물 생산 단가의 경우 톤당 122원인 반면 해수담수화시의 생산단가는 톤 당 460원에 이를 것으로 보고 있다. 이는 염분이 많은 바닷물을 수돗물로 정화하기 위해서는 일반 수돗물 생산 때보다 훨씬 많은 전기를 사용하기 때문이라는 게 상수도사업본부 측의 설명이다(부산일보, 2009. 8. 7).

(2) 음용 안전성에 대한 선택적 주목과 상반된 해석

① 찬성 프레임

부산광역시 상수도사업본부는 "해수담수화생산수는 COD 기준 1등급, 247종 수질 검사 및 72종 방사능 물질 검사를 모두 통과한 최고수질 수돗물이다."라고 발표하였다. 그리고 기장해수담수를 평생 음용하여 흡수하는 삼중수소 흡입량이 바나나 4개를 먹는 것보다 적다는 과학적 사실을 강조하고 있다.

이와 관련하여 이재기 한양대 원자력공학과 교수는 "모든 음식에는 방사능이 있다"라는 특별 기고를 한다. 여기서 그는 기장 앞바다 바닷물 농도는 L당 0.3베크렐 정도 증가할 것으로 보이는데, 이는 일반 수돗물에 본래 있는 삼중수소 농도(L당 약 1.4베크렐)의 절반에도 못 미친다는 주장을 함으로써 과학적 접근의 필요성을 강조했다.[1]

> 삼중수소 문제도 제기하고 있다. 고리 부지 8개 원전에서 바다로 나올 삼중수소 양은 연간 약 100조 베크렐 수준으로 추산되므로 다른 방사성핵종과 비교되지 않을 정도로 많다. 이로 인해 기장 앞바다 바닷물 농도는 L당 0.3베크렐 정도 증가할 것으로 보이는데, 이는 일반 수돗물에 본래 있는 삼중수소 농도(L당 약 1.4베크렐)의 절반에도 못 미친다. 삼중수소는 방사선 위해도가 낮아 세계보건기구 음용수 기준이 L당 1만 베크렐이나 된다. 요컨대, 담수화공장에서 공급할 음용수 중 방사능은 우려할 대상이 아니다(부산일보, 2016. 2. 11).

② 반대 프레임

반대 측에서는 삼중수소 등 방사성물질 포함 가능성이 높은 물을 마실 수 없다는 입장을 견지하고 있다. 백도명 서울대 보건대학원 교수가 2015년 12월 16일 오전 부산 기장군 기장읍사무소 2층 회의실에서 원전 인근 해수담수를 먹으면 안 되는 이유에 대해 강연하였다.

> 백도명교수는 삼중수소가 수소를 대체해 우리 몸에 들어와 DNA의 구성 물질이 되면, 어느 순간 자연 붕괴되면서 다른 원자 구조들을 건드리게 된다면서 정상적인 사람들은 DNA 구조가 깨졌을 때 복구가 가능하다는 반론이 있지만, 어린 아이들은 미량의 방사성 물질에도 민감하기 때문에 영향이 있을 수 있다고 강조했다(부산일보, 2015. 12. 16).

1 물론 2016년 9월 22일 면담한 부산광역시 상수도사업본부 관계자는 덕산이나 화명정수장의 삼중수소 농도가 기장해수담수화 수돗물보다 높지만 기준치 안이기 때문에 전혀 문제가 없다고 했다.

(3) 환경위해성에 대한 선택적 주목과 상반된 해석

① 찬성 프레임

해양생태계 변화에 대한 일부 지역 어민들의 피해 보상 요구로 인해 플랜트 준공이 지연되었다. 그러나 부산광역시 상수도사업본부 관계자는 백화현상은 기상이변과 수온상승으로 인한 영향이지 해수담수화사업으로 인한 배출수의 영향이 아니라고 주장하였다. 한편 지역특산물 소비감소 우려로 환경문제 공론화 및 확산 반대하는 이해관계자도 등장하여 복잡한 이해관계를 노정하였다. 여하튼 2012년까지만 해도 개발위주의 프레임에 따른 환경영향에 대한 고려는 전혀 없었던 것으로 평가된다. 당시 미국 캘리포니아지역의 경우 10년 이상의 기간을 투입하여 환경영향에 대한 고려를 통해 수용성을 제고하던 것과는 달리 해수담수화사업으로 인한 환경영향과 지역어민들의 어업피해에 대한 고려는 전혀 없었던 것으로 평가된다.

> 부산 해수담수화 시설이 지역 어민들의 민원에 부딪혀 지지부진한 상태다. 해수를 끌어와 담수로 만드는 과정에서 어업피해를 예상한 어민들이 강하게 반발하면서 장기간 공사가 중단되다시피 했다. 바닷물을 끌어들이려 해변에서 바다 쪽으로 400m가량의 관과 집수시설을 설치해야 하는데 어민들은 이 시설이 바다 환경에 영향을 미쳐 어업활동에 큰 피해를 줄 것이라고 주장한다(연합뉴스, 2012. 9. 9).

해외사례 인용에서도 선택적 주목이 일어났다. 찬성 프레임에서는 가뭄지역으로서 심각한 기후변화를 겪고 있기 때문에 상대적으로 수용성이 높은 캘리포니아주의 해수담수화 성공사례를 소개하였다. 미 캘리포니아 수자원국은 해수담수화 플랜트의 경우 기획 단계에서 수용성 강화를 위한 10가지 가이드라인을 제시하였다. 캘리포니아 Carlsbad 해수담수화 사업은 사업기획부터 가동까지 18년의 시간이 소요됨에 따라 사전 기획 및 수용성의 중요성에 대해 인식하였다.[2] 해수담수화를 통한 용수공급은 이미 전 세계적으로 활용되고 있으며 치명적인 약점이 존재하지 않음에도 불구하고, 시민단체의 반발 등으로 인해 사업시행에 많은 시간이 소요되었다고 평가했다.

---

2 자세한 내용은 포세이돈 워터 홈페이지를(http://www.poseidonwater.com/carlsbad-desal-plant.html) 참고 바란다.

그림 11-1 미국 Carlsbad Desalination Plant

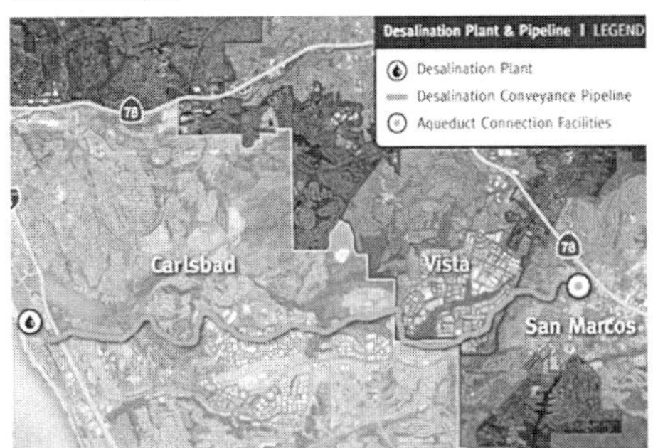

출처: http://www.poseidonwater.com/carlsbad-desal-plant.html

> 미국 Carlsbad Desalination Project 진행 경과를 살펴보면, 1993년 이후 심각한 가뭄을 겪으면서 1998년 시행사인 Poseidon Water와 Carlsbad 시정부의 사업 합의가 이루어지고, 2006년 환경영향평가(Environmental Impact Report) 완료, 2012년 용수공급계획 및 자본조달방식 협의 완료 후 플랜트 착공, 2015년 12월 플랜트 설비 완공 및 시범 운전 개시를 하였다(K-water정책·경제연구소, 2016: 15-16).

Carlsbad 플랜트는 총공사비 1억 달러 규모로 IDE 테크놀로지(이스라엘)가 건설하였으며, 일일 약 19만㎥ 규모의 물을 생산하고 있다.

② 반대 프레임

'고리원전 온배수 문제'를 포함한 환경영향에 대한 고려가 없었기 때문에 완공을 앞둔 시점에서야 부산광역시의회로부터 환경영향과 주민수용성의 문제 등이 심각하게 불거지기 시작했다.

> 부산시의회 강성태 의원은 "반경 10㎞ 이내에 고리원자력 발전소가 위치해 있고 여기서는 하루 2천만 톤 이상 온배수가 유출되고 있다"라면서 "고리원전 온배수의 유입가능성에 대한 조사와 연구도 전혀 이뤄지지 않고 있다"라고 짚었다. 그리고 "고리원전의 온배수 유입가능성과 함께 담수화 과정에서 배출되는 농축수로 인한 인근해안의 생태계 파괴 우려가 해소되지 않으면 기장군민의 반대가 심각해질 텐데 이에 대한 해결방안이 있느냐"라고 물었다(부산일보, 2013. 7. 15).

바닷물보다 평균 3배 이상 염두가 높은 배출수로 인해 어업에 직접적인 타격을 받는 어민들을 대상으로 하는 피해보상에 대해서도 뒤늦은 대응을 하였다. 어민 피해보상금 일부를 지급하고 남은 보상금이 여전히 발목을 잡는다고 생각할 정도로 사업의 타당성조사나 환경영향에 대한 사전적인 고려가 없었기 때문에 여러 가지 예상하지 못한 문제에 봉착하였다.

> 전체 공정률이 99%에 다다른 해수 담수화 플랜트 사업이 지역 어민들의 반발로 공사가 중단됐다가 재개됐다. 28일 부산광역시 상수도사업본부에 따르면 이번에 공사가 잠시 중단된 곳은 바닷물을 육지로 끌어들이는 취수구와 쓰다 남은 바닷물을 바다로 내보내는 방류구의 맨홀이다. 바닷물을 흡입하고 내보내는 기능을 하는 아주 중요한 부분이어서 세심한 작업이 요구된다. (중략) 해수 담수화 플랜트 사업은 수심 20m에서 바닷물을 육지로 끌어들인 뒤 처리 과정을 거쳐 하루 4만 5천 톤의 담수를 생산해 기장군 주민들에게 공급하는 내용인데, 당초 2012년 말 완공 예정이었으나 환경파괴 등을 우려한 지역 어민들의 반발로 공사가 지연돼 왔다. 내달 말 께 공사를 끝낼 계획이다(부산일보, 2014. 2. 28).

반대 프레임에서는 뉴욕주 로크랜드군(Rockland County)에 〈그림 11-2〉에 나타난 바와 같이 원전으로부터 3.5마일 떨어진 곳에 해수담수화 시설을 설치하여 수돗물을 공급하려던 다국적 기업 수에즈의 노력이 로크랜드 물 연합(Rockland Water Coalition)이 지지하는 풀뿌리 민주주의에 바탕을 둔 주정부(The New York State Public Service Commission)에 의해 8년간에 걸친 논란 끝에 2014년 11월 13일 거부된 사례를 여러 차례 소개하면서 선택적 주목을 하였다.

그림 11-2 뉴욕주정부에 의해 거부된 해수담수화 시설

출처: https://www.facebook.com/RocklandWater/videos/get-the-facts-about-desalination-part-5-manna-jo-greene/611202652241925

(4) 절차적 정당성에 대한 선택적 주목과 상반된 해석

① 찬성 프레임

부산광역시와 기장군의 입장에서는 국책사업이기 때문에 주민투표를 실시할 수 없다고 주장하였다. 예비타당성조사와 환경영향평가 절차를 생략했지만, 이 부분에 대한 논란은 그렇게 부각되지 않았다. 다만, 주민동의 확보가 없었다는 측면에서 절차적 정당성 문제가 제기되었고 주민투표 결과 반대 89.3%로 전면 재검토 요구가 높아지고, 반대 주민들은 '4.13 총선 공약화'를 시도하였지만 부산광역시는 "효력 없는 불법투표"라고 주장하였다(부산일보, 2016. 3. 22).

② 반대 프레임

기장군의회는 만장일치로 주민투표 결의안을 가결하였다. 부산시와 상수도사업본부가 기장주민들의 생명과 건강에 직접적인 영향을 미치는 수돗물 공급에 대한 자기결정권을 부정했다고 비판했다. 이 모든 일에 앞서 핵심 이해당사자인 기장지역주민들의 의사를 묻지 않고 일방적으로 사업을 추진한 부산시에 대해 민주적 정당성이 없음을 강력하게 표명한 것이다.

(5) 이해관계자의 입장과 주요 쟁점 매트릭스

첫째, 기장해수담수화를 통한 수돗물 생산원가는 광역상수도 활용 생산단가 대비 246원 더 비싸 경제성 쟁점이 발생한 것으로 나타났다. 부산시 상수도사업본부는 해수담수화 플랜트를 통해 하루 23,500톤의 생활용수 공급 계획을 마련하고, 이를 위해 총 104.15억 원의 관련 예산을 편성하였다. 이 가운데 두산중공업에 지급하는 정수구입비가 80.94억 원(톤당 941원), 시설유지 및 수질검사 등의 추가적 운영경비가 23.2억 원 소요되는 것으로 나타났다.[3] 하지만 실제 생산비용은 톤당 1,187원으로 정수구입비 941원과의 차액 246원을 향후 5년간 정부에서 보조하고 이후에는 부산시의 재정으로 충당하는 것으로 협약이 이루어졌다. 실제 톤당 생산비용의 52%에 해당하는 617원이 전력비로 구성되어 향후 전력비용 절감 방안 마련이 필요한데, 두산중공업에서도 뚜렷한 대책이 없기 때문에 갈등의 원인으로 작용하였다.

둘째, 주민 반대의 가장 큰 이유인 음용 안전성 쟁점의 발생 원인은 고리 원자력발전소와 11.3㎞ 근접한 해수를 취수하기 때문이었다. 미국국제위생재단(NSF, National Sanitation Foundation)에 의뢰한 수질검사 결과, 247종의 검사에서 수질 기준을 모두 통과하였지만, 주민과 환경단체에서는 여전히 삼중수소 등 방사성 물질 안전성에 대해 의구심과 불안을 표출하였다.

셋째, 환경적 위해성 쟁점은 양식업자 등 지역 어민들의 해양생태 환경파괴에 대한 피해보상 문제로 플랜트 준공 지연되면서 발생했다(아시아경제신문, 2015. 5. 2). 2011년 부산시의 부지 및 어업권 피해보상 과정에서 제외된 해녀 및 양식업자들의 보상요구로 인해 플랜트 준공이 지연된 것이다. 한편, 지역특산물인 미역 채취 등의 어업에 종사하는 일부 주민은 환경 및 음용안전성 논란의 확산에 우려 및 반대를 표명하기도 하였다.

넷째, 절차적 쟁점은 해수담수화 플랜트 건설을 국가 연구개발비로 지원하는 것이 적정한지에 대한 것이었다. 건설교통 R&D 혁신 로드맵에 따른 R&D 사업비를 이용

---

3 2015년 4월 면담한 부산광역시 상수도사업본부 관계자에 따르면, 부산광역시 상수도사업본부 예산안 기준 자료에 근거하여 톤당 941원의 정수구입비는 현재 부산시에서 광역상수도를 통해 공급받는 수돗물의 생산원가와 동일하게 적용하여 책정하였다(연합뉴스, 2015. 12. 8).

해 해수담수화 플랜트를 위한 대규모 토목 건설과 시설 설계비를 지원하는 것이 연구개발 성격에 부합하는지에 대한 모호성이 존재한다(기획재정부 & KISTEP, 2009). 기장 해수담수화 플랜트의 경우 테스트베드인 실증플랜트(Demonstration plant)로서 광의의 R&D 관점에서 연구개발 형태로 간주하고 연구개발비 성격의 국비 지원을 시행하였다.[4] 이에 따라 국가재정법시행령에 따른 예비타당성조사 및 환경영향평가법에 따른 환경영향평가를 생략하였다.

결국 〈표 11-1〉의 이해관계자의 입장과 주요 쟁점 매트릭스를 살펴보면, 사업의 필요성과 입지타당성에 대해 찬성하거나 반대하는 입장을 견지할 경우 나머지 쟁점인 경제성, 음용안전성, 환경위해성, 그리고 절차적 타당성에 대해서도 같은 이해관계를 표명하는 것으로 나타났다.[5] 갈등 쟁점별로 이해관계자들의 입장에 대한 심층면담과 분석을 통해 갈등의 원인을 파악하고 협상가능영역(ZOPA, Zone of Possible Agreement)을 밝힘으로써 대화와 타협을 통한 갈등의 해소 방안을 모색할 수 있는데, 특히 고리원전 인근 입지의 타당성과 삼중수소 음용안전성의 쟁점은 합의가 쉽지 않은 것으로 분석되었기 때문에 인식상의 오차(cognitive error)를 줄이기 위한 진정한 담론이 지속적으로 요구되는 것으로 나타났다.

4 국가과학기술위원회에 따르면, 실증플랜트의 경우 시험단계를 거쳐 상업적 생산 단계로 전환될 경우 산업 활동에 포함시키고 생산품이나 생산 공정에 대한 기술자료 및 경험획득이 주목적인 경우 연구개발 활동에 포함시키는 것으로 분류한다. 기장 해수담수화 플랜트의 경우 산업 활동과 연구개발 활동 중 어느 하나로 분류하는 데 있어서 모호함이 존재한다.

5 미국 캘리포니아에서도 시민단체(www.citizen.org/california)는 해수담수화의 경제성 및 환경성 이슈를 제시하였는데, 다른 대체 수원 대비 높은 생산원가 및 평상시 저조한 설비가동률(가뭄 대비 대체 공급용)로 인한 비효율성, 그리고 고염 방류수로 인한 해양 생태계 교란 및 간접적 온실가스 배출 문제 등을 지적하였다.

표 11-1 이해관계자의 입장과 주요 쟁점 매트릭스

쟁점 / 이해관계자	사업필요성 입지타당성 (입장)	사업의 경제성	음용 안전성	환경 위해성	절차적 정당성
부산광역시장	동의	경제적	안전 (시음회)	안전	주민동의강조
부산광역시의회	중립	경제적	안전	불명	주민동의강조
부산상수도본부	동의	경제적	안전	안전	정당성
두산중공업	동의	경제적	안전	안전	정당성
기장군수	반대	불신	불신	위해	일방적
기장군의회	중립	불신	불신	위해	일방적
급수예상지역 마을주민	반대	불신	불신	위해	일방적 (주민투표요구)
(사)송정동 개발위원회	반대	반대	반대	반대	일방적 (주민투표요구)
지역구 국회의원	반대	반대	반대	반대	일방적
원전인근 기장어촌계	찬성	신뢰	신뢰	위해	일방적
반핵단체	반대	불신	불신	위해	일방적 (주민투표요구)

3) 프레임 확대와 충돌

(1) 경제성에 대한 시급성 강조와 찬성 프레임의 연합형성

① 경제성에 대한 시급성 강조

2016년 3월에 면담한 부산광역시 상수도사업본부 관계자들은 급수개시 계획이 1년 이상 지연되면서 초조함을 감추지 못하고 있었다. 그동안 투입된 비용과 시간을 고려하고, 환경산업적인 관점에서도 손실이 매우 크다고 판단하고 있었기 때문에 후반기에는 반드시 공급을 시작하고자 하는 강력한 의지를 가지고 있었다. 이런 가운데 부산광역시는 정책콘서트에서 2021년까지 10만 톤 규모의 해수담수화 시설을 설치하여 "해수담수 허브도시 육성계획"을 발표하였다.

> 부산 기장의 해수담수화 수돗물 공급 논란이 뜨거운 가운데 부산시가 제2해수담수화 시설을 도입하겠다고 발표했다. 부산시 상수도사업본부는 2월 13일 열린 정책콘서트에서 "광역상수도사업 추진이 지연돼 대체수원 확보를 위한 제2해수담수화 도입이 필요하다"라며 "국비 50%를 포함한 3천억 원의 예산으로 오는 2021년까지 10만 톤 규모의 제2시설을 추진할 계획"이라고 밝혔다 (부산일보, 2016. 2. 13).

② 연합형성

〈그림 11-3〉에 나타난 바와 같이 부산광역시와 상수도사업본부 그리고 기장 앞바다에서 수산물을 생산하여 판매하는 어촌계를 중심으로 하는 어민들의 연합형성이 이루어진다. 운영주체인 두산중공업의 경우 물 산업의 해외진출을 포함하여 심각성을 강조하면서 찬성 프레임연합에 가세한다.

> 반대단체에서 주장하는 것처럼 국책사업을 변경하는 것이 그렇게 만만하지 않습니다. 공업용수로 전환하려면 관망을 다시 깔아야하기 때문에 500억 원이 더 소요됩니다. 원전에 공급하려면 새로운 관망 설치비용이 듭니다. 만약 해체하여 강서구 등 다른 지역으로 옮기려면 해체비용 포함하여 1,500억 원이 더 소요됩니다. 4만 5천 톤 이하의 RO 사업은 경제성이 없어 하지 못합니다. 기장지역을 급수지역으로 고려한 것은 화명정수장에서 34㎞ 떨어진 관말지역이라는 점과 청정수원이라는 점이 입증되었기 때문입니다(두산중공업 관계자 면담, 2016. 5).

(2) 음용 안정성에 대한 심각성 강조와 반대 프레임의 연합형성

① 삼중수소의 심각성 강조

2015년 12월 16일 서울대 보건대학원 백도명 교수가 어린 아이들은 삼중수소와 같은 미량의 방사성 물질에도 민감하기 때문에 영향이 있을 수 있다고 강조했다. 그리고 반감기가 12년으로 긴 삼중수소는 시간이 지나 바닷물에 희석된다 해도 영향이 있다고 설명했다(부산일보, 2015. 12. 16). 저명한 과학자의 이러한 설명은 기장지역 학부모를 포함한 주민들에게 매우 파괴력이 큰 메시지를 제공했다.

② 연합형성

〈그림 11-3〉에 나타난 바와 같이 해수담수화 수돗물을 공급받게 되는 기장주민들과 반핵시민연대가 형성된다. 뿐만 아니라 해운대구 송정동 주민들도 "주민 동의 없이 결정"이라면서 반대연합에 가세하자 지역구 국회의원도 사업 철회를 요구하면서 연합형성이 확대되고 가속화된다.

> 안전성 논란을 빚고 있는 부산 기장군 해수담수화 물 반대 움직임이 송정까지 확산되고 있다. 부산광역시 상수도사업본부가 주민 동의 없이 해운대구 송정 지역을 급수 지역에 포함시켰기 때문이다. 반대 움직임을 주도하고 있는 ㈔송정동개발위원회 김시한 위원장은 12일 "지난달 상수도사업본부에서 몰래 밸브 공사를 할 때 비로소 송정 지역에도 해수담수화 물이 공급된다는 걸 알았다"라면서 "주민들에게 한마디 상의나 설명도 없이 물을 공급한다는 게 말이 되느냐"라고 강하게 반발했다. (중략) 지역구의원인 하태경 국회의원도 "주민과의 소통 없이 일방적으로 송정 지역을 급수 지역에 포함시킨 것은 주민들을 우롱하는 행정"이라며 "일방적 급수 지역 포함 결정을 철회하라"라고 목소리를 높였다. 그는 "2008년에는 시설 유치 성공률을 높이기 위해 기장군 전 지역을 급수 대상 지역으로 선정했다가 2014년 6월 철마면과 정관면을 빼고 해운대구 송정을 포함시켰다"라면서 "변경 이유가 급수 계통이 다르기 때문이라는데 그렇다면 사업 유치 당시에는 이런 기본적인 내용이 왜 반영되지 않았느냐"라며 무계획적인 행정을 질타했다(부산일보, 2015. 1. 12).

③ 기장해수담수화사업 찬반 프레임 연합형성과 갈등지도

〈그림 11-3〉에 나타난 바와 같이 기장해수담수화 사업에 대한 찬반집단의 연합형성이 확대되고 견고하기 때문에 인식상의 오차(cognitive error)를 줄이기 위한 진정한 담론이 지속적으로 요구되는 것으로 분석된다. 이처럼 갈등이 증폭되고 확대된 상황에서 정책추진 주체가 일방적으로 급수결정을 내리게 되면 갈등은 훨씬 더 큰 폭과 깊이로 확대될 가능성이 높은 것으로 예측된다.

그림 11-3 찬반 프레임 연합형성과 갈등지도

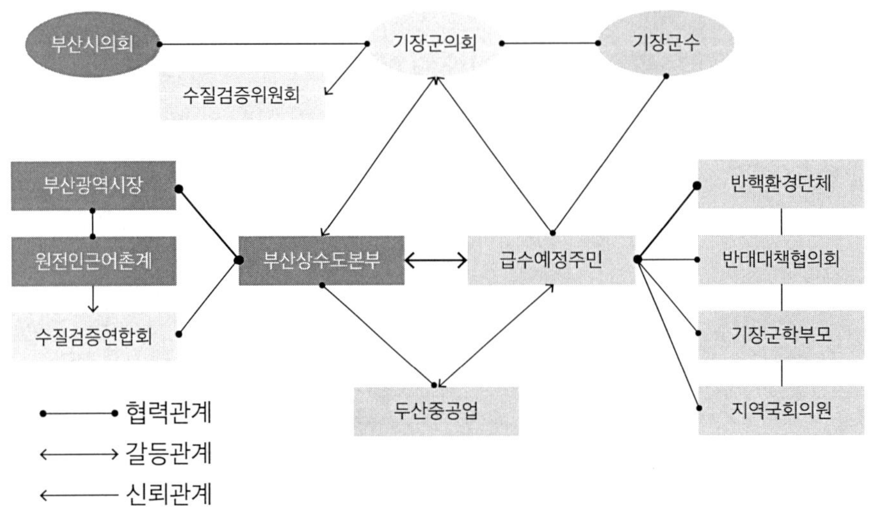

4) 프레임의 변형

(1) 찬성 프레임의 변형 - 외국기관 활용한 공격

부산 기장군 해수담수화 수돗물이 미국국제위생재단(NSF)의 수질검사를 통과하면서 식수 공급이 임박했다고 판단했다. 그동안 부산광역시 상수도사업본부는 미국 수질 검사 결과가 나오는 시기를 마지노선으로 잡고 수돗물 공급을 연기해 왔다. 이에 따라 늦어도 2015년 6월 중으로는 급수를 시작할 것으로 판단했다.

부산광역시 상수도사업본부는 2015년 4월 6일 해수담수화 수돗물 수질 검사를 NSF에 의뢰한 결과, 247가지 검사 항목 모두 NSF 수질기준을 통과했다고 밝혔다. 상수도본부는 특히 검사항목 중 그동안 우려했던 방사성 물질 58종이 모두 불검출로 결론이 났다고 덧붙였다. 이에 더해 상수도본부는 시민들의 방사능 우려를 해소시키기 위해 6억 원의 예산을 들여 방사능 전문 실험실을 설치키로 했다. 실험실에는 실시간 바닷물 방사능 감시 장치를 설치해 총알파, 총베타 방사능을 실시간으로 분석하고 기준치 이상이 되면 급수를 중단한다. 또한 이달부터 오는 12월까지는 매월 NSF 분석을 실시하고 해수담수화 원수와 정수된 물, 온정마을과 대변항 등 4곳의 삼중수소 분석을 매달 실시한다는 계획이다. 또 상수도본부는 빠른 시일 내에 기장 해수담수화 수질자문협의체를 구성해 반대 주민, 환경단체, 전문가 등을 구성원으로 포함시킨다는 방침이다(부산일보, 2015. 4. 6).

그러나 부산광역시 상수도사업본부는 여전히 기장주민들이 반대하자 수질검증연합회를 편파 구성하면서 무리수를 둔다.

(2) 반대 프레임의 철옹성 구축하기 - 산업용수 전환 추진과 주민투표 추진

해수담수화 수돗물을 식수 대신 산업용수로 공급하자는 반대 프레임의 공격이 있었다.

> 하태경 의원은 3월 9일 열린 유일호 국토교통부 장관 후보자 청문회에서 "부산시 기장군 해수담수화 시설에서 생산되는 비싼 수돗물로 인해 연간 32억 원에서 58억 원에 달하는 운영비를 부산시가 부담해야 한다"라며 "무엇보다 주민들이 실험용이 되어서는 안 된다"라고 주장했다. 하 의원은 이어 "해수담수화 수돗물을 가정용보다 비싼 산업용으로 전환할 경우 물을 더 비싸게 팔 수 있어 운영비도 줄이고 주민들의 의견도 반영할 수 있다"라며 "현 시점에서는 이것이 가장 현실적인 대안이 될 수 있다"라고 제안했다. 이에 더해 하 의원은 "현재 부산시에서 공급되는 산업용 증류수의 양이 하루 1만 2천 톤인데 울산으로의 공급 확대 등 다양한 대책을 찾을 수 있다"라며 자료를 제시했다. 이에 대해 유 후보자는 "긍정적으로 검토해 보겠다"라고 답변했다(부산일보, 2015. 3. 10).

반대연합에서는 "해수담수화 수돗물 공급 대상 6만 명 주민 중 이미 7천 명에 이르는 주민이 반대 서명을 했다"라면서, 어촌계 위주의 49명으로 구성된 수질검증연합위원회가 6만 주민을 대표할 수 없기 때문에 주민투표로 결정하자는 주장을 하였다.

> 해수담수화 시설 준공 1년이 다 되면서 더 이상은 미룰 수 없다고 판단, 수돗물 공급 시기를 조율하고 있는 부산광역시 상수도사업본부에 기장군 주민들이 '주민 투표'를 요구하고 나섰다. 주민들은 특히 상수도본부가 어촌계와 일반 주민들을 둘로 갈라 '민-민' 갈등을 조장하고 있다며 납득할 수 있는 협의체 운영으로 주민 의견을 수렴해줄 것을 촉구했다. (중략) 비상대책위와 상수도본부에 따르면 지난 6월 상수도본부는 해당 지역 주민자치위원회, 이장, 반대 주민, 시의원, 군의원 등과 함께 '수질대책협의회'를 만들었다. 협의회는 6차례 회의를 통해 협의회의 역할과 위상 등을 골자로 하는 정관을 제정하고 의견 수렴을 위한 절차에 착수했다. 하지만 '주민 투표'에서 틀어지고 말았다. 주민들은 충분한 기간을 갖고 주민 입회하에 수질 검증을 2회 실시한 뒤 주민설명회를 거쳐 주민투표를 실시하자고 주장했지만 상수도본부는 주민 투표가 법적 근거도 없을 뿐더러 비용 부담, 대상 선정 등이 현실적으로 어렵다며 반대 입장을 분명히 했다(부산일보, 2015. 11. 3).

2015년 12월 7일 해수담수화 수돗물 공급에 반대하는 주민 250여 명이 부산시청을 찾아 항의 집회를 벌이고, 기장지역 초등학생 1천여 명이 등교 거부에 동참했다. 오규석 기장군수도 이날 '주민 동의 없는 해수담수 수돗물 공급은 절대 받아들일 수 없다'며 시청 앞에서 1인 시위를 벌이고, 부산시와 상수도사업본부의 연내 급수 강행 방침을 규탄했으며(부산일보, 2015. 12. 7), 기장군은 다음날 급수 중지를 위한 가처분 신청도 제출했다. 이처럼 찬성 프레임의 공격 이후 반대 프레임은 더욱 견고해지는 특징을 보였다.

(3) 찬성 프레임의 재공격 - 2016년 하반기 해수담수 공급 방침

부산광역시 상수도본부의 경우 반대 여론 귀 막고 찬성주민 동원하여 맞불집회를 하고, 2016년 하반기에는 일방적인 해수담수화 수돗물을 공급할 방침이다. 표층 프레임만 바뀌고 진정성 있는 심층 프레임이 바뀌지 않으면서 지속적인 충돌은 불가피해 보인다.

3 조정과 소송 활동을 통한 합의형성 과정 분석

모든 이해관계자를 아우르는 사회적 합의(social consensus)란 처음부터 불가능할지도 모른다. 실제로 사회적 합의를 이루었다는 평가를 받는 정책 역시 실제로는 완전한 합의상태를 의미하기보다는 이해관계자들 간의 사회적 협상(compromise)의 또 다른 양상으로 보는 것이 현실적이다(Jones and Michael, 1996: 11-17). Fox와 Miller(1995: 111-159)는 다수 담론(many talk)은 중구난방(衆口難防)이 되고, 소수 담론(few talk)은 여론조사처럼 일방적 홍보와 독백이고, 그래서 정책공동체와 같은 적당한 수가 참여하는 상당수 담론(some talk)에서 진정한 담론(authentic discourse)이 가능하다고 한다.

〈그림 11-3〉에 나타난 바와 같이 이해관계자집단은 몇 가지 쟁점에 대해서 의견이 나뉘면서 찬성집단과 반대집단으로 양분되는 경향을 보이고 있다. 이런 가운데 기장군의회가 조정자로서 '원전 해역 수질검증 결의안'을 통과시키면서 합의형성을 시도하고 있어 주목된다.

부산 기장군의회가 주민 반대로 한 차례 무산된 수질검증위원회 재구성 결의안을 채택했다. 기장군의회는 15일 오전에 열린 제215회 정례회 제1차 본회의에서 '원전 해역 바닷물 수질검증 결의안'을 통과시켰다. 김정우 의장이 발의한 결의안에 대해 야당 군의원 1명을 제외한 7명이 찬성했다(부산일보, 2016. 6. 15).

부산 기장군의회가 해수담수화 수돗물 공급 논란과 관련해 자체 검증위원회를 꾸려 객관적인 조사를 벌이겠다고 나섰다. 검증위에는 위원장인 군의회 김정우 의원을 비롯해 주민대표위원 14명 등 총 15명이 포함됐다. 고리원전 1호기 배수구에서 11㎞ 해역까지 1㎞ 간격, 해수담수 취수구 주변 3개소, 기장군과 울주군 경계 해상 1개소 등에서 총 162회에 걸쳐 시료를 채취한다. 이를 부경대와 한국원자력연구원, 조선대에 검증을 맡기기로 했다(국제신문, 2016. 8. 30).

뿐만 아니라 부산지방법원이 분쟁해결자로서 판결을 내어놓음으로써 합의강제가 이루어질지 주목되고 있다.

2016년 1월 13일 부산 기장군 주민 100여 명은 해수담수 수돗물 공급을 두고 주민투표 실시를 요구하며 부산시에 주민투표 대표자 증명서 신청을 냈지만, 부산시는 해수담수 수돗물 공급은 국가의 권한 또는 사무임으로 주민투표 대상이 아니라며 거부한 바 있다. 부산지법은 8일 해수담수 수돗물 공급을 반대하는 군 의원과 주민들이 부산시를 상대로 낸 '주민투표 청구 대표자 증명서 거부처분 취소소송'에서 원고 승소 판결했다(연합뉴스, 2016. 9. 8). 부산광역시는 기장군 해수 담수화 시설은 국가시설로서 시가 주민투표를 할 수 있는 사안이 아니라는 입장을 고수하며 부산고법에 항소했다(연합뉴스, 2016. 10. 18).

제2절

시간의 논리와 정책

1 시간이론의 개념

시간적 접근은 사회적 현상을 발생시키는 주체들이나 대상들의 속성이 변화하되, 시간적 차이를 두고 변화한다는 사실 자체가 연구되어야 할 가장 중요한 측면으로 보고 있다. 모든 사물이 시간의 흐름에 따라 변화한다는 사실에 추가하여, 이러한 변화의 속도가 사물마다 다르고, 변화속도를 인지하는 것도 사람의 느낌에 따라 다르다는 사실을 강조하는 것이다. 시간은 객관적이고 양적인 개념과 주관적이고 질적인 개념을 동시에 갖고 있는 것이다.

사전에서는 시간을 어떤 시각과 시각의 사이 혹은 어떤 행동을 할 틈이나 어떤 행동을 하기로 정해진 동안이라고 정의한다. 이처럼 시간은 10초, 30분, 2시간 등과 같이 객관적으로 측정이 가능하기도 하지만, 개인에 따라서는 일각여삼추(一刻如三秋)를 느낄 수도 있고, 어떤 일이 너무 재미있어 시간 가는 줄 모를 수도 있는 것처럼 각 개인이 독립적으로 느끼는 주관적 시간이 있을 수 있다. 이러한 객관적 시간과 주관적 시간 외에 국내에서 시간을 연구하는 학자들은 어떤 정책추진이 '빠르다' 혹은 '느리다'와 같이 주관적 느낌을 상호 공유하는 사회적 시간(socially constructed time)의 개념 구성을 시도하고 있다.

원인변수가 성숙 또는 노출·강화되는 성숙기간이라는 시간은 결과에 영향을 미친다. 이때 시간은 시간의 범위를 의미하며 시간의 경과가 중요한 원인변수로 작용하게 된다. [Yt = f(Xt, t, Ct)] 첫째, 결과변수의 변화역사(Yt)는 본 연구의 결과변수인 합의형성의 변화를 살피는 것이 될 것이다. 상황조건의 차이가 많은 사례에 대해서 현재 결과변수상에서 비슷하다는 이유로 동일한 변화를 추구해서는 안 된다. 결과변수가 성장과정이나 변화과정의 어느 국면에 있는가에 따라 동일한 원인변수가 전혀 다른 결과를 가져올 것이다(정정길, 2002: 261). 둘째, 원인변수의 변화과정(Xt)은 합의형성 노력의 미세한 변화를 파악하는 것이 될 것이다. 원인변수의 현재의 값이 동일하여도, 과거에 어떠한 과정을 거쳐서 왔는가에 따라 결과변수에 미치는 영향이 다를 것이라는 가설에 따른 것이다(정정길, 2002: 264). 셋째, 원인변수의 성숙기간(t)은 댐 건설 계획부터 합의형성을 거쳐 댐 건설이 완공되는 시간으로서 합의형성 효과를 설명하는 중요한 독립변수의 역할을 하게 된다. 제도 도입의 초기에는 제도의 효과보다는 제도 정착에 소모되는 대가가 더욱 크지만, 일정한 시간이 흘러 새로운 제도가 완전히 정착된 후에는 댐 사업절차 변화라는 새 제도의 효과가 제도 도입의 비용보다 커질 것이다(정정길, 2002: 262). 만약 제도의 정착까지 가지 못하고 제도가 소멸될 경우에는 투입비용을 회수하기 어려울 것이다. 넷째, 정책관련자들과 다양한 관련 행위자의 인지상의 시차(Ct) 역시 중요한 독립변수의 역할을 할 것이다. 사실의 변화속도 상의 차이뿐만 아니라, 이를 인지하는 주체가 경험하는 인지시간상의 느낌 차이도 심각한 문제를 발생시킬 수 있다는 것이다(정정길, 2002: 270).

2 정책수단의 선택과 시간이론

역사적 제도주의는 국가의 제도적 장치에 따라 정책결과가 다르게 나타날 수 있다는 것을 시간의 경과에 따른 분석으로 입증하고자 한다(김태룡, 2014: 358). 정책결과를 분석함에 있어서 시간적 요소를 고려하지 않는다면 즉각적인 정책효과를 가져오는 단기적인 정책선택에 매몰될 가능성이 높아진다. 〈표 11-2〉에서 원인의 작용에 따른 즉각적인 결과가 나타나는 Ⅰ유형은 순식간에 발생했다 사라지는 토네이도 혹은 스냅사진에 비유된다. Pierson(2004: 79-102)은 기존 정치학 연구는 대부분 시차(temporal lag)를 고려하지 않고 Ⅰ영역에 해당하는 연구를 수행했음을 지적한다. Ⅱ의 경우 운석이 지구를 때릴 때 원인은 즉각적이지만, 기후변화를 지속적으로 초래하여 공룡의 소멸을 초래하는 결과를 가져왔다. 해양수산행정의 통합과 같은 정책원인이 작용할 때도 장기적으로 결과의 변화를 초래하는 경우가 많이 있기 때문에 결과의 시계를 단기적이고 즉각적인 시계에 초점을 맞추면 시간의 오류를 범하는 것이 된다. Ⅲ의 경우 눈사태나 지진이 초래되는 현상과 같이 판구조들이 서서히 압력을 받으면서 장기적으로 진행되어오다가 결과가 즉각적으로 나타나는 사례이다. 문지방에 다다르면 갑자기 떨어지는 변화가 초래되는 환경재난의 경우를 예로 들 수 있다. 최근 세월호 사고를 포함한 각종 안전사고 역시 갑자기 운이 나빠서 발생하는 것이 아니라 장기적으로 사회적 피로도가 쌓였다가 폭발하는 것으로 이해할 수 있다.

정책원인(x)이 정책결과(y)를 즉각 초래하는 것이 아니라 x와 y 사이에 실질적인 시차(substantial lag)가 있는데, x 역시 시간의 경과에 따라 원인의 연결고리(causal chains)를 갖게 되면서 원인구조를 형성하기 때문이다. Ⅳ의 경우 프레온가스가 배출되어 성층권에 도달하는 데 장기간이 걸리고, 오존층을 파괴하는 과정 역시 장기적으로 지속된다. Ⅱ, Ⅲ, Ⅳ의 경우 원인과 결과의 작용이 축적되어 점진적으로 이루어지는 점진적인 과정(slow moving)이다. 그러므로 어떤 정책의 통합효과는 Ⅱ, Ⅲ, Ⅳ의 시간적 관점에서 인과구조를 분석하면서 진행해야 함을 알 수 있다.

표 11-2 인과구조의 차이에 따른 시간구조의 차이

구 분		결과의 시계	
		단기	장기
원인의 시계	단기	Ⅰ (토네이도)	Ⅱ (운석의 충돌과 소멸 영향)
	장기	Ⅲ (지진)	Ⅳ (지구온난화)

출처: Pierson(2004: 81-92)

3 댐 건설 갈등의 시차적 해석

1) 비교분석 결과

본 연구는 권위주의 시대에 탄생한 소양강댐과 안동댐은 물론 댐 입안과 건설과

정에서 갈등이 발생하고 이러한 갈등을 다양한 방법으로 관리한 경험이 있는 한탄강댐, 경상북도 부항댐과 군위댐, 그리고 지리산 문정댐 갈등 사례를 비교분석하였다. 물론 한탄강댐과 지리산 문정댐의 경우처럼 댐 건설 자체가 정치적 쟁점화 될 경우에는 보상갈등 이전에 댐 건설 자체의 타당성 문제를 놓고 다양한 이해관계자가 관여하는 갈등 양상이 전개된다. 그러나 최근 국토교통부와 수자원공사가 추진하고 있는 부항댐과 군위댐의 경우처럼 중소규모의 친환경댐의 건설과정에서 갈등관리의 중점은 보상 시점을 전후로 하여 갈등이 발생하는 경우가 다반사인 것으로 나타났다. 〈표 11-3〉에서 합의형성은 심의·협상·조정에 의한 타협, 상황조건은 민주화와 지방자치제의 실시, 심의는 Fox and Miller(1995)의 진정한 담론의 조건 충족, 조정과 중재는 제3자 개입에 의한 갈등해결, 소송은 행정소송(취소소송)과 민사소송에 의한 합의강제, 제도는 공식제도와 비공식제도의 변화를 의미한다. 여기서 최근 일본과 미국의 경우 댐 건설 포기라는 합의형성이 이루어진 경우이며, 지리산 문정댐의 경우 심의 단계에서 합의형성이 되지 않아 지연되고 있는 경우이다.[6]

표 11-3 비교분석 결과

구분	소양강댐 / 안동댐	한탄강댐	군위댐	부항댐	문정댐	미국	일본
합의형성	×	×	○	△	×	○	○
상황조건	×	○	○	○	○	○	○
심의	×	○	○	○	○	○	○
조정	×	○	△	△	×	○	○
소송	○	○	△	△	×	×	×
제도	△	△	△	△	○	△	○
정책대응	선택	지연	선택	선택	지연	포기	포기

주: × 미흡, △ 보통, ○ 양호

6 미국과 일본의 사례는 분석단위가 개별 댐이 아니라 국가단위의 전반적인 추세를 반영한 것이다(박성제, 2006; 유영성, 2008; 오비타니 히로아키, 2004). 미국과 일본의 개별 댐을 모두 들여다보기에는 연구범위가 지나치게 확장되기 때문에 벤치마킹하는 수준으로 연구범위를 한정하였다.

첫째, 댐 건설주체의 입장에서는 지역공동체의 특성과 상황조건의 분석을 먼저 해야 하며, 댐 건설지역의 피해특성과 공동체의 속성을 이해하고 댐 건설 사업을 추진해야 한다는 점을 알 수 있었다. 조상 대대로 내려오던 고향을 잃을 수몰민들의 심정을 먼저 헤아릴 수 있어야 한다. 사실 댐 상류지역 수몰 대상 주민들은 고향을 잃는다는 아픔 등으로 댐 건설에 대한 강한 부정적 인식을 갖고 있어 대부분은 주민들의 무조건적인 반대에 직면하고 있는 실정이기 때문이다. 경상북도의 부항댐과 군위댐의 경우는 예외이지만, 지리산 문정댐의 경우 상류에 위치한 전라북도 남원시민은 상수원 보호구역 지정에 대한 우려가 깊은 상황이다. 2014년 8월 댐 건설 현장의 다양한 실무자와 면담한 결과, 갈등당사자를 처음 대면할 때 좋은 이미지를 심어야 한다는 점을 강조했다. 공공필요에 의해 댐을 건설하여 손실보상이 불가피하지만, 적절한 보상이 이루어지고 도움을 주기 위해 접근한다는 점을 느끼게 해주어야 한다는 것이다. 특히 주택과 토지조사와 측량을 실시하는 기본실태조사 때 수몰민과 지역주민들을 처음으로 직접 대면하게 되는데 밭일을 도와주면서 세금 안내, 이주대책 설명, 보상금 활용방법 등을 설명하여 친밀감을 형성하는 것이 갈등완화에 많은 도움이 될 수 있다고 한다.

둘째, 시간선택(temporal ordering)에 있어서 댐 건설 입안과 계획 단계에서 정책심의(policy deliberation)에 의한 합의형성의 중요하다는 점이다. 미국과 일본의 경험을 보면 지역사회와 시민들의 호응을 얻지 못하는 댐 건설은 시작 자체도 어렵다는 점을 학습할 수 있다. 즉, 댐 건설 집행과정에서 지역주민들이 사업정보를 습득하게 될 경우 정부정책에 대해 근원적으로 불신하기 때문에 댐 계획 단계에서부터 지역주민들의 의견을 수렴하는 절차의 개선이 요구된다. 반면 민주주의의 진척으로 계획 단계에서 지역주민들은 물론 시민단체와 언론까지 정보격차가 없는 상태에서 사업을 추진하게 될 경우 사업주체는 상상하기 어려운 비용부담을 지게 될 수 있다. 그러므로 반대집단의 의견을 수렴하고 조율할 수 있는 다양한 원탁회의와 참여적 의사결정기법 그리고 갈등영향분석의 제도화를 통해 갈등이 제도적 틀 안에서 제대로 조율될 수 있는 제도적 장치의 마련이 필요하다. 더불어 이때 충분한 시간을 갖고 심의와 담론이 이루어져야 한다. 공공사업을 시행할 때 지역주민과의 유대관계는 원활한 사업추진을 위해 필수적인 선결조건이다. 그러나 지역주민과 사업시행자 간의 이해가 상충하는 경우가 많아 주민협조를 구하기가 어려운 실정이다. 따라서 사업시행자는 지역주민들에게 사업시행에 대한 정책심의와 진정한 담론을 강화하고 특히 토지 소유자가 수긍할 수 있도록 충분한 시간과 노력을 투입할 필요가 있다. 무엇보다 지방자치단체장을 포함한 지역사회와 먼저 심의를 통한 합의형성을 시도하라는 것이다. 〈표 11-4〉의 이중관심모형(The Dual Concern Model)에 근거하여 서로 문제해결을 위해서 자신은 물론 상대방의 결과에 대해서도 높은 관심을 보이게 하는 방안은 정책심의를 갈등 초기단계에 폭넓게 적용하는 것이다.

표 11-4 협상에서 이중관심 모형

		자신의 결과에 대한 관심	
		높음	낮음
상대방의 결과에 대한 관심	높음	Ⅰ (문제해결)	Ⅱ (양보)
	낮음	Ⅲ (경쟁)	Ⅳ (무대응)

출처: 대통령자문 지속가능발전위원회 편(하)(2005: 237); Pruitt and Rubin(1986).

셋째, 댐 건설주체는 물론 모든 이해당사자는 소송으로 가기 전에 이루어지는 조정과 중재를 통한 합의형성의 중요성을 인식해야 한다. 우리나라의 경우 '끝장을 보는 문화' 때문에 대법원까지 가야만 결국 승복하는 경우가 많은데 협상과 조정 그리고 중재를 포함한 다양한 대체적 분쟁해결수단을 활성화해야 한다. 물론 이를 위해서는 분쟁해결전문가의 양성은 물론 승복문화를 정착시킬 수 있는 법적 근거의 마련이 요구된다. 2014년 8월 댐 건설 현장의 실무자들을 면담한 결과, 무조건 법적 규정을 강행하지 말고 수몰민 등 이해관계자들이 국민권익위원회 등에 민원을 제기하게 하여 이를 통한 원만한 해결책을 모색하는 지혜도 필요하다고 하였다. 규정이 모호한 경우 무조건 거부하여 지역주민들의 반발을 사기보다는 지역주민들의 입장에서 구제할 수 있는 근거를 찾아내는 것이 중요하다는 것이다.

넷째, 댐 건설주체는 제도변화를 인식하고 댐 건설 갈등관리에 임해야 한다. 미국의 사례와 일본의 사례를 벤치마킹할 때도 핵심은 민주주의가 심화된 나라에서는 국민과 지역사회가 사전에 동의하거나 지지하지 않는 댐 건설은 심각한 저항에 부딪히기 쉽고 성공하기도 어렵다는 점이다. 그러므로 우리나라의 경우에도 이러한 댐 건설 정책의 변화는 시대적 변화에 적응하는 과정으로 이해할 수 있다. 그러나 민주주의는 반드시 대가를 요구하는데, 지역사회의 의견수렴과정에서 무조건 댐 건설을 반대하는 집단이 우세하여 국가적으로나 공익적 관점에서 꼭 필요한 댐 건설이 무산되는 경우를 상정할 수도 있다. 예비타당성조사가 되지 않아 댐 건설의 타당성을 제대로 알지 못하는 상황에서 사전검토협의회를 개최하게 될 경우 시민사회와 지자체에서 찬반논의만 무성하고 아무런 성과를 얻지 못할 가능성도 있다. 타당성 높은 댐 건설의 무산은 찬성집단을 중심으로 한 또 다른 갈등을 초래할 수도 있다. 사업추진주체의 입장에서는 이러한 과정에서 보상비가 폭등하여 댐 건설에 지대한 부담을 가져다줄 수도 있다. 그럼에도 불구하고 그동안 댐 건설 결정과정에서 지역주민들이 배제되면서 오히려 집행단계에서 갈등이 격심했던 경험을 감안하면 이러한 정부의 댐 사업절차 개선방향은 큰 틀에서는 바람직한 것으로 평가된다. 그러므로 미시적인 작동과정에서 발생할 수 있는 문제점들을 사전에 충분히 검토하여 갈등해결의 제도적 장치를 마련하는 후속작업이 요구될 것으로 판단된다.

2) 시간선택의 딜레마와 정책대응

댐 건설의 타당성평가와 기본계획 수립 이전에 갈등조정절차를 포함시킨 최근의 국토교통부 수자원개발과(2013)의 댐 사업절차 개선방안은 획기적이라고 평가할 수 있다. 한탄강댐 사례는 노무현 정부가 공공갈등해결의 모범사례로 만들기 위해 다양한 형태의 참여적 의사결정기법을 적용하였지만, 조정 활동이 실패한 이후 다시 극단적인 투쟁과 소송을 거쳐 갈등해결이 되었기 때문에 성공적인 사회적 합의모델로 보기는 어렵다(김두환, 2005; 정규호, 2007; 정정화, 2012). 왜냐하면 이미 정부의 댐 건설 기본계획이 마무리된 단계에서 지역주민에게 일방적으로 통보하여 갈등의 영향 범위가 커진 상태에서 조정을 시도할 경우 그만큼 성공확률이 낮아지기 때문이다. 2001년 8월 주민의견을 수렴하기 위해 환경영향평가 초안을 공람하고 주민설명회와 전문가 토론회를 개최하려고 하였으나 주민들의 저지로 무산된 것만 보아도 사전 갈등조율의 중요성을 알 수 있다. 이는 협력기획의 제도화 맥락에서도 접근과 검토가 가능할 것이다(Healey, 1997). 댐 건설 공사기간의 차이를 〈그림 11-3〉의 A 모델과 B 모델과 같이 정교하게 계산하고 이론화하는 작업을 위해서는 좀 더 심층적인 연구가 요구되며, 본 연구에서는 탐색적 수준의 논의를 진행하였다.

그림 11-3 댐 건설시간 선택의 딜레마

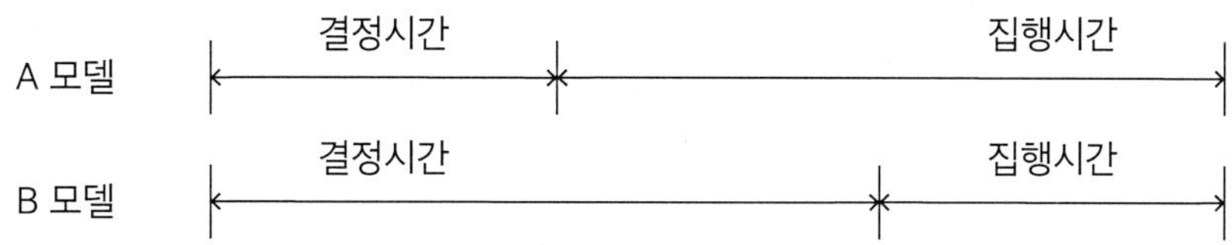

〈그림 11-3〉에 나타난 바와 같이 A 모델의 경우 이해관계자 참여를 최소화하면서 결정시간을 줄였지만, 집행과정에서 이해관계자들의 저항에 부딪히면서 건설기간이 지연된 경우이다. B 모델의 경우 합의형성을 통한 결정시간은 많이 소요되었지만, 집행과정에서는 원만하고 효율적인 성과를 달성한 경우이다. 결국 총 소요 시간의 차이가 별로 없다면, 댐 건설주체는 어떤 선택을 할지 딜레마에 빠지게 될 가능성이 높은 것이다. 이는 규범적으로 B 모델이 더 민주적이라서 더 낫다는 해석이 아니라 정책주체가 얼마든지 빠질 수 있는 딜레마 상황을 설명해본 것이다.

3) 댐 건설결정 시간선택과 정책효과성 차이

정책수단의 선택과 정책효과의 해석에서 시간이론을 적용하여 차별성 있는 접근을 시도할 수 있다. Pierson(2004: 79-102)은 기존 정책연구는 대부분 시차(temporal lag)를 고려하지 않고 I 영역에 해당하는 연구를 수행했음을 지적한다. 〈표 11-5〉에서 원인의 작용에 따른 즉각적인 결과가 나타나는 I 유형은 스냅사진에 비유된다. II의 경우 운석이 지구를 때릴 때 원인은 즉각적이지만, 기후변화를 지속적으로 초래하여 공룡의 소멸을 초래하는 결과를 가져왔다. 새로운 제도의 도입으로 정책원인이 작용할 때도 장기적으로 결과의 변화를 초래하는 경우가 많이 있기 때문에 결과의 시계를 단기적이고 즉각적인 시계에 초점을 맞추면 시간의 오류를 범하는 것이 된다. III의 경우 눈사태나 지진이 초래되는 현상과 같이 판구조들이 서서히 압력을 받으면서 장기적으로 진행되어오다가 결과가 즉각적으로 나타나는 사례이다. 문지방에 다다르면 갑자기 떨어지는 변화가 초래되는 환경재난의 경우를 예로 들 수 있다. 정책원인(x)이 정책결과(y)를 즉각 초래하는 것이 아니라 x와 y 사이에 실질적인 시차(substantial lag)가 있는데, x 역시 시간의 경과에 따라 원인의 연결고리(causal chains)를 갖게 되면서 원인구조를 형성하기 때문이다. Ⅳ의 경우 프레온가스가 배출되어 성층권에 도달하는데 장기간이 걸리고, 오존층을 파괴하는 과정 역시 장기적으로 지속된다. Ⅱ, Ⅲ, Ⅳ의 경우 원인과 결과의 작용이 축적되어 점진적으로 이루어지는 점진적인 과정(slow moving)이다.

표 11-5 인과구조의 차이에 따른 시간구조의 차이

구분		결과의 시계	
		단기	장기
원인의 시계	단기	Ⅰ (부항댐, 군위댐)	Ⅱ (소양강댐, 안동댐)
	장기	Ⅲ (미 국, 일 본)	Ⅳ (한탄강댐, 문정댐)

출처: Pierson(2004: 81-92) 적용

그러므로 댐 건설의 원인과 결과해석 역시 Ⅱ, Ⅲ, Ⅳ의 시간적 관점에서 인과구조를 분석하면서 진행해야 함을 알 수 있다. 권위주의 시대에는 단기에 댐이 건설되고 긍정적·부정적 효과가 장기에 걸쳐 나타났다. 민주화된 상황에서는 중소규모의 댐으로서 지역의 반대가 심하지 않을 경우 단기에 도입되어 빨리 안정을 찾고 효과를 나타낼 수 있는 것으로 분석되었다. 2014년 8월 면담한 K-water 관계자에 의하면, 부항댐의 경우 주요 이해관계자로서 김천시와 경상북도는 우호적 입장이었다. 지속적으로 홍수 피해를 경험했기 때문에 지역사회가 댐 건설을 적극적으로 지지했던 것이 댐 건설이 원만하게 추진될 수 있었던 배경으로 잠정 분석된다.[7] 그러나 당시 건설교통부 출신으로 댐 건설의 속성을 잘 파악하고 있던 당시 군위군수가 댐 건설 사실을 전혀

7 K-water에서 수행한 부항댐 건설은 2002년 8월 기본계획수립조사에 착수한 후 2005년 1월 환경영향

모르고 있다가 사후에 댐 건설 사실을 알고 반대한 군위댐의 경우와 좋은 대조를 이루지만, 댐 건설 갈등관리는 그렇게 지체되지 않은 것으로 나타났다.[8]

4) 댐 건설 결정 속도와 댐 운영의 안정성 차이

시간연구에 관해서 다양한 논의가 진행되고 있는 가운데, 아직 통합적이고 지배적인 패러다임이 형성된 것은 아니지만(Ancona et al., 2001: 512; 최종원, 2003), 이러한 가운데 시간과 절차의 통합을 시도한 연구가 있다(Lawrence, et al., 2001: 624-644; 정정길·정준금, 2003: 192-193). 〈표 11-6〉에서 Ⅰ유형은 제도화, 즉 정책이 도입되는 데 시간이 많이 걸리며, 안정성도 낮아 쉽게 정책효과가 사라진다. Ⅱ유형은 정책도입에는 많은 시간이 걸려 진도가 느리지만, 일단 제도화를 이룬 후에는 상당기간 지속적으로 정책효과를 나타내는 경우이다. Ⅲ유형은 정책도입이 급속히 이루어졌지만, 정책운영단계에서 갈등이 지속되어 운영의 안정성이 낮은 경우이다. Ⅳ유형은 정책도입의 속도도 빠르고 안정성도 높아 정책효과가 장기적으로 지속되는 경우이다. Ⅳ유형이 이상적일 수는 있다. 그러나 이해관계가 복잡하고 불확실한 상황에서 정책도입이 급속하게 이루어질 경우 설익은 정책이 졸속으로 도입될 가능성이 높아진다. 특히 민주화된 정치사회 상황에서 대규모 국책사업을 추진할 경우 Ⅱ유형이 실현 가능성뿐만 아니라 소망성도 높을 수 있는 것이다. 이러한 논의는 제도도입이 졸속이 아니라면 그것의 속도와 관계없이 일단 제도화된 다음에는 지속성(stability)을 갖도록 하는 메커니즘이 요구된다는 지적으로 해석할 수 있다. 더불어 Ⅰ유형과 같이 결정속도가 느리

평가 협의를 완료하고, 7월에는 기본계획 고시가 이루어진다. 2005년 8월 입찰공고 후 2006년 4월 실시설계 낙찰자가 선정되었다. 2006년 11월 실시계획 고시 이후 건설공사 계약 및 착공이 이루어져 이제 완공단계이다. 2013년 8월 면담한 관계자에 의하면, 부항댐 건설 프로세스에서 건설업무와 보상업무가 복잡하고 힘들다고 한다. 통상 선보상 완료 후 건설업무가 추진되며 댐 건설, 이설도로 건설, 수력발전소 업무로 크게 나눠져 추진된다. 댐 건설과정에서 가장 힘든 점은 공사 중 악성 민원 등에 의한 공정추진 제약 시와 공사 중 현장여건 상이 등으로 인해 공정계획 변경이 불가피할 때라고 한다.

8 K-water에서 수행한 군위댐은 1988년 12월 이미 타당성 조사를 완료하고, 2003년 7월 기본계획 고시가 이루어진다. 2004년 6월 본댐 공사 착공 후 2004년 8월 실시계획 고시 이후 건설공사 계약 및 착공이 이루어져 2010년 12월에 준공행사가 실시된다. 군위댐 건설 프로세스에서선 보상완료 후 건설업무가 추진되며 댐 건설, 이설도로 건설, 수력발전소 업무로 크게 나눠져 추진되었다. 군위댐의 경우 보상이 이루어지고 난 후, 건설 업무는 법과 규정에 따라 일사천리로 이루어졌다고 한다.

다고 반드시 운영의 안정성이 확보되는 것은 아니라는 것을 알 수 있다.

표 11-6 댐 건설결정 속도와 댐 운영의 안정성 모델

구분		운영의 안정성	
		낮음	높음
결정속도	느림	Ⅰ(한탄강댐, 문정댐)	Ⅱ(일본, 미국)
	빠름	Ⅲ(소양강댐, 안동댐)	Ⅳ(부항댐, 군위댐)

제3절

딜레마의 논리와 공공갈등

1 딜레마의 논리

딜레마란 이러지도 저러지도 못하는 궁지에 빠진 것을 의미한다.[9] 즉, 주어진 시한 내에 선택을 하여야 함에도 불구하고, 단절적인 대안 간의 선택이 초래할 결과가치가 비슷하여서 어느 것도 선택하기 어려운 경우이다. 결과가치가 비슷하다고 하는 것은 어느 대안을 선택하든 결정에 대한 반대 때문에 그 선택을 유지하기 힘든 것을 의미한다(이종범, 2009: 4-7). 예를 들어, 새만금 간척개발 사업을 선택하게 되었을 때 보전의 결과가치도 비슷하여 반대집단이 수용을 거부했기 때문에 딜레마에 직면하게 된 것으로 볼 수 있다. 현실적으로 개발과 보전의 선택은 기회손실(opportunity loss)을 초래하는 상충관계에 있기 때문에 어느 한 부분의 희생 없는 정책선택은 매우 어렵다. 따라서 개발과 보전 중에서 무엇을 선택할지 망설여지고 대립되는 행위자들 간의 갈등과 분쟁으로 표출된다. 4대강 살리기 사업을 놓고 개발과 보전집단 간의 치열한 공방이 벌어지고 있는 것도 이 때문이다.

이처럼 딜레마 개념은 제한된 시간 내에 선택을 내려야 하는 의사결정자의 상황을 설명하는 데 좀 더 적실성을 가질 수 있다. 딜레마의 개념이 구성되기 위해서는 첫째, 서로 단절적인 두 개의 대안이 존재해야 한다. 둘째, 단절적인 두 개의 대안은 서로 상충적인 상태로 존재해야 한다. 서로 충돌한다는 것은 두 대안을 맞교환할 수 없다는 것으로 한 대안을 선택하면 다른 대안은 포기해야 함을 의미한다. 셋째, 두 개의 대안

9 이 연구에서 딜레마는 그 정도에 따라 잠재적인 수준의 갈등이나 갈등이 표면화된 분쟁을 포괄하는 넓은 개념으로 사용된다.

이 가져올 결과가치의 크기는 균등해야 한다. 넷째, 제한된 시간 내에 결정을 해야 한다. 이 내용을 정리하면 딜레마는 두 개의 대안이 존재할 때, 두 개의 대안을 동시에 선택할 수 없으며 그중 한 개의 대안을 선택하기도 곤란하지만, 제한된 시간 내에 선택을 하지 않을 수도 없는 상황이라고 정의할 수 있다(윤견수, 2013: 287-289). 어떤 문제에 깊숙이 개입할 수 있는 실질적인 권한을 가진 새로운 상태와 그렇지 못한 현재의 상태 간 충돌로 그것을 선택할 것인가 말 것인가의 존재론적 딜레마에 빠질 수 있다. 뿐만 아니라 어느 정도 범위까지 개입할 것인가의 문제를 놓고 두 가지 새로운 상태 간 충돌로 둘 가운데 어떤 것을 선택할 것인가의 인식론적 딜레마에도 빠질 수도 있다(윤견수, 2013: 292-297). 정책주체는 딜레마 상황의 가장 큰 제약요건인 '주어진 시간'을 늘리는 지연 방안과 결정상황에 대한 압력을 버티지 못하고 결정자가 스스로 그 상황을 벗어나는 포기를 선택하기도 한다. 2000년 동강댐 건설 포기와 같이 결정상황에 대한 압력을 버티지 못하고 결정자가 스스로 그 상황을 벗어나는 포기를 선택하기도 했다. 한편 비록 선택은 되었지만 내용이 결핍된 형식적 집행전략이나 단지 정당성 부여를 위한 상징적 집행전략을 택하기도 한다.

2 기회손실과 지역의존성의 충돌 그리고 딜레마

1) 외부충격과 기회손실: 환경가치의 파괴

(1) 환경파괴와 생존권의 위협

낙동강 발원지인 태백과는 불과 20km 떨어져있는 영풍제련소는 1970년 10월 준공 이후 무려 50년간 1,300만 영남민의 식수원인 낙동강을 심각하게 오염시켜 왔다. 2015년에는 제3공장을 불법으로 증설하였는데 문제가 되자 봉화군에 벌금을 물고 사업장을 확장하는 등 불법과 탈법을 동원해 왔다. 2018년 2월에 처리되지 않은 오수 70여 톤을 낙동강으로 무단 방출시키다가 적발되자, 4월에는 경북도로부터 역사상 처음으로 조업중지 20일의 행정처분을 받게 된다(김창수, 2021: 159-187).

2013년 이후 2020년 10월까지 영풍제련소의 환경법 위반 건수가 70건, 관련 고발 건수가 20건에 이르는 것으로 나타났다. 이수진(2020) 의원이 환경부로부터 제출

받은 자료에 따르면, 영풍제련소는 2013년 이후 대기 관련법 30건, 수질 관련법 24건, 폐기물 관련 5건, 화학물질 1건, 토양 3건 등 총 70건의 환경 관련 법 위반이 확인되었다. 또 최근 확인된 제련소 내의 지하수 카드뮴 농도는 1, 2차 조사 결과 공장 내부에서 최고 2,393mg/L, 공장 외부 하천에서 714mg/L이 검출되었다. 이는 하천의 카드뮴 농도 기준 0.005mg/L의 47만 8,600배에 해당하는 수치이다(김혜나·손영호, 2020: 43-55).

이는 그동안 제련소 주변 지하수 오염이 제련소의 오염 지하수 유출로 인한 것임을 직접 확인해주는 결과이다. 대구 지방환경청에서는 2020년 4월 9일에서 5월 15일까지 형광물질 추적자 시험을 통해서 공장 내부 오염 지하수의 공장 외부 유출을 직접 확인했다. 석포제련소 공장부지 내외 지하수 등고선 자료를 분석하면 지하수 수위가 높은 공장지대로부터 하천변으로 지하수가 이동하는 것으로 나타났다(이수진, 2020). 환경부·대구지방환경청(2020)은 지하수 유출량과 카드뮴 농도 등의 실증자료를 통해 1일 약 22kg의 카드뮴이 공장 외부로 유출되는 것으로 추정했다. 석포제련소는 1년 내내 쉬지 않고 조업하기 때문에 1년에 8,000kg 가까운 카드뮴이 유출되었고, 또 수십 년간의 조업 연수를 고려해 볼 때 심각한 수준의 카드뮴이 유출되었다는 것을 추정할 수 있다.[10]

2012년 4월에는 낙동강사랑환경보존회가 150여 마리의 왜가리 폐사체를 수거하면서 안동댐 상류 오염원의 즉각 조사 및 영풍제련소 이전, 낙동강수계관리법의 적용범위를 낙동강 발원지까지로 개정할 것을 촉구하였다(연합뉴스, 2017. 5. 25). 2012년 5월 경북도의회 행복복지위원회를 비롯하여 보건환경연구원, 산림환경연구원, 봉화군이 함께 주변토양 오염도를 조사하기도 하였다. 특히 환경공단에서는 2015년에 환경영향조사 및 주민건강영향을 조사하였으나 부실의혹이 제기되었다(민은주, 2018: 121-124).

10 경상북도가 정보공개를 거부한 침전저류조는 제1공장 뒤편 중금속폐기물 수십만 톤이 저장된 폐기물 저장시설이다. 중금속 침출수가 인접한 낙동강 최상류로 침투할 가능성이 크고, 천재지변으로 인한 제방이 무너지면 폐기물 수십만 톤이 그대로 낙동강에 쏟아질 수밖에 없다는 법률대응단의 주장은 환경부 조사에서 일부 사실로 밝혀진 셈이다(한스경제, 2020. 11. 20).

(2) 석포제련소 노동자의 희생과 주민건강영향

2014년 국정감사에서 노동자 9명의 심각한 건강상의 피해 문제를 제기한 적이 있는데, 실제 1970년 이후 석포제련소 노동자들의 카드뮴 중독과 희생은 정말 안타깝게 진행되었다(김혜나·손영호, 2020: 56-67). 그리고 2017년 환경단체와 경북지역 언론들의 집중 조명으로 환경부는 처음으로 대규모 환경조사와 건강조사를 벌였는데, 그 결과는 주민설명회 방식으로 뭉뚱그려 넘어갔다. 설명회의 요지는 오염이 일부 드러났지만, 제련소로 인한 영향은 52% 정도고 나머지는 자연적 영향이라는 것이었다. 주민 건강에 대한 언급은 거의 없었던 면죄부식 결과 발표였다. 이후 의구심을 품고 집요한 정보공개청구 끝에 손에 받아든 주민 건강영향조사 결과서 원본에는 설명회 땐 들을 수 없었던 생략된 사실들이 담겨 있었다. 석포 주민의 혈액과 소변에서 나온 1급 발암물질 카드뮴과 납 농도는 우리나라 국민 평균의 2~3배를 넘었고 농도는 제련소에 근무했던 사람일수록, 가까운 곳에 거주하는 주민일수록 높게 나왔다(김혜나·손영호, 2020: 68-81). 특히 중금속 축적에 의해 발생하는 호흡기와 신장, 간장기능 이상자가 대조군보다 유의하게 높았고, 신장암으로 이어진 주민도 있었다. 또 제련소에서 수십 km 떨어진 아래 지역 주민들도 영향권 아래 놓여있었고 일부 중금속 농도는 오히려 더 높았다. 전문가들은 대상 범위를 넓힌 건강조사, 정기적인 모니터링이 필요하다고 주장한다(엄지원, 2019: 50).[11]

(3) 연대

영풍 석포제련소에 반대하는 단체로는 영풍제련소유치반대추진위원회와 안동의 환경단체 그리고 최근 50여개 환경단체로 결성된 '영풍제련소 환경오염 및 주민건강피해 공동대책위원회(공대위)' 가 있다. 또한 봉화지역의 주민과 기초지자체 의원, 낙동강 유역에 위치한 기초지자체 소속의 의원이 참가했다. 2017년 환경의 날을 맞이하여 성명을 발표한 낙동강 유역 기초의회 의원 11명에는 안동시의회(4명)와 봉화군의회(1명), 구미시의회(1명), 강원 태백시의회(2명), 대구 서구·중구의회(각 1명), 부산 북구의

11 이때 환경 관료들 '회전문' 의혹과 더불어 영풍그룹 석포제련소 환경영향조사 결과가 부실 투성이라는 비판이 제기되었다(경향신문, 2017. 10. 24). 당시 국정감사에서도 석포제련소, '환피아'가 만든 환경재난이라는 평가가 보고되었다(환경일보, 2017. 10. 19).

회(1명) 등이 참여했다. 이와 함께 낙동강 유역 43개 기초단체(시9, 군10, 구24) 및 기초의회로 공동협의체를 구성하고 영풍그룹 제품 불매운동과 낙동강 식수원 지키기 100만인 서명운동을 전개하기로 하였다(연합뉴스, 2017. 3. 22).[12]

즉, 2017년 3월 낙동강 유역의 7개 지자체 기초의원이 5개 실천사항을 합의하여 공동성명을 발표하였는데, 영풍 석포제련소 오염물질 유출로 인한 낙동강 생태파괴의 대국민 홍보 전개, 비도덕적·비양심적 영풍그룹 불매운동 전개, 낙동강 식수원 지키기 100만인 서명운동 전개, 낙동강 유역 43개 자치단체 및 의회 공동협의체 구성, 국회청원 및 각 정당의 대선공약화 추진 등이 그것이었다. 더구나 2017년 4월 석포제련소와 안동댐의 중간지점에서 물고기가 떼죽음을 당하면서 대구와 안동을 중심으로 갈등은 더욱 고조되기 시작하였다. 이에 낙동강사랑환경보존회 및 안동환경운동연합을 중심으로 물고기 폐사에 대한 종합조사를 대대적으로 실시하자 2017년 10월, 환경부는 환경관리협의회 구성을 제안하고 나섰다.

2) 지역의존성과 잠금 효과의 작용

(1) 생존권과 지역경제

영풍 석포제련소에 친화적인 단체는 (사)태백시지역현안대책위원회와 석포지역현안대책위원회 그리고 강원도 태백시 동점동 주민으로 구성된 '귀금속 산단 찬성위원회'가 있다. 이들은 ㈜영풍을 비호하는 근거로 동점동 거주 400여 명의 근로자 및 2천여 명 가족의 생존권 문제를 제기하고 있다(김혜나·손영호, 2020: 95-104).[13] 이들은 환경문제보다는 '지역이 먼저 살아야한다'면서 ㈜영풍이 귀금속 산업단지를 적극 조성해야 한다든가, '지역문제에 외부세력의 개입을 거부한다'면서 환경문제는 생존권보다 부차적이라는 입장을 견지하고 있다. '태백 귀금속 산업단지'는 태백시가 2017년 2월 22일 ㈜영풍과 총사업비 5천억 원 규모의 산단을 조성하는 것으로 협약을 맺고 추진해 왔으나, 태백지역 주민들의 반발로 보류 중이었다. 귀금속 산단은 석포에서 발생한

---

12 그리고 '공대위'를 지원하는 서울 및 부산경남의 환경단체 등이 있었다(민은주, 2018: 127-129).

13 영풍의 '(주)영풍 석포제련소 통합환경영향조사 및 환경개선계획'에 따르면 2017년 8월 기준으로 고용인력이 730명인데, 근무인원 380명, 협력사 직원 250명, 현장노동자 100명으로 이는 석포리 인구의 40%, 석포면 인구의 32%에 해당한다.

슬러지를 이용해 금, 은 등을 추출하는 귀금속단지를 조성하고자 한 것인데, 석포에서 구문소로 가져와서 제련 및 처리하는 데 있어, 오염된 슬러지 처리문제가 주요 쟁점이 되었다(민은주, 2018: 127-129).[14] 귀금속 산단에 대해서는 태백시민들의 입장도 갈리고 있었다.

2018년 7월 면담한 낙동강 유역 환경운동 활동가에 의하면, 태백시 거주 석포제련소 직원 및 가족 2천여 명이 노조를 통하여 국회 환경노동위원회 소속의 국회의원에게까지 압력을 행사하고, 지방선거에도 영향력을 행사하고 있다고 비판했다. 결국 군청 공무원도 제련소 직원들과 가족들의 눈치를 보는 상황이며, 태백지역의 시민단체 및 환경단체에도 영향력을 행사하여 반발을 무마시키는 상황이 연출되고 있고, 봉화군 노인복지관과 함께 노인 300여 명을 대상으로 복날 무료 특식제공 행사를 하는 등 지역사회를 의식한 행사를 하고 있다고 비판했다(민은주, 2018: 127-129). 한편 석포제련소의 1년 매출은 1조 4,000억 원(2017년 기준)으로, 조업정지가 집행될 경우 경북지역 총생산의 19.54%가 감소할 것으로 추정하고 있다(국민일보, 2020. 9. 28). 이러한 이유로 경상북도와 봉화군 그리고 강원도 태백시는 영풍제련소에 대한 의존성이 매우 강하기 때문에 이러한 잠금 상태를 극복하기가 쉽지 않은 상태로 이해되었다.

(2) 친숙화와 일상화 그리고 정상화

영남의 젖줄, 낙동강 최상류에 50년째 영풍제련소가 가동되고 있다. 낙동강 최상류, 경북 봉화의 산골마을 석포에는 세계 4위의 아연 수출 공장이 50년째 운영 중이다. 이곳에선 연간 80톤 이상 대기 오염물질을 내놓는 대규모 사업장이 24시간 가동되고 있고 2천여 명 남짓한 이곳 주민의 대부분은 공장 노동자, 협력업체 직원과 상인으로 공장과 관계 맺고 있다. 각종 환경문제가 집약적으로 생산되는 곳이기도 하다. 박정희 정부의 중화학공업정책에 힘입어 석포제련소를 세워 비철금속 시장에 뛰어든 영풍은 국내 아연 수요의 대부분을 담당하면서 그룹의 덩치를 키워왔다. 공장에 생계가 달린 석포주민들은 무섭게 입을 닫았고, 제3자는 빠지라며 취재에 거칠게 맞섰다.

14 당시 태백지역에서는 '환경보다 지역 우선'이라는 입장에서 귀금속산단의 유치를 지지하였다(태백더리더, 2017. 4. 5).

석포지역의 환경오염을 언급하는 언론과 환경단체, 아랫마을 소천면 주민들이 그들에겐 적이었다(엄지원, 2019: 50). 석포제련소 직원들과 석포 주민들은 제련소와 함께 하는 삶이 일상이고 친숙한 상황에서 제련소에 부정적 이미지를 부가하는 외부인의 시각을 일종의 위협으로 인식하고 있었다.

2017년 환경의 날을 맞이하여 성명을 발표한 낙동강 유역의 11명의 지방의원 중에서 2인의 태백시 의원이 가담한 것과 관련하여, 석포면지역현안대책위원회는 태백에서 물건을 사지 않겠다는 불매운동을 선언하면서 결국 이들 시의원은 사과를 해야 했다. 또한 ㈜영풍은 '공대위' 사무국장을 업무방해 협의로 고소하여 심리적으로 타격을 입히는가 하면 재정적인 부담 및 압박을 가하고 있는 상황이었다(민은주, 2018: 127- 129). 석포면지역현안대책위원회는 불매운동은 석포 생존권을 사수하려는 가장 기본적인 저항이라며, 앞으로 외부 세력에 대해 투쟁 강도를 더 높이겠다는 입장이었다. 경북 봉화군 석포면 주민의 경제생활권은 군청 소재지가 봉화보다 태백이 가깝기 때문에 태백시가 경제생활권이다. 석포 주민은 2,200명이며, 태백에 거주하면서 영풍제련소로 출·퇴근하는 근로자 수는 400여 명에 이른다고 한다(연합뉴스, 2017. 8. 21).

(3) 연대

㈜영풍이 귀금속산업단지조성과 관련하여, 태백시와 석포면, 봉화군이 대립하는 양상을 보여 왔다. 그리고 이를 완화하기 위하여 2017년 4월 16일, ㈜영풍은 봉화군과 협의하여 지역주민과 지자체, ㈜영풍이 참여하는 민관공동협의회를 구성하여 주민들의 의견을 반영하고자 시도하였다.[15] 석포제련소의 근로자를 중심으로 구성된 '석포지역현안대책위원회'는 '귀금속산단 유치' 및 '태백 불매운동'을 선언하면서 친기업 연대를 주도하고 있고 태백, 봉화, 석포지역 간 갈등을 고조시키고 있다.

3) 분석결과의 종합

〈표 11-7〉에 나타난 바와 같이 이해관계자들의 입장 및 이해관계가 다양하지만, 영풍제련소 이전 입장을 취하는 영풍제련소유치반대추진위원회, 영풍제련소 환경오

15 정부는 석포제련소 오염 후속대책 추진으로 주민·지자체·㈜영풍 참여 '민관합동협의회'를 구성하여 토양 정화·주민피해배상 지원·분쟁 조정 등을 진행하고자 하였다(봉화일보, 2017. 4. 16).

염 및 주민건강피해 공동대책위원회와 유지입장을 취하는 경상북도, 봉화군, (사)태백지역현안대책위원회, 석포지역현안대책위원회, 귀금속 산단 찬성위원회 '영풍제련소 환경오염 및 주민건강피해 공동대책위원회'의 대결국면이 주된 딜레마 구조를 형성하고 있다.[16] 먼저, 영풍의 20여개 계열사 중에서 연간 2조 원 이상의 매출을 내고 있고, 2천여 명에 달하는 직원을 거느린 영풍제련소는 근로자 및 가족의 생존권 문제를 제기하고 있다. 봉화군 석포면의 경우 영풍제련소에 대해 높은 지역 의존성(local dependency)을 보이고 있기 때문에 만약 제련소가 이전하게 되면 지역은 생존위기에 직면하게 될 것으로 주장하고 있다. 그러므로 영풍제련소의 폐쇄 및 이전을 위해서는 봉화군의 지역경제 활성화 및 일자리 보장이 전제되어야 한다는 것이다. 영풍제련소의 이전과 현행 영풍제련소 3공장 체제의 유지라는 단절되고 상충적인 두 가지 대안의 결과가치를 동등하게 인식하기 때문에 어떤 선택도 쉽지 않은 상황이다. 정부는 낙동강상류환경관리협의회의 조사결과가 나오는 2020년 9월까지 선택을 지연하는 전략을 선택하였다. 석포제련소 사측은 공장을 유지하면서 2021년까지 320억 원을 투자하여 세계 최초로 무방류폐수처리 시스템을 마련한다는 입장이다. 그리고 석포제련소는 환경오염시설 통합관리법에 따라 제한된 시간인 2021년 말까지 통합관리 심사를 마쳐야 하지만 현재까지 사전협의가 진행되지 않아서 심사 허가가 현실적으로 쉽지 않아 보인다. 석포제련소가 환경오염시설 통합관리 심사를 통과하지 못하면 조업정지 및 폐쇄 순서로 이어질 전망이다.[17]

16 현재 영풍 석포제련소 폐쇄와 유지를 요청하는 상반된 청와대 국민청원이 제기된 상태이다(대구MBC 시사적격, 영풍 석포제련소를 둘러싼 갈등, 2018. 7. 24).

17 환경부는 석포제련소에 대한 통합환경관리제도 적용을 일찍부터 고민하고 있었다(에코저널, 2017. 9. 16).

표 11-7 영풍 석포제련소를 둘러싼 딜레마 구성요건과 분석결과

구성요건	단절된 2개 대안	가치 상충성	결과가치 동등 인식	제한시간 내 선택
분석기준	• 이전 • 유지	• 환경보전 프레임 • 경제발전 프레임	• 환경오염 - 환경파괴 • 지역경제 - 의존성	• 선택 • 지연
적용	• 이전-공장 폐쇄 • 유지-무방류 시스템	• 환경가치-대기, 토양, 수질 • 경제가치-지역 경제 의존성	• 이전입장-영풍 제련소 유치반대추진위원회, 영풍 제련소 환경오염 및 주민 건강피해 공동대책위원회 • 유지입장-경상북도, 봉화군, (사)태백지역현안대책위원회, 석포지역현안대책위원회, 귀금속 산단 찬성위원회	• 선택-적극적 대응 • 지연-소극적 대응

제4절

가외성과 정책의 정당성

1 가외성의 개념과 논리

기후변화와 위험사회라는 불확실성하에서는 인과관계에 관한 지식이 극도로 부족하여 미래예측이 어려워진다. 모호성은 대체로 복잡한 현상을 간단하게 표현하기 때문에 나타나는데, 복잡한 것은 다양한 국면을 내포하고 있다(김영평, 1995: 216-217).[18] 그러므로 내가 알고 있는 것이 내가 반드시 알아야 하는 것을 가리지는 않는지 성찰해 보아야 한다. Weick(1979: 246)은 모호하고 불확실한 세계에서 어떠한 선택도 '완전히 맞았다' 혹은 '완전히 틀렸다'는 명제는 불가능하다고 한다. 서로 다른 해석이 있을 뿐이라는 것이다. 그 복잡성을 지나치게 단순화하여 그 실체의 일면을 강조하기보다는 각기 다른 해석을 허용함으로써, 그 다양성을 어느 정도 포용할 수 있을 것이다. 따라서 모호한 목표를 성취하는 데 있어 가외성이 신뢰성을 증진할 수 있다는 논리가 타당할 수 있는 것이다.

본 연구에서는 불확실성하에서는 효율성보다는 가외성이 더 많은 범위에서 문제를 해결하는 데 도움을 줄 수 있다는 점에 주목하고 있다. Landau(1969: 346-358)는 가외성(redundancy)의 하위개념을 다음 세 가지로 분류한다(백완기, 1989: 166-175). 첫째, 중첩성(overlapping)은 기능이 여러 기관에 분할되어 있지 않고 혼합적으로 수행되는 상태이다. 소화기능이 위에만 전담된 것이 아니라 다른 소화기관도 담당하는 것과 비슷하다. 같은 물인데도 수량을 국토교통부와 홍수통제소 그리고 국토관리청이

18 김영평(1995)은 불확실성하에서 정책이 정당성을 얻을 수 있는 조건으로서 가외성의 이론적 지평을 넓혔고, 본 연구의 실험적인 가설형성과 적용은 그의 이론에 힘입은 바가 크다.

관리하고, 수질은 환경부와 유역환경청이 관리하는 경우도 좋은 예이다. 이 경우 상호의존성이 높아서 협력이 잘 되면 좋지만, 중복 관할로 낭비를 초래하거나 업무협조의 어려움으로 갈등을 발생시킬 소지도 있다. 원전안전 감시체계에서 내부 감시체계만으로는 한계가 있을 경우 국정조사와 시민통제 등 외부 감시체계를 중복적으로 작동시키면 오차탐지에 더 유리할 수도 있는 것이다. 둘째, 반복성(duplication)은 동일한 기능을 분리된 여러 기관이 독립적으로 수행하는 상태이다. 자동차의 이중 브레이크 장치가 대표적인 예이다. 검산을 하는 중요한 이유 역시 오차방지를 위함이다. 셋째, 동등잠재성(equipotentiality)은 주된 기관의 작동 불능 시 보조기관이 이를 대행하는 것이다. 보조 조명장치는 주 조명장치가 고장 났을 때, 예비 타이어는 펑크가 났을 때, 부통령제는 대통령이 유고되었을 때, 그리고 원전 안전설비 중 하나가 작동이 어려울 때 다중방호 시스템이 그 위력을 발휘한다는 가정이다. 이처럼 우리 사회의 시스템은 불확실한 상황에서의 오차 발생 가능성을 최소화하고 체제의 신뢰성과 적응성을 높이기 위해 가외적인 기능의 원칙(principle of redundant functions)에 의해 형성된다(이종수, 2000: 9). 그런데 가외성은 반드시 비용의 증대를 수반한다는 측면에서 능률성의 대척지(antipode)이기 때문에 장기적으로 사회적 비용을 최소화하는 접점을 찾아가야 한다(김영평, 1995: 204-206). 가외성은 불확실성에 대비하는 여유역량(excess capacity)을 의미하기 때문이다(Streeter, 1992: 97).

집권적 시스템으로 효율적인 최선의 방안을 탐구할 수 있다는 것은 독단이 될 수 있으며, 오히려 각 하위 시스템에서 독자적이고 중첩적으로 가설적인 대안을 선택하고 실험함으로써 폐쇄적 조직운영으로 인한 '은폐의 폐단'을 차단하며 전체적으로 경험의 총량을 확장하는 것이 필요하다(Landau, 1969: 351-352; Felsenthal, 1980: 248-249; Bendor, 1985; 김영평, 1995: 187-222). 여러 하위 시스템 간의 협의와 토론을 통한 중첩적이고 경쟁적인 기능 수행은 조직의 창의성을 높이며, 다원적이고 경쟁적인 체제를 통한 정보전달은 정확한 정보 확보의 토대가 된다. 이러한 가외적인 기능의 원칙에 따른 조직편제는 효율성 중심의 기능적 조직편제와 갈등관계에 놓인다. 그러나 불확실성이 전제된다면, 하나의 목소리를 내는 시스템보다는 서로 다른 목소리를 내는 경쟁적인 시스템이 정책오차를 탐지하는 데 더 낫다. 가외성의 산술적인 증가가 실패확률을 기하급수적으로 감소시키기 때문에 장기적으로는 더 효율적일 수도 있는 것이다(Bendor, 1985: 24-26). 즉, 엔진이 고장이 날 확률이 1/10이라고 하면, 보조엔진이 하나가 추가되면 비행 중 추락할 확률은 1/100로 줄어들게 되고, 가외 엔진이 두 개이면 추락확률은 1/1000이 된다는 것이다.

집권적 시스템은 부가적인 장치를 낭비로 인식하며, 다른 목소리를 성가신 간섭으로 인식하기 쉽다. 고리원전 관리 시스템에서도 폐쇄적이고 일원화된 통제적 조직운영을 효율적인 것으로 인식하면서 2012년 2월 정전사고에 직면했고, 이를 은폐하려고 시도했으며, 납품비리가 만연하게 된 것으로 평가된다. 내부 운영설계에 있어서도 안전성을 상호 독립적으로 교차평가(cross-check)할 수 있도록 할 필요가 있으며, 이러한 내부 운영통제의 한계는 외부통제, 특히 원전이 가동되고 있는 지방정부와 시민사회의 통제를 허용하면서 신뢰성을 증진할 수 있게 된다.

삼권분립에 기초한 정부권력구조가 정책오차를 제거하고 정책의 균형을 가져오는 장치인 이유도 여기에 있다(Landau, 1969: 351). 국회에서 여야의 대립되는 이해관계와 정치이념 때문에 볼썽사나운 싸움판이 벌어지기도 하지만, 어찌 보면 정부와 시민사회의 대규모 갈등을 미연에 방지하는 역할을 하는 측면이 있다. 고리원전 운영에 있어서도 감시기구가 제대로 작동할 수 있도록 조직내부와 외부에 가외적인 구조를 허용하는 것이 체제의 신뢰성을 증진하는 첩경이 된다.

2 위험사회와 가외성의 효용

1986년 4월 우크라이나의 체르노빌 원자력 발전소에서 사상 최대의 원전 사고가 일어났다. 4호기의 폭발로 약 10톤가량의 방사성 물질이 방출되었다. 히로시마에 투하된 원자폭탄의 400배에 달하는 수치였다. 기밀누설과 주민불안 등을 이유로 당시 소련 정부가 사건을 쉬쉬하는 동안 피해는 커졌고, 인근 국가들까지 공포에 떨었다. 이후 6년간 발전소 해체작업에 동원된 노동자 5,722명과 이 지역에서 소개된 민간인 2,510명이 사망했다. 뿐만 아니라 43만 명이 암과 기형아 출산 등 후유증에 시달렸다. 체르노빌 원전 사고의 충격을 목도한 독일의 사회학자 Beck(1986)은 같은 해인 1986년 「위험사회」라는 저서를 발간했다. 산업화·근대화가 기술발달과 물질적 풍요를 가져왔지만, 예외적 위험이 아니라 일상적 위험이 만연한 위험사회가 도래했다는 뜻이다. 이처럼 위험이 반복 재생산되는 가운데, 위험에 대한 자각은 무뎌지며 통제 역시 불가능해진다. 2012년 2월 고리원전 정전사고에 대처했던 담당자들의 행태는 위험사회의 징후를 그대로 보여주었다. 그리고 그는 2008년 5월 17일 중앙일보와의 대담에서 위험통제 능력을 과장하는 국가와 더불어 즉물적 재난 보도로 사회를 더욱 위험 사회화하는 미디어를 모두 비판적으로 봤다. 국가가 모든 위험을 통제할 수 있다고 말로만 주장하는 것은 국민의 불신을 받는 위험한 전략이며, 국민과 조심스럽게 대화하는 것, 어떤 위험을 참아낼 수 있으며 어떤 위험을 우선 관리할 것인가에 관한 합의를 도출해 내는 것이 중요하다고 한다. 그러면 위험사회에서 위험시설을 안전하게 관리하기 위한 원리로서 가외성은 어떤 의미가 있는 것일까?

가외성이 합리적인 이유는 이로 인하여 체제의 신뢰성은 기하급수적으로 증대하지만, 가외성의 설치비용은 산술급수적으로 증가하기 때문이다(김영평, 1995: 204-219).[19] 그런데 그는 가외성이 체제 전체의 신뢰성을 증대시킬 수 있는 조건은 각 부분이 독립적으로 움직여야 한다는 점을 강조한다. 원전관리에 있어서도 다중방호 시스템을 설계할 때 상호독립성이 중요하며, 감독기관과 운영기관의 상호독립성이 중요하다. 조직의 가외성이 신뢰성을 증진시킬 수 있으려면, 각 부서가 어느 정도 독립적인 판단을 할 수 있도록 허용되고, 때로는 최고관리자의 잘못된 판단에 저항할 수 있어야 한다. 목표와 의미를 공유하는 하위부서들이 다양한 가치를 분산적으로 추구하고 성취하게 되면 불확실성 속에서 조직의 적응력과 신뢰성을 높일 수 있다. 따라서 산업통상자원부와 한국수력원자력은 물론 지방정부와 시민사회 모두 독립적인 판단을 할 수 있어야 가외성의 허용을 통한 원전공급의 신뢰성 증진에 기여할 수 있다는 논리이다. 관료조직의 실패가 전체에 파급되는 것을 막는 방법은 하위부서들이 각기 독립적으로 움직이게 하되, 어느 정도 동의할 수 있는 범위를 허용하는 것이다. 그러면 가외성의 적정수준은 어디까지인가? 그는 이론적으로는 가외성에 따라 추가로 설치하는 비용

19 김영평(1995)은 불확실성하에서 정책이 정당성을 얻을 수 있는 조건으로서 가외성의 이론적 지평을 넓혔고, 본 연구의 실험적인 가설형성과 적용은 그의 이론에 힘입은 바가 크다.

이 그것을 설치하지 않아서 나타날 실패에서 입는 손실보다 적은 한 가외성은 정당성을 갖는다고 한다. 즉, 한 번의 고장으로 입어야 할 손해가 일정하다고 전제한다면, 가외성의 요소에서 실패가 일어날 확률을 P라고 하고, 실패하였을 때 입어야 할 손해액을 D, 가외성의 요소를 추가로 도입하는 데 소요되는 한계가외성비용을 C라고 할 때, C≤P·D라면 가외성이 정당화될 수 있다고 한다. 1986년 체르노빌이나 2011년 후쿠시마 원전사고의 교훈은 P 값이 아무리 적더라도 D의 값의 크기가 상상을 초월하기 때문에 C 값을 산술급수적으로 늘이는 것에 대해 인색해서는 안 된다는 점이다.

그러면 가외성이 적합한 문제의 범위는 어떤 것일까? 그는 다음과 같은 세 가지를 고려할 수 있다고 한다(김영평, 1995: 204-219; Landau and Stout, Jr., 1979: 149-156). 첫째, 통제보다는 실험이 필요한 문제의 경우 가외적인 조직구조에서 여러 하위단위가 독립적인 판단을 통하여 결정적인 착오들이 지적되고 수정되고 학습될 수 있다. 둘째, 가외성은 불확정적인 목적을 확실하고 분명하게 할 수는 없지만, 최소한 자원이 효율적으로 낭비되는 것을 막을 수는 있다. 셋째, 가외성이 허용되는 조직에서는 각 부서마다 모호한 목표를 각자 판단하여 해석할 수 있기 때문에 모호한 목표가 수용될 수 있다. 모호한 한 가지 목표 아래 서로 다른 실질적인 목표를 추구하면, 모호성이 갖는 다양성을 충족하면서 체제의 신뢰성을 증진하게 된다. 현재 단일 중추의 위험시설 통제장치가 효율적일 것이라는 도그마(dogma)를 재고해야 하는 이유가 여기에 있다.

Bowen(1982: 1-22)은 처음 시도하여 성공할 확률이 0.5일 경우 2번 시도한다면 성공확률을 0.75($1-0.5^2=1-0.25=0.75$)로 증가시킬 수 있게 되고, 10번 시도한다면 0.999까지 성공확률을 증가시킬 수 있게 된다고 한다. 따라서 중첩적인 견제와 감시장치가 안전성을 제고할 것은 분명하기 때문에 적정한 수준의 중첩성과 가외성은 허용될 수 있다고 본다.

2) 가외성의 한계와 통합 감시체계의 정당성

지역원자력안전협의회의 문제점을 인식하고 민감기구와 통합하자는 의견이 지배적이었는데, 산업부와 원안위라는 다른 소관부서 간의 협력이 어려울 것이라는 회의적인 입장을 제시하는 경우도 많았다.

> 처음에 안전협의회를 만들 때 조언한 것이 프랑스의 지역정보위원회입니다. 박근혜 정부의 소통강화정책 때문에 급하게 만든 듯합니다. 안전협의회는 사무국이 별도로 없고 예산이 부족해 회의를 많이 못합니다. 소통채널에 국한하여 주민들을 향한 공식적인 활동을 하는데, 소통 부족이유는 예산문제 및 권한 없음에 있습니다. 요즘 원안위에서 안전협의회 법제화하자는 움직임이 있어 고무적입니다. **일본의 환경감시센터처럼 감시센터와 안전협의회, 소통협의회 모아 일원화하는 것이 바람직**합니다. 그러나 관련 소관부서가 달라 어려울 듯합니다(C○○ 고리원전민간환경감시기구 관계자 면담, 2018. 3. 19).

그리고 정부는 지역과 현장의 목소리를 경청하여 실질적으로 원전운영의 안전을 책임질 수 있는 전문 인력을 확보하여 지역협의체에 배치하는 방안을 검토할 것을 요청하고 있다. 그러나 원안위 지역사무소 역시 중앙정부의 위인설관과 제국형성의 대상으로 전락하고 있다고 지적하였다.

> 제가 말씀드리고 싶은 것은 그 주재관(공무원)들과 주재원(KINS에서 파견한 엔지니어)들 사이에 있었던 미묘한 갈등입니다. 옛날에는 주재관이라는 사람 한 둘이 지역사무소장하고 같이 주재원들을 이끌어 갔어요. 지금은 7~8명이 지역사무소 만들어 가지고 같이 검토를 하고 있어요. 우리는 **주재원을 많이 늘려달라고 요구를 했는데, 주재관을 많이 늘린 거**예요. 그래서 왜 공무원만 많이 늘리느냐고 하니까, 그 사람들도 또 할 말이 있더라고요. 이해는 갔어요. **부처가 크려면 인원이 많아야** 된대요. 예산을 많이 받으려면 질이 아니고 양이래요. 이게 우리나라의 제도적인 문제라는 것이죠(C○○ 신고리원전민간환경감시기구 관계자 면담, 2018. 4. 2).

현장에서는 민간환경감시기구의 법적 성격을 포함한 권한과 책임을 명확하게 하지 않을 경우 문제가 커지기 때문에 산업부의 결단이 요구됨을 강조하고 있다.

우리 쪽에는 지금 연간 예산이 한 5억 원쯤 되는 것 같습니다. **산업부는 힘도 없을뿐더러 산업부는 우리가 커지기를 바라지도 않고, 없어지길 바라지도 않아요.** 왜냐면 **계륵(鷄肋)** 같은 존재기 때문에요. 진흥기구 입장에서는 감시가 너무 강화되면 불편할 수 있으니까요(○○ 신고리원전민간환경감시기구 관계자 면담, 2018. 4. 2).

2018년 4월 면담한 H○○ 신고리원전민감위원회 및 소통위원회 위원에 의하면, 분산감시체계는 사업자의 입장에서 여러 곳에 보고해야 하기 때문에 거래비용의 증대를 초래하고 본연의 운영 안전 업무 추진에 오히려 소홀할 수 있는 문제점을 야기하고 있는 것으로 나타났다. 지역협의체 통합의 필요성을 주장하는 것이다. 그리고 현장에서는 민감위원회와 안전협의회의 통합 필요성뿐만 아니라 통합방향에 대해서도 명확한 의견을 제시하는 경우가 있었기 때문에 현장에서 제시하는 통합모델에 대해 경청할 필요성이 있다. 당장 실현하기 어려운 부분도 있지만 공론화 과정을 거쳐서 사회적 합의를 형성해 갈 필요성이 있다.

소통위원회, 안전협의회, 그리고 저희 이렇게 60명을 다 모아가지고 분과별로 나누면 전기전자, 원자력, 방재, 방사능 분야를 구성하는 것입니다. 원자력에 기계적인 문제가 생기거나 방사성물질이 누출됐다면 양쪽에 분과위원회를 열어가지고 우리 같은 실무진이 참여하여 보고하고, 한수원도 불러와서 보고받고, 제도를 어떻게 만들고, 재발 방지 어떻게 할 것이냐에 대해 원안위 관계자를 불러와서 보고를 받는 것이죠. 이렇게 해서 만들어지면 이게 프랑스 **CLI 같은 역할을 하면서 감시 역**할을 합니다. 여기서 더 나아가서 각 지역에 다섯 군데 있으니까 한 세 명씩 뽑아가지고 중앙정부나 국회 밑에다 통합기관을 하나 두고, 여기서 또 전문기관을 지원해주는 것이죠. 그게 제일 좋은 방법이지요(C○○ 신고리원전민간환경감시기구 관계자 면담, 2018. 4. 2).

〈표 11-8〉에 나타난 바와 같이 2018년 3~4월에 지역원전운영 안전전문가 30명을 대상으로 설문 조사를 하였다. 프랑스처럼 지역의 이해관계자들이 모두 참여하면서 감시기능과 협의기능이 통합된 원전소재지 독립 안전협의체의 상설 운영 방안에 대해 응답자의 82.8%가 동의하였고, 3.4%가 반대하였다. 지역별 동의 정도는 5점 척

도에서 월성이 4.80점으로 가장 높고, 새울이 3.80점으로 상대적으로 낮은 동의를 나타냈다(김창수·전홍찬·이민창, 2018). 그러므로 독립 안전협의체를 상설 운영하는 모델을 추구하되 지역별 차이를 고려한 감시모델을 모색하는 것이 요구된다.

표 11-8 지역별 독립 안전협의체를 상설 운영하는 방안에 대한 동의 정도

	고리	월성	새울	한울	한빛	합계
N	5	5	5	6	8	29
평균	4.40	4.80	3.80	4.00	4.63	4.34
표준편차	.89	.45	.45	1.26	.74	.86

주: 매우 반대 = 1, 반대 = 2, 보통 = 3, 동의 = 4, 매우 동의 = 5

그리고 현장에서는 원전운영의 안전을 위한 통합협의체를 지자체에 두자는 의견이 등장하는 등 현장의 문제점을 바탕으로 구체적인 통합방안을 제시하기도 하였다.

> 지자체가 협의체로서 지역문제를 해결하려고 하는 것이 맞습니다. 정부가 협의체의 중심이 되면 또 견제기구 만들어 달라는 소리 나올 것입니다. 힘을 가지려면 법제화 되어야합니다. **「원자력 안전 정보공개 및 소통에 관한 법률」**에 더하여 논의한 상황을 덧붙이길 바랍니다. 그러나 원안위에서 주관하는 법이라 산업부가 협조할지 문제입니다. 방사능방재대책법이나 발전소주변지역지원법 등 기존 법률을 수정할 수도 있고, 감시기구와 지역협의체 통합 내용을 명시한 새로운 법을 만들 수도 있습니다. 틀뿐만 아니라, 예산지원이 뒤따르는 체계적인 법률 제정이 필요합니다. 실제 **안전협의회 운영을 하려고 하면, 민감처럼 사무국이 필요**합니다. 위원회에서 요구하고 검증 필요한 사항이 꽤 많습니다. 지역은 사업자와 규제기관 이야기를 듣고 괜찮은지 판단하는 역할을 넘어, 주민 이야기 듣고, 조사하고, 검증하고, 후속조치라는 실무까지 수행할 수 있어야 하기 때문입니다. 안전협의회는 원안위가 지역과 소통하는 차원에서 만들어 운영 중입니다. 그저 원전 고장 등이 발생하면 안건 상정하여 원안위에 설명하는 정도로 기능합니다. 안전성 문제 시 외국 유명기관에 의뢰하고 검증하는 등의 기능 수행할 수 있는 시스템이 갖춰지지 않았습니다. 주민들의 안전에 관한 여론을 수렴하고 주민들에 정보 제공하는 쌍방채널일 뿐입니다. 근거는 **원안위 훈령**입니다(H○○ 월성원전민간환경감시기구 관계자 면담, 2018. 3. 26).

결국 원자력안전협의회의 감시기능이 취약하고 사무국의 조직과 기능도 없으며, 산업통상자원부의 경우 진흥기관으로서 감시기능의 수행에 부적합하기 때문에 통합의 필요성이 증대한다고 볼 수 있다. 위험사회에서 위험시설로 인한 갈등을 관리하기 위해서 〈표 11-9〉에 소개한 다양한 갈등관리 접근방법을 어떻게 활용할 수 있겠는가?

표 11-9 갈등을 다루는 다양한 접근방법

관점	접근방법	문제해결주체/초점
갈등개입 (conflict intervention) 갈등종식 (conflict termination)	갈등을 멈추기 위한 목적으로 갈등 당사자(집단)와 이해관계가 있는 (또는 없는) 제3의 개인(그룹)이 갈등사항에 참여하여 갈등이 증폭 발전되지 않도록 하는 일련의 활동	우월한 힘 제3자의 역할
갈등타결 (conflict settlement)	구속력을 가진 제3자의 결정에 따라 갈등 당사자 간의 문제가 결정되고 해결책이 적용되는 방법	공정성, 권위, 전문성을 가진 제3자, 중재
갈등관리 (conflict management)	지속적으로 발생하는 갈등의 확대, 재발을 방지하고 갈등을 효과적으로 관리, 통제하여 조직이나 사회적 손실을 최소화하려는 접근	제도, 시스템 전문적 운영자
갈등해결 (conflict resolution)	심도 깊은 분석적 접근을 통해 갈등과 관련된 당사자들이 자율적으로 문제를 해결해 나가는 일련의 과정	갈등 당사자, 조정 상생적 합의도출
갈등전환 (conflict transformation)	변화하지 않는 갈등은 없다는 전제에서 합의의 성패를 떠나, 갈등이 유용하고 건설적인 에너지로 전환되도록 갈등 당사자 간 관계의 역동성을 중시하는 과정	갈등 당사자 전환적 조정관계의 변화 (회복)
갈등예방 (conflict prevention)	갈등발생 이후의 접근은 소모적임으로 미연에 갈등을 예방하고 잠정적 갈등의 원인을 줄여 나가는 접근방법	갈등 예측 조기경보 시스템
평화형성 (peace-building)	문제해결식 접근이 아니라 창의적이고 참여적인 방법을 통해 평화적 결과를 생산하는 제도와 문화를 창출하는 시도	평화문화 창출을 위한 평화교육 Empowerment

출처: 대통령자문 지속가능발전위원회 편(상)(2005: 85)

연구문제

1 사람들이 왜 같은 사실에 대해 서로 다른 해석을 하는가?

2 시간이 정책결과에 영향을 미치는 독립변수가 될 수 있겠는가?

3 동남권신공항 입지결정을 놓고 가덕도와 밀양을 사이에서 고심하던 정부가 양자를 모두 선택하지 못한 이유를 설명할 수 있겠는가?

4 영풍 석포제련소를 둘러싸고 딜레마가 발생하고 갈등 해결이 어려운 이유는 무엇인가?

5 불확실성이 높은 위험사회에서 가외성이 정당성을 갖는 이유는 무엇인가?

제12장

협력의 정책이론

제1절 제도의 논리와 정책
제2절 심의민주주의의 논리와 정책
제3절 자유주의적 개입주의와 행동경제학
제4절 협력적 거버넌스 이론과 사회자본

제1절

제도의 논리와 정책

1 합리적 선택의 신제도주의와 제도적 담론 분석

기존의 제도연구는 인센티브에 치중하면서 가치관과 감정이 섞여 제도에 순응하지 않는 부분을 간과하였다는 비판이 있다(Rydin, 2003). 그리고 담론분석은 왜 대립 당사자들이 분쟁상황에 직면하는지를 잘 보여주지만, 이를 통해서 분쟁을 어떻게 해결해야 할지에 대한 구체적인 해답은 제시해주지 못하는 한계가 있었다(Ostrom, 1999). 따라서 〈그림 12-2〉에 나타난 바와 같이 제도연구와 담론분석을 결합한 제도적 담론 분석틀을 구성할 필요성이 있다.

첫째, 공유자원 상황에서 분쟁과 협력에 관한 연구로서 Ostrom(1990)의 자율관리 연구와 Ostrom(1999)의 IAD(institutional analysis and development) 분석틀을 통한 연구를 간과하기 어렵다. 그녀의 연구들은 공유자원을 둘러싼 갈등을 제도를 기반으로 해결할 수 있는 풍부한 지혜를 제공해주고 있다. 우리나라에서는 1990년대 이후 용담댐 수리권 분쟁 등 수자원 확보를 둘러싼 분쟁이 지속적으로 일어나고 있는데, 이때에도 그녀의 연구를 기반으로 폭넓은 해결책을 모색하게 된다(홍성만 등, 2004). 그러나 그들의 연구는 담론과 프레임 분석으로 확보할 수 있는 합의형성의 기제에 다가서는데 한계를 보였는데, 주경일 등(2004)은 인지적 접근방법을 통해 한탄강댐 건설사례를 분석하여 이러한 한계를 보완하려는 시도를 하였다. 이러한 선행연구의 바탕 위에서 Rydin(2003)의 고민인, 제도가 실행되는 장에서 어떠한 담론과 프레임이 작용하여 합의형성에 이르게 되는지, 그리고 합의형성에 실패할 경우 어떠한 조정기제와 제도수정의 메커니즘이 작동하는지 분석할 수 있다.

둘째, 물론 정당성과 신뢰를 확보할 수 있는 제도의 설계에 대한 연구의 검토를 간과하는 것은 아니다. Hardin(1968: 1246-1247)은 정당성이 부여된 제도를 수용하고 순응하는 것은 사회적 협정의 산물이라고 한다. 자발적 협력 역시 양심에 호소했기 때문이라기보다는 상호 합의한 규칙 때문이라고 한다. 협력의 정당성은 정책에 영향을 받는 구성원들의 '사회적 합의' 여부에 달려 있는 것이다. 그는 정책의 영향을 받는 대부분의 사람이 동의하는 상호 강제(mutual coercion)만이 자신이 추천하는 유일한 강제력이라고 한다. 그러므로 남강댐을 둘러싼 물 분쟁에서도 공유자원의 비극을 해소할 수 있는 상호 합의된 공정한 규칙의 형성과 공정한 집행이 절실한 시점으로 평가된다. 물론 행위자들이 자발적으로 동의하여 정당성이 부여된 제도에 대해서는 행위자들의 수용도(degree of the acceptance)가 높아 자발적인 순응이 기대된다. 남강댐의 물을 통한 편익과 비용의 배분 규칙에 대해서는 정부가 일방적으로 강요하기보다는 관련된 행위자들이 충분히 토론하고 합의하는 것이 중요하다. 사회적 합의(social consensus)가 이루어진 규칙은 정당하고 지속되는 힘을 가지게 되기 때문이다. 특히 지방정부와 한국수자원공사의 입장에서 보면, 집행현장에서 업무추진의 효율성은 이해관계자들의 동의와 협조에 달려 있다. 그러므로 넓은 의미의 제도로 이해되는 국토해양부의 수자원 장기 종합계획과 물 문제 해소대책을 추진할 때는 사전에 현장의 이해관계자들과 깊이 공감을 한 후에 공식적으로 발표하는 것이 제도의 정당성과 신뢰를 확보하는 방안으로 이해된다.

셋째, '합리적 선택의 신제도주의(Rational Choice Institutionalism)'에서 상정하는 제도란 사회구성원들이 서로 편익을 증진시킬 수 있는 방향으로 교환과 협력을 하도록 강제하는 장치를 의미한다(하연섭, 2003: 85-86). 제도는 '확장된 형태의 게임의 장'이며, 개인의 행동은 이러한 게임의 규칙에 의해서 구조화된다. 나아가 제도란 단지 합의를 이끌어내는 데 그치지 않고 정해진 목적을 달성하기 위한 장치이다(Putnam, 1994). 특히 공식제도(formal institution)는 기회주의적 행동(opportunism)을 극복하고 계약이행을 감시하고 통제하는 데 드는 거래비용을 감소시켜 효율적인 대응을 가능하게 한다. 그런데 North(1990)는 헌법과 법률 등 공식적 규칙 외에도 금기, 관습, 행동규범, 전통, 상벌제재 등 비공식적 규칙에도 관심을 가졌다. 그에게 있어 제도는 사람들의 상호작용을 구조화시킴으로써 서로에 대한 안정적이고 예측 가능한 기대를 형성할 수 있게 함으로써, 그들 간의 상호작용을 원활하게 통합 조정할 수 있게 해준다. 다양한 행위자가 남강댐을 둘러싼 수리권 확보 게임에 참여하여 상호 자율성을 존중하며 연계망을 형성하여 신뢰를 바탕으로 협력을 지속시키는 힘은 상호 합의한 규칙에서 나온다. 지속 가능성은 Ostrom(1990: 185-191)이 말하는 신뢰할 만한 이행약속과 상호감시를 전제할 때 높아진다. 관련 행위자들이 협력규칙, 감시규칙, 반칙에 대한 처벌규칙 등에 대해 사회적 합의를 이루어 정당성을 확보하는 것이 중요하다.

그림 12-1 독일 Müssingen의 개구리 주차구역 표지

넷째, 결국 이러한 논의는 제도와 담론에 관한 분절적인 연구의 통합을 시도한 Rydin(2003: 38-53)의 제도적 담론 분석틀(Institutional Discourse Approach)에 귀착한다. 그녀는 Ostrom 등(1997: 27-50)의 IAD 분석틀은 담론차원이 생략되어 있다고 비판하면서 양자를 연결하는 획기적인 시도를 하게 된다. IAD 분석틀에서 '실행현장(action arena)'은 개별 행위자들이 상호작용하고, 상품과 서비스를 교환하고, 문제를 해결하고 나아가 상대방을 지배하거나 투쟁하는 사회적 공간(social space)이다. 그런데 세상을 이해하기 위한 공유된 방식인 담론(discourse)이 배제된 '실행현장'은 정책과정에서 의사소통과 언어의 역할을 간과하게 된다고 비판한다. 무엇보다 그녀는

Schön과 Rein(1994)의 프레이밍 과정이 정책과정을 더욱 선명하게 해준다고 제언하는데, 본 연구는 제도제약 상황에서 개별 행위자들의 프레이밍 과정을 분석하여 합의 형성과 연결 짓는 적합성의 논리(logic of appropriateness)를 발견해 내고자 한다. 이때에도 환경 분쟁에 대한 다양한 해결기제를 분석한 연구를 간과하지 않으려고 애썼다(박영세, 2007: 252-255). 먼저 협상은 당사자들 스스로가 절차를 조정하고 타협에 의거하여 합의를 도출하므로 가장 이상적인 분쟁해결방법이라고 할 수 있다. 만약에 당사자들 스스로 분쟁해결하는 것이 어려우면 제3자를 끌어들여 해결을 시도하는데, 중립자로서 제3자가 분쟁해결의 권한을 가지는 재판과 단순히 당사자들의 보조적인 역할을 하는 조정과 중재 등의 소송 대체적 방법이 있다. 첫째, 분쟁 당사자들이 모두 동의하는 중립적이고 객관적인 제3자를 조정자(mediator)로 선정하여 합의안을 도출하게 하는 조정방안을 생각할 수 있다. 물론 합의안이 법적 구속력이 없기 때문에 양쪽 당사자가 동의하지 못하는 경우 무력감에 빠질 수도 있는데, 이는 양 입장을 대변하는 전문가들이 가치편향을 지니게 될 때 과학적이고 객관적인 합의안 도출이 어려울 수도 있다. 둘째, 분쟁 당사자들이 객관적이고 중립적인 중재자(arbitrator) 앞에서 증빙자료를 갖고 각자의 주장을 펼칠 수 있는 기회를 가진 후 법적 구속력 있는 결정을 내리는 방법이다. 최종적으로 사업을 추진하여 분쟁이 증폭되는 경우에는 불가피하게 법원에 의한 합의강제를 통해 분쟁해결을 기대하게 된다.

그림 12-2 제도적 담론분석틀

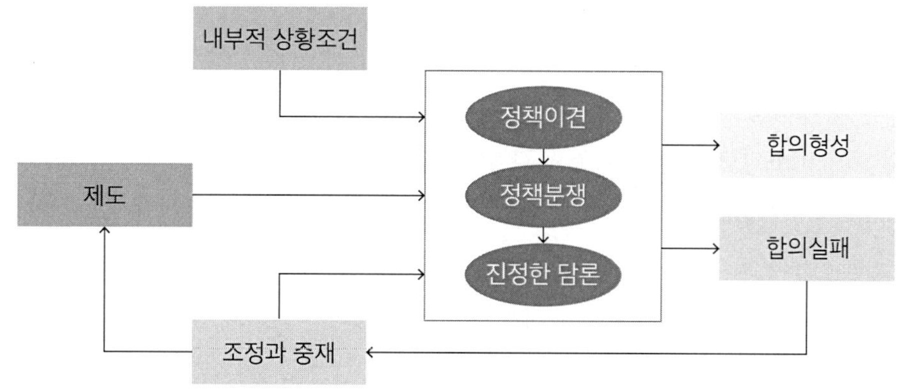

2 사회학적 신제도주의

사회학적 신제도주의는 조직론의 한 분야로서 출발한 것이다. 이러한 이유로 사회학적 제도주의를 조직론에서의 제도주의(organizational institutionalism)라고도 부르고, 인지-문화적 접근법(cognitive-cultural approach)이라고도 부른다(하연섭, 2003: 107).

사회학적 제도주의는 현대사회에서 당연시되고 있는 것에 대해 질문을 제기하는 데에서부터 시작한다(하연섭, 2003: 108). 예를 들면, 효율성을 추구하는 수단으로서의 조직이라는 기본명제에 대해서 "왜 현대의 조직들은 자신들의 구체적인 기능과는 상관없이 모두 비슷비슷한 모습을 보이고 있는가?"라는 질문을 제기한다. 사회학적 제도주의에서는 이러한 질문에 답변하기 위해 의미(meanings)와 상징(symbols)에 초점을 맞춘다. 무엇보다도 사회학적 제도주의는 합리적 선택모형에 대한 비판, 독립변수로서의 제도에 대한 관심, 인지적·문화적 측면에 대한 강조, 그리고 개인행위의 단순한 합으로 설명할 수 없는 초개인적 분석단위(supra-individual units of analysis)에 대한 관심 등을 특징으로 한다.

조직의 구조와 형태를 설명함에 있어서도 사회학적 제도주의는 문화적 영향력에 주목한다(하연섭, 2003: 107-108). 각 조직은 자신의 과업을 가장 효율적으로 수행할 수 있는 수단으로서 조직구조를 설계하는 것이 아니라, 가장 그럴듯하다고 인정받고 있는 조직구조와 형태를 닮고 싶어 하는 경향을 보인다는 것이다. 즉, 각 조직은 가장 그럴듯하다고 인정받고 있는 조직구조를 닮아감으로써 그럴듯한 조직으로 보이고 싶어 한다는 것이며, 이러한 과정을 통해 모든 조직이 비슷비슷해지는 결과가 나타난다는 것이다.

조직구조가 비슷해지는 과정을 DiMaggio와 Powell(1983)은 동형화(isomorphism)라고 부르고 있다. 동형화의 과정은 조직의 기술적 효율성을 높이기 위한 목적에서 진행되는 것이 아니다. 대신, 적절하다고 사회적으로 인정받는 조직형태를 갖춤으로써 조직의 정당성(legitimacy)을 높이는 동시에 생존(survival) 가능성을 높일 수 있기 때문에 조직구조와 형태가 비슷해져 간다는 것이다. 사회적으로 인정받는 조직형태가 조직의 공식적 목적을 달성하는 데는 오히려 더 비효율적일 수도 있다.

DiMaggio와 Powell(1983)은 동형화가 나타나는 과정을 다음과 같이 세 가지 과정으로 나누어 설명하고 있다(하연섭, 2003: 118-120).

첫째, 강제적 동형화(coercive isomorphism)는 어떤 조직이 의존하고 있는 다른 조직(예를 들면 자금의 원천 역할을 하는 조직)으로부터 공식적·비공식적 압력이 있거나 혹은 조직에 대한 사회의 문화적 기대라는 압력에 의해 조직형태가 수렴되어 가는 과정을 뜻한다. 중앙정부 조직구조가 변화하게 되면 지방정부 조직구조와 명칭이 유사하게 변화하는 경우를 예로 들 수 있다.

둘째, 모방의 과정(mimetic processes)은 정당성을 인정받고 있거나 성공적이라고 평가받는 조직을 모방해 가는 과정의 결과, 조직형태가 유사해지는 경우다. 이러한 모방은 조직의 목적이 뚜렷하지 않거나 조직의 환경이 불확실하기 때문에 조직의 나아갈 방향을 정하는 데 상당한 어려움이 있는 경우, 비슷한 기능을 수행하는 조직 중에서 성공했다고 평가받는 조직의 예를 좇아감으로써 불확실성에 대처하는 방편으로 나타난다는 것이다. 〈그림 12-3〉에 나타난 바와 같이 전 세계 자전거도로의 유사성은 모방과정의 결과로 해석할 수 있다.

셋째, 규범적 압력(normative pressures)은 전문화(professionalization)의 결과로 나타나는 것이다. 보다 구체적으로, 대학과 전문교육기관을 통해, 혹은 전문가 조직이나 협회 등을 통해 전문 관리자들 사이에 조직형태에 대한 규범이 보편화된다는 것이다.

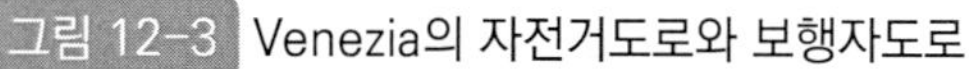
그림 12-3 Venezia의 자전거도로와 보행자도로

즉, 전문화를 통해 조직의 관리자들이 조직형태에 대한 규범을 공유하게 되고, 이것이 조직형태의 동형화로 나타난다는 것이다.

Meyer & Rowan(1997)은 관료제라는 조직형태가 전 세계적으로 확산된 이유를 조직의 환경에서 찾고 있다. 즉, 관료제는 그것이 문제해결을 위한 효율적인 수단이기 때문에 확산된 것이 아니라, 조직을 둘러싸고 있는 환경이 관료제를 가치 있고 정당성이 있는 것으로 인정하기 때문에 전 세계적으로 확산되었다는 것이다. 이때 조직을 둘러싸고 있는 이러한 환경이 의미하는 바가 바로 '문화'이며, 특정한 조직형태를 정당한 것으로 인정하는 이러한 사회적 가치가 다름 아닌 문화적 가치(cultural values)라는 것이다. 관료제적 조직구조가 보편화되어 가는 현상은 이를 통해 조직이 자신의 정당성과 생존 가능성을 높일 수 있기 때문이라고 해석하고 있다(하연섭, 2003: 121).

3 역사적 신제도주의와 경로의존성 그리고 경로이탈 가능성

역사적 제도주의는 행태주의, 다원주의, 합리적 선택이론에 대해 비판적인 입장에 선다(정용덕 등, 1999: 9-36). 무엇보다 개인의 행위를 제약하는 공식적·비공식적 제도의 영향력을 강조한다. 다원주의와 행태주의와는 달리 개인선호를 합산하는 것이 불가능하고, 행위가 개인의 진정한 선호를 반영한다고 볼 수 없다고 한다. 그리고 경로의존성(path dependence)이라는 개념으로 역사적 발전과정의 복잡성과 비효율성을 강조한다. 결국 유사한 정책문제에도 불구하고 국가 간 정책의 차이가 존재하는 이유를 발견하고자 하는 것이 역사적 제도주의자들의 문제의식이다.

역사적 제도주의에서 제도란 장기간에 걸친 인간행동의 정형화된 패턴을 의미한다. 역사적 제도주의의 관심은 제도 그 자체에 있는 것이 아니라 개인행위와 행위자들 간의 상호작용을 제약하고 규율해주는 제도의 영향력과 제도의 관계적 측면에 초점을 맞춘다. 역사적 제도주의에서는 제도의 지속성을 강조하는 동시에 제도의 변화와 발전을 설명하는 데 경로의존과 의도하지 않았던 결과를 중시한다(Hall and Taylor, 1996: 938). t 시점에서의 기능적 요구에 부응하기 위해 어떤 특정한 제도가 형성되었다 할지라도 이렇게 형성된 제도는 애당초 제도가 성립될 수 있었던 사회적 환경이 변화하고 이에 따라 전혀 새로운 기능적 요구가 제기된다고 할지라도 그 자체가 지속되는 경향을 지닌다. 그리하여 t 시점에서 형성된 제도는 t+1 시점에서의 선택과 변화방향을 제약하게 되는 것이다. 전혀 다른 환경변화에 대처하기 위한 목적으로 형성된 제도가 미래의 시점에서도 지속적으로 정책선택의 여지를 제한한다는 것이다(Krasner, 1988: 67-82). 따라서 제도의 모습은 t 시점에서는 종속변수이지만 t+1시점에서는 독립변수 역할을 수행한다. 그래서 제도주의자들은 오늘의 정책은 오늘의 문제에 대한 대응이 아니라 어제 이루어진 정책의 유산에 대한 대응이라고 주장한다(하연섭, 2003: 299).

그러면 역사적 신제도주의에서는 새로운 제도의 도입과 기존 제도의 변화를 어떻게 설명하는가? 전통적으로 역사적 제도주의에서는 제도변화의 요인으로서의 외적인 충격을 강조한 것이 특징이다(하연섭, 2003: 58-60). 제도는 환경변화에 빠르고 유연하게 적응하고 변화해 나감으로써 계속적이고 점진적인 변화패턴을 보이는 것이 아니라, 매우 급격하게 간헐적으로 일어난다는 것이다. 이러한 제도의 결정적·근본적 변화는 심각한 경제위기나 군사적 갈등이 발생할 경우에나 일어날 만큼 매우 이례적인 현상이다. 위기상황에서 위기에 대응하기 위해 취해진 행위들이 새로운 제도의 모습을 형성시키게 된다. 제도의 지속성 때문에 이러한 위기상황이 중요한 의미를 갖게 된다고 할 수 있다. 위기상황에서 정치는 주어진 규칙하에서 자원을 배분하는 문제가 아니라 게임의 규칙을 새롭게 설정하는 문제로 전환된다. 이러한 이유로 역사적 제도주의에서는 정치적·경제적 위기가 사회관계와 제도를 재형성하는 역사적 전환점(historical junctures)에 주목하는 것이다(Ikenberry, 1988). 그렇지만 위기가 극복되고 나면 위기에 대응하기 위해 새롭게 형성된 게임의 규칙, 즉 제도적 모습이 고착화되는 경향을 지닌다. Krasner(1988: 66-94)는 제도의 모습이 근본적으로 변화하게 되는 중대한 전환점(critical junctures)과 이렇게 형성된 제도에 의해 역사적 발전과정이 새로운 경로를 밟게 되고 또 그것이 지속되는 시기로 구분할 수 있다고 본다. 이를 그는 단절된 균형(punctuated equilibrium)이라고 부른다. 나아가 그는 어떤 선택이 우연일지라도 일단 선택되고 나면 역사적 궤도(historical trajectories)는 경로의존성을 띠기 때문에 좀 더 나은 경로의 출현을 막을 수 있다고 한다. Pierson(2000: 251-267)은 경로의존성을 자기강화 되먹임 과정인 수확체증(increasing returns)의 역동성에 기초하여 나타나는 사회과정으로 이해한다. 따라서 특정한 정치과정이나 정치발전 그리고 행동 경로의 경우 결정적 순간이나 전환점이 없다면 돌이키는 것이 거의 불가능하다고 해석한다. Pierson(1993: 606-610)은 정책에 영향을 받는 대상자는 정책으로 인해 얻는 이득과 작용으로 인해 지속적으로 정책에 대한 이해관계를 가지게 되는 잠금 효과(lock-in effect) 때문에 계속해서 그 정책을 지지하게 되면서 경로의존성을 띠게 되는 정치경제적 속성을 강조한다.[1]

역사적 제도주의에 있어서 제도변화의 근본적인 요인은 외적인 충격에 의한 위기상황이다. 그렇지만 제도의 형성과 변화과정을 설명함에 있어서도 역사적 제도주의는 기존의 제도가 엄연히 존재하고 있는 상태에서 새로운 제도가 형성됨을 강조한다. 즉, 제도의 변화과정을 설명함에 있어서도 기존 제도가 새로운 제도가 취할 모습을 제약한다는 '경로의존'을 강조한다는 것이다. 특히, 기존 제도에 의해 형성된 권력관계가 새로운 제도의 형성과정에 대한 각 행위자의 영향력을 상이하게 만든다는 것이다(Hall & Taylor, 1996). 낙동강특별법에 따라 낙동강수계 기금이 배분되는 구조가 10년 이상 지속되면서 견고한 권력관계와 먹이사슬이 형성되면서 돌이키기 어려운 경로의존을 보일 가능성이 높은 것이다.

4 낙동강하굿둑의 건설과 개방

1) 경로창조: 낙동강하굿둑의 건설

기수(汽水, brackish water)는 강물과 바닷물이 서로 섞여서 염분농도가 0.5~3.0‰(퍼밀, 1/1,000) 정도를 보이는 물로서 생물 다양성이 높고, 영양공급이 원활하여 높은 생산성을 보인다.[2] 기수는 해양과 하천의 생태계를 연결하는 중요한 연결고리 역할을

1 한편 경영학과 사회심리학에서 경로의존성(path dependency)은 한번 일정한 경로에 의존하기 시작하면 나중에 그 경로가 비효율적이라는 사실을 알고서도 여전히 그 경로를 벗어나지 못하는 경향성을 의미한다(Arthur, 1994).

2 「부산광역시 낙동강하구 보전·관리 조례」 제2조에 따르면, 부산광역시역안의 낙동강하구일원이란 「문화재보호법」 제25조의 규정에 의하여 천연기념물 제179호로 지정된 지역, 「습지보전법」 제8조의 규정에 의하여 지정된 습지보호지역, 「국토의 계획 및 이용에 관한 법률」 제6조의 규정에 의하여 지정된 자연환

하는데, 낙동강 기수에는 52종의 물고기와 다양한 생물이 서식하고 있다(낙동강기수생태계복원협의회, 2022: 6).

낙동강하굿둑은 부산광역시 사하구 하단동 을숙도 일원에 위치하고 있다. 상류 안동댐으로부터 355km 지점이며 총연장 2,230m인데, 수문부(水門部) 510m 10문(6문은 주 수문, 4문은 조절 수문), 토언제(土堰堤) 1,720m로 구성된다. 〈그림 12-4〉에 나타난 바와 같이 낙동강 하굿둑은 1987년 건설된 시설물로, 부산·울산·경남지역의 안정적 생활·공업용수와 농업용수를 확보하기 위하여 설치되었으며, 현재 연간 7.5억㎥의 용수를 확보하고 있다.

낙동강 하구는 높은 생물다양성과 생산성을 지닌 우리나라의 대표적인 철새 도래지이자 기수생태계로서 생태적·경제적 가치가 크다. 그러나 낙동강 하류 지역에 대한 안정적인 농·공·생활용수 공급과 홍수 조절 등을 위해 1987년 하굿둑을 건설한 이후,

그림 12-4 낙동강하굿둑의 건설 경과

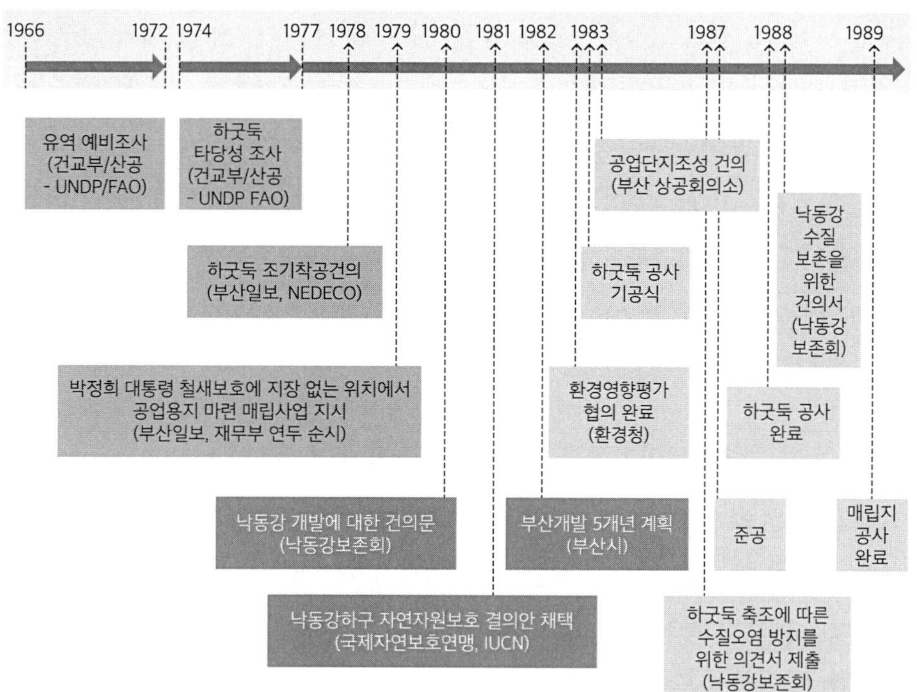

출처: 신성교(2012) 수정 보완

경보전지역, 기타 하구의 자연생태를 보전하는 데 필요하다고 인정되는 지역을 말한다.

출현어종이 단순화되고 식생이 변화하여 철새가 감소하는 등 생물다양성과 생태적 가치가 훼손되었다(환경부, 2022).

2) 경로의존성: 낙동강하굿둑의 개방 준비기

2022년 11월 면담한 낙동강기수생태계복원협의회 관계자에 의하면, 〈그림 12-4〉에 나타난 바와 같이 1987년 당시에도 (사)낙동강보존회는 생태계 파괴, 지형변화 및 준설로 인한 교란(수중생태계 교란, 어패류 감소, 철새 먹이 감소, 철새 개체 수의 급감), 수질오염, 하구지역 개발가속화에 의한 자연자원 소실(하구지역 추가적 개발을 위한 매립사업, 공단조성사업 등 성행) 등의 이유로 반대하였다고 한다. 이러한 문제점이 2000년 이후 실질적으로 나타나면서 2012년 5월 3대강(낙동강, 금강, 영산강) 해수유통 추진협의회 발족과 19대 총선 부산지역 공약 과제 채택으로 이어지게 된다(신성교, 2012).

2005년 부산발전연구원과 신라대학교에서 부산지역 거주 만 20세 이상의 400명 시민을 대상으로 개별 면접 방식으로 설문조사한 결과에 따르면 46.9%가 하굿둑 건설에 찬성의견이었지만, 당시에도 수질문제 때문에 개방을 전제로 교통기능만 유지하기를 원하는 시민들이 다수(찬성의견 중 41.9%, 반대의견 중 62.7%)였던 것으로 평가된다(양진우·백경훈, 2005: 1-17; 신성교, 2012). 그러나 하굿둑 건설 20년이 지난 시점인 2007년에 이르면 전문가들의 심포지엄과 낙동강 하구 개방에 대한 7편의 기획보도가 있었고, 2012년에 이르면 기수생태계 복원을 위한 6편의 기획보도가 이루어진다(최대현, 2022: 13).

3) 경로창조: 낙동강하굿둑의 개방실험과 부분개방

2022년 11월 면담한 낙동강기수생태계복원협의회 관계자에 따르면 2012년 협의회의 발족이 있었고, 2014년 서○○ 부산광역시장이 적극적인 모습을 보였다고 한다. 무엇보다 2015년 환경부의 용역을 통해 개방 가능성을 확인하였고, 문재인 정부 때인 2017년 7월 낙동강 하굿둑 시범 수문개방을 국정과제로 채택하였고, 2019년과 2020년 3차례 용역을 통한 3차례의 개방실증실험이 있었고, 2021년에는 4차례의 시범운영이 있었다고 한다.

낙동강 하구 기수생태계 복원사업과 관련해 과학적인 기반을 구축하기 위하여 환경부 주관으로 2018년부터 2021년까지 국토교통부, 해양수산부, 부산광역시, 울산광역시, 경상남도, 한국수자원공사와 함께 12개 기관이 실무협의회를 구성하고 낙동강 하굿둑 운영개선 및 생태복원 방안 연구를 공동으로 시행했다(손병용·임태환·양승경, 2021: 23).

〈그림 12-5〉에서 하굿둑과 원동취수장은 K-water가 운영하지만, 수문과 배수 펌프장 그리고 매리·물금취수장은 부산광역시가 운영하며, 농어촌공사는 운하천과 양·배수장을 운영한다(손병용·임태환·양승경, 2021: 21). 2022년 11월 면담한 낙동강 기수생태계복원협의회 관계자는 2024년 운하천의 수문공사가 완공되어 조절수문을 통해 염분침투를 조절할 수 있게 되면 큰 폭의 하굿둑 개방실험이 가능해진다는 기대감을 나타내었다. 그러므로 K-water와 농어촌공사, 그리고 부산광역시 등 관계기관의 협력이 기수생태계 복원의 성공을 위해 매우 중요함을 알 수 있다.

2022년 2월 환경부는 '낙동강 하구 기수생태계 복원방안'을 마련하고 정부·공공기관·광역자치단체·시민대표·농민대표·전문가 등 총 42명으로 구성된 낙동강유역물관리위원회의 의견수렴 및 서면심의를 거쳐 2월 9일 최종 의결했다(환경부, 2023; 환경부, 2022). 나아가 2월 18일에는 하굿둑개방 비전보고회로 이어지고, 이날부터 낙동강 하굿둑 10개의 수문 중 하나를 상시 개방하여 수질 및 수생태계 영향에 대해서 모니터링 중이다.[3]

3 바닷물 유입기간은 확대되어 기존 4개월에서 매월 대조기(大潮期: 음력 보름·그믐 무렵으로 밀물의 수위가 높아 하굿둑 수문 개방 시 바닷물 유입 가능)마다 하되, 낙동강 하류지역 농·공·생활용수 공급에 문제가 없도록 하굿둑 상류 15㎞(대저수문이 위치한 낙동강-서낙동강 연결부) 이내로 기수역을 조성하며 수질과 생태 변화를 관찰한다. 염분이 하굿둑 상류 10~12㎞에 도달하면 바닷물 유입을 중단하여, 농업용수로 활용되는 서낙동강 유역에 염분피해가 발생하는 상황을 방지할 계획이다(환경부, 2022).

그림 12-5 낙동강 하구 지형 및 수리시설 현황

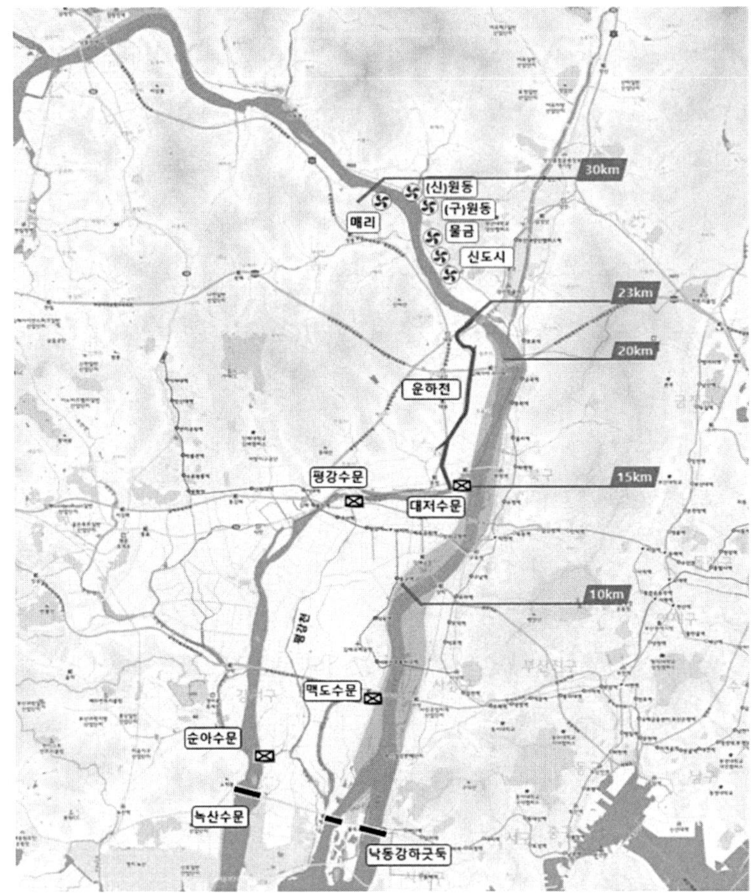

출처: 환경부(2022)

정부는 환경적으로 훼손된 낙동강 하구생태계를 회복하기 위해 2017년부터 '낙동강 하굿둑 수문 시범개방'을 기획하고 추진했다. 시범개방 과정에서 염분피해 발생 없이 안정적 용수공급과 기수생태계 복원을 동시 달성할 수 있는 기술과 요령을 확보했으며, 바닷물 유입 이후 하굿둑 상류에서 뱀장어·농어 등 기수어종이 더 많이 관측되는 등 생태복원의 가능성도 확인됐다. 또한 하굿둑 개방에 대해 입장이 다른 지역 내 이해관계자 간의 갈등을 해소하기 위한 민관협의체를 2019년 8월부터 구성·운영하여 시범개방 계획 등에 대한 의견을 수렴하고, 시범개방 결과를 공유하며 염분피해 발생에 대한 우려도 완화되었다(환경부, 2022; 낙동강기수생태계복원협의회, 2022: 64).[4] 〈그림 12-6〉에서는 문제인 정부 출범과 더불어 잠금 효과가 풀리면서 경로의존성에서 벗어나 하굿둑이 개방되는 경로창조의 과정을 나타내고 있다.

그림 12-6 낙동강 기수생태계 복원 거버넌스의 변동

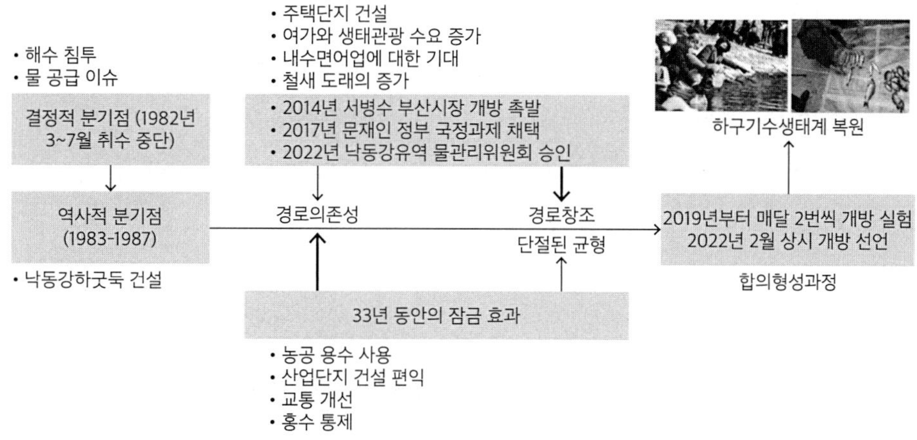

4) 경로예측: 낙동강 기수생태계 복원방안의 청사진

2022년 마련된 '낙동강 하구 기수생태계 복원방안'의 주요 내용은 다음과 같다(환경부, 2022). 첫째, 하굿둑 상류 기수생태계를 복원하기 위해 안정적으로 기수역을 조성하고, 체계적인 생태복원 사업을 추진하는 동시에, 이로 인한 변화에 대해 관측을 강화한다. 둘째, 바닷물 유입으로 인한 염분피해를 방지하고, 서낙동강 유역의 환경 개선을 추진한다. 염분피해 방지·대응 및 유역환경개선 대책들은 그간 농·어민대표 등 지역사회가 제기한 의견들이 충실히 반영된 결과다. 셋째, 낙동강 하구 기수생

4 역사적 제도주의에서는 제도의 지속성을 강조하는 동시에 제도의 변화와 발전을 설명하는 데 경로의존과 의도하지 않았던 결과를 중시한다(Hall and Taylor, 1996: 938). 전통적으로 역사적 제도주의에서는 제도변화의 요인으로 외적인 충격을 강조한 것이 특징이다(하연섭, 2003: 58-60). Krasner(1988: 66-94)는 제도의 모습이 근본적으로 변화하게 되는 중대한 전환점(critical junctures)과 단절된 균형(punctuated equilibrium), 그리고 역사적 궤도(historical trajectories)의 경로의존성을 강조한다. Pierson(1993: 606-610)은 잠금 효과(lock-in effect)와 경로의존성을 강조한다. 〈그림 12-6〉에서 낙동강 기수생태계 복원 거버넌스의 변동을 좀 더 구체적으로 설명하고 있다.

태계 복원성과를 활용·확산하는 방안을 모색한다. 지역사회 중심의 '낙동강 하구포럼(가칭)'을 구성·운영하여 기수생태계 복원방향, 하구 생태관광 활성화 방안, 농민·어민 상생 및 소득증대 지원방안 등 다양한 주제를 폭넓게 논의할 예정이며, 이를 통해 지역사회의 관심과 참여가 촉진될 것으로 기대된다. 마지막으로 하천·하구·연안 간 통합관리 강화를 위해 관계기관 간 협력을 강화하고 법·제도적 기반을 정비할 계획이다. 환경부, 해양수산부, 부산광역시, 한국수자원공사, 한국농어촌공사 등이 각기 관리하는 하천·하구·연안지역의 환경·시설 등에 대한 정보공유와 운영에 대한 협력을 강화하여 기수생태계 복원사업이 더욱 효율적으로 추진될 수 있도록 노력할 예정이다(환경부, 2022). 전문가들은 여기에서 그치지 않고 훨씬 큰 그림으로 미래 낙동강 하구를 채색하고 있다.

낙동강 하구의 세계자연유산 등재가 가능합니다. 2021년 유네스코 세계자연유산위원회가 한국의 갯벌을 세계자연유산으로 등재하면서 2026년 제48차 세계유산위원회 때까지 9개의 갯벌을 추가 확보하라는 조건을 내세웠기 때문에 낙동강 하구로서는 좋은 기회입니다(생태전문가 면담, 2023. 11. 15).

낙동강 하구를 대한민국 제1호 국가도시공원이 되도록 해야 합니다. 국토교통부 소관 「도시공원 및 녹지 등에 관한 법률」에 따라 국가에서 지정하고 예산을 지원받을 수 있는 공원이 되는 것입니다. 을숙도 생태공원, 에코델타시티 철새습지공원, 맥도공원시설지구 등 300만㎡가 대상지역으로 가능합니다. 이를 위해서는 국가하구전략(National Estuary Strategy)이 필요합니다(도시계획 전문가 면담, 2023. 11. 16).

제2절

심의민주주의의 논리와 정책

1 진정한 담론과 정책심의

첫째, Fox와 Miller(1995: 111-159)는 다수 담론(many talk)은 중구난방(衆口難防)이 되고, 소수 담론(few talk)은 여론조사처럼 일방적 홍보와 독백이고, 그래서 정책공동체와 같은 적당한 수가 참여하는 상당수 담론(some talk)에서 진정한 담론(authentic discourse)이 가능하다고 한다. 소수 엘리트가 지배하고 조종하는 것과 같은 소수 담론에서는 여론조사가 반복되지 않거나 응답자의 반응이 충분한 지식에 근거하지 않으면 일방적 홍보(monologic communication)에 그칠 수 있기 때문이다. 인터넷(computer networks)과 같은 다수 담론에서는 비록 시간이 지나면서 구조화된 일관성을 찾을 수도 있지만, 무질서와 혼동에 직면하게 될 가능성이 더 높다. 행정가, 산업집단의 정책전문가, 정책연구원, 입법전문가, 공익단체 그리고 국회의원과 관련 시민들이 만들어내는 정책공동체(policy community)에서 상황을 고려하는 의미 있는 상당수 담론이 가능해진다. 정책공동체는 이견(異見)이 처리되고 상당수 담론이 이루어질 수 있는 터전을 제공하는데, 상대방의 의견을 경청하고 자신의 의견을 개진하며 상호 설득하는 과정에서 견해를 바꾸고, 기대치를 수정하고, 새로운 가능성을 찾게 된다. 일찍이 Habermas(1989)는 공론의 장(public sphere)이 되기 위해서는 모든 참여자가 동등한 발언기회를 가져야 하며, 모든 담론에 대한 비판과 반박 가능성이 열려있어야 하고, 언어사용에 있어서 어느 한쪽도 특권을 가져서는 안 되며 자신의 태도, 감정, 의도 등이 솔직히 드러날 수 있어야 한다고 주장한다. 문태현(2011: 54-55)은 이러한 조건들이 충족되는 공론의 장은 심의민주주의 정책결정의 살아 있는 현장이요 훈련장이라고 평가한다. 제주 강정마을 해군기지 분쟁사례의 경우 2007년 5월 단 한차례의 여론조사를 통해 확정된 사안에 대해 추가적인 담론이 허용되지 않았다.

둘째, 정책심의의 관점에서 정책에 대한 결정과 분쟁해결을 보다 확장된 민주주의의 개념으로 이해하고자 하는 노력도 나타나고 있다(Scholesberg, 1995; Dryzek, 2002; Kemp, 1985). 심의(deliberation)란 개인들이 강압, 조작 그리고 기만 없이 다른 사람의 관점에서 자신의 견해를 심사숙고하는 의사소통 과정이다(Dryzek and Dunleavy, 2009: 215-225). 여기서는 대화 중심의 민주주의 이론이 투표 중심의 민주주의 이론을 대체한다. 이러한 입장은 갈등의 해결을 합리적 대안의 선택이라는 결과에 초점을 맞추기보다는 갈등해결의 과정과 절차를 강조하는 관점으로, 보다 넓은 의미의 심의민주주의(deliberative democracy)라는 입장에서 환경갈등의 해결을 추구하는 주장들이다. 이와 같은 관점은 단순히 법과 제도가 형식적으로 이해당사자들의 대화나 상호작용을 허용했는가의 유무나 이해관계의 교환이나 거래가 이루어지는 협상과 타협을 요구하는 것과는 다른 입장이다(양기용·김창수, 2009). 나아가 이미 결정된 이해관계(pre-determined interests)에 대한 결집, 교환과 거래 및 미세조정과 관련된 과정과 절차 그리고 정치제도를 강조하는 자유주의적인 해석과는 차이를 보이고 있다. 문태현(2011: 48-51)은 심의민주주의 정책결정이란 자유롭고 평등한 시민들이 상호간에 이성을 교류하는 논쟁과정을 통해 자신들의 선호를 계속 변화시켜가면서 사회적 합의에 도달하는 것이라고 말한다. 그는 심의민주주의에 바탕을 둔 정책심의(policy deliberation)란 공공성을 띄는 정책문제, 다양한 참여자의 구성, 집단적 의사결정과 판단과정, 이성적 문제해결과정 그리고 계속적인 문제해결과정으로 특징짓는다. Dryzek(2002: 1-7)은 심의를 사회적 과정으로 파악하면서, 심의를 단순히 이해당사자들 간 의견교환에 한정하지 않는다. 오히려 참여자들이 상호작용을 통하여 각자의 기본 신념, 선호, 판단을 바꿀 수 있다는 것을 핵심적인 내용으로 설정하고 있다. 따라서 이해관계자들이 적극적으로 토론에 참여하고 그들 간에 공정하고 자발적인 상호작용이 이루어지고 이러한 상호작용의 결과로서 이해당사자 간에 합의와 일치점(consensus)을 찾는 과정을 강조한다. 이와 같은 합의 결과는 당연히 자발적 동의에 기초한 도덕적 정당성을 확보하게 된다. 이러한 정당성 있는 결정과정은 이해관계를 가지고 있는 한계집단, 소외집단, 불만집단이 공정하게 참여할 수 있는 권리를 보장하여야 하고, 관련된 사안을 이해하고 토론할 수 있는 충분한 시간과 기회가 참여자들에게 공정하게 보장되어야 한다. 따라서 강정마을 주민들과 같은 소수자의 의견이 다수자의 힘(majority voting)에 의해 배제되는 것을 경계한다. 이러한 논의들의 기본적인 인식은 비판이론적인 입장에서 도구적 합리성을 비판하고 하버마스가 주장하는 대화 및 소통적 이성을 강조하고 있다. 따라서 정책분쟁을 해결하기 위하여 제도적으로 보장된 여러 가지 과정이 본질적으로 하버마스가 말하는 일종의 공론의 장(public sphere)으로서의 역할을 수행해야 함을 강조한다. 한편 Beck(1986)은 오늘날의 환경문제와 위험이 단순히 환경이라는 개별영역에 한정된 문제수준이 아니라 전반적인 근대성의 결과이자 좁혀 말하면 산업화와 그 과정과 관련된 수단적 합리성이 가져온 불가피한 파생이라고 강조한다. 따라서 환경문제의 해결책으로 그는 성찰적 근대화(reflexive modernization)를 강조하고 있다. 전체적인 관점에서의 환경문제에 대한 반성과 성찰을 위하여 구체적인 연대와 협력이 요구되고 이를 위해서는 정부, 산업체, 전문가 그리고 시민단체 간에 서로의 상이한 관점에 대한 인정과 대화가 전제되어야 함을 강조하고 있다. 이렇듯 강정마을 해군기지 분쟁사례와 같이 환경문제로 인한 정책분쟁을 일종의 사회전반적인 위기라고 인식한다면, 심의민주주의 의사결정과정이 우선적으로 적용되어야할 정책영역이 된다(김창수, 2012).

2 진정한 담론의 수준 평가

서로 다른 가치관과 신념 그리고 감정이 내포된 상태에서 찬성 프레임과 반대 프레임이 정책분쟁에 이르게 되면 진정한 담론을 고민해야 한다. Fox와 Miller(1995: 111-159)가 제시하는 4가지 기준을 바탕으로 정부정책 추진 과정에서 나타난 진정한 담론의 수준을 평가할 수 있다.

1) 담론 참여자의 진정성

담론 참여자의 진정성(sincerity)은 진정한 담론의 첫 번째 조건이다. 진정한 담론은 담론 참여자들 사이의 신뢰(trust)를 요구하는데, 지속되는 불성실함은 신뢰를 파괴시키기 때문이다. 이솝 우화의 '거짓말쟁이 양치기 소년'의 교훈처럼 신뢰를 저버리면 의미 있는 소통(communication)이 불가능하다는 것이다. 정부와 해군은 지난 2006~2007년 동안 강정을 포함한 제주도 내 8개 후보지를 대상으로 항만입지 타당성조사를 실시한 결과 강정, 위미, 화순을 우선 대상후보지로 선정했다고 한다. 그런데 야5당의 진상보고서(2011: 37-47)에 의하면, 항만입지, 배후지 여건, 문화재·어업권 현황 등을 평가한 종합점수가 위미 8점, 강정 9점, 화순 8점, 월평 8점 등으로 변별력이 거의 없어 후보지 8개를 대상으로 한 입지타당성 평가가 사실상 무의미했다. 그리고 다른 후보지에 대해서는 '전면 및 인근 해역이 절대연안보전구역'임을 명시했지만, 강정에 대해서는 문화재청에 의해 문화재보호구역으로 지정됐고, 제주도에 의해 절대보전지역으로 지정된 사실이 언급되지 않았다. 2011년 12월 면담한 지역주민들은 2007년 5월 14일 실시된 여론조사에 대해 부정의혹을 제기하고 있었고, 화순에서 해녀들의 심한 반발로 인해 사업을 접어야 했기 때문에 강정에서는 40여 명에 이르는 해녀들을 1억 원 이상의 보상금으로 매수하였다고 믿고 있었다.

그리고 단기적인 슬로건에 의존하는 표층 프레임(surface frame)이 도덕적 세계관과 철학을 바탕으로 국민들의 마음속에 자리하는 심층 프레임(deep frame)으로 연결되지 못하면 이러한 슬로건은 국민들의 외면을 받게 된다(Lakoff, 2006: 25-48). 이명박 정부가 2008년 9월 11일부터 사용하고 있는 '관광미항' 프레임은 해군기지에 크루즈선박의 입항이 사실상 어려울 것이라는 것이 입증되면서, 그리고 '대양해군' 프레임 역시 한·미상호방위조약과 한·미행정협정(SOFA) 때문에 실효성에 의문이 제기되면서, 국민들의 마음속에 뿌리내리지 못하고 있다(구럼비살리기전국시민행동, 2011: 18-36). 이러한 정부와 해군의 진정성 부족은 이해당사자들과 국민의 신뢰를 떨어뜨려 급격하게 분쟁이 확장되는 빌미를 제공했다.

2) 상황을 고려하는 의도성

담론 참여자에게는 상황을 고려하는 의도성(situation-regarding intentionality)이 요구된다. 자신만을 고려하는 원자화된 의도성(self-regarding intentionality)은 진정한 담론을 해치기 때문에 좀 더 높은 차원에서 일반화된 관점으로 맥락을 읽어내야만 진정한 담론이 보장된다. 그것은 공동체의 공유의 삶을 위해서 합의 무드를 만들어가는 철학이며, 나와 다른 사람을 인식적 객체로서가 아니라 도덕적 타자로 인정하는 것이다. 이로 인해 타인에 대한 개방성을 바탕으로 지역공동체의 참여를 장려하게 되는 것이다. 개발을 주장하는 사람과 보전을 주장하는 사람은 서로 매우 다른 입장에 있다. 그런데 일방이 타방에 대해 한 가지 주장만을 강요하게 될 때 결코 합의점을 찾을 수가 없다. 나 아닌 다른 사람을 도덕적 타자로 인정할 때 사회적 합의의 가능성은 높아진다(Farmer, 1995; 강신택, 2002: 183-187). 강정마을 해안 일대는 국가지정문화재인 천연기념물 제442호 연산호 군락지가 있어 공사 시에 오탁방지막을 제대로 사용하는 것이 요구되었지만 그렇지 못했고, 사전환경성검토와 환경영향평가 협의 시 멸종위기종인 붉은발말똥게와 맹꽁이 등 9종의 서식 사실이 누락되었다. 제주특별자치도 특별법 제292조에 따라 지정된 절대보전지역인 구럼비 해안은 공유수면 매립행위를 할 수 없었기 때문에 무리하게 해제절차를 밟은 후에 공사를 진행해야 했다(야5당 제주해군기지 진상조사단, 2011: 60-88). 이로 이해 2011년 3월 11일 제주도의회는 절대보전지역 해제결정을 취소하는 의결을 하는 소동을 벌이기도 했다. 정부와 해군은 개발의 시간표에 쫓기면서 정책추진을 하였기 때문에 이러한 강정마을의 특별한 상황과 환경적 가치를 인정하고, 이를 터하여 살고 있는 주민들의 입장에서 배려하는 의도성이 부족하였다.

3) 능동적 주의

담론 참여자에게는 능동적 주의(willing attention)가 요구된다. 진정한 담론에서는 충실한 노력으로 열정적으로 담론에 참여하면서 상대방의 입장에서 완전한 존경심으로 경청(listen)할 것을 강조한다. 상대방의 입장에서 상대방이 무슨 얘기를 하는지 성실하게 경청해야만 상대방의 주장을 이해할 수 있고, 그래야 내가 의도한 것 역시 상대방에게 경청을 요구할 수 있다. 경험적으로 볼 때 상대방의 주장을 경청하기 위해서는 절차적 합리성(procedural rationality)에 의지하는 것이 요구된다(김창수, 2008). 2011년 12월 면담한 정부관계자는 요즘은 '분노의 계절'이라면서 사업설명회에서 진지하게 접근하려고 해도 상식이 통하지 않는다면서 합의도출의 어려움을 토로했다. 그러나 정부관계자들이 강정지역주민들의 얘기에 대한 경청 노력이 있었는지 의심하지 않을 수 없다. 야5당 제주해군기지 진상조사단(2011: 49-59)에 의하면, 사실 해군은 지난 1999년부터 2001년까지 제주해군기지 후보지로 화북항, 성산일출봉 근해, 신양리, 화순항, 형제도 지역, 모슬포 등 6개 지역을 검토한 끝에 화순항을 최적지로 선정했다. 당시 강정마을 해안은 아예 검토 대상에도 포함되지 않았다. 강정은 2007년 5월 제주도지사가 제주해군기지 유치를 결정한 때로부터 불과 2개월 전에 처음으로 해군기지 후보지로 검토됐다. 이는 그만큼 강정마을 해안에 대한 입지타당성 검토가 졸속적으로 이뤄졌을 가능성을 시사한다. 마을의 미래와 전체 주민의 이해가 걸려 있는 해군기지 유치 문제를 불과 15일(2007년 4월 12일~26일)만에 논의·결정한 것은 문제가 있다. 이 기간에 해군기지 사업에 대한 단 한 차례의 설명회나 공청회도 없었던 점을 고려하면, 대다수 마을 주민이 해군기지 사업을 정확히 이해하거나 숙지하지 못했을 가능성이 높다. 결국 정부와 해군은 주민들의 의견을 존경심으로 경청하는 능동적 주의가 미약했고, 지역주민들이 국책사업에 대해 경청할 기회도 주지 않았던 것으로 평가된다.

4) 실질적 공헌

진정한 담론의 마지막 조건은 실질적 공헌(substantive contribution)이다. 진정한 담론이 가능하기 위해서는 참여자들이 독특한 관점, 특별한 전문성, 일반화된 지식, 혹은 적절한 경험을 제공함으로써 상황에 더 가까이 다가가는 실질적인 공헌이 필요하다는 것이다. 무엇보다 우리나라는 전문가들의 정책공동체를 통한 과학적 합리성의 확보가 급선무이다. 정부관계자에 의하면, 강정마을 전체 2000명 주민 중에서 87명에 해당하는 일부 주민은 2007년 4월 의견수렴 절차를 거쳐 해군기지 유치 희망의사를 제주도에 전달했고, 제주도는 5월에 화순, 위미, 강정마을 주민들을 대상으로 여론수렴을 통해 강정마을을 최우선 후보지로 결정했다고 입지선정과정을 설명한다. 2011년 12월 면담한 정부관계자는 2008년 4월에서 8월 사이에 한국개발연구원을 통해 사업의 예비타당성 분석(B/C ratio 1.1~1.7)을 실시했고, 군사시설보호구역으로 지정되면 공장지역과 달리 오히려 환경보전에 유리할 수도 있다고 얘기했다. 그리고 그는 연안경비는 제주해양경찰이 맡더라도, '힘의 논리'가 지배하는 냉혹한 국제사회에서 '대양해군'을 통한 군사력의 유지가 필수라고 강조했다. 그런데 야5당 제주해군기지 진상조사단(2011: 37-47)에 의하면, 해군은 강정마을이 상대적으로 양호한 입지조건을 갖고 있다고 주장하지만, 후보지 입지타당성평가에 대한 기준이 모호하다면서 평가의 가중치가 작위적이어서 합리적이고, 과학적인 조사로 인정하기 힘들다고 평가했다. 그리고 평택기지는 120만평의 부지에 충분한 시설을 갖추고 있지만, 강정기지 예정지는 12만 평으로 전략 항만으로는 정밀공격 등에 취약할 수밖에 없고 기지의 확장 가능성도 거의 없을 것으로 평가했다. 2011년 12월 현장 답사한 결과, 강정천은 서귀포시민들의 상수원으로서 70% 이상의 원수를 공급하고 있었기 때문에 더 이상의 기지 확장은 곤란했다. 이때 면담한 전문가들은 강정항의 규모로는 크루즈선이 접안하기 어렵기 때문에 군항기능밖에 할 수 없을 것으로 평가하고 있었다. 따라서 강정마을의 입지선택이 지리적 안정성과 과학적 합리성을 충분히 확보한 것으로 평가하기 어렵다.

3 부산 구포가축시장 갈등 조정 사례의 분석

1) 공동체 속성과 변화

(1) 개 식육에 대한 비판적 정서 확대

부산광역시 북구 구포가축시장에는 1954년 6·25전쟁 이후 60여 년간 도심 속 전국 최대 규모 개·가금류 도축시설 존치되고 있었다. 악취발생, 동물학대로 일반시민 및 동물보호단체는 지속적으로 민원을 제기하였다. 그러나 기존 가축시장 상인들은 오랜 기간 도축사업에 의존하여 왔고 생존권을 주장하였기 때문에 갈등해결에 난항을 겪었다. 동물보호의 가치와 상인들의 이해관계가 첨예하게 대립하고 있었고, 양측의 가치와 이해관계의 강도가 강하였기 때문에 쉽게 합의형성을 이루기 어려운 사례로 평가되었다. 그러나 부산광역시와 북구청의 조정노력이 빛을 발하면서 2019년 7월 동물보호단체와 시장상인들이 합의형성에 성공하면서 오랜 갈등이 해결되는 성과를 얻을 수 있었다(김창수, 2020).

개 도살·식육 문제는 2018 평창 동계올림픽을 앞두고도 불거져 국가이미지를 실추시킨 바 있다. 한국에서 한 해 200만 마리의 개가 식육목적으로 도살된다고 미국 월스트리트저널이 보도했다. 2018년 5월 동물보호단체들이 발표한 '개고기 인식과 취식 행태에 대한 조사'(전국 만 19~69세 남녀 1000명 대상) 결과에서 '지속적 취식자'는 18.8%였다. 한국 인구가 5,200만 명 정도고 반려동물 양육인구가 1,000만 명에 이른다. 개 식육 반대자 수가 지속적 취식자 수를 초과하는 상황이고 개 식육 혐오자들, 채식주의자들도 증가 추세다. 정부가 개 식육을 사실상 허용하면서 동물보호법이나 동물권을 얘기하는 건 모순이다. 개에 대한 식육목적의 잔혹행위를 규제하지 않는 한 자기 소유의 '물건' 처분이라는 인식의 답습일 뿐이다. 반려동물을 생명체로서 존중·보호하려는 사회적 인식변화에 맞춰 관련법과 제도 정비를 서둘러야 한다고 주장한다(김용백, 2019).

(2) 동물보호단체와 개 도축상인들과 갈등 심화

구포 가축시장은 6·25 전쟁 직후 부산 최대 전통시장의 하나인 구포시장에서 시작되었다. 성남 모란시장(현재 도축폐지, 소규모 유통)과 대구 칠성시장(1945년 이후 17곳 개고기 관련 점포 형성)과 더불어 전국 3대 개시장으로 불리기도 했다. 구포가축시장은 전국 최대 규모 개 도축시설 밀집 지역으로서 점포수 및 도축상가가 19개소(개 17, 가금류 2)에 달했다. 거래량은 연 40,000두(1일 100두 이상)에 달했고, 개·가금류 노상 케이지 전시에 그치지 않고 도심 내에서 도축행위가 이루어지는 업태로 볼 수 있었다.

시대가 흐름에 따라 동물을 대하는 시민들의 인식이 변하였고, 자연스레 가축시장 내 철창과 도축장은 동물학대 논란을 불러일으켰다. 1980년대부터 구포가축시장은 동물보호단체와 일부 시민들로부터 거센 비난을 받아왔다. 매년 복날이면 동물보호단체들은 개 시장 앞에서 시위를 벌였고, 일부 시민은 개 시장을 구시대의 산물이라며 폐업을 외쳤다.

2017년 이후로 동물학대 영상이 TV 방송뿐만 아니라 SNS상으로 유포되어 북구를 비롯한 부산 전체 도시 이미지가 크게 실추되었다. 2017년 8월 동물 학대 행위 보도에 이어, 9월에는 반려견을 훔쳐 도살하는 일명 오선이 사건이 보도되는 등이 끔찍

한 사건들이 반복적으로 발생하였다. 이로 인해 동물보호단체, 주민과 상인 간의 갈등 양상 심화되면서 정비 요구 반복민원(2016년 692건, 2017년 1,257건), 폐쇄집회가 주 1회 이루어졌다.

이처럼 〈그림 12-7〉에 나타난 바와 같이 구포가축시장은 6·25 전쟁 이후 부산북구 구포동에 형성된 부산 최대 규모 가축시장으로, 한때는 60여 곳의 업소가 영업할 정도로 성업했다. 그러나 점차 반려동물을 키우는 인구가 늘어나고 사회적 인식이 변화함에 따라, 동물보호단체의 집회시위가 빈발하고 부정적 여론이 급등하여 상인들과 마찰을 빚었다. 부산광역시나 부산북구청 등 행정청이 나서서 조정을 하거나 중재를 하지 않으면 해결하기 어려운 난제로 평가되었다.

그림 12-7 부산구포가축시장 폐업을 둘러싼 공공갈등의 경과와 종결

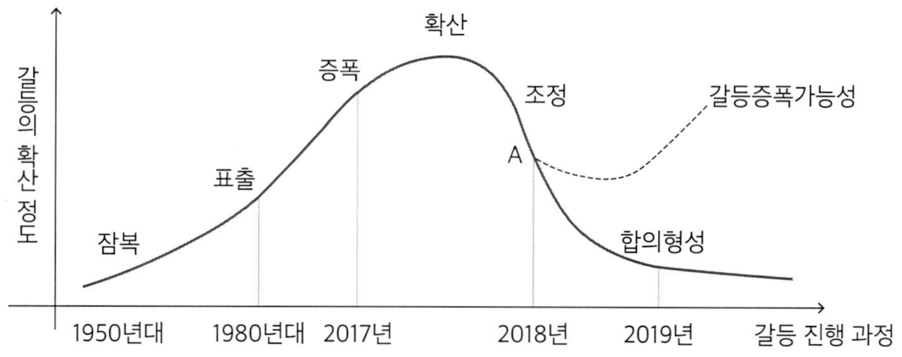

2) 제도적·절차적 대응

(1) 제도개선

부산광역시 북구청의 입장에서는 민선 6기에서 구포가축시장의 상인생계 지원 제도가 부재하였으며, 2018년 7월 북구청과 상인과의 간담회에서도 공공기관과 상인회의 입장 차이가 컸기 때문에 합의형성이 쉽지 않은 상황이었다.

- 상인회: 인근지역 재개발을 통한 분양특혜, 저리특별융자 등 현실적인 대안이 필요합니다.
- 북구청: 법적 범위 내에서 지원을 마련하겠습니다.

그러나 2020년 7월 면담한 부산광역시 사회통합과 관계자에 의하면, 민선 7기 북구청장이 부산시장 면담 후 당시 박○○ 부산광역시 특보의 추진력과 갈등조정팀의 조율 노력 등 부산광역시의 적극적 대응이 큰 힘이 되었다고 한다. 특히 부산 북구청의 적극행정이 돋보였는데, 성매매방지 및 피해자보호 등에 관한 법률을 참조하여 시의회를 설득하는 노력으로 2019년 4월 10일 전국 최초 폐업상인 지원 조례(부산광역시 북구 구포가축시장 환경정비 및 폐업상인 지원에 관한 조례)를 제정하였다. 토지보상법으로는 영업보상만 가능했는데, 새로운 대안 마련을 위한 북구청 관계자들의 적극적인 노력이 없었다면 Bacow와 Wheeler(1987: 279-322)가 강조하는 합의형성(negotiated rule-making)은 끝까지 어려웠을 것으로 판단된다.

2020년 8월 면담한 북구청 관계자에 의하면, 북구는 법제처 질의, 지방자치법 및 유사 조례, 공유재산법 예외 규정을 검토하는 등 적극행정으로 해결하였다. 2019년 7월 1일자로 체결된 협약서에 따르면, 북구의 폐업상인에 대한 구체적인 지원내용은 다음과 같다.

- 생활안정자금: 폐업일로부터 상가 준공 월까지 월 3,135,670원 지원, 준공 익월로부터 10년간 월 300,000원 지원
- 환경정비지역 내 공유재산 상가계약: 최초 5년 수의계약(3회 연장), 상가(점포) 배치 및 업종은 폐업상인과 협의에 따라 조정

부산광역시 북구청은 바트나(BATNA, Best Alternative To a Negotiated Agreement)를 확장하는 전략을 사용하여 상인들을 협상가능영역(ZOPA, Zone of Possible Agreement)으로 끌어들이면서 협상을 통한 조정에 성공할 수 있었던 것으로 평가된다. 한편 축산법에는 개가 식용사육이 가능한 가축으로 분류되어있으나 축산물위생관리법상에는 가축이 아니기 때문에 축산법상 식용할 수 있는 근거조항이 있는 가운데, 이에 대한 위생이나 관리할 수 있는 조항은 없는 불완전한 법적 체계를 유지하고 있기 때문에 현실에 맞는 법률정비가 요구된다.[5]

5 연구자가 법정책전문가들과 동물보호단체 관계자와 면담하고 언론보도 자료(매일경제, 2020. 7. 26)를 참고한 결과, 동물보호단체는 개는 축산법상 가축이라는 이유로 대량 사육이 가능해 철창에 갇힌 채 사

(2) 제도적·절차적 대응결과

부산광역시 북구청은 이러한 제도적·절차적 대응결과 도시환경 개선과 상인 생계 대책을 동시에 고려하여 상생 모델 구현하였다. 도시환경 개선 및 전통시장 주변 부족한 인프라를 구축하기 위한 공영 주차장(3층 4단 120면) 확충 및 문화광장 등 조성, 폐업상인 업종전환을 위한 주차장 내(1층) 임대상가 조성(17호), 전국 최초 폐업상인 지원을 위한 조례 제정 등이 정책대응의 결과물로 나타났다.

〈표 12-1〉에 나타난 바와 같이 구포가축시장 구조개선 사업 위치는 구포동 612-8번지 일원(구포가축시장)이며, 규모는 44필지 A=4,053㎡(약 1,226평)로서 주차장 1개소(2,381㎡), 공공공지 3개소(1,672㎡)이다. 사업기간은 2018년 11월에서 2020년 12월까지이다. 총사업비는 199억 원(국비 60억, 시특교금 79억, 시비 24억, 구비 36억)이다. 부지조성사업(주민쉼터 등 조성) 79억 원(일자리경제과 추진), 구포시장 공영주차장(3층 4단) 확충에 120억 원(교통행정과 추진)이 배정되었다.

표 12-1 구포가축시장 공간 구조 개선사업의 개요

구분	내용	
사업 위치	• 부산 북구 구포동 612-8번지 일원(구포가축시장)	
사업 규모	• 44필지 A=4,053㎡(약 1,226평)로서 주차장 1개소(2,381㎡), 공공공지 3개소(1,672㎡)	
총사업비	• 총사업비는 199억 원(국비 60억, 시 특별교부금 79억, 시비 24억, 구비 36억)	
사업 내용	부지조성사업(소공원, 공공공지)	주차환경개선사업(주차전용건축물 3층 4단)
	• 도시관리계획 결정 및 실시설계 용역 • 공공공지(公共空地) 3개소 조성	• 도시관리계획 결정 및 실시설계 용역 • 주차장부설 임대상가 조성(가축시장 업종 전환 등)

육되는 반면 축산물 위생관리법의 규율 대상에는 포함되지 않아 허가받은 작업장에서 도살하지 않더라도 처벌할 수 없다고 한다. 법정책전문가들은 현행법의 모순을 바로잡기 위한 입법적 해결책은 둘 중 하나라면서 축산물 위생관리법상 가축에도 개를 포함해 사육 과정에서의 동물복지를 보장하는 제도적 장치를 마련하거나, 축산법상 가축의 범위에서 개를 제외하는 것이라고 한다. 논란 끝에 개의 식용 목적의 사육 · 도살 및 유통 등 종식에 관한 특별법이 2024년 2월 6일 제정되어 2027년 2월 7일부터 전면 시행된다.

예산 배정	• 부지조성사업(주민쉼터 등 조성) 79억 원(일자리경제과 추진)	• 구포시장 공영주차장(3층 4단) 확충에 120억 원(교통행정과 추진) 배정

출처: 부산광역시·부산광역시 북구(2019: 90) 수정 보완

3) 갈등조정과 합의형성

(1) 쟁점의 도출과 갈등의 해결

〈그림 12-8〉에서는 부산구포가축시장 구조개선 사업을 둘러싼 갈등지도를 소개하면서 중립적인 이해관계자들에 의한 공공갈등의 조정 과정을 묘사하고 있다. 기본적으로 동물보호단체와 구포가축시장 상인들의 대립구도를 방치하지 않고, 북구청과 부산광역시의 개입에 의한 조정 노력으로 합의형성에 성공한 것으로 평가된다.

그림 12-8 부산구포가축시장 구조개선 사업을 둘러싼 갈등지도와 공공갈등의 조정

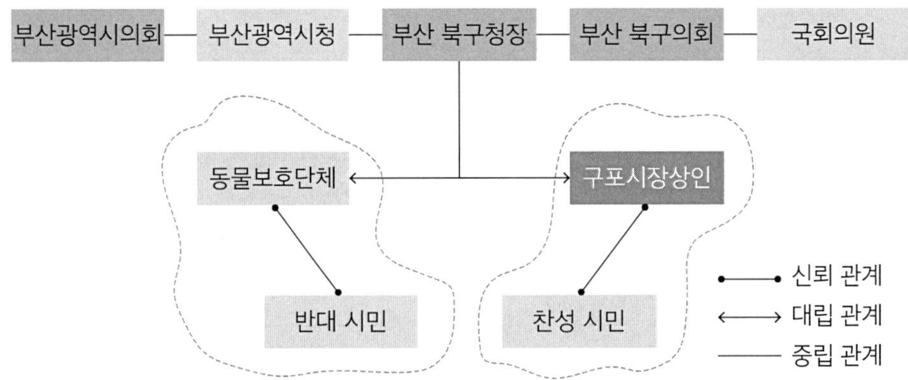

이러한 쟁점의 도출, 이해관계자들의 입장과 숨은 이해관계의 파악 결과를 〈표 12-2〉에서 정리하고 있다. 여기서는 갈등 쟁점별로 이해관계자들의 입장에 대한 심층면담과 분석을 통해 갈등의 원인을 파악하고 협상가능영역(ZOPA, Zone of Possible Agreement)을 밝힘으로써, 대화와 타협을 통한 갈등의 해소 방안을 모색했다. 협상이론에서는 협상이 실패하거나 합의에 도달하지 못했을 때 당사자의 가장 유리한 대안적 행동경로인 바트나(BATNA, Best Alternative To a Negotiated Agreement)를 고민

할 수 있다. 사례의 경우 생활안정자금 지원 문제를 조례제정을 통해 해결함으로써 바트나 확장이 이루어졌다(전형준, 2016). 반면 가장 불리한 대안을 선택할 수밖에 없을 때는 와트나(WATNA, worst alternative to a negotiated agreement)를 고민해야 한다. 주요 쟁점은 아래와 같이 정리되었으며, 〈표 12-2〉에 나타난 바와 같이 숙의와 진정한 담론을 통한 조정과정을 통해 합의 불가능한 쟁점을 합의 가능한 쟁점으로 전환시키고 있다. 즉, 어떠한 소통과 조정과정을 통해 합의형성이 가능하게 되는지를 분석해 보았다. 찬반 입장은 명확하지만, 숨은 이해관계는 특별 분양과 생활안정자금지원 등 이익갈등과 관련된 부분에서 이견이 있었는데, 지속적인 숙의와 협의 과정에서 조건부 찬성을 찬성으로 전환하는 데 성공하게 된다. 〈표 12-2〉에서는 이러한 구체적인 협의과정을 소개하고 있다.

표 12-2 구포가축시장 구조개선 사업에 대한 이해관계자의 입장과 주요 쟁점 매트릭스

쟁점 이해관계자	입장	폐업 보상 (영업 보상)	특별 분양	생활안정 자금 지원	주차장 사업	조례제정 (법적 제약 극복)
부산광역시청	중립	찬성	찬성	찬성	찬성	찬성
국회의원	중립	찬성	찬성	찬성	찬성	찬성
부산광역시의회	중립	찬성	찬성	찬성	찬성	찬성
부산 북구청(장)	중립	찬성	조건부 찬성	조건부 찬성	찬성	찬성
부산 북구의회	중립	찬성	찬성	찬성	찬성	찬성
구포시장상인	유지 주장	찬성	조건부 찬성	조건부 찬성	찬성	찬성
동물보호단체	폐업 주장	찬성	찬성	찬성	찬성	찬성
합의 가능성	○	○	× → ○	× → ○	○	○

주: ○ 합의 가능, × 합의 불가능

(2) 민·관·정 협력 네트워크 구성을 통한 사회적 합의 형성

2017년에는 북구청을 중심으로 행정 내부에서 가축시장 상인들과의 소통을 전제로 합리적인 대안을 마련하는 노력이 이루어졌다. 2018년이 되면 부산광역시·북구,

국회의원, 동물보호단체 민·관·정 협력 네트워크 구성이 이루어졌다. 도시환경, 동물 생명 존중, 지역 발전을 위한 정비 필요성을 공동 인식하게 된다(부산광역시·부산광역시 북구, 2019: 109-119). 2017년 9월 14일~2018년 4월 11일 동안 먼저 북구 부구청장을 단장으로 하여 북구 실무과장이 참여하는 TF 추진단 보고회를 14차례에 걸쳐 실시하였다(부산광역시·부산광역시 북구, 2019: 40-44). 이때는 아직 상인들과 본격적인 담론이 이루어지지는 못했다.

그런데 2018년 7월 1일 민선 7기 정○○ 북구청장이 임명된 이후 2018년 9월 13일~2019년 4월 2일 동안 정비사업 관계기관 회의가 이루어졌다(부산광역시·부산광역시 북구, 2019: 46-47). 이때는 부산광역시에서 조정자로 적극 개입하였는데, 사회통합담당관과 갈등조정팀장이 참여하고, 북구 동물보호팀과 동물자유연대도 참여하여 개방적인 담론이 이루어지게 된다. 마지막으로 2018년 7월 24일~2019년 5월 29일까지 3차례에 걸쳐 부산광역시, 북구청, 동물보호단체와 상인과의 간담회 및 폐업상인 지원을 위한 사전협상이 이루어졌다(부산광역시·부산광역시 북구, 2019: 48-55).

일방적 개발이 아닌 공존할 수 있는 합의를 통한 해결 방법론 공유가 이루어지고, 대화 분위기 조성을 위한 협력 차원에서 위반행위 단속 유예(부산광역시·북구), 현장 집회 중단(동물보호단체), 공동 간담회 주재(국회의원)가 이루어졌다. 소통을 통한 협력 노력도 돋보이는데, 효율적 역할 분담 차원에서 정비방안 개발 및 상인 협상(부산시광역·북구), 예산 마련(국회의원), 동물 구조(동물보호단체)가 이루어졌다.

> 민선6기에서는 부구청장님 중심으로 간부공무원들 중심으로 현황파악 및 문제점 개선책 마련에 역점을 두었으며, 민선 7기 구청장님 취임 후 갈등조정을 완결하게 됩니다. 비록 구포가축시장 정비 사업은 민선 7기 부산시와 북구의 공약사항은 아니었지만, 정구청장님은 시의원 당시 부산시의회 구포가축시장 TF 단장을 맡으셨던 터라 가축시장 정비 사업에 매진할 수 있었습니다. 종전 민선6기가 공무원들에 의한 절차위주의 행정이었다면, 민선7기는 민관정이 함께 참여함으로 소통과 참여의 행정이었습니다(부산광역시 북구청 관계자 면담, 2020. 8. 20).

(3) 기관 및 부서 간 협업 통한 해결 방안 마련

2017년 이후 부산시·북구 합동 협상단을 구성하여 상인 요구 사항 공동 대처하였다. 기관 간 협업 과정을 살펴보면, 부산시가 사업 입안, 시비 확보를 하였고, 북구는 도시계획추진, 상인 소통을 추진하였다. 부서 간 협업 과정에는 부산시에서 갈등조정팀, 주차기획팀, 도시계획팀, 동물복지지원단 등이 참여하였고, 북구에서는 동물보호팀, 주차시설팀, 도시계획팀, 건설행정팀 등이 참여하였다. 시·구 관계기관회의 10여 회, 부서 간 현안회의·사업추진단 회의 등이 개최되었다.

> 2018년 7월 1일 취임 후 곧바로 7월 24일 상인들과 정비방안 마련을 위한 간담회를 개최하셨고 이어 기획실에서 TF가 전담하던 구포가축시장 정비 업무를, 2018년 8월 1일자로 일자리경제과에 동물보호팀을 신설하여 전담토록 함에 따라 사업에 가속도가 붙기 시작했습니다. 청장님은 2018년 9월초 부산시를 방문하여 시장님과 면담하여 가축시장 정비사업은 북구만의 문제가 아니라 부산시의 문제이기도 함을 강력하게 제기하고 정비해 줄 것을 건의하였습니다. 이를 통해 시장님이 정비방안 마련 지시를 내림에 따라 2018년 11월25 부산시의 구포가축시장 정비방안 방침을 마련할 수 있었습니다. 이에 민선 6기 시의원 당시 TF 고문역할을 수행하던 전재수 지역 국회의원까지 가세하여 원팀을 이루어 주민간담회 개최, 국비확보 등에 큰 주역을 하였습니다. 동물보호단체들은 동물구조와 이송 등에 주력하도록 협조 요청하였습니다(부산광역시 북구청 관계자 면담, 2020. 8. 9).

4) 정책대응과 합의형성의 성과

2020년 9월 연구자는 부산북구청 관계자와 합의형성 과정을 토론하였다. 이에 따르면, 부산 북구 부구청장이 단장으로 2019년 9월 14일부터 15차례에 걸친 구포가축시장 T/F 추진단 회의가 개최되었다. 구포가축시장 상인과의 간담회는 2018년 7월 24일부터 북구청장, 상인, 동물보호단체, 부산시의원 간에 이루어졌다. 상인 측은 시대변화를 인정하지만 생활터전 이전에 따른 직접보상, 인근지역 재개발 통한 분양특혜 및 저리특별융자를 요청하였다.

시장상인 측은 미신고거래 많은 특수성을 고려하여 보상문제를 법과 규정의 잣대로 접근하면 해결할 수 없음을 주장하였으나, 북구청은 법적 범위 내에서 지원(안)을 안내하였다. 그러면서 시의원은 부산광역시 차원에서 조례개정 등 지원방안을 검토하였고, 최종적으로 북구의 조례제정으로 가닥을 잡았다. 동물보호단체는 전체 상인 의견 결집으로 현실적인 대안 제시를 요구하였다.

2018년 9월 16일에는 전○○ 국회의원 주관으로 간담회를 실시하였다. 이러한 지속적인 담론의 결과 이견은 점차 좁혀지면서 북구는 전국 최초로 구포가축시장상인들이 업종전환 후 생계를 마련하도록 구포가축시장 환경정비 및 폐업상인 지원에 관한 조례를 제정하였다. 북구청장과 공무원들이 시장상인들의 의견을 지속적으로 경청하면서 〈표 12-2〉에 소개된 바와 같이 특별 분양, 생활안정자금 지원 등 합의가 쉽지 않은 쟁점들을 조건부 찬성을 전제로 적극적으로 검토함으로써 합의형성에 성공한 사례로 평가된다. 〈표 12-3〉에서는 구포가축시장 공간 구조 개선사업 추진경과와 갈등조정 과정을 소개하고 있다.

표 12-3 구포가축시장 공간 구조 개선사업 추진경과와 갈등조정 과정

추진일정	추진내용	평가
1950년대	6·25전쟁 이후 피란민들의 개고기수요 늘면서 구포가축시장 형성되면서 60여 년간 도심 속 전국 최대 규모 개·가금류 도축시설 존치	잠복
1970~80년대	대리천 복개, 콘크리트 건물 신축으로 지금의 가축시장 형성	
1980년대	88올림픽 앞두고 개 식육 문제 쟁점화	표출
2016~2017	동물보호단체, 주민과 상인 간의 갈등 양상 심화되면서 정비 요구 반복민원(2016년 692건, 2017년 1,257건), 폐쇄집회 주 1회	전국 공론화 (증폭)
2016~2019	북구의회, 전통시장 활성화 위해 구포가축시장 폐쇄요청	
2017.08.17	동물 학대 행위(구포대로 학대사건) TV방송 및 SNS 유포	
2017.09.02	반려견 도살(오선이 사건) TV방송 및 SNS 유포	
2017.09.14~2018.4.11	북구 부구청장을 단장으로 하여 북구 실무과장이 참여하는 TF 추진단 보고회 실시	행정 내부 보고회
2018.02.09~25	평창 동계올림픽을 앞두고 개 도살·식육 문제 불거져 국가이미지를 실추	확산
2018.06~07.17	214,634명 개·고양이 식용 종식선언 요청 국민청원(축산법상 개를 가축에서 제외하는 규정정비 검토 약속)	

2018.07.01	정○○, 민선 7기 부산 북구청장 취임	
2018.07	구포가축시장 상인 간담회 및 면담(19개 상가, 10여 회)	민·관 합동 회의
2018.07.24~2019.05.29	3차례에 걸친 상인과의 간담회 및 폐업상인 지원을 위한 사전협상	
2018.08	시·구간 구포가축시장 정비 협의(10여 회)	지속적 소통과 조정
2018.08.01	북구청, 일자리경제과에 동물보호팀 신설	
2018.09	북구청장, 부산시 방문, 시장과 면담하여 가축시장 정비사업은 북구만의 문제가 아니라 부산시의 문제이기도 함을 제기하고 정비 건의	
2018.09.13~2019.04.02	정비사업 관계기관 회의	
2018.10.25	부산시 구포가축시장 밀집지역 정비방안 수립	
2018.11.02	북구 구포가축시장 정비사업 추진방안 수립	
2019.04.10	부산광역시 북구 구포가축시장 환경정비 및 폐업상인 지원에 관한 조례 제정	
2019.04~05	폐업상인 지원 협상(4회)	지속적 소통과 조정
2019.05.29	구포가축시장 폐업상인 지원 잠정협약	조정을 통한 합의형성
2019.06.12	구포가축시장 정비 부지조성사업 실시설계 인가	
2019.07.01	구포가축시장 폐업상인 지원 협약식 개최 및 동물보호팀을 동물친화팀으로 명칭 변경	
2019.07~2020.06	보상 및 소유권 이전	
2019.07~2020.12	구포가축시장 정비 착공 및 완공(주차장 1층에 입점 예정)	
2019.03.10	구포가축시장 정비 첫삽	
2019.07.13	피터펫 애견카페 개소식 및 북구 지역자활센터 위탁운영	
2020.08.28~30	2020 동물사랑 문화축제	연기

출처: 부산광역시(2019) 수정·보완

5) 조정을 통한 합의형성의 성공조건의 모색

〈표 12-4〉에서는 구포가축시장 상인들과 동물보호단체간의 갈등에 대해서 부

산북구청과 부산광역시 그리고 지역구 국회의원을 통한 공공갈등 조정과정을 분석하고 성공적인 합의형성에 이를 수 있었던 조건을 도출해보았다. 그리고 삼각검증(triangulation)에 가까운 이해관계자들의 면담결과와 현장답사 및 자료 분석을 토대로 조정을 통한 합의형성의 성공조건 충족 여부를 평가해보았다.

표 12-4 부산구포가축시장 공공갈등 조정 과정과 성과 평가

<table>
<tr><th colspan="2">구분</th><th>공공갈등 조정 과정과 성과</th><th>평가</th></tr>
<tr><td colspan="2">공동체 속성</td><td>• 60년 역사의 구포가축시장 역사의 지속과 동물에 대한 인식변화와 여론의 압박</td><td>○</td></tr>
<tr><td colspan="2">제도적·절차적 대응</td><td>• 15차례에 걸친 구포가축시장 T/F 추진단 회의 절차 설계
• 부산광역시 북구청장 중심의 협업 절차 설계
• 북구, 폐업상인 지원 조례 제정</td><td>○</td></tr>
<tr><td rowspan="4">숙의 민주 주의 조건</td><td>포괄성의 원칙(상황을 고려하는 의도성)</td><td>• 주민, 동물보호단체, 국회의원, 시청, 구청, 시·구의회 등 모든 관계자의 포괄적 참여(개시장상인과 동물보호단체 모두 반대 입장 고려하는 개방성과 타자성)</td><td>○</td></tr>
<tr><td>기회평등성 원칙(진정성)</td><td>• 1년 이상 차별과 배제 없이 한계집단인 가축시장 상인과 동물보호단체의 의견개진 기회를 공정하게 부여함(조정과정 참여자간의 신뢰 지속)</td><td>○</td></tr>
<tr><td>이성적 숙의과정 원칙(능동적 주의)</td><td>• 이견과 비판을 인정하는 각종 간담회의 지속적 개최를 통한 숙의과정(시장상인들의 제안을 경청한 북구청장과 공무원들의 상호 경청)</td><td>○</td></tr>
<tr><td>공공선 부합의 원칙(실질적 공헌)</td><td>• 사익추구 넘어선 공공이익과 공동가치의 추구(전국 최초 폐업상인 지원 조례 제정 등 실질적인 대안제시)</td><td>○</td></tr>
<tr><td>정책 대응</td><td>조정자의 리더십</td><td>• 민선 7기 북구청장의 적극적 리더십과 부산시장의 조정자로서의 리더십이 발휘되면서 조정을 통합 합의형성에 성공함</td><td>○</td></tr>
</table>

주: ○ 조건 충족, × 조건 미충족

첫째, 2017년 이후로 구포가축시장 개선 사업에 긍정적인 무드가 제공되고 있었는데, 공동체 속성은 성공적인 공공갈등 조정과 합의형성의 기초조건이다. 개 도살·식육 문제는 2018 평창 동계올림픽을 앞두고도 불거져 국가이미지를 실추시킨 바 있다.

구포 가축시장은 6·25 전쟁 직후 부산 최대 전통시장의 하나인 구포시장에서 시작되었다. 시대가 흐름에 따라 동물을 대하는 시민들의 인식이 변하였고, 자연스레 가축시장 내 철창과 도축장은 동물학대 논란을 불러일으켰다. 1980년대부터 구포가축시장은 동물보호단체와 일부 시민들로부터 거센 비난을 받아왔다. 이러한 여론의 압박은 공동체의 속성 변화로 조정과 협상과정에 영향을 미친 것으로 나타났다. 매년 복날이면 동물보호단체들은 개 시장 앞에서 시위를 벌였고, 일부 시민은 개 시장을 구시대의 산물이라며 폐업을 외쳤다.

> 시대의 변화는 곳곳에서 감지됐다. 반려동물 보유 가구 수가 급증하고, 급기야 국민청원에는 '개고양이 식용종식 선언'을 요구하는 청원까지 올라와 높은 참여 인원을 보였다. 구포가축시장 내 도살행위를 금지하는 요구들도 자연스럽게 늘어갔다. 그러나 눈앞에서 벌어지는 갈등을 단번에 해결하기란 어려웠다. 구포가축시장 상인에게는 평생을 바쳐 일해 온 삶의 터전이었고, 개식용을 처벌할 수 있는 명확한 법적 근거도 없는 데다 예산확보마저 어려운 상황이었기 때문이다. 해가 갈수록 구포가축시장 문제는 묵은 갈등이 되어가고 있었다. 2017년, 구포가축시장을 전국적 화두로 떠오르게 한 두 사건이 연달이 일어났다. 길 잃은 애완견을 무단으로 잡아 개소주로 만든 '오선이 사건', 구포대로에서 묶은 개를 끌고 다니던 상인의 영상이 일파만파로 퍼져 논란이 된 '구포대로 학대 사건'이다. 두 사건 이후 동물단체들을 물론, 일반 시민들까지 분노했다. 시장 앞은 연일 집회가 이어지고, 시민들의 민원은 폭주했다. 마침내 구포가축시장의 전환기가 도래해, 새로운 발전방향을 수립할 때가 온 것이다(부산광역시·부산광역시북구, 2019: 29).

둘째, 공론의 장이 형성된 상태에서 제도와 절차적 대응이 잘 이루어져야 한다는 점이다. 개 도살·식육문제는 2018 평창 동계올림픽을 앞두고도 불거져 국가이미지를 실추시킨 바 있다. 2019년 7월 1일 선포된 구포가축시장 폐업은 개시장 문제 해결 방식의 완결성에서 평가할 만하다. 가장 난제인 상인들의 전업과 지원책이 조례에 근거해 마련됐다. 상인들이 2020년 신축상가에 입점할 때까지 월 313만 원가량의 생활안정자금 등 다양한 지원이 이루어졌다. 공론장의 적극적 형성과 조례제정과 보상협의 등 제도와 절차의 설계가 이루어진 것으로 평가된다.

셋째, 실제 조정과정은 형식적이지 않고 진정한 담론과 정책숙의가 제대로 이루어져야 한다는 것이다. 2017년 이후로 동물학대 영상이 보도되면서 구포는 물론 부산이라는 도시 이미지가 크게 실추되었다. 이로 인해 동물보호단체와 시장상인 간의 갈등 양상이 심화되면서 정비 요구 반복민원이 발생하고, 폐쇄집회가 이루어졌다. 부산광역시나 부산북구청 등 행정청이 나서서 조정을 하거나 중재를 하지 않으면 해결하기 어려운 난제로 평가되었다. 이런 가운데 지방자치단체, 상인들, 동물보호단체들이 소통과 협의로 상생방안을 찾아 개시장을 완전히 없앤 것은 처음이다.

> 해답은 소통에 있었습니다. 물론 소통이 쉽지만은 않았습니다. 상인, 행정청, 동물단체 등 서로 관점이 너무 달랐기 때문에 합의점을 찾아내기까지는 끊임없는 대화와 만남이 필요했고, 이해와 공감이 필요했습니다. 사실 예전의 행정관례에 익숙한 이들은 강제철거하면 되지 왜 그들에게 비싼 예산을 들이냐고 반문하기도 했습니다(부산북구청 일자리경제과 동물보호팀장, 2019. 10).

시장상인들과 동물보호단체 모두 반대 입장 고려하는 개방성과 타자성, 진지하게 협상에 임한 시장상인들과 법적 한계를 뛰어넘는 시장상인들의 대안제시에 대해 제도적 대응과 적극행정을 추진한 북구청장과 공무원들의 진정한 담론의 조건에 충실한 정책심의가 있었던 것으로 평가된다.

그림 12-9 갈등해결방식과 합의 형성 가능성

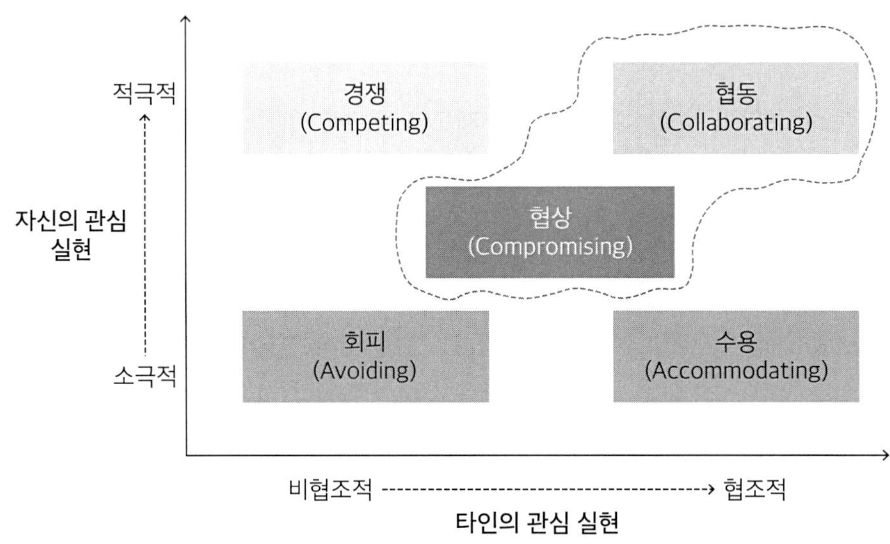

출처: Thomas & Kilmann(2010)

조정과정에서 진정한 담론을 위해서는 자신만의 이익만 고집할 것이 아니라 상대방에 대한 관심을 바탕으로 협조하는 것이 중요한데, <그림 12-9>의 5가지 갈등해결방식(The Five Conflict-Handling Modes)에 따르면 시장상인들과 동물보호단체 모두 반대 입장 고려하는 개방성과 타자성이 있었기 때문에 협상가능영역(ZOPA, Zone of Possible Agreement)에서 만나고, 중간지역(middle ground)에서 만나 협상과 합의형성이 가능했던 것으로 평가된다(Thomas & Kilmann, 2010).

넷째, 조정자의 리더십을 중심으로 성공적인 정책대응이 이루어져야 한다는 점이다. 구포가축시장 점포 19곳의 폐업이 2019년 7월 11일 마무리되었다. 구포가축시장은 6·25전쟁 뒤 당시 부산 최대 전통시장이던 구포시장에 자리 잡았다. 60여 년이 지나면서 개 도살·동물학대·악취 등으로 쇠락한 혐오시설이 됐다. 부산시와 북구는 시장 일부 공공용지(1672㎡)에 문화광장, 반려견놀이터, 반려동물복지문화센터 등을 조성해 동물과 사람이 함께하는 공동체를 만든다는 구상이 실현되고 있다. 2018년 7월 1일 민선7기 정명희 북구청장이 선출되면서 적극적인 공공갈등 조정이 이루어지게 된다. 그에게는 공동체 속성 변화에 대한 빠른 이해와 적응이 있었던 것으로 평가된다.

> 민선7기에 들어서는 북구를 비롯하여 동물관련 부서는 물론 도시정비, 소상공인 지원, 갈등조정부서까지 많은 부서가 참여하여 부서 간에 해법을 찾았습니다. 하지만 그것만이 구포가축시장을 역사의 뒤안길로 사라지게 만들었을까요? 무엇보다 북구의 의지가 가장 큰 성공요인임을 조심스럽게 추측해봅니다(부산광역시 농축산유통과 동물복지지원 단장, 2019. 10).

제3절

자유주의적 개입주의와 행동경제학

1 넛지와 행동경제학

행동심리학자와 오바마행정부 규제정보관인 Thaler & Sunstein(2008)이 제시하는 자유주의적 개입주의(libertarian paternalism)가 있다. 그것은 넛지(Nudge)인데, 팔꿈치로 슬쩍 옆구리 찌르기다. 선택설계자가 취하는 하나의 방식으로서, 사람들에게 어떤 선택을 금지하거나 그들의 경제적 인센티브를 크게 변화시키지 않고, 예상 가능한 방향으로 그들의 행동을 변화시키는 것이다. 넛지 형태의 간섭은 쉽게 피할 수 있는 동시에 그렇게 하는 데에 비용도 적게 들어야 한다. 선택 설계자(choice architect)란 사람들이 결정을 내리는 배경이 되는 '정황이나 맥락을 만드는 사람'이다.

예를 들면, 초등학교 학생들에게 정크 푸드를 금지하기보다 과일을 눈에 잘 띄는 위치에 놓는 것이 넛지다. 스키폴공항의 남자화장실 소변기 중앙 부분에 검정색 파리를 그려서 변기 밖으로 튀는 소변의 양을 80% 감소시킨 사례가 가장 유명하다.

프레이밍 효과를 이해하고 활용하기도 한다. 첫째, 1970년대 신용카드 등장 때에 카드회사는 소매상들이 현금 고객과 차등하는 규칙을 금하는 대신, 신용카드 가격이 정상가(default)이고, 현금가격이 할인가로 간주되어야 한다는 규칙 제시하였다. 둘째, 시카고(Lake Shore Drive, Chicago)에서 과속방지턱이 아닌 하얀 선을 그어 시각적 신호 전달하여 속도 방지 효과를 달성한 사례가 유명하다. 셋째, 외과의사가 다음 두 가지 질문을 했을 때 환자의 반응은 어떨까?

A : 이 수술을 받은 사람 100명 가운데 10명이 5년 내에 죽었다.

B : 이 수술을 받은 사람 100명 가운데 90명이 살았다.

2 비합리적 행동의 예측가능성

도모노 노리오(2006)는 「행동경제학: 경제를 움직이는 인간 심리학의 모든 것」에서 행동경제학(behavioral economics)이란 사람은 실제로 어떻게 행동하는가, 왜 그렇게 하는가, 행동의 결과로 어떤 현상이 발생하는가를 주제로 토론하는 경제학이다. 인간행동의 실제, 원인, 경제사회에 미치는 영향, 사람들의 행동을 조절하기 위한 정책에 관해 체계적으로 규명할 것을 목표로 한 경제학이다. 행동경제학은 인간의 합리성, 자제심, 이기심을 부정하지만, 인간이 완전히 비합리적, 비자제적, 비이기적이라는 것을 의미하지 않는다. 행동경제학에서 말하는 '비합리성'이란 개념은 터무니없거나 또는 정형화되지 행동경향이 아니라 합리성의 기준에서 벗어난다는 의미로 사용될 뿐이다. 비합리적이기는 하나 일정한 경향을 띠고 있고 따라서 예측 가능한 행동이다(도모노 노리오, 2006: 35-37). 〈그림 12-10〉은 서울특별시청과 연결되는 제7호 기부하는 건강계단이다. 계단을 걸으면 10원의 기부금이 적립되어 하지장애아동의 재활훈련도구 지원금으로 사용된다.

그림 12-10 서울특별시 기부하는 건강계단

결국 행동경제학은 인간은 제한된 합리성(bounded rationality)으로 행동한다는 결론에 이른다. 이는 1978년 노벨경제학상을 받은 Herbert Simon(1945)의 제한된 합리성과 만족모형에 근거한 의사결정, 선택의 과정과 방법을 결과보다 중시하는 절차적 합리성을 기반으로 하면서 1979년 형성된 학문이다. 용의자의 딜레마 상황에서도 경제적 인간이라면 당연히 배신을 택하겠지만, 심리학자나 경제학자가 실험한 결과를 보면 30%~70%가 협력행동을 선택한다고 한다(도모노 노리오, 2006: 62-64).

제4절

협력적 거버넌스 이론과 사회자본

1 신공공관리론의 등장과 한계

기업의 경쟁원리와 고객주의, 그리고 경영기법의 모방을 통해 정부의 경쟁력을 높이고자 하는 신공공관리론(New Public Management)은 Osborne과 Gaebler가 그들의 1992년 저작 「정부혁신의 길(Reinventing Government)」에서 내세운 다음 같은 10대 원리에 압축되어 있다.

(1) 노 젓기보다는 방향잡기에 치중하는 촉진적 정부 - 정부는 서비스 제공인 노 젓기에 능통하지 못하다. (2) 직접적인 서비스 제공보다는 권한부여를 통해 지역사회가 주도하는 정부 - 소유권은 국민들에게 주어져야 한다. (3) 서비스 제공에 경쟁원리를 도입하는 경쟁적 정부 - 문제는 공공 대 민간이 아니라 경쟁 대 독점이다. (4) 규칙중심의 조직을 개혁하는 사명 지향적 정부 - 일하는 방식을 지시하지 말고 그들이 달성해야 할 목표만 지시하라. (5) 투입이 아닌 성과와 연계한 예산배분이 이루어지는 성과지향적 정부 - 관료적 프로그램은 각종 규정과 형식에 얽매여 있기 때문에 사업 실시 이후에 실제로 일어나는 사태의 진전은 추적하지 않는다. 따라서 행정 서비스의 결과를 추적하라. (6) 관료제가 아닌 고객요구의 충족이 이루어지는 고객 지향적 정부 - 품질은 오직 고객이 결정한다. (7) 지출보다는 수익창출에 치중하는 기업가적 정부 - 조세저항운동에 대비해서 세원 발굴로 미래의 세입을 확보하라. (8) 치료보다는 예방에 중점을 두면서 미래에 대비하는 정부 - 문제가 발생하기 전에 예방책을 마련하는 데 집중하라. (9) 위계조직에서 참여와 팀워크를 중시하는 분권적 정부 - 현장에 대한 특별한 지식을 대체할만한 것은 아무 것도 없다. 현장의 직원들과 협력하라. (10) 시장 기구를 통

한 변화를 촉진하는 시장 지향적 정부 - 명령하는 관료제보다는 촉진하고 중개하고 유인하는 관료제가 되어라.

이러한 기업가적 정부운영의 10대 원리를 수용한 것이 1993년 Clinton 정부의 「고어 보고서(Gore Report)」이다. 주지하다시피 2000년 대통령 선거 낙선 이후 어려운 시기를 보냈으나, 2006년 지구 온난화에 관한 다큐멘터리 「불편한 진실」에 출연하였고 지구온난화의 위험성을 환기시킨 데에 대한 공로로 2007년 UN IPCC(http://www.ipcc.ch/)와 공동으로 노벨평화상을 수상한 고어는 당시 미국의 부통령이었다. 미국 William Jefferson Clinton(1993-2001) 정부 당시에 재정적자와 낭비 그리고 성과적자로 정부신뢰 위기에 처했다. 당시에 당면한 핵심쟁점은 정부가 '무엇을' 하느냐가 아니고 '어떻게' 하느냐였다. 정부가 국민을 위해서 일할 뿐만 아니라 효율적이고 고객 지향적이어야 한다는 것이었다. 당시 국정성과평가위원회(NPR)의 과제는 관료제의 낭비적 요소를 제거하여 납세자에 대한 서비스의 질을 향상시키고 작지만 더욱 생산적인 정부를 창출하는 것이었다(The National Performance Review, 1993: 535-542). 이 보고서에 의하면 기존의 관료제는 다음과 같은 문제점을 지니고 있는 것으로 분석되었기 때문에, 일은 더 잘 하면서 비용은 적게 드는 기업가적 정부(a government that works better and costs less)의 창조가 필요하다는 제안을 한다.

1) 질병보다 더 나쁜 처방

정보시대에는 산업화시대의 제도가 노후화되어 재구조화가 요구되고 있다. 미국은 1980년대에 기업에서, 1990년대에는 정부에서 재창조작업이 시작되었다. 당시까지 국가지도자들은 관료들의 기만, 낭비, 직권남용 등을 질타하면서 더 강한 규제를 강요하였다. 이미 제도에 얽매여 질식 상태인 관료들에게 번문욕례와 규제를 더한 것이다. 지난 15년 동안 연방의회는 각 행정기구마다 독립감사기구를 설치하였다. 그럴수록 관료들은 표준운영절차(SOP)에 더 집착하면서 과잉동조 내지는 복지부동의 자세를 보였다. 문제의 본질을 제도보다 인간에게서 찾았던 것이다. 이는 질병보다 더 나쁜 처방이었던 것이다.

2) 근본문제 - 정보시대에 걸맞지 않는 산업화시대 관료제

1930년대에서 1960년대에 걸쳐 형성된 거대하고, 하향적이고 집권적인 공·사조직의 거대관료제는 지속성을 가지는 대신에 급변하는 정보시대에 적응하기에는 느리고 굼뜨고 낭비적이었다. 독점적인 정부조직은 혁신에 대한 유인이 부족했다. 사업에 투입되는 비용과 조세수입의 괴리로 연방관료들은 납세자를 만족시키려 하기보다 연방의회 세출예산소위를 만족시키려고 더 애썼다. 정치권에서는 스캔들을 막기 위해서 규제를 더 강화했고, 연방의회 소속의 회계검사국(GAO)은 끊임없는 규제와 중첩적인 통제를 가했다. 예산을 절약하기 위한 규제가 오히려 예산을 낭비하는 사례가 많았다. 엄격한 구매규정 때문에 잔디 깎는 데에 10달러가 들 것을 30달러를 쓰기도 하였다. 이는 절차(process)를 지나치게 강조하다가 결과(result)를 망치는 우를 범한 것이다. 목표와 수단이 전도되고, 창의성이 땅에 떨어지고 복지부동이 야기되는 것이다.

3) 해결책 - 기업가적 조직의 창조

기업가적 조직을 창조하기 위한 네 가지 핵심원리는 다음과 같다. (1) 절차간소화(Cutting red tape)이다. 효과적이고 기업가적인 정부는 규칙에 책임지는 체계에서 결과에 책임지는 체계로 전환한다. (2) 고객우선주의(Putting customers first)이다. 효과적이고 기업가적인 정부는 경쟁과 고객선택권에 바탕을 둔 시장 메커니즘을 작동시켜 고객만족에 초점을 둔다. (3) 권한위임을 통한 결과지향(Empowering employees to get results)이다. 일선관료에게 권한을 위임하여(분권화) 규칙준수보다 문제해결을 통한 결과산출에 초점을 둔다. (4) 근본을 중시하여 더 나은 정부를 창출하는 것(Cutting back to basics, Producing better government for less)이다. 효과적이고 기업가적인 정부는 진부함과 낭비와 특권의식을 버린다. 이러한 네 가지 원리는 연방관료제를 재창조하기 위한 견고한 원칙들이었다. 이를 위해 1993년 7월 연방의회는 「정부성과와 결과에 관한 법(GPRA, Government Performance and Result Act)」을 통과시켰다. 그런데 정부조직과 기업조직의 문제점은 다를 수가 있었다. 그래서 단지 효율적인 정부가 아닌, 효과적인 정부를 창출하고자 했던 것이다. 그리고 국민들의 요구를 충족시키기 위해서는 민주적인 거버넌스에 내재되어 있는 전통적인 가치들을 버려서도 안 됨을 강조하였다.

4) 방향 – 변화를 위한 장기적인 투자

클린턴 정부는 NPR을 연방관료들이 주도하도록 했다. 당시 NPR의 책임자인 고어 부통령은 문제에 가장 가까이 있는 사람이 문제 해결책을 가장 잘 안다고 믿었기 때문이다. 거대기업도 혁신에 6~8년이 걸리기 때문에 정부조직은 훨씬 시간이 많이 걸릴 것이라 판단했다. 10여 년에 걸친 재창조과정에서 연방조직의 습관 문화 성과까지 바꾸기를 희망했다. 그리고 변화위험을 감수하는 용기를 잃어서는 안 된다고 강조하고 있다. 이처럼 절차와 과정보다는 결과와 성과를 중시하는 신공공관리론은 미국과 영연방국가들을 중심으로 급물살을 타게 된다. 미국에서는 고어 부통령이 중심이 된 국정성과평가팀(NPR, National Performance Review)이 핵심추진주체가 되고 GPRA를 통해 근거법을 마련하였다. 영국에서는 미래설계 프로그램(Next Steps Program)에 따라 집행기능의 70% 이상을 독립채산제 형태의 책임운영기관(Executive Agency)을 만들어 맡긴 사례가 잘 알려져 있다.

2 신국정관리론과 사회자본

신공공관리론에서 추구하던, 적은 비용으로 더 많은 성과를 산출하자는 주장은 적은 비용을 투입한 결과 교육과 복지 등에 있어서 낮은 수준의 서비스가 제공되는 한계가 노출되었다. 예를 들어 어떤 민원부서에서 10명의 공무원이 일할 때 민원인이 30분을 기다려 민원을 처리할 수 있었다면, 5명의 공무원만 일하는 경우에는 민원인이 최소 1시간을 기다릴 수밖에 없을 것이다. 김태유·신문주(2009: 20-23)는 전산화시스템의 혁신이나 공무원의 전문성 향상이 뒤따르지 않는다면, 작은 정부는 결코 효과적으로 행정서비스를 제공할 수 없을 것이라고 한다.

그러면 제한된 예산으로 더 많은 성과와 만족스런 행정서비스를 제공할 수 있는 방법이 없을까? 아마 그것은 민간을 단순히 행정서비스의 대상이나 고객으로 보기보다는 함께 일할 수 있는 파트너로 인식하는 것이었다. 민간부문과 네트워크를 형성하여 신뢰를 바탕으로 함께 일할 수 있다면, 제한된 비용으로 훨씬 많은 성과를 만들어낼 수 있는 것이다. 지방정부에서 하천 살리기 사업을 할 때 지역주민이 청소를 도와주는 등 함께 일하거나, 자원봉사자들이 다양한 복지서비스 제공에 참여한다면 어떨까?

이러한 고민들을 정리한 신국정관리(New Governance)는 과거에 정부가 담당하던 공적인 업무를 정부와 민간의 구분이 없이 합동하여 해결하는 방식을 말한다. 이는 정부가 중심이 되기는 하지만, 비정부기구(NGOs), 민간기업, 시민 개개인들이 공동으로 공적인 문제의 해결을 위하여 결정하고 집행하는 새로운 국정운영 패러다임이다(박재창, 2000: 385-390). 또한 국정관리의 개념을 집권화된 중앙정부와 지방정부 간의 직접적인 연계성을 갖는 낡은 유형의 정부로서 상징되는 강력한 관료제적 위계체제로부터 연합, 파트너십, 또는 네트워크 등과 같이 느슨하고 보다 상호작용적인 행정관리 구조로의 이행을 의미하기도 한다. 신국정관리론의 핵심은 작은 정부를 유지하면서도 더 많은 국정활동을 가능하게 하는(More Governance with less government), 다양한 행위자 간의 신뢰와 협력에 있다. 그러면 다양한 행위자 간의 협력을 좀 더 풍부하게 설명하는 이론은 없을까?

그것은 사회자본(social capital)에 관한 논의로 이어진다. 이에 관한 대표적인 이론가인 Putnam(1993: 35-42)은 먼저 상호 신뢰와 보증(mutual confidence and security)의 결핍이 모두에게 옥수수 수확물의 손실을 가져온다는 David Hume의 우화를 인용하면서 그의 사회자본 논의를 시작한다. 〈그림 12-11〉은 로크의 영향을 받은 스코틀랜드의 경험주의 철학자 David Hume(1711-1776)의 동상이다. 그것은 옥수수 수확시기가 서로 다를 때 서로 돕는다면 모두에게 이익이 될 텐데, 서로 신뢰하지 못하기 때문에 각자 옥수수 수확만 챙긴 결과 더 적은 수확으로 이어진다는 우화이다.

그림 12-11 스코틀랜드 에든버러의 흄 동상

그러면서 그는 이탈리아 북부지역 지방정부와 남부지역 지방정부가 동일한 제도 개혁을 시도했는데, 북부지역만이 성공한 것은 높은 수준의 투표참여나 신문구독 그리고 문학 클럽이나 라이온스 클럽을 바탕으로 하는 강력한 시민참여의 전통이 있었다는 사실 때문이라는 것을 입증한다. 즉, 그는 이탈리아 북부의 공동체들은 부유했기 때문에 시민참여가 활발하게 이루어진 것이 아니라 시민적이었기 때문에 부유하게 된 것이라는 명제를 증명해낸다. 나아가 Putnam(1994)은 자발적 협력이란 호혜성의 규범과 시민참여(civic engagement)의 네트워크 등 사회적 자본이 충분히 축적된 공동체에서 더 쉽게 달성된다고 한다. 여기서 사회적 자본이란 협력적 행위를 촉진시켜 사회적 효율성을 향상시킬 수 있는 사회조직의 속성인 신뢰, 규범, 연계망(network)을 지칭한다. 이 특성들이 사람들의 행위를 조정함으로써 사회의 능률을 증진시킨다. 사회적 자본은 다른 형태의 자본과 같이 생산적이기 때문에 자발적 협력을 촉진시키며, 호혜적 행동을 유발하고, 사회의 능률과 목표달성에 기여한다. 특히 그는 사회적 자본의 가장 중요한 요소로서 '신뢰'를 꼽는다. 신뢰는 거래와 협력을 오래 지속시킨다. 그리고 신뢰는 독립적 행위자의 행동양식에 대한 예측을 포함한다. 즉 당신이 상대방의 성향과 능력 등을 알고 있어서, 상대방이 당신이 원하는 선택을 할 것이라고 기대하기 때문에 상대방을 신뢰하는 것이다. 무엇보다 그는 개인적 신뢰가 어떻게 사회적 신뢰로 전이될 수 있는지에 관심을 가졌다. 첫째, 그는 사회적 자본으로서 호혜성의 규범을 얘기한다. 가령 이웃 간에 서로 낙엽을 청소하는 규범 때문에 비록 법적 구속력은 없지만, 피차 따돌림을 당하지 않으려면 낙엽을 쓸어야 한다. 사회적 신뢰의 기반이 되는 이러한 규범은 거래비용을 낮추고 협력을 촉진시킨다. 온천천을 더럽히지 않고 세 지역의 구민들이 깨끗하게 유지하는 비결은 이러한 규범, 곧 제도가 작동하기 때문이다. 그리고 그는 규범에서 가장 중요한 요소는 호혜성이라고 한다. 등가항목을 동시에 교환하는 구체적 호혜성에서, 연속적 교환과 보상을 확신하게 하는 포괄적 호혜성의 규범으로 발전할 것을 얘기한다. 둘째, 그는 사회적 자본으로서 매우 밀도 높은 수평적 상호작용을 하는 시민참여의 네트워크를 강조한다. 그는 공동체에서 이러한 네트워크가 조밀하면 할수록, 시민들이 상호 이익을 위해 협력할 가능성이 높아진다고 한다. 여기서 그는 동등하지 않은 행위자를 위계질서와 종속의 비대칭적 관계로 연결시키는 수직적 네트워크는, 그것이 아무리 조밀하고 참여자들에게 중요하더라도, 사회적 신뢰와 협력을 지속시킬 수는 없다고 한다. 관료제와 시민사회의 협력 역시 수평적 네트워크를 기반으로 해야 오래 지속이 가능함을 알 수 있다.

연구문제

1 공공갈등을 이해하고 해결하는 데 있어서 내부 상황조건을 분석하는 의미를 이해하고, 이와 관련한 제도의 기능과 역할에 대해서 설명할 수 있겠는가?

2 공공갈등이 고착되거나 내재되어 지속될 가능성을 역사적 신제도주의 관점에서 논의할 수 있겠는가?

3 공공갈등을 해결하는 데 있어서 조정에 의한 합의형성이 소송에 의한 합의강제보다 더 낫다는 명제를 평가할 수 있겠는가?

4 특정 사회에 적합하지 않는 제도를 도입하는 이유는 무엇일까?

5 집단적 의사결정방식으로 다수결 원칙이 정당하지 않는 경우는 언제인가?

6 인간의 비합리적 행동을 어떻게 예측가능한가?

7 건강기부계단은 지하철 등에서 에스컬레이터 대신 계단 이용 시 기부금을 적립하는 방식으로 시민들의 많은 호응을 얻고 있는 기부 프로그램이다. 이러한 프로그램에는 어떠한 원리가 작동하고 있는가?

8 협력적 거버넌스 이론의 공공갈등 해결 기여도는 어떠한가?

참고문헌

강민아·장지호. (2007). 정책결정과정의 프레이밍에 대한 담론분석: 방사성폐기물처리장 입지 선정 과정을 중심으로. 「한국행정학보」, 41(2): 23-45.

강신택. (2002). 「행정학의 논리」. 서울: 박영사.

강신택·김광웅. (1993). 「행정조직의 개혁: 새 정부의 개편방안」. 서울: 한국행정연구소.

강은숙. (2001). 정책변동요인에 관한 연구: 그린벨트정책사례를 중심으로. 서울대학교 대학원 행정학 박사학위논문.

고길곤·하혜영(2008). 정책학 연구에서의 AHP 분석기법의 적용과 활용. 「한국정책학회보」, 17(1): 287-313.

고한산·김창수. (2007). 이슈네트워크의 변화와 환경규제정책변동:황령산 개발 이슈의 분석. 「지방정부연구」, 11(1), 69-95.

구럼비살리기전국시민행동. (2011). 「제주 강정마을에서 보내는 평화의 목소리: 울지마 구럼비, 힘내요 강정」. 서울: 나름북스.

권기헌. (2008). 「미래예측학」. 파주: 법문사.

______. (2014). 「정책학의 논리(제2판)」. 서울: 박영사.

권용혁. (2002). 의사소통적 합리성과 규범. 사회와 철학연구회(편). (2002). 「철학과 합리성」. 서울: 이학사.

김광웅. (1995). 「방법론 강의」. 서울: 박영사.

김도균. (2007). 지방자치시대 시민들의 권리 찾기 운동: 하남시 광역화장장 유치반대범시민대책위원회 김근래 공동대표 면담. 「월간 말」, 통권 250호.

김두환. (2005). 사회갈등해결에서 숙의적 시민참여와 대안적 분쟁해결 접근 비교. 「시민사회와 NGO」. 3(1): 143-171.

김병진. (1997). 「정책학개론」. 서울: 박영사.

김복규·김선희. (2006). 정책의 창을 적용한 정책변동 연구: 성매매방지법 제정 사례를 중심으로. 「한국지방자치학보」, 8(2): 163-183.

김상봉·이명혁. (2011). Kingdon의 정책 창 모형에 의한 비축임대주택 정책의 갈등관계분석 및 평가. 「한국정책과학학회보」, 15(3): 1-27.

김순양. (2010a). 정책과정분석과 옹호연합모형: 이론적·실천적 적실성 검토. 「한국정책학회보」, 19(1): 35-71.

______. (2010b). 보건의료 정책과정에서의 옹호연합의 형성과 작동: 의약분업 및 의료보험통합 논쟁 사례의 비교·분석. 「한국정책학회보」, 19(2): 1-44.

김시진·김재웅. (2012). Kingdon의 정책흐름모형에 의한 대학등록금 부담완화정책 분석. 「교육행정연구」, 30(3): 181-203.

김신복. (1993). 「발전기획론」. 서울: 박영사.

김영욱·김광호. (2010). 뉴스미디어의 미래: 델파이 조사와 시나리오 기법을 통한 탐색. 한국언론진흥재단.

김영평. (1995). 「불확실성과 정책의 정당성」. 서울: 고려대학교 출판부.

김영평·최병선. (1994). 「행정개혁의 신화와 논리」. 파주: 나남출판.

김용백. (2019). 부산 구포가축시장. 국민일보(한마당), 2019.7.10.

김정오·김창수. (2008). 사행성 게임물과 과잉규제의 역설. 「지방정부연구」, 12(2).

김정욱. (2010). 「나는 반대한다: 4대강 토건공사에 대한 진실 보고서」. 서울: 느린걸음.

김주경·현재은. (2014). Kingdon의 다중흐름모형(Multiple Stream Framework)을 적용한 영유아 무상보육정책 분석: 누구를 위한 무상보육인가?. 「한국정책학회보」, 23(4): 527-563.

김준기. (2006). 「정부와 NGO」. 서울: 박영사.

김창수. (2005). 점진주의 정책기획의 지혜: 지방정부 감사사례의 분석. 「한국행정학보」, 39(2).

______. (2006). 환경정책의 난제와 윤리기준의 적용. 「지방정부연구」, 10(3): 143-164.

______. (2008). 「환경정책의 구조와 논리: 갈등과 협력의 대위법」. (주)한국학술정보.

______. (2011). 포스트 4대강 사업과 낙동강 상수원의 딜레마: 남강댐 물 분쟁의 제도적 프레임 분석. 「한국행정논집」, 23(2): 459-486.

______. (2012). 정책분쟁의 제도적 담론 분석. 「한국사회와 행정연구」, 22(4): 1-26.

______. (2013). 위험사회와 가외성의 효용: 고리원전 정전사고사례의 분석. 「한국행정논집」, 25(2).

______. (2014). 한국 관료제의 트릴레마 해부. 「정부학연구」, 20(1): 35-73.

______. (2019). 숙의민주주의 기반 공론조사와 정책딜레마: 부산광역시 중앙버스전용차로제 시민공론화 사례의 분석. 「지방정부연구」, 23(2), 271-296.

______. (2020). 공공갈등 조정의 성공조건: 구포가축시장 갈등조정 사례의 분석. 「지방정부연구」, 24(3): 47-71.

______. (2021). 4대강 사업의 경로의존성과 낙동강 보 해체와 개방을 둘러싼 딜레마. 「지방정부연구」, 25(3): 245-268.

______. (2021). 영풍석포제련소를 둘러싼 딜레마와 정책대응: 기회손실, 지역의존성, 그리고 상징적 대응. 「정부학연구」, 27(1): 159-187.

______. (2021). 경로의존성과 관료정치 그리고 입법성공: 유전자원법 입법과정의 분석. 「지방정부연구」, 25(2): 49-74.
______. (2023). 미완의 정책 파트너십: 낙동강 취수원 이전의 난제. 「지방정부연구」, 27(2), 485-513.
김창수·이강웅·허철행. (2014). 원전안전관리와 지방정부의 딜레마: 부산광역시의 대안탐색과정을 중심으로. 「지방정부연구」, 18(2): 29-55.
김창수·전홍찬·이민창. (2018). 「지역의 원전운영 안전 감시기능 강화」. 에너지경제연구원.
김태룡. (2014). 「행정이론(3정판)」. 고양: 대영문화사.
김태유·신문주. (2009). 「정부의 유전자를 변화시켜라」. 삼성경제연구소.
김한원·정진영 편. (2006). 「자유주의: 시장과 정치」. 서울: 부키.
김혜나. (2020). 인간과 자연의 식민화 과정 비판: 영풍석포제련소를 중심으로. 「경제와사회」, 125: 323-359.
김혜나·손영호. (2020). 「자연은 파괴되고 고향은 사라지고: 영풍석포제련소와 연화광산의 환경오염에 관한 기록과 고찰」. 서울: 도서출판 참.
낙동강기수생태계복원협의회. (2022). 「열리는 하굿둑, 숨 쉬는 하구」. 낙동강하굿둑, 열림과 소통 2022.
남기범. (2015). 「현대정책학개론(개정판)」. 서울: 조명문화사.
남궁근. (1999). 「행정조사방법론」. 서울: 법문사.
남명숙·김창수·양기용. (2017). 석면위험과 석면정책변동. 「지방정부연구」, 20(4), 187-212.
노동조. (2006). SWOT 분석을 통한 도서관의 경쟁력 제고 방안에 관한 연구: Aeogkrry 도서관의 사례를 중심으로. 「한국문헌정보학회지」. 40(1): 335-351.
노화준. (1993). 「정책평가론(제2전정판)」. 파주: 법문사.
______. (1995). 「정책학원론」. 서울: 박영사.
______. (2001). 「정책평가론」. 파주: 법문사.
______. (2006). 「정책분석론(제3전정판)」. 서울: 박영사.
______. (2012). 「정책학원론(제3전정판)」. 서울: 박영사.
대통령자문 지속가능발전위원회 편. (2005). 「공공갈등관리의 이론과 기법(하)」. 논형.
도모노 노리오. (2006). 「행동경제학: 경제를 움직이는 인간 심리학의 모든 것」. 이명희 역. (2007). 지형.
문태현. (2011). 심의민주주의적 정책결정을 위한 제도화 방향. 「한국행정논집」, 23(1): 45-65.
민은주. (2018). 환경문제에 있어 협의회 거버넌스의 의사결정 실험사례 연구. 「시민과 세계」, 33: 103-140.

박상원·박치성. (2009). IPTV 정책과정에 관한 분석: 옹호연합(Advocacy Coalition)의 신념체계(belief system) 변화과정을 중심으로. 「한국행정학보」, 43(3): 197-228.

박성제. (2006). New Paradigm and its Policy Framework in Decision-making on Large Dams. 「한국습지학회지」, 8(1): 97-106.

박영세. (2007). 환경분쟁의 소송대체적 해결기제(ADR)에 관한 연구: 한·일 환경분쟁 조정제도를 중심으로. 「지방정부연구」, 11(1): 249-271.

박용성·최정우. (2011). 정책옹호연합모형(Advocacy Coalition Framework)에 있어서 정책중개자(policy broker)의 유형과 역할에 대한 연구: 세종시 정책사례를 중심으로. 「행정논총」, 49(2): 103-125.

박용치·윤순진·신동주. (2004). 환경정책집행 대상집단의 정책순응에 관한 연구: 구리시 자원회수시설의 사례를 중심으로. 한국행정학회 춘계학술대회 발표논문집.

박재근·은재호. (2016). 공공갈등 해결과정에서 조정의 성립과 합의형성에 영향을 미치는 요인 연구: 경북 울진군 신화1리 집단이주 갈등조정 사례를 중심으로. 「한국정책학회보」, 25(2): 529-558.

박재창 편. (2000). 「정부와 NGO」. 파주: 법문사.

박정택. (1990). 정책의 윤리성에 관한 연구.「한국행정학보」, 24(2).

배응환. (2004). 협력적 로컬거버넌스의 대두: 천안시 환경기초시설 정책사례를 중심으로. 「한국행정학회 하계학술대회 논문집」.

백승기. (2008). ACF(Advocacy Coalition Framework) 모형에 의한 정책변동 사례 연구: 출자총액제한제도를 중심으로. 「한국행정학보」, 42(3): 371-394.

백완기. (1989). 「행정학」. 서울: 박영사.

법정. (1999). 「무소유」. 파주: 범우사.

부산 · 경남생태도시연구소 생명마당. 2019. 「낙동강 참여형 물환경 공동조사 및 유역협력체계 구축방안 연구」. 대전: 한국수자원공사.

부산광역시. (2013). 「2013 원자력 안전 추진계획」.

부산광역시·부산광역시 북구. (2019). 「2019 구포가축시장 갈등해결 백서: 전화위복의 역사 - 갈등의 장에서 평화의 장으로, 구포가축시장 변화의 기록」. 부산광역시청.

부산광역시소방본부. (2013). 「제4차 원전안전특별위원회 업무보고」.

부산광역시의회. (2013). 「원전안전특별위원회 활동결과보고서」. 제228회 정례회.

부산광역시의회 사무처. (2012~2013). 「원전안전특별위원회 회의록」, 2012. 7. 24~2013. 2. 4.

부산환경운동연합·(사)환경과 자치연구소. (2015). 「해수담수화 수돗물 공급에 대한 주민의견 조사 보고서」, 2015. 12.

산업통상자원부. (2015). 「2013-2014 산업통상자원백서」.

서정환. (2007). 하남시 광역화장장 유치갈등으로 본 지방자치단체장의 역할. 「월간 말」, 통권 251호.

서준표 등. (2014). 델파이 기법과 AHP를 이용한 중력식 사방댐 준설 평가지표 및 조사야장 개발. 「한국환경복원녹화기술학회지」, 17(6): 1-15.

성욱준. (2013). 개인정보보호법 입법과정에 관한 연구: 정책흐름모형을 중심으로. 「한국정책학회보」, 22(2): 151-179.

소영진. (2015). 딜레마 이론, 그 의미와 과제: 이론적 정합성을 위한 시론. 「한국행정논집」, 27(1): 23-45.

손병용 · 임태환 · 양승경(2021). 낙동강하구 통합물관리를 위한 발걸음. 「물과 미래」, 54(9):18~28.

손충덕. (2016). 「유전자원의 접근 및 이익 공유에 관한 법률안 검토보고서(정부제출, 의안번호 제2000265호)」. 환경노동위원회, 2016.11.

송병주. (1993). 지방택지공영개발사업의 집행에 영향을 미치는 요인에 관한 연구. 서울대학교 행정학 박사학위논문.

신성교. (2012). 「낙동강 하굿둑 개방관련 쟁점」. 부산광역시의회 보고자료, 2012. 6. 14.

심형구·김창수·양기용·김성우. (2014). 고압송전선로 건설갈등의 프레임 분석: 기장군과 밀양시 주민인식조사를 중심으로. 「한국행정논집」, 제26권 제2호: 241-264.

안문석. (2008). 북한 핵실험에 대한 한국의 대북정책 결정과정 분석: 관료정치 모델의 적용. 「한국정치학회보」, 42(1): 207-226.

안문석 · 김태은. (2009). 만족모형과 코즈정리의 딜레마 이론적 재해석: 탈딜레마 전략으로서 만족모형적 접근. 소영진 외. 「딜레마와 제도의 설계」, 61-81. 파주: 나남출판.

야마모토 요시타카. (2011). 「후쿠시마, 일본 핵발전의 진실」(임경택 역). 동아시아.

야5당 제주해군기지 진상조사단. (2011). 「제주해군기지 조사보고서」.

양기용·김창수. (2009). 정책갈등의 구조와 사회적 합의의 조건: 국책사업을 둘러싼 갈등에 대한 지역주민의 인식을 중심으로. 「한국행정논집」, 21(3).

양승일. (2006.) ACPS 모형을 활용한 규제정책 변동과정 분석: 그린벨트정책의 개발허용기를 중심으로. 「한국정책과학학회보」, 10(2): 77-101.

양진우·백경훈(2005). 지역사회가 바라보는 낙동강 하굿둑. 「낙동강 하굿둑의 득과 실」, 부산발연구원 낙동강연구센터·신라대학교 낙동강연구원.

엄지원. (2019). 영풍 석포제련소, 아직 끝나지 않은 이야기(지역뉴스 부문 제122회 이달의 방송기자상). 「방송기자」, 46: 50.

오비타니 히로아키. (2004). 「댐 건설을 둘러싼 환경운동과 지역발전: 대립과 협동의 역동성」. (사)시민환경연구소 옮김. 서울: 도서출판 잉걸.
오석홍. (2006). 「행정개혁론(제5판)」. 서울: 박영사.
원만해·채백. (2007). '천성산 고속철도 관통'보도에서 나타나는 중앙지와 지역지의 뉴스 프레임 비교 연구. 「한국언론학보」, 51(1): 199-228.
유영성. (2008). 「미국의 물 갈등 관리 연구」. 경기개발연구원.
유재원·소순창. (2005). 정부인가 거버넌스인가? 계층제인가 네트워크인가?. 「한국행정학보」, 39(3): 41-63.
유종선. (1995). 「미국사 100장면」. 서울: 가람기획.
윤견수. (2013). 이종범 교수 중심의 딜레마이론: 선택상황에서의 공정 의사결정. 김현구 편. (2013). 「한국행정학의 한국화론: 보편성과 특수성의 조화」, 284-309. 파주: 법문사.
______. (2009). 정부의 결정을 딜레마 상황으로 가게 하는 요인과 그에 대한 대응책에 관한 연구. 소영진 외. 「딜레마와 제도의 설계」, 117-149. 파주: 나남출판.
이강웅. (2008). 혐오시설 입지갈등관리의 우선순위 모색: 사회적 인식분석을 중심으로. 「지방정부연구」, 12(2).
이광원·권경득. (2014). 허베이 스피리트호 기름유출 사고의 갈등구조에 관한 연구. 「한국지방자치학회보」, 26(3), 71-99.
이기영. (2011). 석면피해구제법 형성과정에 관한 연구. 서울대학교 행정대학원 석사학위 논문.
이달곤. (2005). 「협상론」. 파주: 법문사.
이상안. (1989). 정책대상집단의 규제불응요인분석에 관한 연구. 서울대학교 행정학 박사학위 논문.
이서행. (1986). 한국행정윤리 연구실태에 관한 고찰. 「한국행정학보」, 20(1).
이수진. (2020). 「영풍 석포제련소 2013년 이후 환경법 위반 70건, 고발 20건: 석포제련소 문제, 장항제련소 모델 적극 검토해야」. 보도자료 22호.
이시욱. (2009). 「남강댐재개발사업 및 부산·경남권 광역상수도사업(요약)」. 한국개발연구원 공공투자관리센터 2009년도 예비타당성조사 보고서.
이종범. (2005). 불확실성, 모호성과 딜레마 상황하에서 절차적 합리성의 모색. 「행정논총」, 43(4).
이종범. (2009). 정책딜레마와 제도적 대응. 「The KAPS(2009. 6)」, 한국정책학회.
이종범 등. (1994). 「딜레마 이론: 조직과 정책의 새로운 이해」. 파주: 나남출판.
이종수. (2000). 「행정학사전」. 서울: 대영문화사.
이종수·윤영진 등. (2002). 「새행정학(제3정판)」. 고양: 대영문화사.
______. (2022). 「새행정학 3.0」. 고양: 대영문화사.

이종열·강문희·김창수·서진완·소순창. (2007). 「구리시-남양주시 간 폐기물처리시설 광역화 사업 사례」. 중앙공무원교육원.
이준응. (2000). 프레임, 해석 그리고 커뮤니케이션 효과. 「언론과 사회」, 29: 85-153.
임도빈. (2002). 행정윤리관의 분석틀 모색. 「행정논총」, 40(3).
______. (2003). 한국 공무원의 윤리적 특성에 관한 연구. 「행정논총」, 41(2).
______. (2007). 관료제, 민주주의, 그리고 시장주의: 정부개혁의 반성과 과제. 「한국행정학보」, 41(3).
임의영. (2006). 합리성의 행정철학적 논의구조와 H.A. Simon의 합리성 개념. 「한국행정논집」, 18(4): 981-1002.
장지호. (2004). 경유승용차 판매허용의 정책변동연구: 옹호연합모형의 적용. 「한국행정학보」, 38(1): 175-196.
장현주·정원옥. (2015). 옹호연합모형과 갈등주기를 통해서 본 정책변동: 반구대 암각화 보존 갈등사례를 중심으로. 「한국행정논집」, 27(4): 901-924.
전상경. (2005). 「정책분석의 정치경제(제3판)」. 서울: 박영사.
정규호. (2007). 정책갈등의 합의적 해결을 위한 합의형성적 접근의 의미와 과제: 한탄강댐 건설을 둘러싼 갈등을 중심으로. 「한국정책학회보」, 16(2): 91-118.
정용덕. (2001). 행정윤리의 다면성. 「행정논총」, 39(4).
정용덕 등. (1999). 「합리적 선택과 신제도주의」. 고양: 대영문화사.
정용찬·이온민·정병철. (2009). 「방송서비스시장 예측모형개발 연구」. 정보통신정책연구원.
정정길. (1997). 「정책학원론」. 서울: 대명출판사.
______. (2003). 「행정학의 새로운 이해」. 서울: 대명출판사.
______. (2002). 정책과 제도의 변화과정과 인과법칙의 동태적 성격: 시차적 접근방법을 위한 제언. 「한국정책학회보」, 11(2).
______. (2005). 「행정의 시차적 해석」. 서울: 박영사.
정정길·정준금. (2003). 정책과 제도변화의 시차적 요소. 「행정논총」, 41(2).
정정길·최종원·이시원·정준금. (2003). 「정책학원론」. 서울: 대명출판사.
정정화. (2012). 조정을 통한 공공갈등해결의 영향요인: 한탄강댐과 국립서울병원사례 비교분석. 「한국사회와 행정연구」, 23(2): 1-24.
정정화. (2003). 부처간 정책갈등과 관료정치: 새만금 간척사업을 중심으로. 「한국행정논집」, 15(1): 81-105.
제영건 · 이은재. (1987). 연화광산의 태백광체탐사와 개발현황. 「자원환경지질」, 20(4): 273-288.

조성경. (2005).「핵폐기장 뒤집어보기: 도마(Defend Own My Area·위에 오른 위험」. 서울: 삼성경제연구소.

주경일·최흥석·주재복. (2004). 인지적 접근방식을 통한 수자원갈등문제의 새로운 이해: 한탄강 댐건설사례를 중심으로. 최흥석 등. (2004).「공유재와 갈등관리」. 서울: 박영사.

주재복·한부영. (2006).「갈등유형별 협력적 로컬 거버넌스의 구축방안」. 원주: 한국지방행정연구원.

지식경제부. (2013).「제6차 전력수급기본계획(2013~2027)」. 2013. 2.

지식경제부(산업통상자원부). (2013).「2012 지식경제백서(산업통상자원백서)」.

진상현. (2009). 한국 원자력 정책의 경로의존성에 관한 연구.「한국정책학회보」, 18(4): 123-144.

최병선. (1993).「정부규제론」. 파주: 법문사.

______. (2001). 정부주도의 경제사회 운영과 행정윤리.「행정논총」, 39(4).

______. (2023).「규제 vs 시장」. 고양: 가갸날.

최성구·박용성. (2014). 세종시 정책변동 과정에 관한 연구: 다중흐름모형의 결합모형을 중심으로.「한국정책학회보」, 23(4): 371-412.

최성락·박민정. (2010). 정책연구에서의 Kingdon 정책흐름모형의 적용 현황과 적실성에 대한 소고: 국내 연구 사례를 중심으로. 한국행정학회 동계학술대회.

최인철. (2008).「프레임: 나를 바꾸는 심리학의 지혜」. 파주: 21세기 북스.

최종원. (1998). 정책집행연구의 이론적 틀에 대한 비판적 고찰.「한국정책학회보」, 7(1).

_______. (2003). 시차이론과 행정개혁.「한국행정학보」, 37(2).

최종철. (1998). 관료정치와 외교정책. 김달중 편. (1998).「외교정책의 이론과 이해」, 241-270. 서울: 도서출판 오름.

K-water 연구원 정책·경제연구소. (2016).「해수담수화사업 수용성 제고방안」. 2016. 4.

K-water 연구원 정책·경제연구소. (2011).「일본의 새로운 치수정책 방향」. CEO Brief 2011-2.

플라톤. (2005).「국가론」. 이병길 역. 서울: 박영사.

하연섭. (2003).「제도분석: 이론과 쟁점」. 서울: 다산출판사.

하타무리 요타로·아베 세이지·후치가미 마사오 등. (2015).「안전신화의 붕괴(福島原發事故はなぜ起こったか 政府事故調核心解說)」. 김해창·노익환·류시현 역. (2015). 서울: 미세움.

하태수. (2002). 제도의 이전, 토착화 그리고 신제도주의.「행정논총」, 40(1).

한균태·송기인. (2005). 국내 신문의 환경 이슈 보도에 대한 프레이밍 연구.「한국방송학보」, 19(3): 288-324.

행정학용어표준화연구회. (1999).「행정학용어사전」. 서울: 새정보 미디어.

홍성만·주경일·주재복. (2004). 공유재 이용을 둘러싼 정부간 갈등의 조정과 협력 분석: 용담댐 수리권 분쟁사례에 대한 제도분석 틀(IAD framework)의 적용을 중심으로. 「한국정책학회보」, 13(1): 107-132.

홍준형. (1995). 일반적 분쟁해결 유형. 「지방자치」, 10.

______. (2010). 「행정과정의 법적 통제」. 서울: 서울대학교출판문화원.

홍준형·김창수·소병천·최태현·이병현. (2015). 「사전통보승인(PIC) 국내 이행방안 마련을 위한 연구(2차 년도)」. 국립생물자원관.

환경부. (2000-2023). 「환경백서」.

환경부. (2014). 「해수담수화시설 운영관리 현황」. 2014. 12.

______. (2022). 「낙동강유역물관리위, 낙동강 하구 기수생태계 복원방안 의결」. 2022. 2. 10.

______. (2022). 「낙동강 하구 기수생태계 복원방안(안)」. 낙동강유역물관리위원회 심의안건, 2022. 2. 1.

환경부 · 대구지방환경청. 2020. 「석포제련소 지하수 중금속 오염원인 · 유출 조사(요약)」. 2020년 7월.

九州大學出版會. (2004). 「政策分析2003: 政策·制度への歷史的接近の視軸から」.

菅原慎悦. (2010), "原子力安全協定の現状と課題-自治体の役割を中心に". ジュリスト No.1399.

金井利之. (2012a), 原發と自治體, 東京: 岩波書店.

金井利之. (2012b). 原子力発電所と地元自治体同意制. 「生活經濟政策」. 2012年 9月(No. 188): 15-19.

勝田 悟. (2013), 原子力の環境責任, 東京: 中央經濟社.

Acemoglu, Daron and James A. Robinson. (2019). *The Narrow Corridor: States, Societies, and the Fate of Liberty*. Brockman, Inc.

Agranoff, R. and M. McGuire. (2008). Big Questions in Public Network Management Research. *Journal of Public Administration Research and Theory*, 11(3): 295-326.

Allison, Graham T. (1969). Conceptual Models and the Cuban Missile Crisis. *The American Political Science Review*, 63(3): 689-718.

Allison, Graham T. (1971). *Essence of Decision: Explaining the Cuban Missile Crisis*. Boston: Little, Brown and Company.

Allison, Graham T. and Morton H. Halperin. (1972). Bureaucratic Politics: A Paradigm and Some Policy Implications. *World Politics*, 24: 40-79.

Allison, Graham T. and Zelikow, Philip. (1999). *Essence of Decision, 2nd ed.:*

Explaining the Cuban Missile Crisis. 김태현 역. (2018). 「결정의 본질: 누가 어떻게 국가의 운명을 결정짓는가?」. 파주: 모던아카이브.

Almond Gabriel A. and G. Bingham Powell, Jr. (1980). *Comparative Politics(3rd ed.)*. Boston: Little, Brown and Company.

Ancona, D. et al. (2001). Taking Time to Integrate Temporal Research. *AMR*, 26(4).

Ansell, Chris and Alison Gash. (2008). Collaborative Governance in Theory and Practice. *Journal of Public Administration Research and Theory*, 18(4): 543-571.

Arthur, W. Brian. (1994). *Increasing Returns and Path Dependency in the Economy*. University of Michigan Press.

Ashford, Douglas E. (ed.). (1992). *History and Context in Comparative Public Policy*. Pittsburgh: University of Pittsburgh Press.

Axelord, Robert M. (1984). *The Evolution of Cooperation*. Basic Books.

_______. (1981). The Emergence of Cooperation Among Egoists. *American Political Science Review*, 75.

Bacow, Lawrence S. & Wheeler Michael. (1987). *Environmental Dispute Resolution*. New York: Plenum Press.

Bachrach P. and M. Baratz. (1962). Two Faces of Power. *APSR(The American Political Science Review)*, Vol. 56: 947-952.

______. (1970). *Power and Poverty: Theory and Practice*. Oxford Univ Press(January 1, 1970).

Baker, Mark(2004). Socioeconomic Characteristics of the Natural Resources Restoration System in Humboldt County, California. Forest Community Research/ Sierra Institute.

Bardach, Eugine and Robert A. Kagan. (1982). *Going by the Book: The Problem of Regulatory Unreasonableness*. Philadelphia: Temple University Press.

Barzley, Michael. (1993). The Single Case Study as Intellectually Ambitious Inquiry. Journal of Public Administration Research & Theory(J-PART), No. 3.

Beck, Ulrich (1986). Risikogesellschaft: Auf dem Weg in eine Andere Moderne. 홍성태 역. (2000). 「위험사회: 새로운 근대성을 찾아서」. 서울: 새물결.

Bendor, J B. (1985). *Parallel Systems: Redundancy in Government*. Berkeley, CA: University of California Press.

Benford, Robert D. and David Snow. (2000). Framing Processes and Social Movements: an Overview and Assessment. *Annual Review of Sociology*, 26:

611-639.

Berman, Paul. (1978). The Study of Macro and Micro Implementation. *Public Policy,* 26(2).

Bernstein, Marver H. (1955). *Regulating Business by Independent Commission*. Princeton University Press.

Bowen, Elinor R. (1982). The Pressman-Wildavsky Paradox: Four Agenda or Why Models Based on Probability Theory Can Predict Implementation Success and Suggest Useful Tactical Advice for Implementers. *Journal of Public Policy*, 2(1): 1-22.

Braybrooke, David & Charles E. Lindblom. (1970). *A Strategy of Decision: Policy Evaluation as a Social Process*. New York: The Free Press.

Brown, Anthony E and John F. Munro. (1993). Competing Advocacy Coalitions, Policy Evolution, and Airline Deregulation, in Sabatier, P. A. and H. Jenkins-Smith ed., Policy change and learning: an advocacy coalition approach. Boulder, Colo.: Westview Press.

Browne & Wildavsky. (1983a). Implementation as Mutual Adaptation, in Pressman & Wildavsky. (1983). *Implementation(3rd ed.)*. Berkeley: University of California Press.

______. (1983b). Implementation as Exploration, in Pressman & Wildavsky. (1983). *Implementation(3rd ed.)*. Berkeley: University of California Press.

Bryson, John M. (1995). *Strategic Planning for Public and Non Profit Organizations*. San Francisco: Jossey-Bars Publishers.

Buchanan, J and G. Tullock. (1962). *The Calculus of Consent*. Ann Arbor: The University of Michigan Press.

Burnham Walter Dean. (1970). *Critical elections and the mainsprings of American politics*. New York: Norton.

Crenson, Matthew A. (1971). *The Unpolitics of Air Pollution*. Baltimore: John Hopkins University Press.

Cobb, Roger W. & Charles D. Elder. (1972). *Participation in American Politics: The Dynamics of Agenda-Building*. Boston: Allyn & Bacon.

Cobb, Ross and Ross. (1976). Agenda-Building as a Comprehensive Political Process. *APSR*, Vol. 70.

Cohen, M., J. March and J. Olsen. (1972). A Garbage Can Model of Organizational

Choice. *Administrative Science Quarterly*, 17(1): 1-25.

Conley, A. & Moote, M.A. (2003). Evaluating Collaborative Natural Resource Management. *Society and Natural Resources*, 16(5).

Conyers, Diana. (1982). *An Introduction to Social Planning in the Third World*. New York: John Wiley & Sons, Ltd.

Coombs, Fred S. (1980). The Bases of Noncompliance with a Policy. *Policy Studies Journal*, 8(6).

Cooper, Terry L. (1982). *The Responsible Administrator: an Approach to Ethics for the Administrative Role.* London: Kenniat Press.

Dahl, R. A. (1961). *Who Governs?.* New Haven: Yale University Press.

______. (1967). *Pluralist Democracy in the United States*. Chicago: Rand McNally.

______. (1971). *Polyarchy*. New Haven: Yale University Press.

Denhardt, R. B. (1999). *Public Administration: An Action Orientation(3rd ed.)*. N. Y.: Harcourt Brace College Publishers.

Denhardt, J. V. & Denhart, R. B. (2003). The New Public Service: Serving, not Steering. New York: M. E. Sharpe.

Dequech, David. (2001). Bounded Rationality, Institutions, and Uncertainty. *Journal of Economic Issues*, 35(4).

DiMaggio, P and W. W. Powell. (1983). The Iron Cage Revisited: Institutional Isomorphism and Collective Rationality in Organizational Fields. *American Sociological Review*, 48: 147-160.

Downs, Anthony. (1967). *Inside Bureaucracy*. Boston: Little, Brown.

Dror, Yehezkel. (1964). Muddling Through - Science or Inertia?. PAR, Vol. 4.

Dryzek, J. (1997). *The Politics of the Earth: Environmental Discourse*. New York: Oxford University Press.

Dryzek, John S. (2002). *Deliberative Democracy and Beyond: Liberals, Critics, Contestations.* Oxford: Oxford Univ. Press.

Dryzek, John S. (2005). *The Politics of the Earth: Environmental Discourses, second edition.* New York: Oxford University Press.

Dryzek, John S. and Patrick Dunleavy. (2009). *Theories of the Democratic State.* Palgrave Macmillan.

Dugan, Marie A. (1996). A Nested Theory of Conflict. *Women in Leadership*, No. 1 (Summer, 1996): 14.

Dukes, Frank. (2004). From Enemies, to Higher Ground, To Allies: The Unlikely Partnership Between the Tobacco Farm and Public Health Communities in the United States. in Lovan, W. R. et al. (eds.), (2004). *Participatory Governance: Planning, Conflict Mediation and Public Decision-Making in Civil Society*. Burlington: Ashgate.

Dunn, W. (1994). *Public Policy Analysis: An Introduction(2nd ed.)*. Englewood Cliffs, N.J.: Prentice Hall.

Duncan, Jack W. (1981). *Organizational Behavior, 2nd ed.* Boston: Houghton Mifflin Company.

Easton, David. (1953). *The Political System*. New York: Alfred A. Knopf.

______. (1965). *A Framework for Political Analysis*. Prentice-Hall Contemporary Political Theory Series, January 1, 1965.

Elmore, Richard F. (1979-1980). Backward Mapping: Implementation Research and Policy Decision. *Political Science Quarterly*, 94(4).

Entman, Robert M. (1993). Framing Towards Clarification of a Fractional Paradigm. *Journal of Communication*, 43(4): 51-58.

Etzioni, Amitai. (1968). *The Active Society*. New York: The Free Press.

Farmer, D. J. (1995). *The Language of Public Administration: Bureaucracy, Modernity, and Postmodernity*. Tuscaloosa, Alabama: The University of Alabama Press. 강신택 역. (1999). 「행정학의 언어」. 서울: 박영사.

Felsenthal, D. S. (1980). Applying the Redundancy Concept to Administrative Organizations. *Public Administration Review*, 40(3): 247-252.

Felsenthal, D. S. and Eliezer Fuchs. (1976). Experimental Evaluation of Five Designs of Redundant Organizational System. *Administrative Science Quarterly*, 21(3): 474-488.

Fishkin, James. (2009). *When the People Speak: Deliberative Democracy and Public Consultation*. New York: Oxford University Press.

Fox, Charles. J. and Hugh T. Miller. (1995). *Postmodern Public Administration: Toward Discourse*. Sage Publications, Inc.

Frederickson, H. G. (1980). *New Public Administration*. Alabama: The University of Alabama Press.

Fukuyama, Francis. (1995). *Trust: Social Virtues and the Creation of Prosperity*. New York: The Free Press.

Gillroy J. M. & Bowersox, J. (2002). *The Moral Austerity of Environmental Decision Making: Sustainability, Democracy, and Normative Argument in Policy and Law*. Durham: Duke University Press.

Goffman, E. (1974). *Frame Analysis*. New York: Harper Books.

Goggin, Malcolm L. et al. (1990). *Implementation Theory and Practice: Toward a Third Generation*. Glenview: Scott, Foresman.

Goldsmith, S. and W. Eggers. (2004). *Governing by Network: The New Shape of the Public Sector*. Washington D.C.: Brookings Institution Press.

Goodin, Robert E. (1975). The Logic of Bureaucratic Back Scratching. *Public Choice*, 21: 53-67.

Gray, B. (1989). Collaborating: Finding Common Ground for Multiparty Problems. San Francisco, CA: Jossey-Bass.

Gray, B & Donnellon, A. (1989). *An Interactive Theory of Reframing in Negotiation*. Philadelphia: Pennsylvania University Press.

Gruber, Judith E. (1987). *Controlling Bureaucracy: Dilemmas in Democratic Governance*. Berkely: University of California Press.

Habermas, Jürgen(German 1962, English Translation 1989). *The Structural Transformation of the Public Sphere: An Inquiry into a Category of Bourgeois Society*. Cambridge: The MIT Press

Hajer, Maarten A. (1995). *The Politics of Environmental Discourse: Ecological Modernization and the Policy Process*. New York: Oxford University Press.

______. (2003). A Frame in the Fields: Policymaking and the Reinvention of Politics. in Hajer, M. and Hendrik Wagenaar. (eds.). (2003). *Deliberative Policy Analysis: Understanding Governance in the Network Society*. London: Cambridge University Press.

Hall, Peter and Rosemary Taylor. (1996). Political Science & the Three New Institutionalism. *Political Studies*, 44.

Halperin, Morton H. (1974). *Bureaucratic Politics and Foreign Policy.* Washington, D.C.: The Brookings Institution.

Hambleton, Robin. (1979). Policy Planning and Local Government. Allanheld, Osmun & Co. Publishers, Inc.

Hardin, Garrett. (1968). The Tragedy of the Commons. *Science*, 162: 1243-1248.

Harmon, M. I. (1995). *Responsibility as Paradox: A Critique of Rational Discourse on*

Governance. New York: Sage.

_______. (1981). *Action Theory for Public Administration*. N. Y.: Longman.

Hawkins, Keith. (1984). *Environment and Enforcement: Regulation and the Social Definition of Pollution*. Oxford: Clarendon Press.

Hayek, Friedrich A. (1973). *Law, Legislation, and Liberty: Rules and Order.* Cicago: The University of Chicago Press.

Healey, Patsy. (1997). Collaborative Planning: Shaping Places in Fragmented Societies. Palgrave Publishers Ltd.

Heclo, H. (1978). Issue Networks and the Executive Establishment. in A. King. (ed.). The American Political System, Washington D.C.: AEI.

Hirschman, A. O. (1975). Policy Making and Policy Analysis in Latin America: A Return Journey. *Policy Science*, Vol. 6: 388-389.

Hogwood, Brian W. & B. Guy Peters.(1983). *Policy Dynamics*. New York: St. Martin's Press.

Hudson, Barclay. (1979). Comparison of Current Planning Theory: Counterparts and Contradictions. *Journal of American Planning Associations*, 45(4).

Ike. R. M. (2009). Advocacy Coalition Framework: An Approach to Critical Theory and Belief System in Policy Making, The Annual Convention of the British Political Studies Association. Manchester. UK.

Ikenberry, G. John. (1988). Conclusion: An Institutional Approach to American Foreign Economic Policy. *International Organization,* 42(1): 219-243.

Ingram, H. (1977). Policy Implementation Through Bargaining: The Case of Federal Grants-in-Aid. *Public Policy*, 25(3).

Ingram, H. & Dean E. Mann. (1989). Interest Groups and Environmental Policy, in James P. Lester(ed.), *Environmental Politics and Policy: Theory and Evidence*. Durham, N.C.: Duke University Press.

Innes, Judith. E. (1996). Planning through Consensus Building. *Journal of the American Planning Association*, 62(4): 460-472.

Iverson, T. and Wren, A. (1998). Equity, Employment, and Budgetary Restraint: The Trilemma of the Service Economy. *World Politics*, 50(4): 507-546.

Jackson, Peter M. (1983). T*he Political Economy of Bureaucracy*. Totowa, New Jersey: Barnes & Noble Books.

Jenkins-Smith. H. et al. (2014). Advocacy Coalition Framework, in P. A. Sabatier et al., (ed), Theories of the policy process. Boulder, Colo.: Westview Press.

Jones, Harriet and Kandiah Michael. (1996). The Myth of Consensus: New Views on British History, 1945-64. London: MacMillan Press, Ltd.

Kant, I. in K. Abbott(trans. by). (1986). Fundamental Principles of the Metaphysics of Morals, in Right and Wrong: Basic Readings in Ethics. Sommers(ed.), New York: Harcourt Brace College Publishers.

Kaufman, Herbert. (1991). *Time, Chance and Organizations*. N. J.: Chatham House.

Kemp, Ray. (1985). Planning, Public Hearings, and the Politics of Discourse. in John Forester, ed. *Critical Theory and Public Life*. Cambridge, Mass.: MIT Press.

Kettle, Donald F. (2002). *The Transformation of Governance: Public Administration for Twenty-First Century America*. Baltimore: The Johns Hopkins University Press.

Kimberly, John R. et al. (1980). *The Organizational Life Cycle*. San Francisco: Jossey Bass.

King, Gary, Robert O. Koehane, and Sydney Verba. (1994). *Designing Social Inquiry: Scientific Inference in Qualitative Research*. Princeton: Princeton University Press.

Kingdon John W. (1984). Agendas, Alternatives, and Public Policies, U.S.A.: HaperCollins.

_______. (1995). Agenda Setting in Public Policy, in The Essential Readings, Theodoulou, Stella, Z. & Cahn Matthew A. 105-133.

_______. (2011). Agendas, Alternatives, and Public Policies, Updated 2nd ed, Boston: Longman.

Klintman, Mikael & Magnus Boström. (2004). Framings of Science and Ideology: Organic Food Labelling in the US and Sweden. *Environmental Politics*, 13(3): 612-634.

Krasner, S. (1988). Sovereignty: An Institutional Perspective. *Comparative Political Studies*, 21(1).

Kuhn, Thomas S. (1970). *The Structure of Scientific Revolution*. The University of Chicago Press.

Kunde, James E. (1999). Dealing with the Press, in Susskind, Lawrence, Sarah McKearnan, and Jennifer Thomas-Larmer(editors), *The Consensus Building Handbook: A Comprehensive Guide to Reaching Agreement,* The Consensus Building Institute.

Lakoff, George and The Rockbridge Institute. (2006). *Thinking Points: Communicating Our American Values and Vision*. Tides Center/Rockbridge Institute. 나익주 역. (2007). 「프레임 전쟁: 보수에 맞서는 진보의 성공전략」. 파주: 창비.

Landau, Martin. (1969). Redundancy, Rationality, and the Problem of Duplication and Overlap. *Public Administration Review,* 29(4): 346-358.

_______. (1973). On the Concept of the Self-Correcting Organization. *Public Administration Review*, November/December: 538-542.

Landau, M and R. Stout, Jr. (1979). To Manage is not To Control: or the Folly of Type II Error. *Public Administration Review*, Vol. 39: 148-156.

Lasswell, Harold D. (1951). Policy Orientation, Lerner, D. and Lasswell, Harold D. (eds.) *Policy Sciences*, Stanford University Press: 3-15.

______. (1971). *A Preview of Policy Sciences*. New York: American Elsevier.

Lawrence, T. et al. (2001). The Temporal Dynamics of Institutionalization. *AMR*, 26(4).

Lex, David and James K. Sebenius. (1986). *The Manager as Negotiator*. New York: Free Press.: 30-33.

Light and Rolston Ⅲ. (eds.) (2003). *Environmental Ethics*. Blackwell Publishers Ltd.

Lindblom, Charles. E. (1965). *The Intelligence of Democracy: Decision through Mutual Adjustment*. New York: The Free Press.

______. (1979). Still Muddling, Not Yet Through. *PAR*, 39(6).

Lindblom, Charles E. and Edward J. Woodhouse. (1993). *The Policy-Making Process(3rd ed.)*. New Jersey: Prentice Hall.

Lipsky, Michael. (1980). Street-Level Bureaucracy: Dilemmas of the individual in Public Services. New York: Russel Sage Foundation.

Lowi, Theodore J. (1964). American Business, Public Policy, Case Studies and Political Theory. *World Politics 16: 687-713*, July 1964.

Lowi, Theodore J. (1972). Four Systems of Policy, Politics, and Choice. *PAR*, Vol. 33. July/August.

Lowi, Theodore J. and Benjamin Ginsberg. (1992). *American Government, Brief Second Edition*, W. W. Norton & Company, Inc.

Magee, Bryan. (1973). *Karl Popper*. Penguin. 이명현 역. (1998). 「칼 포퍼: 그의 과학철학과 사회철학」. 서울: 문학과 지성사.

March and Simon. (1958). *Organization*. New York: John Wiley & Sons, Inc.

Margerum, Richard. D.(2002a). Evaluating Collaborative Planning: Implications from an Empirical Analysis of Growth Management. *Journal of the American Planning Association*, 68(2).

Margerum, Richard. D.(2002b). Collaborative Planning: Building Consensus and Building a Distinct Model for Practice. *Journal of Planning Education and Research*, 21(3).

Margerum, Richard. D. & Debra Whitall. (2004). The Challenges and Implications of Collaborative Management on a River Basin Scale. *Journal of Environmental Planning and Management*, 47(3).

Mason, Robert J. (2008). Collaborative Land Use Management: The Quieter Revolution in Place-Based Planning. Rowman & Littlefield Publishers, Inc.

McCool, Daniel C. (1995). *Public Policy Theories, Models, and Concepts: An Anthology 1st Edition.* Prentice Hall.

Meyer, John W. and Brian Rowan. (1997). Institutionalized Organizations: Formal Structure as Myth and Ceremony. *American Journal of Sociology,* 83: 340-363.

Millett, John David. (1959). *Government and Public Administration*. New York: Mc Graw-Hill.

Moynihan, Donald P. (2005). *Leveraging Collaborative Networks in Infrequent Emergency Situations.* IBM Center for the Business of Government.

Myerson, George. (2001). *Ecology and the End of Postmodernity*. London: Icon Books Ltd.

NEW YORK CITY Environmental Protection. (2022). NEW YORK CITY DRINKING WATER SUPPLY AND QUALITY REPORT 2022.

Niemeyer, Simon and John S. Dryzek. (2007). The Ends of Deliberation: Meta-consensus and Inter-subjective Rationality as Ideal Outcomes. *Swiss Political Science Review*, 13(4): 497-526.

Nishadha. (2012). Articles form Creately Blog: Diagramming Articles and How to Draw Diagram Tips.

North, Douglass C. (1990). *Institutions, Institutional Change and Economic Performance*. Cambridge University Press.

Olson, M. (1965). *The Logic of Collective Action: Public Goods and the Theory of Groups.* Cambridge, Mass.: Harvard University Press.

Osborne, David, & Ted Gaebler. (1992). *Reinventing Government: How the*

Entrepreneurial Spirit in Transforming the Public Sector. New York: Addison-Wesley. 삼성경제연구소 역. (1994). 「정부혁신의 길」. 서울: 삼성경제연구소.
Ostrom, Elinor. (1990). *Governing the Commons: The Evolution of Institutions for Collective Action*. Cambridge University Press.
______. (1999). Coping With the Tragedies of the Commons. *Annual Review of Political Science*, 2: 493-535.
______. (2005). *Understanding Institutional Diversity*. Princeton University Press.
Ostrom, Elinor, Roy Gardner, and James Walker. (1997). *Rules, Games, and Common-Pool Resources*. Ann Arbor: The University of Michigan Press.
Ostrom, Vincent. (1974). *The Intellectual Crisis in American Public Administration(2nd Edition Published 1989)*. The University of Alabama Press.
Pellikaan, Huib & Robert J. van der Veen. (2002). *Environmental Dilemmas and Policy Design*. Cambridge: Cambridge University Press.
Peters, B. Guy. (1997). *The Future of Governing*. The University Press of Kansas.
Pierre, J. and G. Peters. (2000). *Governance, Politics and the State*. New York: St. Martin's Press.
Pierson, Paul. (1993). When Effect Becomes Cause: Policy Feedback and Policy Change. *World politics*, 45(4).
Pierson, Paul. (2004). *Politics in Time: History, Institutions, and Social Analysis*. New Jersey: Princeton University Press.
Popper, K. R. (1945). *The Open Society and Its Enemies, Volume I : The Spell of Plato.* London: George Routledge & Sons, Ltd.
Powell, W. W. and DiMaggio, P. (1991). *The New Institutionalism in Organizational Analysis.* Chicago: Univ. of Chicago Press.
Pressman and Wildavsky. (1983). *Implementation(3rd ed.)*. Berkeley: University of California Press.
Pruitt, D. G. & Rubin, J. Z. (1986). *Social conflict: Escalation, stalemate and settlement.* New York: Random House.
Putnam, Robert. D. (1994). *Making Democracy Work: Civic Traditions in Modern Italy*. New Jersey: Princeton University Press.
______. (1993). The Prosperous Community: Social Capital and Public Life. *The American Prospect,* 13: 35-42.
Rawls, John. (1971). *A Theory of Justice*. Mass.: Harvard University Press.

______. (1999). *A Theory of Justice(Revised Edition)*. Cambridge, Mass.: Harvard University Press. 황경식 역. (2003). 「정의론」. 서울: 이학사.

______. (1993). *Political Liberalism*. Columbia University Press.

Rein, M. & Schön, D. (1993). Reframing Policy Discourse. in Fisher, F. & Forester, J. (Eds.). *The Argumentative Turn in Policy Analysis and Planning*. Durham, NC: Duke University Press: 145-166.

________. (1991). Frame Reflective Policy Discourse. in Wagner, P. et al. (eds.). *Social Science and Modern States*. London: Cambridge University Press.

Rhodes, R. A. W. (1996). The New Governance: Governing Without Government. *Political Studies*, 44(3): 652-667.

______. (1997). *Understanding Governance: Policy Network, Governance, Reflexivity, and Accountability*. Buckingham, Philadelphia: Open University Press.

______. (2000). Governance and Public Administration. in J. Pierre (ed.), Debating Governance. Oxford: Oxford University Press.

Ripley, Randall B. (1985). *Policy analysis in political science.* Chicago, IL: Nelson Hall Publishers.

Ripley, R. B and Grace A. Franklin. (1986). *Policy Implementation and Bureaucracy(2nd ed.)*. Chicago: Dorsey Press.

Rydin, Yvonne. (2003). *Conflict, Consensus and Rationality in Environmental Planning: An Institutional Discourse Approach*. Oxford University Press.

______. (1999). Can We Talk Ourselves into Sustainability? The Role of Discourse in the Environmental Policy Process. *Environmental Values*, 8: 467-484.

Saaty, T. L. (1980). *The Analytic Hierarchy Process.* New York: Mc Graw Hill.

Saaty, T. L. and Vargas, L.G. (1980), Hierarchical Analysis of Behavior in Competition: Prediction in Chess. *Behavioral Sciences,* 25: 180-191.

Sabatier, P. A.. (1988). An Advocacy Coalition Model of Policy Change and the Role of Policy Oriented Learning Therein. *Policy Studies*, 21: 129-168.

______. (1993). The Dynamics of Policy-Oriented Learning, Sabatier, P. A. and H. Jenkins-Smith ed., *Policy change and learning: an advocacy coalition approach.* Boulder, Colo.: Westview Press.

Sabatier, P. & D. Mazmanian. (1980). The Implementation of Public Policy: a framework of analysis. *Policy studies Journal*, 8(4), January: 538-560.

Sabatier, P. A. and H. C. Jenkins-Smith. (1999). *The Advocacy Coalition Framework:*

An Assessment. in P. A. Sabatier, (Ed). Theories of the Policy Process. Bould, Co.: Westview Press.

Sandel, Michael J. (2009). *Justice: What's the Right Thing to do?.* 이창신 역. (2010). 「정의란 무엇인가」. 파주: 김영사.

Schattschneider, E. E. (1965). *The Semi-Sovereign People.* New York: Wadsworth.

Schein, Edgar H. (1980). *Organizational Psychology(3rd ed.).* Prentice Hall.

Schlosberg, David. (1995). Community Action in Practice: Intersubjectivity and New Social Movements. *Political Studies*, 43: 291-311.

Schön, D. and Rein, M. (1994). *Frame Reflection: Toward the Resolution of Intractable Policy Controversies*. New York: Basic Books.

Seifert, Dirk. (2003). *Collaborative Planning, Forecasting, and Replenishment: How to Create a Supply Chain Advantage*. New York: AMACOM Books.

Selin, Steve and Deborah Chavez. (1995). Developing a Collaborative Model for Environmental Planning and Management. *Environmental Management*, 19(2): 189-195.

Shambaugh Ⅳ, George E. and Paul J. Weinstein Jr. (2003). *The Art of Policy Making: Tools, Techniques, and Process in the Modern Executive Branch.* Addison Wesley Longman, Inc.

Simon, Herbert. (1976). From Substantive to Procedural Rationality, in Spiro. J. Latsis(ed.), *Method and Appraisal in Economics*. Cambridge: Cambridge University Press.

______. (1982). *Models of Bounded Rationality: Behavioral Economics and Business Organization*. Cambridge, Mass.: The MIT Press.

______. (1997). *Administrative Behavior: A Study of Decision-Making Processes in Administrative Organizations, 4th ed.* New York: The Free Press. 이시원 역. (2005). 「관리행동론: 조직의 의사결정과정연구」. 부산: 도서출판 금정.

Smith, Alexander T. (1988). *Time and Public Policy*. Knoxville: The University of Tennessee Press.

Smith, Kevin B. & Christopher Larimer. (2017). *The Public Policy Theory Primer, 3rd ed.* Westview Press

Snow, D. and R. Benford. (1992). Master Frames and Cycles of Protest, in A. Morris and C. Mueller(eds.). *Frontiers in Social Movement Theories*. New Haven, CT: Yale University Press.

Starling, Grover. (1998). *Managing the Public Sector(5th ed.).* New York: Harcourt Brace College Publishers.

Stoker, Robert P. (1989). A Regime Framework For Implementation Analysis: Cooperation and Reconciliation of Federal Imperatives. *Policy Studies Review,* 9(1).

Streeter, Calvin L. (1992). Redundancy in Organizational Systems. *Social Service Review,* 66(1): 97-111.

Susskind, Lawrence and Jennifer Thomas-Larmer. (1999). Conducting a Conflict Assessment, in Susskind, Lawrence, Sarah McKearnan, and Jennifer Thomas-Larmer(editors). *The Consensus Building Handbook: A Comprehensive Guide to Reaching Agreement*. The Consensus Building Institute.

Sunstein, Cass R. (1990). After the Rights Revolution: Reconceiving the Regulatory State. Harvard University Press.

Thaler, Rechard H. and Cass R. Sunstein. (2008). *Nudge: Improving Decision about Health, Wealth, and Happiness.* 안진환 역. (2009). 「넛지: 똑똑한 선택을 이끄는 힘」. 파주: (주)웅진씽크빅.

The National Performance Review. (1993). From Red Tape to Results: Creating a Government That Works Better and Cost Less. in *Classics of Public Administration(4th ed.)*. Schafritz & Hyde, Harcourt Brace and Company.

Thomas, Kenneth W. & Kilmann, Ralph H. (2010). *Thomas-Kilmann conflict mode instrument:* TKI PROFILE & INTERPRETIVE REPORT. Report prepared for PAT SAMPLE March 2, 2010 Interpreted by Jane Trainer Acme, Inc.

Vigoda, Eran. (2002). From Responsiveness to Collaboration: Governance, Citizens, and the Next Generation of Public Administration. *PAR*, 62(5).

Weible, C. M. et al. (2009). Themes and Variations: Taking Stock of the Advocacy Coalition Framework. *Policy Studies Journal,* 37(1): 121-140.

Weible, C. M. and P. Sabatier. (2014). *Theories of the Policy Process, 4th edition.* Westview Press.

Weick, Karl E. (1979). *The Social Psychology of Organization, 2nd ed.* Addison-Wesley.

Williamson, O. (1985). *The Economic Institution of Capitalism: Firms, Markets, Relational Contracting*. New York: The Free Press.

______. (1975). *Markets and Hierarchies: Analysis and Antitrust Implications*. New York: Free Press.

Wilson, James Q. (1980). *The Politics of Regulation, ed.* New York: Basic books, Inc.

______. (1986). *American Government: Institutions and Policies(3rd ed.)*. Lexington, Massachusetts: D. C. Heath and Company: 422-450.

Wolf, Jr. C. (1988). *Market or Governments*. MIT Press.

Young, Oran R. (1979). *Compliance and Public Authority: A theory with International Applications.* Baltimore: The Johns Hopkins University Press.

Zahariadis, N. (2007). *The Multiple Streams Framework: Structure, Limitations, Prospects, Theories of the policy process(ed.)*. Paul Sabatier. Boulder, Colo.: Westview Press.

색인

ㄱ

가습기살균제 사례 84

가외성(redundancy) 310

가외적인 기능의 원칙(principle of redundant functions) 311

갈등영향분석 119, 143

갈등지도 285

갈라먹기 다툼(pork-barrel politics) 10

감천문화마을 24

강변여과수 144

강정마을 해군기지 분쟁사례 13, 341

강제적 동형화(coercive isomorphism) 329

강제(command) 130

강화(amplification) 272

개념적 안목(conceptual lens) 132

거시집행문제(macro-implementation problem) 209

경로의존성(path dependence) 330

경로이탈 330

경로창조 332

경쟁(competition) 142

경청(listen) 187, 343

계층과정분석기법(AHP, Analytic Hierarchy Process) 107

고객우선주의(putting customers first) 365

고고도미사일방어체계(THAAD, Terminal High Altitude Area Defense) 47

고리원전 66, 67

고준위 방사성 폐기물 처분장 190

공공갈등 8

공동체주의(communitarianism) 46

공론의 장(public sphere) 341

공평성 41

과정평가(process evaluation) 222

관료정치모형 159

관료정치(bureaucratic politics) 159

구리시 자원회수시설 16

구성정책(constitutional policy) 12

구성주의(constructivism) 29

구조적 갈등 이론 65

구조(structure) 6, 34

구포가축시장 345

권력구조 61

권위주의적 정책추진방식(Decide-Announce-Defense approach) 233
규범적 압력(normative pressures) 329
규제샌드박스 101
규제정책(regulatory policy) 11
규제포획(regulatory capture) 89
근원주의 윤리(foundational philosophy) 44
기업가적 정부(a government that works better and costs less) 364
기장해수담수화사업 156
기장해수담수화 시설 153
기회손실(opportunity loss) 145, 301
기회주의적 행동(opportunism) 325

ㄴ

낙동강 기수생태계 복원 337
낙동강하굿둑 332
남양주시 소각잔재매립장 18
내부접근형(Inside Access Model) 81
내적 타당성(internal validity) 223
넛지(Nudge) 360
논리(論理) 38
능동적 주의(willing attention) 343
능률성 40

ㄷ

다수 담론(many talk) 147, 339
다중흐름모형(MSF, Multiple Stream Model) 254
단절된 균형(punctuated equilibrium) 331
담론 참여자의 진정성(sincerity) 341
담론(discourse) 326
대저대교 234
댐 건설 갈등 292
댐건설장기계획 194
댐 건설 희망 신청제 195
댐 사업절차 개선도 193
델파이 방법(delphi method) 99
델파이 조사기법(delphi technique) 105
동등잠재성(equipotentiality) 311
동원형(Mobilization Model) 81
동조(conformity) 206
딜레마 모형 145
딜레마(dilemma) 145, 301

ㅁ

만족모형(Satisficing Model) 133
모방의 과정(mimetic processes) 329
목적론(consequential ethics) 44
무시된 갈등 82
무의사결정론(Non-decision Making Theory) 82
무작위배정(random assignment) 226
문화재보호구역 235
미시집행문제(micro-implementation problem) 209
민주주의 191

ㅂ
바트나(BATNA, Best Alternative To a Negotiated Agreement) 213, 348, 350
반근원주의 윤리(non-foundational philosophy) 46
반복성(duplication) 311
방사능비상계획구역 69
방사성폐기물처분장 21
배분정책(distributive policy) 10
법률정비 348
법원에 의한 합의강제 327
부산국제영화제 147
비실험적 방법 227
비용편익분석(Cost-Benefit Analysis) 103
비판주의 패러다임 28

ㅅ
4대강 보 해체와 개방 250
사전검토협의회 296
사회문제(social problem) 78
사회실험 225
사회자본(social capital) 367
사회적 시간(socially constructed time) 290
사회적 합의(social consensus) 288
사회학적 신제도주의 328
삼각검증(triangulation) 356
상당수 담론(some talk) 147
상반된 해석 274
상부상조(log-rolling) 10, 145
상향적 접근방법(bottom-up approach) 205
상향적 집행연구 207
상호 강제(mutual coercion) 325
상황을 고려하는 의도성(situation-regarding intentionality) 342
석면정책 260
선택적 주목 274
설득(persuasion) 130
성별영향평가 232
소망성 기준 101
소수 담론(few talk) 339
송전철탑 경과지 선정 22
수용(acceptance) 206
순응(compliance) 206
시간이론 290
시차적 해석 292
신공공관리론(New Public Management) 363
신국정관리(New Governance) 367
신행정학(New Public Administration) 41
실질적 공헌(substantive contribution) 344
실질적 합리성(substantive rationality) 134, 173
실현 가능성 기준 101
심의민주주의(deliberative democracy) 339, 340
심의(deliberation) 340
심층 프레임(deep frame) 271, 342
쓰레기 종량제 101
쓰레기통모형(Garbage Can Model) 137

ㅇ
아이디어의 수프(soup of ideas) 256
에코델타시티 238, 239
역사적 신제도주의 330
역사적 전환점(historical junctures) 331
연합모형(Coalition Model) 136
영풍 석포제련소 85
오차(誤差, error) 173
와트나(WATNA, worst alternative to a negotiated agreement) 351
외부주도형(Outside Initiative Model) 80
외적 타당성(external validity) 224
운영기획(operative planning) 172
원전안전의 신화(myth) 68
위대한 사회 건설사업(Great Society program) 220
위험사회 313
윤리적 상대주의(ethical relativism) 46
의무론(deontological ethics) 45
이슈네트워크모형(Issue Network Model) 140, 164
이중관심모형(The Dual Concern Model) 295
이청득심(以聽得心) 187
이해관계자의 입장 281
인과적 추론의 정확도 223

ㅈ
자유주의적 개입주의(libertarian paternalism) 360
잠금 효과(lock-in effect) 305, 332
재분배정책(redistributive policy) 11
쟁점 매트릭스 281
적응적 집행(adaptive implementation) 203
적응(adaptation) 210
적절성(adequacy) 98
적합성(appropriateness) 98
전달자집행(deliverer implementation) 210
절차간소화(Cutting red tape) 365
절차적 정당성(procedural legitimacy) 164
절차적 합리성(procedural rationality) 45, 173
점증모형(Incrementalism Model) 134
정부업무평가기본법 229
정책결정모형 132
정책결정(policy making) 130, 132
정책공동체모형(Policy Community Model) 139
정책과정(policy process) 35
정책기획(policy planning) 172
정책네트워크모형(Policy Network Model) 139
정책대상집단(policy target group) 8
정책대안의 흐름 256
정책대안(policy alternatives) 99
정책델파이(policy delphi) 100
정책목록(program repertory) 99
정책목표(policy goal) 7, 98
정책문제의 흐름 255
정책문제(policy problem) 97

정책변동 244
정책분석 오차 113
정책분석윤리(ethics for policy analysts) 112
정책분석(policy analysis) 96, 104
정책비용(policy cost) 58
정책선도자(political entrepreneur) 164, 259
정책수단(policy means) 8
정책실험(policy experiment) 101
정책심의(policy deliberation) 294, 340
정책옹호연합모형(ACF) 245
정책유형 9
정책윤리(policy ethics) 44
정책의제설정이론(policy agenda setting theory) 76
정책의제 설정(agenda setting) 76
정책의제(policy issue) 76
정책의 창 258
정책중개자(policy broker) 248
정책지향학습 249
정책집행(policy implementation) 202
정책체제(policy system) 56
정책평가의 유형 221
정책평가의 타당성 223
정책평가(policy evaluation) 220
정책학(policy science) 39
정책효과(policy effect) 58
정책흐름모형(PSF, Policy Stream Framework) 254
정책(policy) 6
정치과정모형 56
정치의 흐름 256
정치이념 60
정형적 집행(programmed implementation) 203
제1종 오차 113
제2종 오차 113
제3종 오차 113
제도적 담론 분석틀(Institutional Discourse Approach) 326
제한된 합리성(bounded rationality) 118, 134, 362
조정 327
좁은 회랑(narrow corridor) 197
주민투표 287
준실험(Quasi Experiment) 226
중대한 전환점(critical junctures) 331
중앙버스전용차로제(BRT) 123
중재 327
중첩성(overlapping) 310
지역의존성 305
직관(intuition) 130
진실험(True Experiment) 226
진정한 담론(authentic discourse) 147, 339
집단토의(brainstorming) 99
짝짓기(matching) 226

ㅊ

총괄평가(summative evaluation) 221

최적모형(Optimal Model) 135
취수원 다변화 143

ㅋ
쿠바 미사일 위기 160

ㅌ
트릴레마 70

ㅍ
편견의 동원(mobilization of bias) 83
평가결과의 일반화(generalization) 가능성 224
포스트모더니즘(postmodernism) 28, 46, 184
표준운영절차(SOP, Standard Operating Procedure) 118, 131, 364
표층 프레임(surface frame) 271, 342
프레이밍(framing) 272
프레임 270, 272
프레임 명료화(frame articulation) 272
프레임 변형(frame transformation) 272
프레임 확대(frame extension) 272

ㅎ
하남시 광역화장장 19
하위정부모형(Sub-governmental Model) 139
하향적 접근방법(top-down approach) 205
하향적 집행연구 205
합리모형(Rational Model) 133
합리적 선택의 신제도주의(Rational Choice Institutionalism) 324, 325
합의형성의 가능성 143
행동경제학(behavioral economics) 361
행위주의 패러다임(action theory) 27
현상학적 접근방법(phenomenological approach) 27
협력적 거버넌스 이론 363
협력적 정책기획 177
협력(cooperation) 142
협상가능영역(ZOPA, Zone of Possible Agreement) 119, 149, 213, 282, 348, 350, 359
협상(bargaining) 130, 142
형평성(equity) 41
혼합탐사모형(Mixed Scanning Model) 135
환경영향평가 231, 233
회사모형(Firm Model) 136
효과성 40
후방향접근(backward mapping) 208

김창수
(金昌洙)

csookim@pknu.ac.kr

• 약 력 •

고려대학교 정경대학 행정학과 졸업
서울대학교 행정대학원 행정학 석사
서울대학교 대학원 행정학 박사
미국 오리건대학교 정책기획학과 교환교수
제24대 한국지방정부학회 회장 역임
부경대학교 학생처장 역임
현) 부경대학교 행정복지학부 교수

• 주요저서 •

『관료제 트릴레마』(2023)
『정부규제의 구조와 논리(개정판)』(2022)

공공갈등과 정책이론

초판발행 2025년 1월 2일

지은이 김창수
펴낸이 안종만·안상준

편 집 박세연
기획/마케팅 박부하
표지디자인 Ben Story
제 작 고철민·김원표

펴낸곳 (주) 박영사
서울특별시 금천구 가산디지털2로 53, 210호(가산동, 한라시그마밸리)
등록 1959.3.11. 제300-1959-1호(倫)
전 화 02)733-6771
f a x 02)736-4818
e-mail pys@pybook.co.kr
homepage www.pybook.co.kr
ISBN 979-11-303-2155-4 93350

정 가 24,000원